Matthew B. Crawford

Philosophie des Fahrens

MATTHEW B. CRAWFORD

PHILOSOPHIE DES FAHRENS

WARUM WIR GERN AM STEUER SITZEN UND WAS DAS MIT FREIHEIT ZU TUN HAT

Aus dem Amerikanischen
von Stephan Gebauer

Ullstein

Wir verpflichten uns zu Nachhaltigkeit
- Klimaneutrales Produkt
- Papiere aus nachhaltiger Waldwirtschaft und anderen kontrollierten Quellen
- ullstein.de/nachhaltigkeit

Die amerikanische Originalausgabe erschien 2020 unter dem Titel *Why We Drive* bei William Morrow, an Imprint of HarperCollins Publishers.

Aus Gründen der Lesbarkeit wurde im Text die männliche Form gewählt. Nichtsdestoweniger beziehen sich die Angaben auf Angehörige aller Geschlechter.

MIX
Papier aus verantwortungsvollen Quellen
FSC® C014496

ISBN 978-3-550-05054-1

Abbildungen im Innenteil: Matthew B. Crawford
Lektorat: Ulrich Wank
Gesetzt aus der Sabon LT Std
Satz und Repro: LVD GmbH, Berlin
Druck und Bindearbeiten: GGP Media GmbH, Pößneck
Printed in Germany

Nachdem ich mir in Portland das Adult Soap Box Derby angesehen hatte, ein Seifenkistenrennen, unternahm ich eine Wanderung durch das Vorgebirge des Mount Hood. Ich ging ein wenig abseits vom Pfad, und kurz darauf hörte ich Stimmen, die sich näherten. Sie sprachen nicht, und sie sangen auch nicht. Als ich ein wenig genauer hinhörte, wurde mir klar, dass sie versuchten, den Klang eines Zweitaktmotorrads nachzuahmen. Ich lugte hinter einem Felsbrocken hervor und sah einen Mann und eine Frau, die mit nach vorne ausgestreckten Armen den Pfad heruntergelaufen kamen, so als würden sie eine Lenkstange halten. Wenn sie die Stimme hoben, machten sie mit der rechten Faust eine Schaltbewegung. Wenn sie über kleine Bodenunebenheiten hüpften, drehten sie in der Luft den Hintern zur Seite, als würden sie das Hinterrad nach außen drücken, und verliehen ihrem Lauf damit einen Motocross-Stil. (Dies war auch der Moment, um den Motor aufheulen zu lassen.) Es war ein Paar mittleren Alters, das sich durch seine eigene, geheime Welt bewegte und sich dem motorisierten Gegenstück der Luftgitarre hingab. Sie hatten offenkundig mehr Spaß, als jemand haben darf, der älter als zwölf Jahre ist. Dieses Buch ist ihnen gewidmet.

INHALT

VORWORT

OHNE EINE STRASSE

Es ist kühl, nur 9 Grad, aber mir rinnt Schweiß über den Rücken. Meine Motorradbrille ist beschlagen, ich kann kaum etwas sehen. Ich fahre durch ein Gelände, das der Eisenbahn gehört, ein bewaldetes Gebiet in Richmond (Virginia), das von den Einheimischen als »Hinter dem Martin's« bezeichnet wird. Am Wegrand liegen leere Bierdosen, und ich komme an Zeltlagern von Obdachlosen vorbei. Ich muss meine geistige Leistungsfähigkeit vollkommen ausschöpfen, um meine Enduro-Maschine mit 25 Stundenkilometern über den schmalen, gewundenen Pfad zu steuern. Er ist steinig und schlammig, Felsbrocken ragen aus dem Erdreich, Äste liegen quer über dem Weg. Ich muss Bäche durchqueren, steile Hänge und schmale Kuppen bewältigen. Die richtige Spur finden, automatisch Entscheidungen über Gas, Kupplung, Lenkung, Bremsen und die Begleitung der Bewegungen des Motorrads mit meinem Körper fällen und sie laufend in Reaktion auf Überraschungen korrigieren, die vor dem Vorderrad auftauchen: All das verlangt vollkommene Konzentration. Jedes Mal, wenn ich, um schwieriges Terrain zu bewältigen, die Geschwindigkeit über das Maß hinaus erhöhe, bei dem ich mich wohlfühle, ist es ein Sprung ins Ungewisse.

Oder ist es eine Befragung? Ich kann allerdings nicht sagen, an wen sich diese Frage richtet: An mich selbst? An die Ungewissheiten des Wegs? An eine liebende Vorsehung? Ich bin der Kontingenz vollkommen ausgeliefert: Schauen wir einmal, wie es läuft. Wenn in den nächsten Sekunden alles gut geht (also ohne Missgeschick und vielleicht sogar mit einer Ahnung neuer Gewandtheit), ist der wiedergewonnene Glaube die süßeste Rechtfertigung, die ich mir vorstellen kann: Einen Augenblick lang habe ich das Gefühl, dass mein Dasein gerechtfertigt ist. Auf der Jagd nach diesem Gefühl machte ich einmal innerhalb eines Jahres vier Ausflüge in die Notaufnahme: zwei gebrochene Rippen, ein Fersenbruch, Verdacht auf einen Sehnenriss (es war nur eine Muskelzerrung) und ein Fall von Hitzeerschöpfung.

Motorradfahren abseits asphaltierter Straßen hat wenig mit dem gemein, was wir normalerweise tun, wenn wir fahren. Es mag ungewöhnlich wirken, dass ich diese Anekdote an den Anfang eines Buchs stelle, dessen Thema das Fahrerlebnis in seiner Gesamtheit ist. Aber das gesteigerte Gefühl des Ausgeliefertseins, das man bei einer Querfeldeinfahrt auf einer Motocross-Maschine hat, führt uns eine grundlegende Wahrheit vor Augen: Wir sind zerbrechliche körperliche Wesen. Sich im *Raum zu bewegen* bringt bestimmte Risiken mit sich. Ein vernünftiger Mensch tut alles, was in seiner Macht steht, um solche Risiken zu verringern. Doch besteht nicht auch ein Zusammenhang zwischen dem Risiko und dem, was das Menschsein ausmacht?

In einem vorzüglichen Essay, in dem er sich daran erinnert, wie er als Junge durch die feindseligen Straßen der jamaikanischen Hauptstadt Kingston und später als junger Mann durch New Orleans wanderte, schreibt Garnette Cadogan: »Wenn wir gehen lernen, droht die umgebende Welt mit uns zu kollidieren. Jeder Schritt ist riskant. Wir üben, zu gehen, ohne an Hindernisse zu stoßen, indem wir auf unsere Bewegungen achten; und noch größere Aufmerksamkeit schenken wir der uns umgebenden Welt.« Als Erwachsene gehen wir manchmal einfach los, weil uns die Straße mit zufälligen glücklichen Entdeckungen lockt: Wenn wir in einer Stadt auf den Bürgersteig hinaustreten, wissen wir nie, auf wen oder was wir stoßen werden. »Serendipität«, erklärte mir einmal ein Mentor, »ist die säkulare Bezeichnung der göttlichen Gnade; sie ist ein unverdienter Gefallen. Unter theologischen Gesichtspunkten ist das Gehen daher ein Glaubensakt, denn letzten Endes ist es nichts anderes als unterbrochenes Fallen.«

Die erhöhte Kontingenz des Fahrens abseits befestigter Straßen hat insofern Ähnlichkeit mit dem Gehen, als es ein Glaubensakt ist: Man stürzt sich mit Hoffnung in die Welt. Die alten Griechen beschrieben die Bedingung, angesichts eines unklaren Wegs »ohne eine Straße« zu sein, mit einem einzigen Wort: *aporìa*. Es meint einen Augenblick, in dem bald etwas kommen wird, wonach wir nicht gesucht haben.

In der zeitgenössischen Kultur machen wir nur selten solche Erfahrungen von Serendipität und Glauben, und die Worte, die wir zu ihrer Beschreibung benötigen, scheinen aus dem allgemeinen Sprachgebrauch zu verschwinden. In unserer Vorstellung von der Zukunft ist kaum Platz für solche Momente; die maßgeblichen Stimmen in Wirtschaft und Technologie sind entschlossen, die Kontingenz so weit wie möglich aus unserem Leben zu entfernen und durch von Maschinen gewährleistete Gewissheit zu ersetzen. *Dies* ist, unabhängig von all ihren anderen Leistungen, der Zweck der Automatisierung. Und plötzlich wird diese Vision auch auf die Mobilität angewandt. Plötzlich ist das Fahren ein Thema, das dringend einer kritischen humanistischen Untersuchung unterzogen werden muss.

EINLEITUNG

DAS FAHREN ALS HUMANISMUS

Am 19. September 2016 gaben der National Economic Council und das amerikanische Verkehrsministerium eine gemeinsame Pressekonferenz. Jeffrey Zients, der Leiter des Wirtschaftsrats, erklärte dort: »Wir stellen uns eine Zukunft vor, in der wir die Hände vom Lenkrad nehmen können, sodass die Fahrt zur Arbeit erholsam oder produktiv statt frustrierend und erschöpfend wird.« Am selben Tag erschien in der *Pittsburgh Post-Gazette* ein Gastbeitrag von Präsident Barack Obama, der für fahrerlose Autos warb. Auch sein Nachfolger Donald Trump räumte der Entwicklung solcher Fahrzeuge zu Beginn seiner Amtszeit Vorrang ein.[1]

Das fahrerlose Auto wird die Frage beantworten, wie Menschen möglichst effizient von einem Punkt zum anderen bewegt werden können. Dazu werden wir die Kontrolle an unpersönliche Algorithmen abtreten, in der Hoffnung, dass sie einen chaotischen, gefährlichen Teil des Lebens endlich beherrschbar machen. Verkehrsstaus werden vermutlich der Vergangenheit angehören, und die Unfallzahlen werden deutlich sinken.

Das ist zumindest das, was man uns sagt.

Hier sehen wir ein vertrautes Muster. Das fahrerlose Auto

ist ein Beispiel für eine umfassende Veränderung unserer Beziehung zur physischen Welt. Die Anforderungen an unsere Fähigkeiten weichen dem Versprechen von Sicherheit und Annehmlichkeit. Der Mensch, der sich auf die Bedienung der Maschine versteht, wird zum passiven Nutznießer von etwas Systemischem, das seine Fähigkeiten überflüssig macht. Der Refrain lautet: *Menschen sind furchtbare Fahrer.*

Dem kann man nur schwer widersprechen. Wir sind am Steuer derart vielen Ablenkungen ausgesetzt, dass wir schon heute so fahren, *als würden* sich unsere Autos selbst lenken. Aber das tun sie nicht, was tödliche Folgen für jeden haben kann, der nicht in der mit Airbags gepufferten Blase eines jener modernen Autos sitzt, die immer massiger werden. Die tödlichen Unfälle von Motorradfahrern nehmen rasch zu, und trotz der Einführung immer neuer Sicherheitsvorkehrungen stieg die Zahl der Todesopfer auf den amerikanischen Autobahnen zwischen 2013 und 2015 so stark wie nie im letzten halben Jahrhundert.[2]

Die Kausalkette, die uns an diesen Punkt gebracht hat, ist nicht schwer nachzuvollziehen. Es hat fatale Auswirkungen gehabt, dass das Autofahren seit den Neunzigerjahren langweiliger geworden ist. Und zwar wirklich langweilig.[3] Das Problem ist, dass die Autos sehr schwer geworden sind und mit dem Ziel gebaut werden, die Insassen so weit wie möglich von der Straße zu isolieren; um das zu erreichen, werden alle mechanischen »Übergänge« beseitigt – an diesem Konstruktionsideal orientierten sich früher nur die Hersteller von Luxuslimousinen, aber mittlerweile wird es auf die ganze Modellpalette angewandt.[4] Ohne Schalthebel und Kupplung hat man kaum noch das Gefühl, irgendetwas zu *tun.* Dieser Mangel an Teilhabe des Fahrers wird durch Hilfsmittel wie den Tempomaten verstärkt, welche die Aktivität des Fahrers teilweise automatisieren.[5] Und dank des GPS-Navigationssystems müssen wir kaum noch auf unsere Umgebung achten und können darauf verzichten, das, was wir sehen, im Geist aktiv in ein sich entwickelndes Bild der Fahrtroute umzuwandeln. Die Kombination von lautlosem Dahingleiten, Passivität und dem Gefühl, das uns umhüllende Gebilde sorge für uns, hat zur Folge, dass eine Fahrt in einem modernen Auto etwas von einer Rückkehr in den Mutterleib hat.

Im Jahr 2007 kam das Smartphone hinzu. Nun hatten wir etwas, mit dem wir die Langeweile in Schach halten konnten, während wir uns auf die neue Art im Auto bewegten – und das Gerät erwies sich als unwiderstehlich. Diese Unwiderstehlichkeit wurde zur Grundlage eines neuen Geschäftsmodells im Silicon Valley: Die Techbranche begann, unsere Aufmerksamkeit zu ernten und zu verkaufen. Das ist nicht schwierig, wenn die Straße etwas Fernes, nur undeutlich Gefühltes ist, weil man sicher in einen wohligen Kokon von 2000 Kilo Gewicht eingehüllt ist. Die Windschutzscheibe beginnt wie ein weiterer Bildschirm zu wirken, der nicht mit den Dopaminstimulatoren konkurrieren kann, die auf den anderen Bildschirmen angeboten werden. Und jetzt wird das Silicon Valley das nicht zuletzt von ihm selbst geschaffene Problem der Ablenkung am Steuer lösen, indem es uns vom Fahrersitz entfernt. Alles in allem ist das in Anbetracht der Tatsachen vielleicht sogar begrüßenswert.

Aber wir haben es hier auch mit einem stillen Umsturz zu tun, der erhebliche Auswirkungen hat, und wir sind gut beraten, innezuhalten und darüber nachzudenken, in welche Richtung unser Weg führt. Hinweise auf eine mögliche Zukunft finden wir in dem Animationsfilm *Wall-E,* in dem grotesk fettleibige Menschen in autoartigen Kapseln über einem Leitsystem durch die Stadt schweben. Endlich von der lästigen Aufgabe befreit, auf ihre Umgebung achten zu müssen, schlürfen sie jederzeit zugängliche Getränke aus riesigen Bechern und starren versunken auf ihre Bildschirme, unberührt von ihrer übertrieben zielgerichteten Umwelt. Der Genuss am Opium der Neuheiten, die aus der Ferne in ihre Cockpits geleitet werden, lässt ihre Gesichter erstrahlen. Diese Wesen sind vollkommen sicher und zufrieden – und nicht mehr wirklich menschlich.

Die Szene berührt uns, weil sie uns mit einem Bild konfrontiert, in dem wir uns bereits heute wiedererkennen, obwohl es uns mit ästhetischer Abscheu erfüllt. Doch ist diese Abscheu ausschließlich ästhetisch? Oder gibt uns dieses Bild einen affektiven Hinweis darauf, dass möglicherweise etwas Wichtiges auf dem Spiel steht? Dass ein Niedergang des Menschlichen droht, mit dem wir uns auseinandersetzen sollten? Und wenn es so ist: Was geht in diesem dystopischen Bild der Automotion verloren oder wird eingeschränkt? Was ist so großartig daran, zu fahren?

Eine Möglichkeit, sich dieser Frage anzunähern, besteht darin, das Fahren mit dem Fliegen zu vergleichen. Vor einiger Zeit lief im Fernsehen ein Werbespot für ein Auto, in dem ein Mann auf einer langen Flugreise nach Hause herumgeschubst und malträtiert wird. In dem Spot genügen wenige grobe Pinselstriche, um die beabsichtigte Stimmung zu erzeugen, denn wir alle sind vertraut mit dem Gefühl, dem Flugverkehr wehrlos ausgeliefert zu sein, jenem undurchschaubaren Hybridgebilde aus Unternehmen und staatlichen Behörden, das uns in beschwichtigendem Ton versichert, es gehe ihm nur um unsere Sicherheit und Annehmlichkeit. Benommen und auf subtile Art misshandelt, lässt der Mann in dem Werbespot endlich die abgestandene Luft im Terminal hinter sich und tritt hinaus auf den sonnenüberfluteten Parkplatz. Sein Blick fällt auf sein Auto, und ein Anflug von Menschlichkeit kehrt in sein Gesicht zurück. Er setzt sich ans Steuer, legt seine Hand auf den Schalthebel, und in der nächsten Szene sehen wir ihn in seinem Wagen durch eine Reihe gewundener Kurven durch einen Canyon gleiten.

Natürlich werden in einem Werbespot für ein Auto die positiven Aspekte des Fahrens hervorgehoben, während der nervenaufreibende Verkehr, die Umweltbelastung und das, verglichen mit Flugreisen, größere Unfallrisiko (pro zurückgelegtem Kilometer) in den Hintergrund treten. Aber der Spot ist ein brillanter Seitenhieb auf die Fluglinien. Und er stellt etwas Reales dar (so verengt die Perspektive auch sein mag).

Was ist also so besonders am Fahren? Diese Frage ist der Ausgangspunkt für dieses Buch. Auf der Suche nach einer Antwort werde ich mich an einer »philosophischen Anthropologie« versuchen. Das Fahren ist eine reichhaltige und vielfältige Praxis. Wie bei jeder derartigen Praxis kann eine umfassende Untersuchung einen speziellen Bereich des menschlichen Wesens beleuchten, und sie kann die Aufmerksamkeit auf die Herausforderung lenken, angesichts von Technologien, die uns entkräften, menschlich zu *bleiben*. Dabei kann eine solche Untersuchung kulturelle Autorität für sich in Anspruch nehmen. Die Befürworter des fahrerlosen Autos sind unbeeindruckt vom Vergnügen als Ideal, und sie misstrauen dem individuellen Urteilsvermögen.

Die Botschaft dieses Buches ist im weitesten Sinn politisch. Angesichts der fortschreitenden Verwaltung und Befriedung zahlreicher Lebensbereiche möchte ich diese eine Domäne des Könnens, der Freiheit und der individuellen Verantwortung – das Fahren – untersuchen, bevor es zu spät dafür ist. Und ich möchte Argumente vorbringen, die dafürsprechen, die Menschen fahren zu lassen. Wenn das selbstfahrende Auto sein Potenzial zur Verringerung von Verkehrsaufkommen und Unfallzahlen vollkommen ausschöpfen soll, darf es keine gefährlichen Dissidenten geben, die das vom autonomen Auto ermöglichte Koordinierungssystem umgehen.[6] Seine inhärente Logik erfordert, dass es zur *einzigen* Art von Fahrzeug auf unseren Straßen wird – und wenn es nicht durch staatliche Anordnung dazu gemacht werden kann, dann durch unerschwingliche Versicherungsprämien für alle anderen, da die Kfz-Versicherungen die Risiken auf eine sehr geringe Zahl menschlicher Fahrer verteilen müssten. Oder durch die Aufteilung der knappen Straßenoberfläche, da die fahrerlosen Autos Vorrang erhalten werden. Im Grunde beruht der alles vereinnahmende Charakter des fahrerlosen Autos auf der Tatsache, dass Roboter sehr schlecht zu menschlichen Fahrern passen, woran sich wohl auch in Zukunft nichts ändern wird. Wie wir in der Literatur zum Problem des »menschlichen Faktors« in der Automation sehen werden, ist es sehr unwahrscheinlich, dass diese beiden Arten von Intelligenz die Straße anstandslos miteinander teilen können.

Wenn es unser Schicksal ist, uns im Auto in bloße Passagiere zu verwandeln, müssen wir uns zuerst darüber klar werden, was wir aufgeben werden, wenn es nach dem Willen der Befürworter des autonomen Autos geht. Sie haben den Tank gefüllt und den Reifendruck geprüft. Haben Sie Ihrem Chef mitgeteilt, dass Sie heute früher Feierabend machen? Er wird es herausfinden. Gemeinsam mit den anderen Flüchtlingen bewegen Sie sich aus der Stadt heraus. Wenn Sie Glück haben, zuckeln Sie bereits durch die Vororte, wenn es so dunkel wird, dass Sie die Scheinwerfer einschalten müssen. Endlich verschwinden die letzten Gebäude im Rückspiegel, und eine schattige Landstraße schlängelt sich in rhythmischen Kurven durch die Felder. Sie halten die Hand aus dem Fenster und lassen sie auf einem Kissen von Fahrtwind dahingleiten. Sie können atmen.

Niemand spürt Ihnen nach, niemand lenkt Sie oder steuert Sie. Sie streifen umher – ein ausgezeichnetes Tonikum, um der Einengung durch die beruflichen und familiären Pflichten entgegenzuwirken. Gaspedal und Lenkrad sind über die Intuition direkt mit ihrem Willen verbunden, ein zwischengeschaltetes Komitee gibt es nicht.

Das Leben eines Kindes ist weitgehend verplant und wird intensiv überwacht, die Vorlieben eines Konsumenten werden in einem Algorithmus erfasst, und die Leistungen einer Mitarbeiterin werden an den Durchschnittsergebnissen ihrer Kollegen gemessen. Unser Leben fühlt sich oft übermäßig spezifiziert, vollkommen modelliert und determiniert an. Die Straße indes hat etwas Riskantes an sich. Normalerweise schwebt uns ein Bestimmungsort vor, aber wenn wir uns ans Steuer setzen, liefern wir uns unerwarteten Gefahren sowie unbeabsichtigten Augenblicken der Entdeckung aus. Bei einem Ausflug auf der Straße stoßen wir auf Landschaften und Menschen, die sich jenseits des Horizonts unserer normalen Begegnungen befinden, und das hat etwas Verjüngendes an sich. Es erinnert uns daran, dass es Möglichkeiten gibt, mit denen wir nicht gerechnet hatten, und andere Leben, die wir hätten leben können – oder noch leben könnten.

Selbstverständlich machen wir meistens ganz andere Erfahrungen beim Fahren. Es ist Routine und kann ebenfalls als einengend empfunden werden. Dennoch ist es bedeutsam, dass es keine Fernsteuerung gibt, wenn wir uns ans Steuer setzen. Bei unserer täglichen Heimfahrt von der Arbeit sehen wir vielleicht ein oder zwei vertraute Autos auf dem Parkplatz vor dem Pub und machen Halt, um zwischen dem Büro und der zweiten Schicht, die wir unser Zuhause nennen, ein Glas (nur eins!) zu trinken. Mein Bartender Troy erzählte mir einmal von einem Stammgast, der sein frisch gezapftes Bier unvermittelt auf der Theke abstellte, hinauslief, ins Auto stieg und mehrere Male langsam um den Block fuhr. Anschließend kam er wieder herein und setzte eine entspannte Unterhaltung fort. Seine Frau hatte ihn per Facetime angerufen, und er hielt es für besser, das Gespräch mit ihr hinter dem Steuer seines Autos zu führen. Bei diesem alltäglichen Ausweichmanöver konnte er sich darauf verlassen, dass ihn sein Auto nicht mit Fehlermeldungen unterbrechen würde. (In der besänftigenden Stimme von HAL 9000: »Hallo, Dave. Suchst du nach einem Supermarkt? Mir ist aufgefallen, dass zu Hause die Milch knapp wird.«)

Wir denken nicht allzu viel über diese Augenblicke der Befreiung nach, die wir nutzen können, wenn die Agenda uns Luft lässt, aber ich denke, wir würden sie vermissen, wenn unsere Bewegungen präziser koordiniert wären. Manchmal ist der Begriff »Beförderung«, der eine einfache, möglichst effiziente Bewegung von einem Punkt zum anderen beschreibt, nicht besonders gut geeignet, um zu beschreiben, was wir tun, wenn wir in unserem Auto fahren. Solche Vereinfachungen sind seit jeher der Preis dafür, dass wir neue Lebensbereiche der technokratischen Kontrolle unterwerfen.

Ian Bogost beschreibt ein überzeugendes Gedankenexperiment darüber, unter welchen Bedingungen die Allgemeinheit Zugang zu den Straßen haben wird, sollten die öffentlichen Infrastrukturen in Zukunft von Partnerschaften zwischen Gemeinden und Techfirmen finanziert und geplant werden. »Man kann sich leicht vorstellen, dass der Durchgangsverkehr in Ortschaften bald eine Zustimmung zu nicht verhandelbaren Nutzungsbedingungen voraussetzen wird, die es dem Anbieter unseres Robocars erlauben werden, Daten darüber zu sammeln und zu verkaufen, wohin wir wann mit wem zu welchem Zweck fahren.« Man kann sich die Beseitigung von Verkehrsschildern vorstellen, die nur unschöne Anblicke sind und von autonomen Fahrzeugen nicht gebraucht werden, was unsere Abhängigkeit vom Kartell weiter vertiefen wird. Bogost schreibt, dass noch andere, »sonderbare Realitäten möglich sind. Stellen wir uns vor, für das Überqueren einer Straße sei eine Mikrotransaktion erforderlich, um sicher auf die andere Seite zu gelangen. Verstöße könnten mit Geldbußen geahndet werden – obwohl es wahrscheinlicher ist, dass der örtliche Transitanbieter dank Ihres Smartphones bereits weiß, wo Sie sich befinden, und die Überquerung der Straße einfach auf Ihren Serviceplan anrechnet.«[7]

Diese Vorstellung verträgt sich nicht besonders gut mit unseren freiheitlichen politischen Traditionen. Aber sie ist noch aus einem tiefer liegenden Grund verstörend: Man sollte meinen, dass die Bewegungsfreiheit das grundlegende Freiheitsrecht von Geschöpfen ist, die sich selbst bewegen, eine Grundvoraussetzung für das animalische Vergnügen, das uns das Leben versüßt.

Erfreulich ist, dass uns die liberale Tradition einen konzeptuellen Rahmen für die Kritik an dieser Entwicklung liefert, obwohl er in einem Zweig des liberalen Denkens zu finden ist, der aus der Mode gekommen ist. Gemeint ist der Pluralismus, der auf Tocquevilles Erkenntnis beruht, dass Gemeinschaften von Menschen, die ein gemeinsames Interesse verbindet, zu Rivalen der Zentralmacht werden. Sie wirken der Neigung des Zentrums entgegen, seine Macht auszuweiten. Diese Zentralmacht muss nicht unbedingt ein Staat sein; sie kann auch ein Apparat des Technokapitalismus sein, der unserem Wohlergehen, unserer Annehmlichkeit und unserer Unterhaltung dient. Die widerspenstigen Vereinigungen, mit denen ich mich unter dem Gesichtspunkt dieser Erkenntnis von Tocqueville beschäftigen will, sind die Zellen von Autoenthusiasten, denen wir in diesem Buch begegnen werden.

Mein Buch entwickelt sich teilweise als Untersuchung verschiedener automobiler Subkulturen: ein Demolition Derby im amerikanischen Süden, ein Wüstenrennen in Nevada, der professionelle Drifting Circuit, ein Offroad-Motorradrennen in Virginia, ein Seifenkistenrennen für Erwachsene in Portland (Oregon). Diese Gemeinschaften mögen ein wenig exotisch wirken, aber ihre ausgeprägte Begeisterung können wir durchaus nachvollziehen. Ihre Leidenschaft macht verschiedene Aspekte des Reizes sichtbar, den das Fahren auf so viele von uns ausübt. Und weil es *Sub*kulturen sind, helfen sie uns zu veranschaulichen, wo die Freiheit zu fahren angesichts einer bestimmten Vision vom menschlichen Fortschritt bedroht ist. Auf dem Spiel steht nicht einfach ein gesetzlich verbrieftes Recht, sondern unsere *Neigung,* uns unter Einsatz unseres Könnens eigenständig in der Welt zurechtzufinden.

Das ist ein Können besonderer Art. Es ist nicht einfach das eines Fußgängers, denn es verbindet uns eng mit Maschinen. Daher geht es in diesem Buch nicht darum, »das Menschliche« *gegen* die Technologie zu verteidigen, wenn wir die Menschlichkeit strikt auf den vollkommen nackten, unschuldigen Menschen beziehen. Mir geht es nicht um ein so fernes und hypothetisches Ideal, sondern um eine lebenslange Zuneigung zu etwas vollkommen Vertrautem – zu der Erfahrung, ein Auto oder ein Motorrad als eine Art Prothese zu verwenden, die unsere körperlichen Fähigkeiten erweitert.

HOMO MOTO

Gehen zu lernen ist nur der Ausgangspunkt unserer Reise zur vollkommenen Mobilität in der Welt der Artefakte, da wir erst noch all die Bewegungsmodi vom Fahrradfahren bis zum Skateboarding erlernen müssen, die unsere angeborenen Befähigungen erweitern und verwandeln. Mit der Beherrschung jeder neuen Bewegungsart erwerben wir eine neue Kompetenz – und können schließlich die eigentümlichen Freuden jenes Hybridwesens genießen, das ich als *Homo moto* bezeichnen möchte.

Ist ein Mensch deprimiert, lässt er sich teilnahmslos durchs Leben tragen, wie ein Passagier. Umgekehrt scheint es einen inhärenten Zusammenhang zwischen Bewegung und Lebensfreude zu geben. Meine junge Hündin Lucy flitzt durch den Garten, schlägt beliebig Haken und läuft ohne erkennbaren Grund in großen Kreisen. Sie läuft schnell, sie weiß es, und dieser Ausbruch von Energie scheint ihre Freude im selben Augenblick auszudrücken und zu erzeugen. Lucy hat offenkundig ein Bedürfnis nach Geschwindigkeit.

Im Garten vor dem Haus verbringt meine Tochter J Stunden damit, an einem neun Meter langen Seil um eine Eiche zu schwingen. Sie hat eine Technik entwickelt, die einen Erwachsenen, der sie anstoßen müsste, überflüssig macht: Sie stößt sich mit den Füßen am massiven Baumstamm ab und beschreibt in der Luft einen Bogen, der sie an einer Tangente zum Baum zurückbringt. Während sie im Bogen fliegt, dreht sie sich abhängig davon, wie weit sie die Beine ausstreckt, träge oder wild um die eigene Achse. Sie hat gelernt, die Winkelbewegung zu kontrollieren, und trifft den Baum immer mit den Füßen voraus, um sich erneut abstoßen zu können. Kinder sind sehr gut darin, in ihrer Umwelt Angebote für Bewegung und Freude zu finden. Wenn wir ein wenig älter werden, finden wir heraus, dass wir neue Möglichkeiten erschließen können, indem wir die Umwelt verändern – zum Beispiel, indem wir hoch oben in einem Baum ein Seil befestigen. (Dafür sind Väter da.)

Oder indem wir *Räder hinzufügen*. Damit sind wir beim

Thema. Für J war das erste mit Rädern versehene Beförderungsmittel ein Roller. Da mein Skateboard sehr viel schneller ist (es ist dafür ausgelegt, in weiten Bögen bergab zu fahren), begleitete ich sie auf den ersten Ausflügen über die Garagenzufahrt hinaus auf einem Fahrrad, damit ich die Bremse einsetzen konnte, um auf ihrer Höhe zu bleiben. Mit einer Ernsthaftigkeit, zu der nur Kinder fähig sind, fuhr J auf der leicht abschüssigen Straße los, die von unserem Haus wegführt, während sie an sich selbst gerichtete Warnungen vor den verschiedenen Gefahren in der rissigen Asphaltdecke murmelte und gelegentlich einen ängstlichen Schrei ausstieß.

Nach der dritten oder vierten Exkursion hatte J den Dreh heraus. Als sie mit wehendem Haar den Hügel hinab raste, muss sie meine Freude an ihrer Seite gespürt haben, und das schien ihr wert, ihre Konzentration auf die Straße für einen Augenblick zu durchbrechen, um mir einen von grinsendem Stolz erfüllten Blick zuzuwerfen. Es folgte eine Hüpfstelze, und bald darauf beherrschte sie *das* kindliche Beförderungsmittel schlechthin: das Fahrrad. Ihr Bedürfnis nach Geschwindigkeit entwickelte sich mit jedem Durchbruch beim Streben nach erweiterter Mobilität weiter. Wie Nietzsche sagt, ist Freude das Gefühl wachsender Macht.

Diesen Gedanken können wir mit einem anderen verknüpfen: Aristoteles erklärte, die Tiere unterschieden sich von der übrigen Natur dadurch, dass sie sich (anders als Steine) »selbst bewegen«: Wir erheben uns und gehen, und zwar oft ohne triftigen Grund. Aristoteles hatte da möglicherweise einen Punkt, denn wie sich herausstellt, hängt die Selbstbewegung im Gegensatz zum passiven Befördertwerden mit der Entwicklung unserer höheren Fähigkeiten zusammen. Wie wir uns im Raum zurechtfinden und unsere Umwelt erkunden, wirkt sich auf die Entwicklung des Hippocampus aus, und in dieser Struktur im Zentrum des Gehirns entwickeln wir unsere kognitiven Karten der Welt. Wir haben spezialisierte Zellen, die für die Ortszuordnung zuständig sind, und andere, die die Richtung des Kopfes steuern. Wenn wir durch eine Umgebung streifen, aktivieren unsere Bewegungen »Gitterneuronen«, was es uns ermöglicht, ein Koordinatensystem für die Navigation anzufertigen.

Aber es wird noch interessanter. Die Selbst-Bewegung scheint wesentlich zur Entwicklung des »episodischen Gedächtnisses« beizutragen. Wie M.R. O'Connor schreibt: »Unsere kognitiven Karten des *Raums* [...] sind der Ort unserer Erinnerungen an die *Vergangenheit.*« Das leuchtet ein, denn Ereignisse finden immer an irgendeinem Ort statt. Zeit und Raum sind in der Erfahrung und folglich auch in der Erinnerung miteinander verknüpft. Erst nachdem das Gehirn dank der langsamen Entwicklung des Hippocampus (durch umherstreifende Fortbewegung) die Fähigkeit zum Ortslernen erworben hat, beginnen wir, Erinnerungen an Episoden im Gedächtnis zu speichern. Die Psychologen A.M. Glenberg und J. Hayes haben die Hypothese aufgestellt, diese wechselseitige Abhängigkeit von Selbst-Bewegung und Erinnerung könnte die Erklärung dafür sein, dass wir uns nicht an unsere früheste Kindheit erinnern können. Sie erklären, dass Kinder aus der frühkindlichen Amnesie auftauchen, wenn sie »zu krabbeln und zu laufen beginnen. Sobald Babys beginnen, sich selbst durch den Raum zu bewegen, anstatt passiv umhergetragen zu werden, [...] beginnen die Orts- und Gitterneuronen zu feuern und sich der Umwelt entsprechend auszurichten, um die erkundeten Räume zu kodieren und schließlich das Gerüst des episodischen Gedächtnisses zu errichten.«[8]

Betrachten wir die weiterführenden Implikationen dieser Beobachtung. Unsere Erinnerungen an bestimmte Ereignisse sind die Punkte, die wir miteinander verbinden, um Geschichten über uns zu erzählen. Dieses Geschichtenerzählen gehört ins Reich des ausschließlich Menschlichen. Wir existieren nicht einfach wie ein Tier, das vollkommen in der Gegenwart lebt – vielmehr *interpretieren* wir unsere Existenz. Das tun wir, indem wir eine Geschichte zusammenfügen, die den vergangenen Episoden unseres Lebens einen Sinn verleiht, und das so entstandene narrative Muster liefert eine Grundlage für die Vorstellung, die wir uns von unserer Zukunft machen. Dies hat eine verblüffende Implikation: Die subjektive Kohärenz eines Lebens – unsere über die Zeit hinweg beständige Identität – scheint auf unseren grundlegenden *motorischen* Fähigkeiten zu beruhen.

Daher überrascht es nicht, dass wir in einigen unserer besten Geschichten Episoden unserer Bewegungen auf der Straße erzählen und dass diese Geschichten oft die Kontingenz und das Abenteuer der Erkundung vermitteln. Ich werde weiter unten kurz eine meiner eigenen Geschichten erzählen, die von einer Panne auf der Autobahn in einem 1972er Jeepster Commando handelt.

Indem wir nunmehr Technologie einsetzen, um uns von der geistigen Auseinandersetzung mit der Navigation und unserer Fortbewegung zu befreien, unterziehen wir uns einem bedeutsamen sozialen Experiment. Über den Nutzen dieses Experiments können wir streiten, aber wenn wir es vorantreiben, sollten wir uns ganz klar bewusst sein, dass unsere Mobilität als selbstgesteuerte, verkörperte Wesen ein grundlegender Bestandteil unserer Natur ist, der sich über Millionen Jahre entwickelt hat und der Teil der ausgesprochen menschlichen Erfahrung der Identität ist.

Das Fahren ist eine Praxis, in der wir erstaunliches Können entwickeln können. In dieser Praxis kommen einige der beeindruckendsten (und verstörendsten) menschlichen Eigenschaften zum Vorschein: Wagemut, Geschick und Aggression. Daher nimmt der Motorsport einen wichtigen Platz in der Anthropologie ein, die ich darlegen möchte.

Der Sport ist eine von jeglicher Nützlichkeit befreite Domäne des Spiels. Er zeigt uns, welche Fähigkeiten Menschen entwickeln können, und wir sollten solche Spitzenleistungen im Auge behalten, wenn wir die größere Erfahrungsdimension untersuchen. Darüber hinaus kann der Motorsport als Gegenmittel zu jener schleichenden Schwächung dienen, die mit Frieden und Wohlstand einhergeht. In seiner kriegerischen Energie stößt der Motorsport ein Fenster zu einem Teil unserer Natur auf, der im Guten wie im Schlechten verkümmert. Um diese Parallele zutage zu fördern, unternehmen wir einen historischen Abstecher in die Duelle zwischen Kampfpiloten im Ersten Weltkrieg, der tatsächlich ein Beispiel für Motorsport auf Leben und Tod war.

Es heißt: »Jeder Mensch stirbt. Nicht jeder Mensch lebt.« Ich verstehe das so: Es zählt nicht als Leben, einfach nur zu atmen. Das widerspricht dem Streben nach Gesundheit und Sicherheit. Aber wenn wir »Gesundheit« umfassender definieren, können wir die unterschwellige Unzufriedenheit und sogar Selbstverachtung nicht übersehen, die (vor allem) Männer in einer bürgerlichen Gesellschaft empfinden, in der die Gefahr physischen Schadens beinahe nicht mehr existiert. Die Frage wird nicht gestellt und bleibt unbeantwortet.

Einfach ausgedrückt, hat es eine erfrischende Wirkung, hin und wieder eine Heidenangst zu empfinden und auf die eigenen Fähigkeiten vertrauen zu müssen, um eine Herausforderung zu bewältigen. Diese Erfahrung richtet unser Denken auf ein klares Ziel. Sie beseitigt das Unwesentliche. Und wenn es vorbei ist, ist man begeistert, am Leben zu sein. Für einen kurzen Moment hat man das Gefühl, zu Recht Raum in der Welt einzunehmen.

Vor einigen Jahren liehen mir die netten Leute von *Popular Mechanics* (für die ich einen Artikel schrieb) eine nagelneue Ducati. Ich fuhr damit durch einen Canyon hinauf zum Mount Wilson Observatory außerhalb von Los Angeles. Als ich in einer nicht einsehbaren Kurve an ihren Scheitelpunkt kam, geriet der Vorderreifen des Motorrads auf Sand. Mein Kopf war nur knapp einen Meter von der Felswand an der Innenseite der Kurve entfernt. Der Vorderreifen rutschte etwa dreißig Zentimeter nach außen weg, mein Fuß auf der Innenseite schleifte über den Boden. Dann bekam die Maschine wieder Bodenhaftung, stabilisierte sich und kam aufrecht aus der Kurve. Es war eine jener Episoden – die Andeutung einer Katastrophe –, in denen man, wenn man sie unbeschadet übersteht, das Gefühl hat, erhobenen Hauptes weitergehen zu können. »Wagen, ungewisse Aussicht auf Gewinnen, Unsicherheit des Ausgangs und Spannung bilden das Wesen der Spielhaltung«, schreibt Johan Huizinga.[9] Im Kapitel mit der Überschrift »Das motorisierte Gegenstück des Kriegs« werden wir sehr viel mehr von Huizinga hören.

VOLKSTÜMLICHE INGENIEURSKUNST: SELBSTGESCHRAUBT

Eine grundlegende Erkenntnis über das menschliche Wesen ist, dass wir ein *Homo faber* sind, wie es Hannah Arendt ausdrückte: Wir machen Dinge. Diese Praxis scheint einem tief empfundenen Bedürfnis zu entspringen, auf etwas Sichtbares in der Welt zeigen und sagen zu können: »Das habe ich gemacht.« Kombiniert man diesen Aspekt des Menschlichen mit dem Wesen des *Homo moto,* so beginnt man, das leidenschaftliche Engagement des Schraubers zu verstehen.

Wir leben in einer Zeit, die in Zukunft vielleicht als »Zweites goldenes Zeitalter des Motorfrisierens« bezeichnet werden wird. Das erste derartige Zeitalter begann nach dem Zweiten Weltkrieg und dauerte bis zur Ankunft des elektronischen Motormanagements in den Achtzigerjahren. Von da an wurden die Dinge unter der Motorhaube ein wenig undurchschaubar, und nur die Unerschrockensten ließen sich weiterhin nicht davon abhalten, an neueren Automodellen herumzuspielen. Die meisten Schrauber indes machten sich auf die Suche nach älteren Modellen, und es entwickelte sich eine blühende Schrauberszene. Doch als Investoren zu der Überzeugung gelangten, alte Autos seien Kunstgegenstände, explodierten die Preise, womit diese Fahrzeuge für den typischen Garagenmechaniker unerschwinglich wurden.

Doch dann geschahen mehrere Dinge. Die Computerfreaks entdeckten das Auto, oder die Schrauber lernten zu programmieren – jedenfalls fanden die Leute heraus, wie sie die Software moderner Autos hacken und für unzulässige Zwecke nutzen konnten. Noch wichtiger war der Aufstieg des Internets. Mittlerweile gibt es technische Foren, die den Bauteilen verschiedenster Autos gewidmet sind. Besonders gut repräsentiert sind Bauarten, die von zahlreichen Gruppen von Autonarren bevorzugt werden, was nicht zuletzt daran liegt, dass sie erschwinglich sind und sich folglich als Experimentierplattformen eignen. Was mir an diesen Gemeinschaften besonders gefällt, ist ihre tiefe kognitive Auseinandersetzung mit dem eigenen Auto, was in deutlichem Gegensatz zu unserer Passivität und Abhängigkeit in der Konsumkultur steht. Darüber hinaus haben die andauernden, im Netz auffindbaren Unterhaltungen zwischen Personen, die mit denselben technischen Herausforderungen ringen, den Wissenserwerb erheblich beschleunigt.

Im Jahr 2000 wäre niemand auf die Idee gekommen, dass der Zweiventiler und der Schubstangenmotor nach einem Jahrhundert der Entwicklung immer noch ein derart großes unerschlossenes Potenzial haben könnten und dass Hobbymechaniker bald für den Alltagsgebrauch VW-Käfer mit luftgekühlten Vierzylinder-Boxermotoren bauen würden, die bis zu zehnmal mehr PS hatten, als es sich Ferdinand Porsche vorgestellt hatte, als er den Motor in den Dreißigerjahren entwickelte.

Ich bin einer dieser Hobbymechaniker: Gegenwärtig restauriere ich einen VW-Käfer aus dem Jahr 1975 und modifiziere ihn umfassend. Der Bau des Autos ist an sich ein Grund für die Erkundung dessen, was Fahren sein kann. Ich versuche, jene Eigenschaften des Autos, die das Fahren zu einem *Vergnügen* machen, möglichst deutlich herauszuarbeiten. Dabei gehe ich nicht mit der Mentalität eines Puristen ans Werk, der das Auto »historisch korrekt« restaurieren will; wo immer die moderne Technologie einen greifbaren Beitrag zur Verbesserung des Fahrerlebnisses leisten kann, werde ich sie nutzen. Im Kapitel »Volkstümliche Ingenieurskunst« beschreibe ich, wie ich das Auto baue.

Sich sein Auto selbst zu bauen ist ein wenig extrem: Die wenigsten von uns werden sich derart intensiv mit ihrem Auto beschäftigen. Aber jene, die sich in die praktischen Details vertiefen, ziehen nützliche Lehren aus dieser Erfahrung. Beim Selbermachen geht es um die Freude, *sich ein Auto wirklich zu eigen zu machen,* indem man seine eigenen Gedanken und seine Arbeit hineinsteckt. Das wirkt sich auf das Fahrerlebnis aus: Das Auto wird tatsächlich zu einer Erweiterung des Selbst. Das bringt sowohl größere Angst als auch Befriedigung mit sich – es wird unmöglich, zu fahren, ohne indirekt unter all den kleinen metallurgischen Traumata zu leiden, die das Auto in der normalen Nutzung abkriegt. Kaltstarts lösen ein Schaudern körperlichen Unwohlseins aus, da man ein klares Bild der Kurbelwellenlager vor Augen hat, die mit fehlendem Öldruck kämpfen. An heißen Tagen krümmt man sich ein wenig bei dem Gedanken an die schreckliche Temperatur der einströmenden Luft, die den Motor erhitzt. Sollte man auf das schwer fassbare, wandernde Rasseln im Motor (kaum hörbar, aber möglicherweise fatal) hören oder doch lieber das Radio einschalten und das Leben genießen, solange man kann? Man sieht sich dann besser die Daten des Motors an, wenn man nach Hause kommt. Und so weiter. Wenn Unkenntnis ein Segen ist, ist ein solches Engagement beinahe das Gegenteil eines Segens, vor allem, wenn man vier Monatsgehälter und mehr als hundert Stunden sorgfältiger Montagearbeit in diesen Motor investiert hat (während die Karosserie des Autos durchaus noch eine scheckige Palette von grauer Grundierung, Spachtelmasse und Rost sein kann).

Der Genuss ist flüchtig. Man erlebt ihn, wenn man mit hoher Geschwindigkeit den Scheitelpunkt einer weiten Linkskurve erreicht, mit einer Umdrehungszahl, die dem Motor gefällt – das weiß man, weil man mehrere Wochen über Kraftmessergrafiken, Kompressorkarten und Nockenwellenprofilen gegrübelt hat, um dahin zu gelangen. Man spürt die reaktionsfreudige Straffheit des Fahrwerks, das man mit solchen Manövern im Hinterkopf verstärkt und getunt hat, und lässt sich dazu verleiten, Gas zu geben, um ein wenig zu übersteuern. Das Heck schert aus, wodurch die Linie durch die Kurve enger wird und die Reifen ein paar Millimeter Gummi in einer weißen Rauchfahne in die Atmosphäre pusten. Das ist kein Chaos, Herr Wachtmeister, das ist Kontrolle.

Während man am Straßenrand wartet, im Rückspiegel flackerndes Blaulicht, bemerkt man die vom Schrecken geweiteten Augen im Gesicht des Fahrers in einem entgegenkommenden neuen BMW. (Zumindest möchte man glauben, dass er erschrocken ist; wahrscheinlicher ist, dass er amüsiert ist oder den Blick auf etwas ganz anderes gerichtet hat.) Der Klassenkampf gehört zu den nebensächlichen Vergnügungen des Selberschraubens, ein umgekehrter Snobismus, der den Genuss der Eingeweihten erhöht. In der verdrehten Logik des Schraubers besteht sein *Sieg* darin, dass er von einem verständnislosen Staat im Auftrag eines verständnislosen Bürgertums bestraft wird – die kleinen Freuden des Dissidenten.

Der typische Schrauber bezieht seine Ersatzteile aus Schrottautos, die auf oder in der Umgebung seines Grundstücks abgestellt sind – aus rostenden, schrittweise ausgeschlachteten Kadavern, deren Existenz das ästhetische Feingefühl der Anwohner verletzen kann. Mit den politischen Implikationen solcher Situationen werden wir uns im Kapitel »Alte Autos: Ein Dorn im Fleisch der Zukunft« beschäftigen. Abwrackprämien werden unter dem Deckmantel der Verantwortung für die Umwelt angeboten, doch solche Initiativen erzwingen die mit versteckten Umweltkosten verbundene Beseitigung vollkommen funktionstüchtiger Autos. Auch gegen herumstehende Altautos gerichtete Abfallverordnungen sind manchmal wenig mehr als Piraterie, die von Gemeinden im Dienst von Immobilienfirmen betrieben wird. Eine reinliche Vorstadtästhetik wird als »grüner« Moralismus getarnt und richtet sich nicht nur gegen Autoliebhaber, sondern auch gegen sparsame und erfinderische Menschen, die ein oder zwei im Garten abgestellte Schrottautos als Ersatzteillager voller Schätze nutzen.

VERTRAUEN UND SOLIDARITÄT AUF DER STRASSE

Forscher haben herausgefunden, dass viele Verkehrsstaus ihren Ursprung in leichten Bremsmanövern haben, die sich nach hinten fortpflanzen, wobei jeder nachfolgende Fahrer ein wenig schärfer bremst als der Vordermann, was schließlich zum Verkehrsstillstand führt. Der Auslöser ist also jemand, der nicht in der Lage ist, *gleichmäßig* zu fahren.[10] Diese »Gleichmäßigkeit« könnte als Fahrstil einer Person definiert werden, die den zeitlichen Abstand zwischen ihrem Auto und dem vorausfahrenden konstant hält, was sie erreicht, indem sie auf die noch weiter vorne fahrenden Autos achtet. Die meisten Verkehrsstaus werden nicht durch Unfälle, sondern durch kleine Aussetzer dieses Vorausblicks verursacht. Je besser es uns gelingt, die Straße – das heißt die ganze Verkehrssituation – als einen Gegenstand der gemeinsamen Aufmerksamkeit zu betrachten, desto angenehmer wird unser aller Fahrerlebnis.

Fernfahrer führen ein eher einsames Leben, aber Finn Murphy beschreibt in seinem autobiografischen Buch *The Long Haul* die Aufmerksamkeitsgemeinschaft, die entsteht, wenn eine Gruppe von Lkw eine Formation bildet:

> *Es war wunderbar, in der Mitte des Konvois zu fahren. Sah der Fahrer an der Spitze einen Alligator auf der Straße (als Alligatoren bezeichnen die Fahrer große Fahrrillen im Asphalt), so meldete er über Funk »Gator« und wechselte in die Überholspur. Ich wechselte hinter den Armellinis die Spur. Wir fanden alle einen Rhythmus. Alle fuhren gut, alle waren professionell, alle fuhren schnell, aber nicht unvernünftig schnell, und wir bewegten uns auf einer gemeinsamen Bewusstseinsebene.*

Ich habe nie etwas erlebt, was einer Zen-Erfahrung nähergekommen wäre, wenn man von meiner Beladungstrance absieht. Wegen diesen beiden Dingen bin ich dort draußen. Der Rest ist nur eine Schererei.

Einmal war ich mit meinen Freunden Joe Davis und Elizabeth Lasch-Quinn im Auto in der ländlichen Gegend außerhalb von Charlottesville unterwegs. Joe saß am Steuer, ich auf der Rückbank. Betsy erzählte uns, wie sie einmal auf dem Weg von New Jersey nach Virginia lange Zeit hinter einem Lkw hergefahren war. Auf der Rückseite des Lkw stand »SHOE«. Eine Weile rollten sie und SHOE auf diese Art vor sich hin. Sie hatte den Eindruck, dass SHOE gelegentlich diskret die Bremslichter aufleuchten ließ, um ein bevorstehendes Manöver anzukündigen. Sie stellte sich vor, dass SHOE ihren Rhythmus auf der Straße spürte, und wusste seine zügigen Spurwechsel zu schätzen. Es entwickelte sich tatsächlich eine Beziehung zwischen den beiden. Schließlich fuhr SHOE bei einer Raststätte ab, und Betsy fühlte sich ein wenig betrogen. Sie dachte kurz darüber nach, ebenfalls abzufahren, aber sie wollte nicht wie eine Stalkerin wirken.

Was für ein Ort ist die Straße? Dort sind wir in unseren Autos zugleich zusammen und doch vollkommen voneinander getrennt, weshalb die Straße einen interessanten Hybridcharakter hat, der mit dem keines anderen gemeinsamen Raums vergleichbar ist. Früher war der öffentliche Charakter der Straße deutlicher ausgeprägt. Bevor in den Zwanzigerjahren des vergangenen Jahrhunderts Automobile in großer Zahl auf die Straßen kamen, wurden die städtischen Straßen von Fußgängern, Pferden und Straßenbahnen beherrscht. Die Straße war der Raum, in dem die Kinder spielten – warum auch nicht?

Als das Automobil auftauchte, wurde es anfangs allgemein als Eindringling betrachtet. Autos »behinderten und gefährdeten andere, seit Langem legitime Verwendungen der Straße«, wie Peter D. Norton in *Fighting Traffic* schreibt. »Bevor die Stadt für die Motorfahrzeuge physisch umgestaltet werden konnte, mussten die Straßen sozial umgestaltet und in einen Raum verwandelt werden, in dem die Motoristen unzweifelhaft ihren Platz hatten.« Heute kommt es uns kaum in den Sinn, in der Straße etwas anderes zu sehen als eine Durchgangsroute für Motorfahrzeuge, aber dazu wurde sie erst durch eine Umdeutung ihres Zwecks. Wenn man sich das Blutbad ansieht, das die Automobile in ihren Anfängen unter den Fußgängern anrichteten, wird klar, dass dies ein mühsamer Prozess war. Norton spricht von einer »gewaltsamen Revolution in der Straßennutzung zwischen 1915 und 1930«, die mittlerweile fast vollkommen vergessen ist. »Das Ausmaß der Welle von Blut, Trauer und Wut auf den Straßen der amerikanischen Städte in den zwanziger Jahren ist in Vergessenheit geraten.«

Vor dem Siegeszug der Kraftfahrzeuge war die Straße ein öffentliches Gut, eine Annehmlichkeit, die Zwecken diente, die einen an sich öffentlichen Charakter hatten. In der Straßenbahn zu fahren bedeutet offenkundig, ein Beförderungsmittel mit anderen zu teilen. Aber was ist mit dem Gehen? In gewissem Sinn ist es eine einsame Aktivität, aber zugleich ist es auch eine öffentliche: Beim Gehen ist man *exponiert,* und die Gegenwart anderer hat eine andere Qualität als die Nähe von Personen, die in anderen Autos sitzen. Im Auto ist man in seinen privaten Raum gehüllt und gegen andere abgeschirmt. Hinter dem Steuer nehmen wir uns die Freiheit, andere wüst zu beschimpfen, was wir auf dem Bürgersteig nie tun würden. Und natürlich haben wir als Autofahrer mehr Grund zu fluchen, denn die anderen in *ihren* Privatautos sind uns im Weg. War die Straße früher eher ein Gemeingut, so ist sie heute ein Ort des *Wettbewerbs* um eine knappe Ressource: die Verkehrskapazität.

Aber auch auf der umgewandelten Straße sehen wir (an einem guten Tag) eine Art von sozialem Anstand. Mit dem gleichermaßen kompetitiven und kooperativen Raum der urbanen Kreuzung befassen wir uns im Kapitel »Verkehrsmanagement: Drei rivalisierende Versionen der Rationalität«. Die erste Version der Rationalität, auf die man sich bei der Steuerung des Verkehrs berufen kann, ist schlicht die Regeltreue. Wird sie zu weit getrieben, verwandelt sie sich in eine ausgesprochen ineffiziente Art des Verkehrsmanagements, was Sie zweifellos erfahren, wenn Sie mehrere Minuten an einer leeren Kreuzung an einer roten Ampel stehen und darauf warten müssen, nach links abbiegen zu dürfen. Die Durchsetzung der Regeln wird auch zu einem Vorwand für die Umwandlung des Gesetzesvollzugs in eine gewinnorientierte Geschäftstätigkeit. Tatsächlich sind wir in ein illiberales Verkehrsregime mit Radarfallen und Ampelkameras abgeglitten. Die Notwendigkeit dieses Regimes wird mit dem moralisch unanfechtbaren Argument der Sicherheit begründet, aber wie ich zeigen werde, ist dieses Argument sehr zweifelhaft.

Man sagt uns, das Chaos auf den Straßen werde bald durch ein System der algorithmischen Kontrolle ersetzt, in dem kein Platz mehr für die menschliche Handlungsmacht sein wird: Die »autonome Kreuzung« wird dann für Ordnung sorgen. Die Begründung für diese zweite Version der Verkehrsrationalität muss ernster genommen werden: In seiner flexibelsten und vollkommensten Form, so heißt es, wird uns das Maschinenlernen in die Lage versetzen, eine anpassungsfähigere Logik der Vorfahrtsgewährung anzuwenden. Statt exakt vorgegebener Wechsel der Vorfahrt oder strikter

Regelbefolgung würden die Bewegungen der Autos einander angepasst, um den Verkehrsfluss zu maximieren. Daran wären keine Menschen mehr beteiligt, sondern die Autos würden untereinander kommunizieren und die Fahrt abhängig vom Geschehen laufend anpassen. Komischerweise könnte das in der Vogelperspektive bemerkenswerte Ähnlichkeit mit dem hochgradig improvisierten Verkehrsstrom auf einer Kreuzung in der Dritten Welt haben, wo auf eine Regelung des Verkehrs verzichtet wird: Dort fließt der Verkehr oft sehr harmonisch. Wenn alles nach Plan läuft, könnte eine solche computergesteuerte Kreuzung ein vergleichbares Maß an Effizienz erreichen wie eine Kreuzung in der Dritten Welt! Nur dass es den privaten und öffentlichen Haushalten hohe Kosten verursachen würde.

Die dritte Form von Verkehrsrationalität wird erkennbar, sobald wir uns der sonderbar willkürlichen Natur eines solchen Vorhabens bewusst werden und uns einen neugierigen Blick zurück auf die »weniger entwickelten« Teile der Welt erlauben. Anstatt zu versuchen, die Effizienz ihrer Fahrpraxis mit Computern nachzuahmen, könnten wir uns diese Praktiken ansehen, um uns daran zu erinnern, wozu Menschen fähig sind, wenn sie sich auf ihr eigenes Können verlassen müssen. Diese Untersuchung führt uns zu einer Auseinandersetzung mit dem Sinn der Selbstregierung.

Ich bin der Meinung, wir sollten uns mit diesem Thema beschäftigen, wenn wir verstehen wollen, warum autonome Autos in verschiedenen dystopischen Filmen wie *Blade Runner, Total Recall, Minority Report* und *Wall-E* eine wichtige Rolle spielen. In diesen Filmen sind die Fahrer zu Passagieren degradiert worden und wirken wie neuartige Verwaltungssubjekte, die gesteuert werden können. Mit dem Wort »Subjekt« meine ich hier sowohl ein Objekt der politischen Herrschaft als auch die Art von Person – die Form von Subjektivität –, die durch eine solche Herrschaft vorausgesetzt oder erfordert wird und folglich ins Leben gerufen wird. Ein Passagier ist unbeteiligt, von anderen isoliert, während das Geben und Nehmen des städtischen Straßenverkehrs eine Interaktion darstellt, in der die Fähigkeit zu Kooperation und Improvisation gefordert ist. Als solches ist das Fahren eine Form von organischem bürgerlichen Leben, und das Verschwinden des bürgerlichen Empfindens ist ein wichtiger Bestandteil der dystopischen Stimmung in diesen Filmen.

Beim Fahren interagieren wir mit anderen Menschen, mit denen wir konkrete Interessen teilen. Alexis de Tocqueville erklärt, dass die Gewohnheiten der kollektiven Selbstregierung in praktischen Aktivitäten gepflegt werden, die Kooperation erfordern, und diese Gewohnheiten sind unverzichtbar für das Gedeihen einer demokratischen politischen Kultur. Aber aus Sicht einer Zentralmacht (sei es eine Regierung oder eine utopische technologische Macht) ist ein idealisiertes Subjekt anderer Art wünschenswert, nämlich ein asoziales, das es ermöglicht, eine atomisierte Darstellung des menschlichen Wesens zu operationalisieren. Dieses Subjekt hat Ähnlichkeit mit dem Erzähler des Songs »The Passenger« von Iggy Pop: »Ich bin ein Passagier / Ich bin unter Glas.« Eine Gesellschaft derart isolierter Subjekte ist formbarer und kann effizienter regiert werden.

Beim Caliente 250, einem Wüstenrennen, das seit Generationen stattfindet, werden wir einer verschworenen Gemeinschaft von Motorsportfamilien begegnen, die sich alljährlich im Frühling in der Ortschaft Caliente in Nevada versammeln und etwas vorleben, was in den Augen des Autors wie ein Lehrbeispiel für deliberative Demokratie und Umweltverwaltung aussieht. In diesem Fall wird der Wettbewerbsgeist des Motorsports durch einen konkreten Sinn für das gemeinsame Erbe abgemildert. Die Wüste ist ein verwundbares Ökosystem, und dasselbe gilt für das Nebeneinander von einheimischen Ranchern und Rennfahrern. Unter diesen fragilen Bedingungen gehen die Anhänger des Caliente 250 einer Aktivität nach, die sie lieben und die sie mit der Zeit aneinanderbindet. Die Aufrechterhaltung der sozialen und natürlichen Bedingungen, die das Rennen möglich machen, erfordert einen Sinn für die Verwaltung des Wertvollen, der in deutlichem Gegensatz zum Bild des rücksichtslosen, rasenden Vandalen steht.

DER FAHRER ALS MORALISCHER TYPUS

Das Fahren hat etwas an sich, das uns zu leidenschaftlichen moralischen Urteilen über die Gewohnheiten unserer Mitbürger veranlasst. Wir sehen auf der Autobahn ein Auto, das auf der Überholspur dicht auf das vor ihm fahrende Fahrzeug auffährt. Der Fahrer des ersten Wagens will offenkundig andere daran hindern, das Gesetz zu brechen und zu schnell zu fahren. Der hinter ihm schert immer wieder wütend aus, um etwas klarzustellen: Man *soll* nicht rechts überholen. Die beiden setzen ihre Auseinandersetzung über mehrere Kilometer fort; sie verdienen einander in diesem Drama der Rechtschaffenheit. Fahrer, die sich in ihrem Gerechtigkeitssinn verletzt fühlen, sind besonders gefährlich und behindern den Verkehr am stärksten.

Stellen wir das dem sozialen Anstand gegenüber, den ein Mensch zeigt, der auf einer kurvigen Straße am Straßenrand hält, um einem schnelleren Fahrer Platz zu machen. In der autobewussten Kultur Südkaliforniens geschieht das meist ganz rasch: Dort herrscht einfach Einigkeit darüber, dass eine Straße durch eine Schlucht ein öffentliches Spielfeld ist, auf dem die Fahrer einander nicht im Weg sein wollen. In meinem Heimatstaat Virginia ist eine solche Höflichkeit selten; dort unterstellen die Leute dem schnelleren Fahrer, er wolle ein illegitimes Vergnügen genießen.

Die Amerikaner beanspruchen lautstark die Idee der Freiheit für sich, aber je mehr man von der Welt sieht, desto fragwürdiger wird dieser Anspruch. Ein als Rebell verkleideter Harley-Fahrer schwitzt in einem Stau in Virginia, obwohl zwischen den stehenden Autos eine einladende Lücke von anderthalb Metern klafft. Auf den Flügeln des Adlers auf seiner Bikerweste steht das Wort FREEDOM. Auf der anderen Seite der Welt schlängelt sich währenddessen eine vierköpfige Familie auf einem 50-Kubikzentimeter-Moped geschickt durch die verstopften Straßen Mumbais; an der Lenkstange hängt ein bekränztes Bild von Ganesch (dem »Beseitiger von Hindernissen«).

Wenn Motorräder im Stau die Gasse zwischen den stehenden Autos nutzen können, wird die Nutzung der Straße für alle Beteiligten effizienter. Aber in den meisten Ländern ist das Durchfahren der Gasse verboten, obwohl es mancherorts geduldet wird. In den USA ist diese Praxis nur in Kalifornien erlaubt. In Bikerkreisen heißt es, die kalifornische Autobahnpolizei habe sich für eine Legalisierung eingesetzt – aus Gründen, die zeigten, dass die Highway Patrol die Straße als gemeinsamen Aufmerksamkeitsraum betrachte. Es heißt, die Verkehrspolizisten auf dem Motorrad hätten sich gewünscht, bei Bedarf selbst die Gasse zwischen stehenden Autos nutzen zu dürfen, und hätten begriffen, dass die Autofahrer lernen, insbesondere bei Schritttempo auf Zweiräder zu achten, wenn allen Motorradfahrern dieses Vorrecht eingeräumt wird. Genauso ist es gekommen. Ich habe die Erfahrung gemacht, dass die Autofahrer in Los Angeles und der Bay Area ähnlich wie europäische Autofahrer eher daran gewöhnt sind, in den Rückspiegel zu schauen.

Ich nutze mehr als meine motorradfahrenden Freunde und Bekannte die Gasse zwischen den Spuren, wenn der Verkehr zum Stillstand kommt, unabhängig davon, in welchem Teil des Landes ich mich befinde. Ich breche also das Gesetz. Ich möchte vorausschicken, dass ich keine lauten Motorräder fahre und versuche, höflich zu sein – ich gehöre nicht zu *diesen Leuten*. Ich gebe zu, dass das Durchfahren der Gasse außerhalb Kaliforniens riskant ist, aber da ich hier in einen Zustand höchster Wachsamkeit wechsle, geht die Gefahr vor allem von den Reaktionen der Fahrer aus, die glauben, dass ich ihnen etwas wegnehme, so, als würde ich mich in einer Schlange vordrängen. In Wahrheit tue ich nichts anderes, als meinen Verbrauch von Straßenkapazität auf null zu senken.[11]

Ich habe erlebt, dass Fahrer gezielt ausscherten, um mir den Weg zu versperren, an wütendes Hupen und Beschimpfungen bin ich gewöhnt. In einer Szene des Films *Easy Rider* sitzen die Hauptfiguren um ein Lagerfeuer und beklagen sich darüber, dass sie von »normalen« Leuten mit Furcht und Abscheu angeschaut werden. Ein neu zu der Gruppe gestoßener Mann, der von Jack Nicholson gespielt wird, gibt eine Erklärung dafür: Sie hassen euch nicht, weil ihr schmutzig seid oder lange Haare habt. Sie hassen euch, weil ihr frei seid. Wenn man die Gasse zwischen im Stau stehenden Autos nutzt, kann man diesen Hass fühlen. Auf die Gefahr hin, eitel zu wirken, deute ich dies als Ressentiment derer, die in ihren Käfigen gefangen sind, weil sie eine zu große Risikoabneigung haben, um frei zu sein. In Platons Dialog *Gorgias* erklärt eine Figur namens Kallikles: »Nein, ich glaube, Gesetzgeber sind die Masse der Schwächlinge. Auf ihre Person und ihren Nutzen also schneiden sie die Gesetze zu und verteilen Lob und Tadel.«[12]

Beim Durchfahren der Gasse nimmt ein Motorradfahrer

anderen Fahrern nichts weg, denn sie können diesen Raum unmöglich nutzen. Aber er drückt eine Meinung über die herrschende Moral im Straßenverkehr und die Polizei aus, die diese Moral durchsetzt. Das tut er nicht, indem er die anderen Fahrer mit Worten herausfordert, sondern indem er seinen Körper möglichem Schaden aussetzt und sich auf seine Reflexe verlässt. Man kann sich des Verdachts nicht erwehren, dass er Verkehrsstaus geradezu liebt.

Im Monty-Python-Film *Das Leben des Brian* spielt John Cleese unter anderem einen römischen Herrn in heidnischer Zeit. Bei einem Spaziergang stößt er auf eine Menschenansammlung. Eine durchgedrehte, an einen Hippie erinnernde Figur hält eine Rede, die das Interesse dieses Römers weckt. Schließlich wird uns klar, dass dieser Hippie die Bergpredigt hält. Der Römer steht ganz hinten in der Menge und sagt zu dem neben ihm stehenden Mann: »Was Jesus einfach nicht erkennen will, ist, dass die Sanftmütigen das Problem sind.«

Dies könnte in Anlehnung an das heidnische Denken das Motto der konterrevolutionären Utopie eines Fahrers sein.

EIN UTOPISCHES GEDANKENEXPERIMENT

Wenn wir uns die Freiheit bewahren wollen, unsere Autos selbst zu fahren, sollten wir uns Gedanken darüber machen, wie die Wahrnehmung dieses Privilegs in einer Kultur der Ablenkung geregelt werden kann. Für einen hilfreichen Vergleich bietet sich die gesetzliche Lage in Deutschland an, wo man auf bestimmten Autobahnstrecken so schnell fahren darf, wie man will. Verursacht man jedoch einen schweren Unfall, so droht eine harte Strafe. Das Gesetz gewährt Entscheidungsfreiheit und weist zugleich völlige Verantwortung zu, das heißt, es behandelt die Bürger wie Erwachsene. Dieses belebende Konzept ist vielleicht ein bisschen zu radikal für die Vereinigten Staaten.

Aber wie wäre es, wenn wir den Geist des deutschen Gesetzes auf das eine Ende eines Kontinuums anwenden würden, in dem Platz für uns alle wäre? Darunter jene, die aus durchaus nachvollziehbaren Gründen herumkutschiert werden möchten und sich möglichst wenig am Verkehr beteiligen wollen? In einem Gedankenexperiment könnten wir uns ein System von abgestuften Führerscheinen vorstellen, die der Kompetenz und der Beteiligung des Fahrers angepasst wären. Zunächst könnten wir alle alten Menschen in selbstfahrende Uber-Fahrzeuge setzen – sie werden es lieben. Sodann nehmen wir all jene, die lieber *Gran Turismo* spielen würden als zu lernen, wie man ein echtes Auto fährt, und setzen sie auf die Rückbank, natürlich mit Spielkonsole und Trinkpäckchen.

Nachdem das geklärt ist, könnten wir feinere Unterscheidungen vornehmen. Die Einschränkungen und Rechte des Fahrers würden von bestimmten Kompetenzen abhängen (etwa davon, wie schnell er einen Autocross-Kurs absolvieren kann, wie schnell er sein Auto in einer kleinen Parklücke unterbringen kann oder wie schön er eine Rockford-Wende macht). Und sie wären an verschiedene Merkmale des Autos gekoppelt. Zunächst das Gewicht: Ein Auto, das eine halbe Tonne weniger wiegt als die umgebenden Fahrzeuge, hat gleich drei Vorteile: Es ist leichter zu manövrieren, stellt bei einem Zusammenstoß eine geringere Bedrohung für die Insassen der massiveren Nachbarn auf der Straße dar – und vor allem hat der Fahrer des leichteren Autos aus denselben physikalischen Gründen *mehr zu verlieren*. Man darf daher annehmen, dass er ein hohes Maß an Aufmerksamkeit an den Tag legen wird.

Die nächste Überlegung zu meinem utopischen Führerscheinsystem betrifft das Fahrzeug und die vom Auto unterstützte »Ökologie der Aufmerksamkeit«.[13] Je geringer die Zahl der Ablenkungen, desto umfangreicher soll die Fahrerlaubnis ausfallen, die der Kombination von Fahrer und Auto erteilt wird. Die umfassendste Genehmigung erhält derjenige, der bereit ist, ein vollkommen gegen Ablenkungen abgeschirmtes Auto ohne Kommunikationsmöglichkeit, Stereoanlage oder Navigationssystem zu fahren, und dieses Auto, das drei Standardabweichungen leichter als das Durchschnittsauto sein sollte, in einen kontrollierten Allrad-Drift bringen kann. Ein solcher Fahrer erhält den größten Spielraum bei der Wahl der Methode, die ihm geeignet erscheint, um von Punkt A zu Punkt B zu gelangen.

Zudem können wir die Fahrerlaubnis jeder Fahrer-Fahrzeug-Kombination für die anderen Verkehrsteilnehmer sichtbar machen, zum Beispiel durch verschiedenfarbige Kennzeichen. Auf diese Art können wir die Eitelkeit und den sozialen Vergleich in den Dienst unseres Vorhabens stellen – zwei Säulen des tugendhaften Verhaltens. Das System würde eine Rangordnung der Fahrer sichtbar machen.

Wäre eine solche Hierarchie mit der demokratischen Kultur vereinbar? Im Prinzip ja. Jeder, der ausreichendes Interesse hat, kann ein guter Fahrer werden – er muss nur gerne fahren. Darüber hinaus würden die leichteren und einfacheren Autos, für die man einen höherwertigen Führerschein bekäme, nicht mehr, sondern weniger kosten als die überladenen Alternativen. Der Wettbewerb um automobilen Luxus, der viele Menschen mit beschränkten Mitteln dazu treibt, sich zusätzliche Schulden aufzubürden, um ihren sozialen Status zu erhöhen (wovon im Wesentlichen die Autohändler profitieren), würde durch eine rivalisierende Wettbewerbssphäre ergänzt. In diesem Wettbewerb würde man sich nicht durch auffälligen Konsum von anderen abheben, sondern durch Können und durch eine nachweisbare Fürsorge für die gemeinsame Verkehrsumwelt.

SOUVERÄNITÄT

Ich verbrachte einmal einen Monat in Tibet. Die dortige Automobilszene ist ein kunterbuntes Gemisch, in dem schwarze Audi A6 (der Standarddienstwagen chinesischer Parteifunktionäre) hinter von Yaks gezogenen Karren herzuckeln, die von zahnlosen Matronen gelenkt werden und oft mit einem hohen Heuhaufen beladen sind, der drohend über der Straße schwankt. Auch Motorräder werden zum Dienst als Lastkarren gepresst und müssen sich mit ihrer Fracht manchmal durch Kuhherden schlängeln, welche die Straße blockieren. Ich bewunderte ein kleines 125er Motorrad mit einem behelfsmäßig aus Bewehrungsstahl zusammengeschweißten Lastengestell – ich vermute, für den Schweißlichtbogen hatten sie eine Autobatterie verwendet.

Es faszinierte mich, dass bei den meisten Motorrädern, die ich sah, kleine tibetanische Teppiche auf den Sitzen lagen. Viele Bewohner der tibetanischen Hochebene sind immer noch Nomaden, die ihre Yaks von einem Winterlager zu den Sommerweiden treiben. Ich erfuhr, dass die Nomaden ihre Pferde traditionell mit Teppichen satteln. Für den Herdenauftrieb werden mittlerweile aber kaum noch Pferde, sondern meistens kleine Motorräder eingesetzt. Wie überall haben auch diese Motorräder gepolsterte Sitze. Aber in Tibet legt man einen Teppich auf den Rücken seines Reittiers. Der erste Yakhirte, der einen Teppich auf sein Motorrad legte, tat das vielleicht im Scherz, aber mittlerweile erfüllen die Teppiche durchaus eine praktische Funktion. Sie sind im Wesentlichen ornamental und drücken ein Bekenntnis zum kulturellen Erbe des Landes aus.

In Tibet, dessen Bevölkerung von China aggressiv assimiliert wird, ist dies ein konkretes, alltägliches Bekenntnis: Chinesische Soldaten marschieren in bedrohlichem Stechschritt durch Lhasa, und Horden chinesischer Touristen überrennen die Tempel und Klöster, entsandt vom Regime in Peking, um die »rückwärtsgewandten Tendenzen« der tibetanischen Kultur zu bekämpfen. Erfüllten die Sattelteppiche in der Vergangenheit ein ergonomisches Erfordernis im Kontext einer bestimmten Lebensart, so dienen sie jetzt dem Bedürfnis, angesichts einer Bedrohung etwas über den *Wert dieser Lebensart zu sagen*. Indem ein Tibeter einen Teppich auf sein Motorrad legt, sendet er eine Botschaft, wenn auch auf eine sehr subtile Art.

Ich glaube, dass die automobilen Subkulturen der westlichen Kultur eine ähnliche Botschaft haben. Diese richtet sich gegen eine weniger auffällige Aushöhlung der Souveränität als im Fall Tibets, aber es sind Parallelen erkennbar. Die Subkulturen beschwören und bekräftigen eine Lebensart, die nicht mehr passen will zu … ja, wozu? Diese Frage zu beantworten ist schwieriger. Die Lebensart passt nicht zu allem, was selbstverständlich, selbstgewiss, begründet, respektabel ist. Zu Gesundheit und Sicherheit. Zur Automation. Autoliebhaber betrachten als ideologisch, was in den Augen besser angepasster Menschen einfach nur vernünftig ist.

Verzerrt die übertriebene Begeisterung der Subkulturen ihren Blick? Mit einiger Sicherheit. Aber meine Prämisse lautet, dass sie ihrer störrischen Leidenschaft für das Autofahren und für Autos, die vollkommen in ihrer Hand sind, auch eine Perspektive verdanken, mit der wir uns beschäftigen sollten. Diese Perspektive erlaubt ihnen zu sehen, wie bizarr und tyrannisch eine Vision vom Fortschritt werden kann, wenn sie versucht, das menschliche Element aus jeder menschlichen Aktivität zu entfernen. In dieser Vision werden Ideale wie Wohlwollen und Annehmlichkeit beschworen, aber Voraussetzung für ihre Verwirklichung ist die Umerziehung von Menschen, die offenbar übermäßiges Vertrauen in ihre eigenen Fähigkeiten setzen. *Wehre dich nicht gegen das Unvermeidliche; über Passivität und Abhängigkeit entsteht die Ruhe der Aufgeklärten.* Wenn Ihnen ein solches Bild des Fortschritts keine Angst macht, ist dieses Buch wahrscheinlich nicht die richtige Lektüre für Sie.

Offenkundig ist das Konzept der individuellen Handlungsmacht grundlegend für eine Kritik dieses Traums. Zugleich wird es jedoch der politischen Natur der Herausforderung nicht gerecht. Etwas Neues, Gieriges zehrt an der individuellen Handlungsmacht und macht einen im Grunde imperialen Herrschaftsanspruch geltend. Der Charakter dieser Bestrebung wird in den Kapiteln »Street View: Mit Googles Augen« und »Wenn Google Autos bauen würde« offenkundig.

Der Begriff der »Souveränität« hat seinen Ursprung in der Festigung der Autorität der Monarchie gegenüber rivalisierenden Fraktionen des Adels, deren gewaltsame Auseinandersetzungen die Feudalgesellschaft destabilisierten. Das Konzept gewann mit dem Aufstieg des Nationalismus im 19. Jahrhundert erneut an Bedeutung, allerdings wurde in dieser Phase der Anspruch auf Souveränität *gegen* die Konsolidierung der Macht ins Feld geführt und diente kleineren, sprachlich und kulturell kohärenten Bevölkerungsgruppen in Europa als Begründung für ihre Forderung nach politischer Selbstbestimmung und nach Unabhängigkeit vom Osmanischen Reich und von der Habsburgermonarchie. Im 20. Jahrhundert dann schrieben Kolonialvölker in aller Welt im Kampf gegen die europäischen Kolonialmächte die Souveränität auf ihre Fahnen.

Auf beiden Seiten des Atlantiks hat die Idee der Souveränität heute neue politische Relevanz erhalten. Wenn wir die wütenden Forderungen der populistischen Bewegungen wörtlich nehmen, sind sie eine Reaktion auf die Herrschsucht der politischen und wirtschaftlichen Eliten, die einen Fortschritt vorantreiben wollen, der die Sorgen der als rückwärtsgewandt Eingestuften delegitimieren will.

Aufschlussreich ist, dass einige dieser populistischen Bewegungen als Proteste von Autofahrern begannen oder bedeutsame automobile Manifestationen haben. Die französischen »Gelbwesten«, benannt nach den im Straßenverkehr vorgeschriebenen Sicherheitswesten, legten zwischen Ende 2017 und Anfang 2019 an fast jedem Wochenende Teile von Paris und anderen Städten Frankreichs lahm und stürzten Emmanuel Macrons Regierung in eine schwere Krise. Ausgelöst wurden die Proteste durch eine geringfügige Senkung von Tempolimits und die Einführung einer Kraftstoffsteuer, die das französische »Hinterland« unverhältnismäßig schwer belastete. (Macrons Wählerschaft konzentriert sich in den Ballungsgebieten und nutzt die Metro; seine Partei hat ihre wichtigste Bastion im Großraum Paris und bezieht ihre Legitimität nicht zuletzt aus dem Engagement für Umweltschutz.) Die schwersten materiellen Schäden richtete die Protestbewegung im französischen Radarfallennetz an. (Bis Januar 2019 wurden rund 60 Prozent der Radarfallen zerstört.) Auch in den Vereinigten Staaten werden immer wieder bei Guerillaaktionen Ampelkameras und Radarfallen zerstört, und diese Attacken dürften kein bloßer Vandalismus, sondern auch ein Ausdruck politischer Unzufriedenheit sein.

In London kam die Brexit-Stimmung in Protestkundgebungen von Taxifahrern zum Ausdruck und wurde von diesen Protesten ihrerseits befeuert. Hier kämpften gut ausgebildete Fachkräfte für wirtschaftliche Souveränität und gegen die Bedrohung durch ausländische Fahrdienstvermittler, die Kartensoftware, amerikanische Militärsatelliten und Fahrer einsetzen, welche sich für Löhne in der Gig Economy verdingen, die gerade mal die Existenz sichern. Uber hat im Grunde nichts anderes getan, als ein System für den Arbitragehandel mit menschlicher Arbeitskraft zu errichten, um die örtliche Kontrolle zu umgehen und unwirksam zu machen. Die Teilnehmer an den Protesten gegen ein Tempolimit auf deutschen Autobahnen nahmen in einem seltenen Beispiel für deutsch-französische Solidarität ausdrücklich auf die Gelbwesten Bezug und schrieben sich ein Motto auf die Fahnen, das nicht nur von der Autolobby, sondern auch von extremen politischen Parteien übernommen wurde: »Freie Fahrt für freie Bürger!«[14]

All diese Unzufriedenen verbindet das Gefühl, von Eliten regiert zu werden, die sich nicht dem Gemeinwesen des Landes, in dem sie zufällig leben, sondern ihrer eigenen transnationalen Klasse verpflichtet fühlen. Die Veränderung des Fahrerlebnisses trägt zur Verstärkung dieses Gefühls bei. Dementsprechend ist das Streben nach Wiedererlangung der Souveränität ein wichtiger Bestandteil der Verteidigung der Freiheit zu fahren. Diese Verteidigung ist mittlerweile etwas aggressiv geworden. Es ist, als würden die Bürger dem Straßenverkehrsamt die politische Legitimität absprechen.[15]

Die Proteste der letzten Jahre wurden meist als Ausdruck wirtschaftlicher Unzufriedenheit oder auch als Ausbruch eines Geists der ständigen Verneinung eingestuft, als eine »Revolte der Öffentlichkeit«, die eher nihilistisch ist, als dass sie sich an Prinzipien orientiert. Diese Deutung hat zweifellos einiges für sich, aber auf den folgenden Seiten möchte ich mich mit einer weiteren Möglichkeit beschäftigen: Könnte es sein, dass diese Bewegungen zum Teil eine zugleich impulsive wie auch rationale Reaktion auf die schleichende Kolonisierung des Raums für kompetentes menschliches Handeln sind? Diese Kolonisierung kann die Form der automatisierten Verkehrsregelung annehmen, die bei der Festlegung der geeigneten Geschwindigkeit auf das individuelle Urteilsvermögen (sowohl des Polizisten als auch des Fahrers) verzichtet. Sie kann auch die Form einer Pressekonferenz gewählter Volksvertreter annehmen, die uns darüber aufklären, dass das Fahren eine Plackerei ist und dass wir ohnehin schlecht darin sind. (Jane Jacobs spricht von den »utopischen Aufsehern über die Freizeit anderer Leute«.)

Dies sind Beispiele für einen sehr viel umfassenderen Trend: Die Technokraten und Optimierer versuchen, alles idiotensicher zu machen, und behandeln uns dabei wie Idioten. Es ist eine selbsterfüllende Annahme: Wir haben dadurch tatsächlich das Gefühl, dümmer zu werden. So betrachtet, setzt ein Mensch seine Fähigkeit zur Freiheit ein, indem er fährt – und ich vermute, dass wir es deshalb lieben zu fahren.

Dieses Buch wird Liebhaber des Fahrens ansprechen, aber auch Leser, denen die Freuden des Fahrens gleichgültig sind, werden in meiner Abhandlung vielleicht Antworten auf größere Fragen finden, darunter nicht zuletzt die nach der Zukunft der menschlichen Handlungsmacht und den Aussichten für das demokratische Regierungssystem. Denn ein Thema, das in meiner Untersuchung in den Vordergrund getreten ist, ist die Selbstregierung in ihrer umfassendsten Form, nämlich sowohl als individuelle Fähigkeit zur Selbstbestimmung als auch als politische Befreiung. So verstanden kann Selbstregierung auf der einen Seite die Fähigkeit bedeuten, unser Auto gekonnt zu steuern, geduldiger mit anderen Fahrern umzugehen und unsere Aufmerksamkeit trotz einer wachsenden Zahl von Ablenkungen auf die Straße zu richten. Auf der anderen Seite fragt die Selbstregierung danach, wer entscheiden wird, in welcher Art Mobilitätssystem wir leben werden.

Die verschiedenen Bereiche, in denen wir die Frage der Selbstregierung stellen, hängen zweifellos zusammen oder implizieren einander. Wenn wir beispielsweise am Steuer so abgelenkt sind, dass wir tatsächlich so fahren, als wären unsere Autos bereits autonom, brauchen wir eine wohlmeinende Institution, die einspringen und uns vor uns selbst retten kann, indem sie eine Funktion automatisiert, die wir nicht mehr selbst erfüllen können.

Indem ich eine gerade Linie von der individuellen Selbstbestimmung zur Selbstregierung im politischen Sinn ziehe, versuche ich, das Problem des Fahrens in die Tradition des liberalrepublikanischen politischen Denkens einzuordnen. Diese Tradition besagt, dass ein der Demokratie würdiges Volk aus Individuen bestehen muss, die imstande sind, ihr Verhalten zunächst selbst zu regeln, wodurch sie sich das Vertrauen ihrer Mitbürger verdienen. Wenn man sich auf einer zweispurigen Landstraße auf dem Motorrad in eine nicht einsehbare Kurve legt, ist vollkommen klar, dass die Straße ein Ort des wechselseitigen Vertrauens ist. Dies ist eine ihrer interessantesten Eigenschaften. Daher ist es an der Zeit, dass politische Theoretiker, die sich dafür interessieren, wie eine republikanische Gesellschaftsordnung im Detail funktioniert, der Straße Aufmerksamkeit schenken. Wir sollten diese fragile Ordnung verstehen, solange es sie noch in so unauffälligen Nischen des Alltagslebens wie dem Fahren gibt. In diesen Nischen finden wir möglicherweise Hinweise darauf, wie wir das wechselseitige Vertrauen in unserer Gesellschaft erneuern können.

»Einheitlichkeit des Tons« ist eines der Rezepte, die einem angehenden Autor von seinen Schreiblehrern aufgedrängt werden. Jeder Leser, der in dem folgenden Text nach Konsistenz sucht, wird vermutlich enttäuscht werden, denn ich halte es für nötig, sehr verschiedenartige Argumente, Geschichten, Interpretationen und Beobachtungen so zu behandeln, wie sie ins Gesamtbild passen. Einige dieser Darstellungen sind ausgesprochen persönlich. Insofern als meine Methode soziologisch ist, erreicht sie nicht das Niveau echter Ethnografie, ja nicht einmal eines seriösen Journalismus. Ich beschreibe einfach in verschiedenen Szenen Begegnungen mit Autoliebhabern im Lauf meiner eigenen Fahrten und analysiere sie durch die Linse meiner eigenen Anliegen.

Durch das gesamte Buch zieht sich die Klage über Verkehrsregeln und Strafen für Verstöße sowie Skepsis gegenüber bestimmten Sicherheitsvorschriften. Ich beschwere mich aus ganz unterschiedlichen Gründen über die Verkehrshüter, was beim Leser möglicherweise Zweifel an der Kohärenz meiner Argumentation wecken wird. Ein weniger wohlwollender Leser könnte voreilig zu dem Schluss gelangen, dass meine Kritik ihren Ursprung im libertären Widerstand gegen jegliche Einschränkung der individuellen Freiheit hat, was leicht als unreif verspottet werden kann.

Selbstverständlich befürworte ich notwendige Verbesserungen der Verkehrssicherheit. Aber ich spreche auch die perversen Wirkungen der heutigen Verkehrspolitik an, insbesondere, wenn der Verkehr zur Einnahmequelle wird, auf die mittlerweile zahlreiche Verwaltungen angewiesen sind. Hier stehen Sicherheit und Bußgeldeinnahmen manchmal in direkter Konkurrenz zueinander, und in meinen Augen sollte die Sicherheit Vorrang haben. In anderen Fällen kritisiere ich den »Sicherheitswahn« selbst, und hier geht meine Argumentation in eine ganz andere Richtung, denn sie beinhaltet eine mehr oder weniger »vitalistische« Kritik an unserem nie zu befriedigenden Streben nach größerer Sicherheit (man denke an Theodore Roosevelt und William James). Sicherheit ist offensichtlich sehr wichtig. Aber sie ist auch ein Prinzip, dessen wachsendes Herrschaftsgebiet in Ermangelung ausgleichender Überlegungen nicht eingegrenzt werden kann. Das Primat der Sicherheit verschlingt alles, was seinen Weg kreuzt. Betrachtet man die vitalistische Perspektive einmal mit einer gewissen Sympathie, so verschiebt sich der Blick, und es wird leichter, das ideologische Wirken der »Sicherheit« in unserer Gesellschaft zu erkennen.

Jene, die den Vorrang der Sicherheit beschwören, befinden sich in einer unanfechtbaren Position: Ihnen wird ein lobenswerter Gemeinsinn zugestanden. So verwandelt sich eine vordergründige Sorge um unsere Sicherheit in einen Deckmantel, unter dem verschiedene Einrichtungen Bußgelder für vollkommen vernünftiges Verhalten eintreiben können. Der Trick besteht darin, Regeln aufzustellen, die unserer natürlichen Vernunft widersprechen (zum Beispiel wird das Tempolimit unter die Geschwindigkeit gesenkt, die mit Blick auf die Beschaffenheit einer Straße angemessen wäre). Auf diese Art wird eine gewisse Zahl von Verstößen – und Einnahmen – garantiert. Wenn uns die Sicherheit am Herzen liegt (und wem liegt sie nicht am Herzen?), sind wir gut beraten, einen skeptischen Blick auf den Sicherheitsindustriellen Komplex zu werfen, der sich der moralischen Einschüchterung bedient, um Ziele zu verfolgen, die nur wenig mit Sicherheit zu tun haben.

Für eine tiefgreifende Kritik müssen wir das geistige Universum der Risikoverringerung verlassen. Die Ordnung dieses Universums wird an den Fähigkeiten der am wenigsten

Kompetenten ausgerichtet. Die Risikoverringerung ist ein egalitäres Prinzip, das unter vielen Bedingungen vollkommen angebracht ist, ein Meilenstein der menschlichen Gesellschaft, auf den wir mit Recht stolz sind. (Eine der Personen, die mir am nächsten stehen, ist schwer behindert, und ich bin voller Dankbarkeit für die Hilfestellungen, die unsere Gesellschaft diesem Menschen gibt.) Aber wird das Bemühen, die Risiken immer weiter zu verringern, nicht hinterfragt, so führt es zur Entstehung einer Gesellschaft, die auf einer unrealistisch geringen Meinung von den Fähigkeiten des Menschen beruht. So wird unter dem Deckmantel demokratischer Ideale unsere Infantilisierung vorangetrieben.

Im Gegensatz dazu werde ich argumentieren, dass die Demokratie nur lebensfähig bleibt, wenn wir bereit sind, einander individuelle Kompetenz zuzugestehen. Auf dieser Annahme beruht das soziale Vertrauen. Gemeinsam sind sie die Mindestvoraussetzungen für ein freies, verantwortliches, vollkommen waches Volk.

AUTOS UND DAS GEMEINWOHL

In ihrem Meisterwerk *Tod und Leben großer amerikanischer Städte* (1963) erklärt Jane Jacobs: »Allen, denen die Städte am Herzen liegen, ist der Kraftverkehr ein Dorn im Auge.«[1] Diese Fahrzeuge scheinen das Gewebe der sozialen Interaktion, das eine gewisse Intimität und fließende Bewegungen erfordert, zu überdehnen und zu zerreißen. Um Platz für Autos und all das zu schaffen, was sie mit sich bringen, darunter Parkplätze, Tankstellen und breite Verkehrsadern, werden »die Straßenräume in ein unübersichtliches Durcheinander aufgelöst, sie werden für den Fußgänger weitläufig und zusammenhanglos«. Stadtviertel, die einst »Wunder an Mannigfaltigkeit auf engem Raum« waren, werden »ohne Sinn und Verstand ausgeweitet«.[2]

Der Siegeszug des Autos hat wesentlich zu einer Verwandlung der amerikanischen Städte beigetragen, die Jacobs und viele andere (darunter auch ich) bedauern; dieses Bedauern ist eine Triebkraft des »New Urbanism«. Aber in Jacobs' Augen ist dieser Zusammenhang nicht vollkommen kausal; sie ist der Meinung, dass wir das Auto zu oft für negative Entwicklungen verantwortlich machen. Eine frühere Ursache für den Niedergang der amerikanischen Städte sieht Jacobs in der Stadtplanung, genauer gesagt dem Versuch, die Stadt entsprechend einem Plan zu optimieren, der aus der Vogelperspektive entworfen wurde, ohne dass sich die Planer auf der Straße angesehen hätten, wodurch ein blühender städtischer Raum ermöglicht wird. In einem Gedankenspiel geht sie von der Annahme aus, das Automobil sei nie erfunden worden, aber die Entwicklung des modernistischen Projekts sei nicht gestört worden (man denke an windige Vorplätze und Hochhäuser oder an Modellvorstädte, in denen sozial isolierte Kernfamilien leben). In diesem Fall hätte das Automobil geradezu erfunden werden müssen. »Denn Menschen, die in derart unbrauchbaren Städten leben und arbeiten, haben Kraftwagen nötig, um sich vor der Leere, der Gefahr und vor gänzlicher Institutionalisierung zu retten.«[3]

Nach Jacobs' Einschätzung besteht kein direkter Zusammenhang zwischen dem Auto und dem Absterben der Städte; vielmehr ist dieser angebliche Zusammenhang »einer jener Treppenwitze der Geschichte des Fortschritts«.[4] Jacobs weist darauf hin, dass der Aufstieg des Autos im Alltagsverkehr zufällig in eine Zeit fiel, in der die Architektur das Ideal der »Anti-Stadt« als soziologisches, gesetzgeberisches und finanzielles Experiment entwickelte. Sie erklärt, das Auto sei eigentlich »kaum von Natur her Zerstörer der Stadt«, und weist darauf hin, dass der Verbrennungsmotor, als er auf der Bildfläche erschien, potenziell »ein ausgezeichnetes Instrument bot, großstädtische Vielfalt zu fördern und gleichzeitig die Städte von einer ihrer schädlichsten Schwächen zu befreien.«[5]

Gemeint ist das Pferd.

Ein englischer Architekt schrieb im Jahr 1958 über seine Kindheitserlebnisse im London des Jahres 1890 und erinnerte sich an die drei- oder vierstöckigen Ställe, die über die Stadt verstreut waren wie heute die Parkgaragen. In den Herrenhäusern türmten sich tote Fliegen in den Kerzenschalen der Kronleuchter, im Spätsommer waren sie »von tanzenden Insektenwolken verhangen«. Trotz »der Aktivität eines Bataillons von rotbejackten Jungens, die zwischen den Rädern und Hufen mit Eimer und Besen wirkten«, überflutete der Dung »die Straßen über den Rinnstein hinaus mit butterbrauner ›Erbsensuppe‹ oder überzog die Straßenoberfläche wie mit Schmieröl oder Kleie – zur Freude der Fußgänger.«[6] Die Räder der Pferdekarren »verteilten diese Suppe – sofern nicht Hosen oder Röcke im Weg waren – über das Pflaster, weshalb die Straßenfront des Strand auf ihrer gesamten Länge mit einer achtzehn Zoll hohen Sockelblende aus Schlammverputz überzogen war«. Die Reinigungstrupps, die mit ihren »Schlammkarren« durch die Straßen zogen, waren »wie für die isländische See« gekleidet und trugen »Wasserstiefel, bis zum Kinn geschlossene Öljacken und den Nacken bedeckende Südwester«.[7] Bei der Arbeit bespritzten sie regelmäßig Fußgänger mit Pferdejauche.

Und dann war da der unvorstellbare Lärm, verursacht von »einer Unzahl von eisenbeschlagenen Hufen, der betäubende, trommelnde Rhythmus der Wagenräder, die zwischen den Scheitelpunkten der Pflastersteine wie Stöcke, die man an einem Zaun entlangschliddern läßt, hin- und herschlugen;

das Gekreisch und Gedröhne und Geklirr und Geratter der Fahrzeuge, leichter und schwerer; das Scheppern des Pferdegeschirrs […], verstärkt durch das Geschrei und Gebrüll derjenigen unter den Kreaturen Gottes, die sich noch irgendwie verständlich machen wollten, verursachten einen Radau […], der jenseits jedes Fassungsvermögens ist.«[8]

In Relation zu den Pferden ist ein Automotor sauberer und leiser, wie Jacobs erklärt. Und: »Die Kraft mechanisierter Fahrzeuge und ihre gegenüber Pferden höhere Geschwindigkeit können es leichter machen, große Menschenansammlungen mit einer effizienten Bewegung von Menschen und Gütern in Einklang zu bringen.«[9] Das Problem ist natürlich, dass es einfach *zu viele* Autos gibt, was dazu führt, dass sie träge arbeiten und häufig stillstehen, weshalb sie oft nicht schneller vorankommen als ein Pferd.

Und das ist der Haken. Die explosionsartige Verbreitung des Autos im 20. Jahrhundert und die daraus resultierende Verstopfung der Verkehrsadern ist eine komplexe Geschichte, die auf sehr unterschiedliche Art erzählt werden kann. Klar ist jedoch, dass sie nicht einfach eine Konsequenz der Nachfrage nach Autos auf einem freien Markt war. Vielmehr war sie zum Großteil die Folge politischer Entscheidungen. Der Bau von Straßen wurde auf Kosten des öffentlichen Verkehrs massiv subventioniert. Nach Angabe von James J. Flink gingen die öffentlichen Investitionen amerikanischer Städte in Straßen, die den Autoverkehr bewältigen konnten, in den Zwanzigerjahren des 20. Jahrhunderts »der Motorisierung der städtischen Arbeiterklasse um mindestens eine Generation voraus«. Flink deutet diese Investitionsprioritäten als Vermögenstransfer: Stadtplaner und Politiker besteuerten die mit der Straßenbahn beförderte Arbeiterklasse, »damit die Mittelschicht das Automobil nutzen konnte«.[10]

In den Dreißigerjahren nutzte Franklin D. Roosevelt den

Straßenbau als Arbeitsbeschaffungsprogramm, wobei er auch den Nutzen von Autobahnen für die Landesverteidigung im Auge hatte (zur selben Zeit ließ Adolf Hitler die Autobahnen in Deutschland bauen).[11] Die Progressiven begrüßten die Automobilität als staatliches Projekt, es passte sehr gut zu ihrer Begeisterung für staatliche Investitionslenkung, rationale Planung und die nationale Stärke in der Tradition von Herbert Crolys »New Nationalism«, der so großen Einfluss auf Roosevelt hatte. Die Works Progress Administration, ein zentraler Bestandteil des New Deal, stellte für Straßen und Autobahnen zehnmal mehr Mittel zur Verfügung als für den öffentlichen Verkehr.[12]

Aber erst nach dem Krieg begann unter der Regierung Eisenhower der Bau des Interstate Highway System. Es war ein Projekt von napoleonischem Ehrgeiz, vorangetrieben in einer Zeit, in der der Staat ein Maß an Ansehen, Glaubwürdigkeit und Legitimität genoss, das wir heute kaum noch nachvollziehen können. Diese Legitimität, zu der zweifellos der Sieg im Zweiten Weltkrieg beigetragen hatte, ermöglichte auch den Einsatz napoleonischer Methoden. So berichtet Dan Albert: »Amtliche Experten entwarfen das Autobahnnetz von 41 000 Meilen. […] Amtliche Planer entschieden, wo in diesem System 1,6 Milliarden Tonnen Stein, Sand, Zement und Asphalt eingesetzt werden sollten. Sie planten und lenkten die Bewegungen der Menschen. Sie bestimmten, wo die Leute aussteigen und flüchten konnten. Um all das zu bewerkstelligen, nutzten sie ihr Recht zur Enteignung, um sich privaten Grund und Boden anzueignen und ganze Stadtviertel mit Eigenheimen und Werkstätten auszuradieren.«[13]

Diese Geschichte weckt Zweifel an den Argumenten sowohl der automobilen Libertären als auch der progressiven Gegner des Autos. Die Motorisierung Amerikas sowie der wirtschaftliche Fortschritt und die soziale Dynamik, die damit einhergingen, waren nicht einfach eine Eruption individueller Freiheit, wie sie in Konsumentscheidungen zum Ausdruck kommt, sondern dieser Prozess war im Wesentlichen ein staatliches Projekt. Desgleichen können Verstopfung und Wucherung des Straßenverkehrs infolge unserer übermäßigen Abhängigkeit vom Auto nicht auf einen libertären Irrglauben zurückgeführt werden, die »unsichtbare Hand des Marktes« werde die individuellen Entscheidungen in Richtung des Gemeinwohls lenken. Im Gegenteil: Unsere übermäßige Abhängigkeit vom Auto wurde vom Staat erzeugt, der von demselben Glauben an die zentrale Planung und von der aufrichtigen (wenn auch kurzsichtigen) Hingabe zum Glück der Allgemeinheit angetrieben wurde, die seit jeher der Stolz einer progressiven Staatsführung sind.

Wir sind gut beraten, diese Erkenntnisse zu berücksichtigen. Um die Relevanz dieser Geschichte für die gegenwärtige Situation einschätzen zu können, müssen wir uns klarmachen, dass zentrale Planungsinitiativen heute oft nicht vom Staat ausgehen, sondern von der Techbranche, die den Status einer quasistaatlichen »Plattform« anstrebt. Diese Tatsache kollidiert mit einigen unserer intellektuellen Gewohnheiten und politischen Reflexe – oder sollte es tun. In Anbetracht dessen, wie sehr unser tägliches Leben in von der Techbranche gestaltete Kanäle gelenkt wird, ist eine konzeptuelle Abgrenzung zwischen »dem Privatsektor« und »dem Staat« nicht länger angebracht. In dieser Ambiguität bezüglich der fahrerlosen Zukunft sehen verschiedene Akteure große Chancen – wenn es ihnen gelingt, sich mit einer profitablen Interpretation von Autos, Straßen, Städten und der Mobilität an sich durchzusetzen und zu erreichen, dass diese Deutung als die einzig vernünftige wirkt.

Das Konzeptauto Volvo Concept 26 ist nach der Zahl der Minuten benannt, die der Durchschnittsamerikaner für den Weg zur Arbeit braucht (in einer Richtung). Der Innenraum des Fahrzeugs kann verschieden konfiguriert werden, wobei die Sitzposition den Modi »Fahren«, »Kreativ« und »Entspannen« angepasst werden kann. Ein zentral montiertes Tablet bewegt sich abhängig von der Position des Fahrers, während der Fahrersitz abhängig vom Modus immer weiter von den Steuerelementen des Autos wegrückt. Die Idee ist, dem von der Plackerei des Fahrens befreiten Passagier kreative Aktivitäten zu ermöglichen. Sollte es noch irgendwelche Zweifel geben, so sehen wir in der Werbeanzeige einen Mann, der offensichtlich ein Kreativer ist: Mit seinem wogenden Haar erinnert er ein wenig an Lord Byron, und in seinem Schoß liegt ein Buch, das wie ein kleiner Gedichtband mit Ledereinband aussieht. Er genießt diese kostbaren Minuten, um seine schöpferischen Kräfte zurückzugewinnen.

Wahrscheinlicher ist jedoch, dass er diese Minuten damit verbringen wird, auf demselben Tablet ein wenig gereizt die Angebote verschiedener maßgeschneiderter Produkte und Dienstleistungen zu durchforsten, die auf seinen kreativen Lebensstil und seinen angestrebten Bestimmungsort abgestimmt sind: Er muss jedes einzelne Angebot ablehnen, bevor sich sein Auto in Bewegung setzt, um ihn an das gewünschte Ziel zu befördern. Hat sich irgendjemand die Mühe gemacht zu fragen, warum die größte Werbefirma der Welt – denn genau das ist Google – sehr viel Geld in das autonome Auto investiert? Indem die Fahrt zur Arbeit und zurück nach Hause – etwas, das wir gegenwärtig *tun,* als tatsächliche *Aktivität* in der greifbaren Welt, die unsere Aufmerksamkeit erfordert – mit einer weiteren Leine an die alles verzehrende Logik von Überwachung und Profit gefesselt wird, werden diese kostbaren 52 Minuten unserer Aufmerksamkeit jetzt für die Versteigerung an den meistbietenden Interessenten verfügbar gemacht. Die Muster unserer Bewegungen in der Welt werden denen zur Verfügung gestellt, die uns genauer kennenlernen möchten, um eine tiefschürfende, proprietäre Wissenschaft von der Steuerung unseres Verhaltens entwickeln zu können. Wir müssen das fahrerlose Auto als eine weitere Eskalation im Krieg um die Vereinnahmung und Monetarisierung jedes Augenblicks unseres Lebens betrachten, der uns ein wenig geistigen Freiraum bieten könnte.

EIN ORT DER GEBORGENHEIT

Nach Angabe des Pew Center singen mehr als zwei Drittel der Amerikaner gelegentlich beim Autofahren. Am Steuer haben wir offenbar das Gefühl, keiner sozialen Beobachtung ausgesetzt zu sein – als stünden wir unter der Dusche! Doch da ist noch eine subtilere Form der Befreiung von einem Druck, der schwerer zu definieren ist: Wenn unsere Fahrt zur Arbeit reibungslos verläuft, nimmt sie unsere Aufmerksamkeit kaum in Anspruch, weshalb wir Zeit für Tagträume haben oder allen möglichen nutzlosen Gedanken nachhängen können. Diese Art des Fahrens ist nicht sehr anspruchsvoll, aber wir sind währenddessen von jeglicher Verpflichtung befreit, etwas anderes zu tun. Wie oft ist *das* der Fall? Am Wochenende *sollten* wir uns um all die kleinen Dinge kümmern, die zur Pflege des Lebens gehören, und obendrein *könnten* wir eine der schwärenden Aufgaben der Selbstverbesserung in Angriff nehmen, die wie eine Fatwa über uns hängt. Da die Zahl der Anforderungen unablässig wächst, tun wir am Ende vielleicht gar nichts, aber dann wird der Tag durch ruhelose Vermeidung vergiftet, ist von der Eintönigkeit eines Sonntagnachmittags.

In einer Gesellschaft, in der jeder Augenblick der Ruhe gegen die erbarmungslose Logik der »Opportunitätskosten« verteidigt werden muss, ist die Fahrt zur und von der Arbeit vielleicht der einzige wirkliche Sabbat, der uns bleibt. Der Verkehr mag manchmal stocken, aber wenn er reibungslos fließt, bewegen wir uns weiter, und das scheint genug zu sein, um das Schuldgefühl zu lindern, das uns im modernen Leben bei jedem Zeitverlust beschleicht. Wie beim Beten eines Rosenkranzes nimmt die beinahe automatische Bewältigung dieser Aufgabe gerade genug von unserer peripheren Aufmerksamkeit in Anspruch und erfordert nur so viel Körpereinsatz, dass wir das Gefühl haben, etwas Notwendiges zu tun – und *deshalb* genießen wir Freiheit.

Die unersättliche Logik des heutigen Kapitalismus erfordert, dass solche Augenblicke aufgespürt und für das System nutzbar gemacht werden. Man stelle sich vor, welchen Schub es dem Bruttoinlandsprodukt gäbe, wenn unser Sabbat im Auto in eine produktive Aktivität verwandelt werden könnte! Wir sollten in dieser Mußezeit besser E-Mails beantworten, einkaufen oder Unterhaltungsangebote nutzen, die unsere Fantasie dem Denken des Bienenvolks angleichen.

Damit will ich sagen, dass wir unser Auto, ungeachtet der Tatsache, dass das Fahren oft frustrierend ist, möglicherweise als humanisierenden Raum, als Ort der Geborgenheit erleben. (Mit den Frustrationen werden wir uns im Kapitel »Road Rage, Andersdenkende und die Verkehrsgemeinschaft« eingehend beschäftigen.) Das Pew Center führte im Jahr 2006 eine Umfrage zur Einstellung der Amerikaner zum Auto durch. Die Haltung der Bürger hat sich seit damals geändert, aber wenn man diese Einschränkung im Hinterkopf behält, sind einige Ergebnisse dieser Umfrage durchaus aufschlussreich:

Auf die Frage, ob sie gerne fahren oder diese Aktivität als lästig empfinden, erklären 69 Prozent der Fahrer, es zu genießen, während 28 Prozent eine unangenehme Pflicht darin sehen. [...]
Obwohl der Straßenverkehr immer mühsamer wird, fühlen sich viele Fahrer ihrem Auto sehr verbunden – beispielsweise sprechen 31 Prozent der Befragten ihrem Auto eine Persönlichkeit zu. Und trotz der hohen Benzinpreise erklärt mehr als ein Viertel (27 Prozent), sich in den letzten sieben Tagen »nur zum Spaß« ans Steuer gesetzt zu haben. [...]
Der Anteil derer, die nur zum Spaß herumgefahren sind, ist bei Männern und Frauen etwa gleich hoch.[14]

DAS GESCHÄFT MIT DEM FUTURISMUS

Das fahrerlose Auto wird kommen, sagt man uns, und es wird ein Triumph sein, weil es so entschieden wurde – von einer Instanz namens »Zukunft«. Mittlerweile ist klar, dass die Bemühungen zur Entwicklung autonomer Autos keine Reaktion auf eine Nachfrage der Konsumenten sind, sondern ein von oben diktiertes Projekt, das der Öffentlichkeit verkauft werden muss.[15] Das ist nichts Neues: Seit hundert Jahren erzeugt die Wissenschaft von der Vermarktung neue Bedürfnisse. In diesem Fall stützt sich die Propaganda auf einige durchaus plausible Behauptungen über größere Sicherheit und geringere Verkehrsbelastung. Aber das Hauptargument, mit dem die Öffentlichkeit für das fahrerlose Auto gewonnen werden soll, ist die These von der Unvermeidlichkeit. Diese Prophezeiung kann einfach durch Wiederholung selbsterfüllend gemacht werden, sofern man eine ausreichende Kontrolle über das Narrativ hat.

Aber gerade die Verbreitung dieses Narrativs ist die große Schwäche der Fürsprecher des fahrerlosen Autos. Der Zeitpunkt für den Vorstoß ist schlecht gewählt, denn er fällt mit dem in Zeitlupe stattfindenden Zusammenbruch des öffentlichen Vertrauens in die Eignung der Techbranche als Verwalter unserer Interessen und Hüter der Zukunft zusammen. Der Futurismus ist ein Genre der Mythenerzeugung, das rund um ein angestrebtes Ergebnis den Eindruck der Unvermeidlichkeit zu erwecken versucht, ein Bild, das so gezeichnet wird, als wäre es eine Vorhersage. Das ist eine gute Methode, um Investitionen anzulocken. Umgekehrt ist der Strom von Investitionen gut geeignet, Gestalter der öffentlichen Meinung (Journalisten, »Meinungsführer« usw.) anzulocken, die in den Chor der Unvermeidlichkeit einstimmen. Man muss sich mit der unausweichlichen Zukunft *abfinden,* anstatt sich »an die Vergangenheit zu klammern« (wobei man oft schon als rückwärtsgewandt eingestuft wird, wenn man das Gegenwärtige – das, was heute existiert – als vollkommen adäquat akzeptiert). Wer sich nicht mit der Zukunft abfindet, schwelgt im tröstlichen Selbstbetrug der »Nostalgie«.

Das autonome Auto hat tatsächlich das Potenzial, den Verkehr zu entlasten und damit zum Gemeinwohl beizutragen. Aber es sollte darauf hingewiesen werden, dass nicht beabsichtigt ist, die Infrastruktur, die das fahrerlose Auto möglich machen wird, als öffentliches Gut zu betrachten, oder die Programmierung dieser Fahrzeuge Kontrollen zu unterwerfen. Was vorgeschlagen wird – soweit dies durch den Nebel der PR-Sprache zu erkennen ist –, ist ein »urbanes Betriebssystem« für die Mobilität, welches sich im Besitz eines Kartells von IT-Unternehmen befinden wird, und es wird uns nicht freistehen, selbst zu entscheiden, ob wir an diesem System teilnehmen wollen.

In ihrem Selbstverständnis zeichnen sich die Bewohner des Silicon Valley durch eine libertäre Grundhaltung aus. Allerdings ist die »Person«, deren Freiheit ihrer Meinung nach gegen den Staat verteidigt werden muss, die juristische Person des Unternehmens. Im Dezember 2016 widersetzte sich Uber den amtlichen Anweisungen und zog seine selbstfahrenden Autos in San Francisco nicht aus dem Verkehr, obwohl deren Zulassungen widerrufen worden waren. Die *New York Times* berichtete dazu: »Uber stößt in neue Märkte vor, indem es im Rahmen seiner aggressiven globalen Expansionsstrategie örtliche Vorschriften missachtet.« Das tue das Unternehmen nicht nur in den Vereinigten Staaten, »sondern in vielen der mehr als siebzig Länder, in denen es tätig ist«.[16] Im libertären Denken der Unternehmenswelt ist kein Platz für die Idee einer legitimen öffentlichen Gewalt, welche die Interessen der Bürger vor der Macht des Monopolkapitals schützt.

Der Kolumnist John Harris fragt: »Wenn beispiellos billige Fahrten in [fahrerlosen] Taxis die Norm werden, welche Zukunft haben dann Busse und Züge? Werden all diese Fahrzeugflotten den Verkehr vollkommen überlasten?«[17] Die Frage ist vollkommen angebracht.

Bruce Schaller, der ehemalige stellvertretende Straßenverkehrsbeauftragte im Verkehrsministerium von New York, berichtete über die Uberisierung der Stadt zwischen Juni 2013 und Juni 2017:

> *Die Zahl der Taxis und für Fahrdienste genutzten Autos ist um 59 Prozent gestiegen, aber die Zahl der freien Fahrzeuge hat um 81 Prozent zugenommen, wobei jeder Mietfahrer durchschnittlich 11 Minuten zwischen den Fahrten wartet. In der Stoßzeit zwischen 16 und 18 Uhr nachmittags bewegen sich 10 000 Miet-*

fahrzeuge durch Manhattan. Mittlerweile entfällt während des Tages mehr als die Hälfte des Straßenverkehrs auf den Hauptverkehrsadern auf Taxis und andere Mietfahrzeuge.
Daraus folgt: Uber und seine Konkurrenten können die einzelnen Fahrten nur so annehmlich für ihre Fahrgäste machen, indem sie die Straßen mit leeren Autos überfluten. Vielleicht müssen Sie nicht mehr am Straßenrand auf ein Taxi warten, aber jetzt warten Sie auf der Straße in einem schwarzen Auto, das hinter all den anderen schwarzen Autos im Stau steht.[18]

Natürlich bleiben diese Fahrten nur so lange billig, bis Busse und Züge verschwunden sind. Danach werden die Gesetze der Monopolpreisbildung in Kraft treten. Zumindest scheint das der Plan zu sein.[19] Tatsächlich haben die Gemeinden die finanziellen Zuschüsse für den öffentlichen Verkehr erheblich gekürzt; die Passagierzahlen in den Massenverkehrsmitteln sinken, in vielen Städten verfallen die dafür benötigten Infrastrukturen. Gleichzeitig machte Uber über Jahre hinweg Milliarden Dollar Verlust (14 Milliarden Dollar zwischen 2014 und 2018).

Wer sich die Freiheit nimmt, sich ein wenig näher mit der zuletzt genannten Tatsache zu beschäftigen, stellt fest, dass Uber eine wirklich interessante Geschichte hat. Im Jahr 2019 gelangte Hubert Horan, ein auf den öffentlichen Verkehr spezialisierter Berater, in einer Studie über Ubers wirtschaftliche Entwicklung zu dem Schluss, das Unternehmen habe keine Chance, *jemals* Gewinn zu machen. Abgesehen davon, dass Uber keinen wirklichen Wettbewerbsvorteil habe, arbeite es »in Wahrheit weniger effizient als die Konkurrenten, die es aus dem Markt drängt«.[20] Bei näherer Betrachtung stellt sich heraus, dass Uber nie die Absicht hatte, Geld zu verdienen, indem es auf einem umkämpften Markt Fahrdienste für Privatpersonen anbot. Stattdessen ließ das Unternehmen, das »um jeden Preis wachsen« wollte, seine frühen Investoren niedrige Fahrpreise subventionieren, in dem Wissen, dass es Segmente der Investmentwelt gibt, für die ein explosives Wachstum »das einzige Kriterium für die Bewertung von Start-up-Unternehmen« ist. Das Unternehmen ging im Grunde mit einem Schneeballsystem an die Börse, was ihm gelang, weil es die Aufmerksamkeit von der Tatsache ablenkte, dass es sein Wachstum der massiven Subventionierung seiner Fahrpreise (durch die Investoren) verdankte.

Horan erklärt, Uber sei tatsächlich ein innovatives Unternehmen. Allerdings habe diese Innovation wenig mit »Technologie« oder damit zu tun, dass Uber Möglichkeiten zur Erhöhung der Effizienz entdeckt hätte, die der Taxibranche entgangen wären. Stattdessen sei Uber »der bahnbrechende Fall, in dem die öffentliche Wahrnehmung eines großen neuen Unternehmens zur Gänze anhand fabrizierter Narrative von der Art gestaltet wurde, die normalerweise in Wahlkämpfen eingesetzt werden. Die Konstruktion des Narrativs ist vielleicht Ubers größte Wettbewerbsstärke.« In dieser Geschichte stehen heroische Neuerer korrupten Aufsichtsbehörden gegenüber, die sich an veraltete Vorstellungen klammern. (Halten wir uns vor Augen, *warum* es nötig ist, Taxidienste zu regulieren: Als Teil der Verkehrsinfrastruktur einer Stadt bieten Taxiunternehmen ein öffentliches Gut an, das auf rein marktwirtschaftlicher Ebene nur schwer bereitgestellt werden kann, da sein Nutzen teilweise »außerhalb« der Transaktion zwischen Fahrgast und Fahrer angesiedelt ist.)[21]

Die PR-Abteilung von Uber überhäufte die Wirtschaftspresse und Technologieexperten mit Botschaften, in denen das Unternehmen als Vorkämpfer des technologischen Fortschritts und der wirtschaftlichen Freiheit dargestellt wurde.

Kaum jemand machte sich die Mühe, das eigentliche Geschäft von Uber unter die Lupe zu nehmen. Das Unternehmen wollte unbedingt den Eindruck erwecken, es sei »unvermeidlich, dass es schließlich die Marktdominanz erlangen werde; Widerstand der Konkurrenz oder der Aufsichtsbehörden sei zwecklos, und journalistische Nachforschungen hätten keinen Sinn«. In der Zwischenzeit verzerrten die mit Milliarden subventionierten Fahrpreise »den Marktpreis und die Dienstleistungssignale vollkommen, was zu einer massiven Fehlallokation von Ressourcen führte«.

Eine Auswirkung dieser Fehlallokation ist, dass die Straßen unserer Städte von leeren Autos der Fahrdienstvermittler verstopft sind, was natürlich die Voraussetzung dafür ist, dass uns »auf Tastendruck ein Auto zur Verfügung steht«, und zwar fast augenblicklich. Es wirkt wie Zauberei, und wir können nur verwundert fragen, was uns die Technologie wohl als Nächstes bringen wird. Mit Blick auf Horans Erkenntnisse drängt sich die Frage auf: Ist Ubers auffallendes Interesse am fahrerlosen Auto wirklich damit zu erklären, dass das Unternehmen hofft, seine unterbezahlten Fahrer durch autonome Fahrzeuge zu ersetzen? Was hat es für einen Vorteil, die Investitionskosten der Uber-Fahrzeuge von Einwanderern, die in finanziellen Dingen oft unbedarft sind und mit ausbeuterischen Leasingvereinbarungen gefesselt werden, auf das Unternehmen selbst zu übertragen? Der Verdacht liegt nahe, dass die lautstarken Bekenntnisse zum fahrerlosen Auto eher dazu dienen, Ubers Image als »Techfirma« zu festigen; das Unternehmen möchte nicht als besonders aggressiver Arbitrageur auf dem Arbeits- und Finanzmarkt wahrgenommen werden.[22] Hinter der Fassade des technologischen Vorreiters arbeitet Uber offenbar mit »Partner-Fahrern«, die sich nur schwer aus ihrer Bindung an die Teilpacht befreien können.

In diesem Kapitel haben wir einige wenig beachtete wirtschaftliche Zusammenhänge und Fragen des öffentlichen Interesses untersucht, denen wir Aufmerksamkeit schenken sollten, gerade in einem Moment, in dem die heftigste Debatte über unser Mobilitätskonzept seit dem Auftauchen des Automobils vor einem Jahrhundert tobt. Im nächsten Kapitel nehmen wir eine persönlichere Perspektive ein und beschäftigen uns mit der Erfahrung, mitten in der Nacht auf der Autobahn liegen zu bleiben. Diese Geschichte handelt von einem Menschen, der unvorbereitet in die Landschaft geschleudert wird und, umgeben von Fremden, auf den eigenen Verstand angewiesen ist. Ohne Telefon, ohne GPS.

Und ohne Taschenlampe.

SELBSTGESCHRAUBT

EIN ZUSAMMENBRUCH: 72ER JEEPSTER COMMANDO

Ich bestellte noch einen Kaffee, obwohl ich nicht vorhatte, ihn zu trinken. Das schien mir richtig zu sein, denn ich saß an der Theke. Es war spät in der Nacht, eine Nacht im Januar 1987, der Ort war ein Diner am Highway 101 in San Miguel. Dies war keine richtige Ortschaft, sondern ein »zu Statistikzwecken definiertes Siedlungsgebiet« in Zentralkalifornien. Ich war vollkommen erschöpft und fragte mich, was zum Teufel ich jetzt tun sollte. Es musste gegen zwei Uhr morgens sein. Die Kellnerin war wahrscheinlich nicht an den Anblick von 21-Jährigen gewöhnt, die sich um diese Uhrzeit derart viel Zeit für eine Tasse Kaffee nahmen. Sie blieb so lange neben meinem Hocker stehen, dass ich den Eindruck gewann, sie habe Lust zu plaudern. Also fragte ich sie, ob mich die örtlichen Polizisten aufscheuchen würden, wenn sie mich schlafend in meinem Auto fänden.

»Wohin willst du?«, fragte sie.

»Nirgendwohin, und zwar schnell«, antwortete ich. Der Spruch klang gut; ich hatte ihn einstudiert.

Ich erklärte ihr meine Lage. Sie sagte, etwa eine Meile die Straße hinunter gebe es einen Schrottplatz.

»Wirklich?« Die Nachricht erfüllte mich mit warmer Hoffnung, die sich besser anfühlte als ihr bitterer Kaffee.

»Und über die Cops musst du dir keine Gedanken machen. Hier kommt nur die Autobahnpolizei vorbei.« Aber dieses Problem gab es schon nicht mehr: Mein Bedürfnis nach Schlaf war verflogen. In sechs Stunden würde der Schrottplatz vermutlich offen sein.

Es war fünf Stunden her, dass diese Nacht eine unangenehme Wendung genommen hatte. Ich war in meinem 72er Jeepster unterwegs in Richtung Süden, als ein quälendes Geräusch aus dem Motorraum – ein hämmerndes *DAT DAT DAT DAT DAT* – ankündigte, dass aus meinem Plan A nichts werden würde. In dem Augenblick, als ich dieses Geräusch hörte, fiel mir eine Kleinigkeit ein, eine von hundert auf einer im Geist und ein wenig zu nachlässig erstellten Aufgabenliste. Der fragliche Punkt in der Liste betraf die Montage des Kühlers: statt vier Schrauben nur zwei, wie mir jetzt einfiel, und eine davon hatte anscheinend nicht genau in die Fassung gepasst, aber ich hatte sie trotzdem hineingezwungen, um den Kühler »fürs Erste« zu befestigen, während ich den Motor austauschte. Und dann hatte ich es ein bisschen länger als fürs Erste bei dieser provisorischen Lösung belassen.

Den Jeep hatte ich im Vorsommer gekauft, nachdem ich mich in den 64er International Harvester Scout eines Freundes verliebt hatte. Wir waren darin zu viert zu einem Campingausflug in die Sierras aufgebrochen, um ein Wiedersehen nach der Highschool zu feiern. Zu den Höhepunkten der Tour zählten ein eiskalter Wasserfall, eine Nacht unter dem Sternenhimmel auf einer massiven Granitplatte und das schwindelerregende Vergnügen einer holprigen Fahrt auf einem furchigen Pfad, wobei wir mehrere Bäche durchquerten, ohne zu wissen, ob das Auto vielleicht darin versinken würde. Unsere Zuversicht wurde dadurch bestärkt, dass wir vier kräftige junge Männer waren, die notfalls schieben, ziehen und graben konnten: Es war durchaus möglich, dass wir zusammen eine halbe Pferdestärke besaßen! Aber der kleine Vierzylinder-Scout mit von Hand bedienten Differentialsperren an den Vorderrädern bewältigte alle Herausforderungen mit Bravour. Das in sandiger Tarnfarbe lackierte Auto war nicht höher gelegt und hatte schmale, kleine Reifen und eine weiche Aufhängung – perfekt. Brian hatte 800 Dollar dafür bezahlt. Es war wüstenfarben lackiert.

Am nächsten kam diesem wunderbaren Auto ein Modell, das ich in *Auto Trader for the Bay Area* fand (dieses Anzeigenmagazin konnte man im Gemischtwarenladen kaufen). Es war ein 72er Jeepster Commando, ein früher Vorläufer des SUV. Das Auto war hellblau und höhergelegt, hatte ein abnehmbares starres Dach und keinen Überrollbügel. Ich entfernte als Erstes das Dach. Bei den Fahrten unter freiem Himmel in einer offenkundig instabilen Todesfalle, in der ich wegen des drehzahlschwachen Motors oft durch die Gänge ruderte (der Wagen hatte eine manuelle Viergangschaltung für einen Sechszylindermotor), fühlte ich mich wie eine teuflische Figur in einer Abenteuergeschichte. (Junge Männer neigen zu motorisierter Selbstdramatisierung.) Ich fühlte mich ohne eigenes Verdienst charismatisch – mein einziger Beitrag war der Einfall gewesen, dieses Auto zu kaufen.

Aber die Geschichte nahm schon im ersten Kapitel eine Wendung zum Schlechten. Nur einen Tag nachdem ich den Commando gekauft hatte, übte ich in der Nacht ein wenig mit dem Allradantrieb (auf einer Baustelle in San Francisco, wenn Sie es genau wissen wollen – ich bin nicht stolz darauf), als plötzlich der Motor aussetzte. Nachdem der Abschleppdienst den Wagen vor meinem Haus in Berkeley abgestellt hatte, entdeckte ich, dass der Motor aufgrund einer abgenutzten Motorhalterung so wild umhergehüpft war, dass diese schließlich den Ölfilter durchbohrt hatte – und es gab keine Warnleuchte, die auf einen mangelnden Öldruck hingewiesen hätte. Der Motor war hinüber.

Ich kaufte auf einem Schrottplatz einen Motor aus einem anderen Jeep-Modell und tauschte die beiden Aggregate vor dem Haus meines Vaters auf der Straße aus. Ich brauchte mehrere Wochen dafür. Alle paar Tage musste ich den Wagen zu einer anderen Parklücke schieben, um einen übereifrigen Parkplatzaufseher namens Ortega zu beschwichtigen, der es bereits auf mich abgesehen hatte, weil ich des Öfteren fahruntüchtige Autos auf der Straße stehen ließ. Einige Tage nachdem der Motortausch endlich erledigt war, wurde der Jeep am helllichten Tag gestohlen. Ein paar Monate später fand die Polizei das verfluchte Gefährt – und dieser Ausflug nach Santa Barbara war nun meine erste wirkliche Exkursion in meinem neuen Auto.

Als ich das erwähnte *DAT DAT DAT* hörte, fuhr ich an den Straßenrand und öffnete die Motorhaube. Ich hatte keine Taschenlampe dabei, aber ich konnte ertasten, dass der Kühler tatsächlich aus der Halterung gefallen und gegen den Lüfter gekippt war, sodass die Ventilatorblätter den Kühler durchbohrt hatten. Überall war glitschige, süßlich riechende Kühlflüssigkeit. Ich durchwühlte den Kofferraum, der mit allem möglichen Kram gefüllt war: Ich war auf dem Rückweg von Berkeley nach Santa Barbara, wo ich im Wintersemester mein Studium an der UCSB fortsetzen würde. Ich fand einen Kleiderbügel und eine Kombizange und befestigte den Kühler mit dem Draht wieder an seinem Platz. Die Frage war jetzt, wie viel Kühlflüssigkeit der Motor verloren hatte. Wie schnell würde sie ausfließen, wenn ich den Motor wieder anließ? Der Wischwassertank war leer, und ich hatte kein

Wasser im Wagen. Jetzt bedauerte ich es, dass ich eine Stunde früher angehalten hatte, um zu pinkeln: So hatte ich weitere kostbare Flüssigkeit vergeudet, die ich in dieser Notlage gut hätte brauchen können.

Ich sah mich nach Gegenständen um, die ich als Wasserbehälter benutzen konnte. Ich hatte zwei Quart* Motoröl dabei, die ich möglicherweise am Straßenrand würde opfern müssen – dies wäre nur eine in einer Reihe von Umweltsünden gewesen, die ich im Lauf von sechs Jahren begangen hatte, wenn ich mich mit kaputten alten Autos herumschlug. Und dann war da noch ein großer stählerner Suppentopf, den ich bei Surf-Ausflügen als behelfsmäßigen Barbecue-Behälter für Lagerfeuer auf den Klippen verwendete.

Aber wo sollte ich das Wasser herbekommen? Die Nacht war rabenschwarz. Ich war seit etwa 25 Kilometern an keiner Ausfahrt vorbeigekommen und hatte auch noch kein Schild gesehen, das die nächste Ausfahrt angekündigt hätte. Ich musste mich irgendwo nahe der Grenze zwischen dem Monterey County und dem San Luis Obispo County befinden, also im Herzen des ländlichen Zentralkalifornien. Hier gab es Rinder, Salat, Erdbeeren und Knoblauch. Es war eine mondlose Nacht, ich konnte nicht mal meine Füße am Boden sehen. Aber in östlicher Richtung erkannte ich in der Ferne ein Licht; alles, was zwischen mir und diesem Licht lag, war unsichtbar. Es war kein einladendes Licht: Seine Farbe wirkte eher industriell kalt, nicht kommerziell. Diese Lampe beleuchtete keine Veranda.

Ich klaubte meine Behälter zusammen, überquerte den Highway und kraxelte blind die Böschung hinunter. Das san-

* Angloamerikanisches Volumenmaß für Flüssigkeiten. 1 Quart entspricht etwa 0,95 Litern. (A. d. Ü.)

dige Gelände war mit den würzig duftenden Büschen übersät, die für das Hinterland der Küste charakteristisch sind. Ich überquerte ein flaches, relativ ebenes Gelände, das wie ein ausgetrocknetes Flussbett wirkte. Wann immer ich das Licht aus den Augen verlor, konnte ich die Richtung nur anhand meiner Vermutung bestimmen, dass das Auf und Ab des Geländes parallel zur Autobahn verlief. Mehrfach stürzte ich in abrupt abfallende, etwas mehr als einen halben Meter tiefe Gräben, die anscheinend künstlich angelegt worden waren.

Schließlich erreichte ich eine zweispurige Straße und konnte den Ursprung des grellen weißen Lichts sehen, meines Polarsterns. Es hing über einem Tor, das der einzige sichtbare Zugang zu einer von einem Maschendrahtzaun umgebenen Anlage mit mehreren rostigen Metallgebäuden war. Es war ein wehrhafter Zaun, vielleicht drei Meter hoch und an der Krone nach außen gebogen. Ich suchte den von der Lampe ausgeleuchteten Raum mit den Augen ab, konnte jedoch nirgends einen Wasserhahn oder einen Schlauch erspähen.

Es schien niemand in der Nähe zu sein. Auch wenn da jemand war: Ich habe eine starke Abneigung dagegen, andere zu belästigen. Ich stand ein paar Minuten da und dachte: *Also gut*. Es war die Stimme der Niederlage. Aber dann erinnerte ich mich daran, dass ich eine Odyssee auf mich genommen hatte, um dieses verdammte Licht zu erreichen: Mittlerweile hatte ich sehr viel Energie in diesen Hoffnungsschimmer investiert. *Was soll's?* Also begann ich, durch den Zaun zu brüllen. Nichts rührte sich. Ich brüllte erneut. Immer noch nichts. Ich wollte gerade wegdrehen und zur Autobahn zurückwandern, als sich die Tür öffnete. Jemand leuchtete mich mit einer Taschenlampe an.

»Oh, hallo! Tut mir leid, Sie zu wecken«, rief ich hinüber, ohne zu brüllen. »Ich brauche ein bisschen Wasser.«

Keine Antwort. Aber zehn Sekunden später ging ein Flutlicht an, und ich konnte eine männliche Silhouette sehen, die auf mich zukam. Erst als der Mann den Zaun erreichte, konnte ich sein Gesicht sehen. Ich erklärte ihm meine Notlage und fragte ihn, wie weit es in südlicher Richtung bis zur nächsten Ortschaft sei.

»Wie sind Sie hierhergekommen?«, fragte er.

Ich deutete mit dem Daumen über meine Schulter. »Querfeldein.«

Er schwieg nachdenklich. Dann erklärte er sich bereit, meine Behälter mit Wasser zu füllen. Kühn geworden, fragte ich ihn, ob er vielleicht bessere Behälter habe, die er mir überlassen könne. Dazu hatte er keine Lust. Er wies mich an, etwa zwanzig Meter am Zaun entlangzugehen, wo sich ein Tor befand. Er öffnete das Tor, nahm meine Behälter und brachte sie zehn Minuten später gefüllt zurück. Er erklärte mir, die nächste Ausfahrt in Richtung Süden sei die zum Militärstützpunkt Camp Roberts. Er war sich nicht sicher, welche Ausfahrt danach kam.

Ich fragte ihn, was es mit den Gräben auf sich habe, in die ich ein ums andere Mal gefallen war.

»Das sind Panzerspuren«, sagte er. »Das Gelände wird für Panzertraining und Schießübungen mit scharfer Munition benutzt.«

»Oh.«

Mit gefüllten Wasserbehältern beladen, machte ich mich auf den Rückweg zu meinem Auto. Das erste Problem war, dass ich mich diesmal nicht an einem Licht orientieren konnte, das zweite, dass ich sehr viel Wasser verschüttete. Ich war froh, dass es eine warme Nacht war (für Januar), denn nach kurzer Zeit war ich durchnässt. Ich ging langsam, machte kleinere Schritte als zuvor, tastete mich mit den Füßen voran. Ich versuchte, mir das Gelände vorzustellen.

Vor meinem inneren Auge sah ich mich im Nachtsichtgerät eines Soldaten auftauchen, dessen Kopf aus dem Turm eines Panzers hervorlugte – vermutlich würde ich mit meinem an die Brust gedrückten Topf voll kaltem Wasser ein sonderbares Wärmebild abgeben: ein balzender Kranich, der mit behutsamen Schritten durch den Morast stakst.

Als ich den Highway erreicht und meinen Wagen in der Finsternis gefunden hatte, hatte ich noch etwa zwei Liter Wasser in den Behältern sowie einen zu zwei Dritteln gefüllten Topf übrig. Ich stellte meine Last ab, sperrte das Auto auf und ließ mich auf dem Fahrersitz nieder. Ich war schweißgebadet, aber ruhig. Der Mond ging auf und wanderte nach Südwesten. Ich fühlte die flüchtige Erleichterung, die man genießt, wenn man durch Willenskraft und körperliche Anstrengung etwas geschafft hat. Ich war auch zufrieden, weil ich meine Hemmung überwunden hatte, einen anderen Menschen um Hilfe zu bitten, was der unangenehmste Teil dieser Erfahrung gewesen war. Aber der mühevolle Weg bis zu diesem Maschendrahtzaun hatte es mir leichter gemacht, über meinen Schatten zu springen. Ich hatte nicht am Straßenrand gestanden und mit einem Taschentuch gewunken wie eine hilflose, inkompetente Person, sondern ich hatte mir das Recht *verdient,* den Mann um Wasser zu bitten, und er hatte es mir gegeben.

Ich schraubte den Deckel des seit Langem abgekühlten Kühlers ab. Ich wuchtete den Suppentopf hoch (der Jeepster war höhergelegt) und spürte ein Brennen in den Schultern. Dann stellte ich den Topf auf der Ventilhaube des Sechszylinders ab und suchte eine Position, in der ich den Mondschein nicht blockierte, der jetzt stark genug war, um das Innere des Motorraums schemenhaft erkennbar zu machen.

Ich kippte den Kochtopf vorsichtig über die Öffnung des Kühlers und goss das Wasser hinein. In den ersten Sekunden zielte ich nur ungefähr, und das Wasser ergoss sich über den Kühler, aber dann begann es, langsam und in einem sauberen Strahl zu fließen. Doch ich hörte weiterhin das Geräusch von Wasser, das auf den Boden plätscherte. Das Geräusch schien sogar lauter zu werden, mittlerweile klang es, als flösse unten genauso viel Wasser heraus, wie ich oben hineingoss. Ich füllte verbissen weiteres Wasser nach, denn es gab nichts anderes, was ich mit der Flüssigkeit hätte tun können.

Dann wurde mir klar, dass meine zweistündige Exkursion durch die Finsternis einzig und allein auf einer Hypothese beruht hatte: auf der Hoffnung, der Kühler sei nicht vollkommen zerstört. Wenn wir eine verzwickte Lage nicht richtig einschätzen können, stellen wir Theorien auf, die attraktiv scheinen – nicht, weil sie plausibel sind, sondern weil sie uns die Möglichkeit eröffnen, *irgendetwas zu tun* – und irgendetwas zu tun ist das Einzige, was uns vor der Lähmung durch Ungewissheit und Verzweiflung bewahrt. Die Suche nach Wasser für den Kühler hatte mir ein Ziel gegeben. Wie wir Sterblichen so oft erfahren müssen, war es ein illusorisches Ziel. Aber wenn man genug solcher Ziele aneinanderreiht, hat man so etwas wie einen Lebenssinn. Wir sind Spielzeuge der Götter, und sie zu unterhalten hat durchaus seinen Reiz.

Heute kann ich das leicht sagen, aber in jenem Augenblick war ich nicht in philosophischer Stimmung. Wenn man an Autos arbeitet, beginnt man irgendwann, sich mit ihnen zu identifizieren. Alles dreht sich um *ihre* Bedürfnisse. Man stellt sich in den Dienst dieser Bedürfnisse. Aber *ich* habe auch Bedürfnisse. Ich muss so schnell wie möglich hier weg, Jeepster. Vielleicht bist du *verzichtbar*.

Es war höchste Zeit, wieder voranzukommen. Ich entschloss mich, auf die Motorkühlung zu pfeifen. Ich setzte mich wieder ans Steuer, ließ den Motor an und fuhr los. Ich würde gerne sagen, dass ich den Wagen wie ein Desperado fuhr, aber so war es nicht: Ich nahm den Blick nicht einen Augenblick von der Temperaturanzeige. Die Nadel bewegte sich so schnell, dass ich sehen konnte, wie sie über das Anzeigefenster wischte. Nach etwa drei Kilometern war sie im roten Bereich. Ich fuhr an den Straßenrand und drehte den Motor ab. Sprechen wir nicht darüber.

Ich wartete etwa zwanzig Minuten, ließ den Motor wieder an und fuhr weitere drei Kilometer. Nach mehreren kurzen Vorstößen war ich an der Ausfahrt von Camp Roberts vorbei, das wie ein sehr unfreundlicher Ort wirkte. Ich schaffte es bis San Miguel, wo ich auf den Parkplatz des Diner rollte. Der Motor tuckerte noch gut fünfzehn Minuten weiter, nachdem ich die Zündung abgeschaltet hatte, denn in den glühenden Verbrennungskammern entzündeten sich noch vereinzelte Wasserstoffpartikel, die in einer ratternden Kettenreaktion durch die Drosselklappe gesaugt wurden. Es kündigte sich eine längere Sitzung an der Theke an. Peinlich.

Gegen acht Uhr morgens wachte ich in einer Sitznische auf, hob den Kopf, schüttelte die Jacke aus, die mir als Kopfkissen auf der Tischplatte gedient hatte, stieg in den Wagen und fuhr die anderthalb Kilometer bis zum Schrottplatz, wo ich dem Eigentümer meine finanzielle Situation offenlegte: Ich hatte siebzehn Dollar bei mir. Er musterte mich lange, um sich ein Urteil zu bilden, und gab mir schließlich die Erlaubnis, einen Haufen von Kühlern zu durchstöbern. Es ging darum, einen zu finden, der einen Einlass rechts oben und einen Auslass links unten hatte; er musste zudem denselben Schlauchdurchmesser wie das Original sowie die richtigen Abmessungen haben, um in den verfügbaren Raum zu passen. Die Halterung würde ich improvisieren müssen. Der einzige geeignete Kandidat stammte aus einem Kompaktwagen.

Ich gelangte zu dem Schluss, dass er den Motor ausreichend kühlen würde, um es bis nach Santa Barbara zu schaffen. Rückblickend war dies ein Beispiel für das, was die Psychologen als »motiviertes Denken« bezeichnen: Ich wollte, dass es funktionierte, und der Physiker in mir bestärkte mich in meinem Glauben. Sofern die Physiker überhaupt über wirkliche Dinge sprechen (im Gegensatz zu Oberflächen ohne Reibung und vollkommene Vakua), befassen sie sich nur mit Abweichungen um »Größenordnungen«. Alles, was dieses Kriterium nicht erfüllt, ist zu unerheblich, um von theoretischem Interesse zu sein. Dieser Kühler war etwa um den Faktor 2 kleiner. Unerheblich.

Es gelang mir, das Ding notdürftig einzubauen. Ich war vollkommen verdreckt, aber glücklich, und rollte zuversichtlich vom Schrottplatz, um die nächste Autobahnauffahrt zu suchen. Ich hatte noch nicht einmal den Highway 101 erreicht, als sich der Zeiger der Temperaturanzeige erneut dem Höchstwert näherte. Ich sah es – gelangte jedoch zu der Überzeugung, dass es sich um eine Anomalie handeln musste. Vielleicht war eine Luftblase im System, die zweifellos ihren Weg hinausfinden würde. Oder etwas anderes in der Art. Ich fuhr auf die Straße und rollte mit vielleicht 65 Stundenkilometer in einem Zustand sturen, verzweifelten Theoretisierens dahin; ich wünschte die Überhitzung des Motors weg. Nach weniger als zwei Kilometern drängte sich die Realität derart hartnäckig auf, dass ich sie nicht mehr leugnen konnte. Ich war umfassend widerlegt worden.

Ich rettete mich zur nächsten Ausfahrt und bog auf den Parkplatz des ersten Geschäfts ein, das ich sah. Es war ein Motel. Ich stieg aus, ließ mich auf dem Bordstein nieder, stützte die Arme auf die Knie und verharrte reglos in dieser Haltung. Ich war erledigt. Ich hatte keine Willenskraft, keine Ideen und kein Geld mehr. Der Jeepster war tatsächlich verflucht, und ich war bereit, ihn aufzugeben: Ich würde einfach den Highway 101 entlanglaufen wie ein Landstreicher. Das passende Erscheinungsbild hatte ich mittlerweile.

Aber während ich dasaß, geschah etwas Sonderbares: Meine Verzweiflung öffnete sich, oder sie ebnete den Weg für ein anderes Gefühl: Ich fühlte mich frei. Vielleicht würde ich mir hier in San Miguel eine Arbeit suchen und eine Weile in der Gegend leben. Vielleicht würde ich durch die Hügel wandern und mit den Krähen sprechen. Vielleicht würde mich eine hingebungsvolle alleinerziehende Mutter aufnehmen und Suppe für mich kochen. Ich war gesund, ich war im Vollbesitz meiner Kräfte, und ich wusste, wie man mit Fremden sprach.

Wenn ich heute an jenen Moment zurückdenke, ist mir klar, dass das, was ich damals empfand, die Freiheit des Vertrauens war – des Vertrauens in meine eigenen Fähigkeiten, aber auch in eine Welt, die im Grunde gastfreundlich war, sofern ich mich ihr zuversichtlich auslieferte.

Als dieses Gefühl der Leichtigkeit und Kraft meinen Körper durchströmte, kam der Besitzer des Motels heraus und sage: »Kann ich Ihnen helfen?«

Ich war in großmütiger Stimmung, nickte in Richtung des Fahrzeugs hinter mir und fragte: »Wollen Sie einen Jeepster?«

Er warf einen Blick darauf. »Nicht unbedingt. Wie viel wollen Sie dafür?«

»Was kostet eine Zugfahrkarte nach Oakland?«

»So etwa fünfzig Dollar, würde ich sagen.«

»Dann kostet er fünfzig Dollar.«

Er fuhr mich nach Paso Robles, und ich stieg in den nächsten Amtrak, der nach Norden fuhr. Zu Hause angekommen, wandte ich mich einem *anderen* Schrotthaufen zu: einem 63er VW-Bus, der vor dem Haus meines Vaters in der Auffahrt verrottete. Ich tauschte den Motor aus, baute eine neue Kupplung ein, und machte mich erneut auf den Weg nach Santa Barbara.

Das Lenkrad ist im VW-Bus beinah horizontal, und es ist riesig. Das hat zur Folge, dass man tatsächlich das Gefühl hat, einen Bus zu fahren, wenn man das Steuerrad in weit ausgreifenden Bewegungen dreht, und die großen, nicht gedämmten Bleche der Karosserie verstärken die mechanischen Geräusche wie in einer Trommel. Bei langen Fahrten eignet sich das Lenkrad als Stütze: Man kann die Unterarme darauf ablegen und sich entspannen. Wenn der Kopf nur ein paar Zentimeter von der Windschutzscheibe entfernt ist, fühlt man sich wie ein Bugspriet; vor der Nase hat man nichts außer einer Glasscheibe. Derart vorgebeugt, kann man sich seinen Tagträumen hingeben, während die Farmen und Hügel Zentralkaliforniens im VW-Tempo vorübergleiten. Manchmal bewegt dich ein Auto nicht einfach durch die Welt, sondern verankert dich tiefer in der Welt.

PROJEKT »RAT ROD«

Die Kognitionspsychologin L. Elizabeth Crawford fragte sich, ob es möglich sei, Ratten das Autofahren beizubringen. Es gab mehrere Gründe dafür, dass sie sich mit diesem Problem beschäftigte. Da war zunächst ihr berufliches Interesse an der Frage, wie sich unsere körperliche Bewegung in unserer Umwelt auf Fähigkeiten wie die räumliche Erinnerung auswirkt. Der zweite Grund war eher ein Zufall: Sie befand sich in einem Sabbatjahr und hatte begonnen, mit Elektronik herumzuspielen und Sensoren und Ansteuerungen miteinander zu kombinieren, um nur zum Spaß verrückte Dinge zu tun. (Sie hielt Hühner in einer Gegend, in der zahlreiche räuberische Tiere lebten, und baute im Stall eine Vorrichtung, die registrierte, wenn eine Henne ein Ei legte, und anschließend einen Tweet absetzte, der aus einem einzigen, sehr passenden Wort bestand: »Tweet!«) Etwa zur selben Zeit begann ihr Mann mit der Arbeit an einem Buch über das Fahren, und die beiden unterhielten sich über Fragen, die von der »verkörperten Kognition« bis zur tierischen Intelligenz, von der Mensch-Maschine-Schnittstelle und den eigentümlichen Freuden des Autofahrens bis zu den manchmal *mental* enervierenden Wirkungen der Automation reichten. Aus den Zusammenhängen zwischen körperlichen Fähigkeiten und anderen Formen von Intelligenz ergaben sich interessante Fragen zu Kultur und Technologie.

Konnte man also Ratten das Fahren beibringen?

Crawford wusste nicht viel über Ratten, aber ihre Kollegin Kelly Lambert aus der Abteilung für Psychologie an der University of Richmond kannte sich mit ihnen aus. Die beiden taten sich zusammen. Nach Ansicht von Lambert wissen wir sehr wenig darüber, wozu Ratten fähig sind, weil ihr Verhalten nur in völlig kontrollierten Laborumgebungen erforscht wird. In dieser Forschung geht es darum, die Wirkung *einer* Variablen zu untersuchen und sämtliche anderen Variablen, die diese Wirkung verschleiern könnten, nach Möglichkeit zu beseitigen. Aber gerade die Vielfalt der Umwelt eines Tiers weckt seine höheren Fähigkeiten, deren Ausprägung häufig im selben Maß von einem Entwicklungsprozess (im Lauf des Lebens der Ratte) in einer natürlichen Umgebung wie von den Selektionsprozessen abhängt, die das Verhalten der Spezies über Generationen hinweg prägen. Lambert erzählte mir, die Forscher untersuchten bei ihren pelzigen Versuchsobjekten nie die Frage der *Fähigkeiten* an sich, sondern nur die Fähigkeit der Ratten, einzelne einfache Aufgaben zu bewältigen, etwa in Reaktion auf einen Reiz einen Knopf zu drücken, um eine Belohnung zu erhalten.

Aber Ratten sind bekanntlich sehr intelligente Tiere. Elizabeth Crawford fragte sich: Konnte man ihnen beibringen, einen wirklich fremden Modus der Fortbewegung zu nutzen, um sich in ihrer Welt zurechtzufinden? Dazu müssten sie mehrere neue »motorische Fähigkeiten« erwerben und diese auf eine neue Art so gut mit ihrer Karte von der Welt verknüpfen, dass sie sich dorthin bewegen konnten, wo sie hinwollten, um an eine Süßigkeit heranzukommen, wie in früheren Experimenten in Lamberts Labor – aber nun mit Stil und auf Rädern.

Schweifen wir einen Augenblick ab zu einem klassischen Experiment, in dem der Einfluss der Bewegung und insbesondere der *Selbst*bewegung – im Gegensatz zur passiven Beförderung – auf die Wahrnehmung untersucht wurde. Zehn Katzenpaare wurden in völliger Dunkelheit aufgezogen und verbrachten nur drei Stunden täglich auf einem Karussell, wobei sich jeweils eines der Tiere aus jedem Paar *frei bewegen* konnte, während das andere nur passiv durch die Bewegungen des ersten *bewegt wurde*. Das aktive Kätzchen konnte sich auf- und abwärts, zum Zentrum des Karussells oder zum Rand bewegen, wo es in einem eigenen Kreis lief. Die beiden Tiere konnten einander nicht sehen, und die Umgebung war so gestaltet, dass beide Kätzchen bei ihren Bewegungen identischen visuellen Reizen ausgesetzt waren, nur dass sich das eine aktiv bewegte, während das andere passiv befördert wurde. Die aktiven Kätzchen entwickelten sich normal, während die passiven nicht zu einem visuell gesteuerten Aufsetzen der Pfoten imstande waren, visuell erfassten Hindernissen nicht ausweichen konnten, keine Lidschlagreaktion auf sich rasch nähernde Objekte zeigten und sich bewegende Objekte nicht mit dem Blick verfolgten.

Dieses Ergebnis war die Spitze eines Eisbergs, der sich zum mittlerweile bedeutsamen psychologischen Forschungsgebiet der »verkörperten Kognition« entwickelt hat. »Wenn wir wahrnehmen, nehmen wir in einer Sprache der Bewegungsmöglichkeiten wahr«, meinte Alva Noë dazu. Unsere Wahrnehmung dieser Möglichkeiten hängt von den eingesetzten Werkzeugen und von unseren entsprechenden Fähigkeiten ab.[1]

Elizabeth Crawfords erste Aufgabe bestand darin, ein Rattenauto zu bauen; die Historiker werden dies zweifellos als Pionierarbeit auf dem Gebiet der »Ratte-Maschine-Schnittstelle« einstufen (warum das etwas ganz anderes ist, als eine Ratte dazu zu bringen, einfach einen Knopf zu drücken, werden wir gleich sehen). Crawford besorgte ein billiges ferngesteuertes Modellauto, entfernte Chassis und Motoren und baute eine Fassung aus einem durchsichtigen Cashew-Behälter (einem von diesen riesigen, die man bei Costco bekommt), in den sie mehrere Löcher schnitt, um der Ratte die Möglichkeit zu geben, eine olfaktorische Beziehung zu ihrer Umwelt herzustellen. Auf einer bei Bastlern beliebten Arduino-Plattform fertigte sie einen Steuermechanismus an. Ich bin stolz darauf, sagen zu dürfen, dass ich die Ehre hatte, ein rattentaugliches Joystick-Gehäuse für einen frühen Prototypen zu schweißen. Wie sich herausgestellt hat, haben Ratten nichts für Joysticks übrig. (Zumindest mochten Mario und Luigi *meinen* Joystick nicht.) Sie bevorzugen getrennte Steuerelemente für rechts und links sowie Geradeausfahren. In der gegenwärtigen Version des »Rat Rod«, wie ich das Fahrzeug nenne, verwendet Crawford leitfähige Balken, welche die Ratten mit ihren kleinen Pfoten bedienen, um einen Stromkreislauf zu schließen.[2]

Crawford und Lambert brauchten etwa ein Jahr für die Entwicklung eines Prototypen, der die ergonomischen Grunderfordernisse für Ratten erfüllte. Zudem mussten sie einige andere Elemente des experimentellen Designs anpassen. Ein Beispiel: Da Ratten neben dem Gesichtssinn den Geruchssinn nutzen, um sich in der Welt zurechtzufinden, und da Fruit Loops wenig Aroma haben, stellten die Forscherinnen verschiedene geruchsintensive Substanzen neben die Belohnung. Wie sich herausstellte, war ein feuchter Teebeutel genau das Richtige.

Noch wichtiger war, dass die Forscherinnen einen Sprung ins kalte Wasser wagen mussten, um ein langfristiges Programm für eine Rattenfahrschule zu entwickeln. Nie zuvor war ein ähnlicher Versuch unternommen worden. Seit hundert Jahren wird das Verhalten von Ratten erforscht, denen verschiedene Dinge beigebracht werden, indem eine »konditionierte Reaktion« herbeigeführt wird. Dabei wird die Ratte im Grunde wie eine Reiz-Reaktions-Maschine behandelt, die darauf trainiert werden kann, ein bestimmtes Verhalten zu zeigen.

Eines Morgens im April 2019 stand Crawford, eine charismatische Frau mit ansteckender Begeisterung für Computer, in ihrer Küche und erklärte mir, warum dieses Projekt anders war. Anfangs mussten die Ratten lediglich lernen, auf einen Balken zu drücken, damit das Auto geradeaus zu der Stelle fuhr, wo die Belohnung lockte. Das lernten die Tiere schnell – ein Erfolg, der im Wesentlichen jenem Lernen entspricht, auf das Laborratten seit Langem konditioniert werden. In diesem frühen Training machten sich die Ratten mit dem Auto vertraut, gewöhnten sich an die Versuchsumgebung und lernten bestimmte Personen kennen (überwiegend Studenten in weißen Laborkitteln).

Als Nächstes mussten die Ratten lernen, auf einen Balken zu ihrer Rechten zu drücken, damit sich das Auto einfach nach rechts drehte, wo sich das Tier ein Fruit Loop abholen konnte. Auch diese Aktion war leicht zu erlernen und entsprach der Art von Aufgaben, mit denen Laborratten traditionell konfrontiert werden. (Den Ratten wurde nie beigebracht, nach links zu lenken; wir werden gleich sehen, warum das bedeutsam war.) Diese grundlegenden Kompetenzen wurden das Gerüst für die nächste Phase des Trainings.

Das Auto wurde im für das Fahren abgegrenzten Bereich so weit wie möglich vom Fruit Loop entfernt und mit dem Heck zur Belohnung platziert. Nach einer mehrmonatigen Phase von Versuch und Irrtum, in der die Forscherinnen zuließen, dass die Ratten gegen Wände fuhren, stecken blieben und überhaupt frustriert wurden, geschah etwas Bemerkenswertes: Die Ratten brachten sich selbst bei, nach links zu steuern, und begannen, das Auto im Zickzack zur Belohnung zu lenken. Sie übersteuerten immer wieder oder fuhren zu weit geradeaus, waren jedoch in der Lage, den Kurs zu korrigieren.

Crawford erklärte mir den grundlegenden Unterschied zwischen dieser und den vorhergehenden Aufgabenstellungen. Sie ist nicht nur insofern schwieriger, als sie eine neue, ungewohnte Fertigkeit erfordert, sondern sie *erweitert* vor allem in ihrer Endversion den *Problemraum,* in dem die Ratte eine Lösung finden muss. Tatsächlich gibt es eine unbegrenzte Zahl von Fahrstrecken, die gewählt werden können, um von einem gegebenen Ausgangspunkt und mit einer anfänglichen Ausrichtung des Autos zu dem Punkt zu gelangen, an dem sich die Belohnung befindet, und zusätzlich das Auto so auszurichten, dass sich die Ratte das Fruit Loop holen kann. Nach jedem Zick muss die Ratte ausgehend von der neuen Situation ein Zack wählen. Genau das tun wir in sehr viel kleinerem temporalen und räumlichen Maßstab, wenn wir uns zu Fuß vorwärtsbewegen (und die subtilen Kurskorrekturen bewerkstelligen, die alle Tiere laufend unbewusst vornehmen).

Dieser offene Problemraum hat Ähnlichkeit mit der natürlichen Umwelt eines Tieres, die anders als eine Laborumgebung nicht dazu angelegt ist, das Versuchstier zu einem bestimmten Verhalten zu bewegen. Normalerweise kann die Ratte ihre eigenen körperlichen Eigenschaften nutzen, um ein Problem zu lösen, hier aber muss sie ihre Intention unter Einsatz einer fremdartigen Maschine verwirklichen.

Es ist verblüffend, den Ratten dabei zuzusehen, wie sie tatsächlich *fahren* und das Fahrzeug immer besser zu beherrschen lernen.[3] Crawford ist überzeugt, dass dies das erste Beispiel dafür ist, dass Ratten tatsächlich Werkzeuge verwenden, wenn wir darunter den *flexiblen* Einsatz eines Instruments als Antwort auf eine sich entwickelnde Situation in einer Rückkoppelungsschleife von Wahrnehmung und Handeln verstehen, welche die laufende Annäherung des Agenten an sein Ziel gestaltet. Das heißt, es ist ein Beispiel für Können. Das Fahrzeug wird zu einer Art Prothese, zu einer Erweiterung des Körpers der Ratte, so wie die Glieder eines Krabbelkinds, die diesem anfangs fremd sind und ungelenk bewegt werden, als Prothesen des kindlichen Gehirns betrachtet werden können, die im Lauf seiner Entwicklung schrittweise mit diesem Gehirn verknüpft werden. So erlangt ein Wesen in einem Körper Kompetenz in seiner spezifischen Umweltnische. Unsere Glieder und Hände und später verschiedene Werkzeuge, die wir gekonnt einzusetzen lernen, fühlen sich nicht länger wie Prothesen an. Sie treten in den Hintergrund und werden transparente, unbemerkte Leitungen für Handeln und Wahrnehmung.

In früheren Arbeiten Lamberts finden wir einige Hinweise darauf, welche Bedeutung das Projekt des Rattenautos von Crawford und Lambert für das Verständnis der menschlichen Kultur einschließlich des Fahrens hat. In Experimenten mit Ratten und Menschen hat sie untersucht, was sie als

»bemühungsabhängige Belohnungen« bezeichnet.[4] Lambert hat festgestellt, dass »Bewegung – insbesondere Handbewegungen, die zu erwünschten Ergebnissen führen – wesentlich dazu beiträgt, die Entstehung von Depressionen und anderen psychischen Störungen zu verhindern und die Widerstandskraft gegen solche Störungen zu erhöhen. Darüber hinaus haben wir eine Prädisposition zur Bevorzugung von Handbewegungen, die unsere Vorfahren zum Überleben brauchten, nämlich jener, die für Aufzucht, Reinigung, Kochen, Pflege, Bau eines Unterschlupfs und Ackerbau benötigt wurden.« Lamberts Theorie besagt, dass die Zunahme von Angststörungen und Depressionen in den letzten Jahrzehnten teilweise darauf zurückzuführen ist, dass wir uns von den grundlegenden Tätigkeiten zur Erfüllung unserer körperlichen Bedürfnisse und von den »komplexen Bewegungsabläufen und Gedankenprozessen« gelöst haben, die diese Tätigkeiten erfordern. »Die verringerte Gehirnaktivierung aufgrund zunehmend bemühungsunabhängiger Belohnungen kann im Lauf der Zeit das Bewusstsein der Kontrolle über unsere Umwelt beeinträchtigen und unsere Anfälligkeit für psychische Störungen wie Depressionen erhöhen. [...] Alles, was uns erlaubt, einen klaren Zusammenhang zwischen der Bemühung und ihren Konsequenzen herzustellen – und uns das Gefühl gibt, eine schwierige Situation zu beherrschen –, ist eine Art von mentalem Vitamin, das unsere Widerstandsfähigkeit erhöht und als Puffer gegen die Depression dient.«

Eine eng mit Lamberts Arbeit über bemühungsabhängige Belohnungen zusammenhängende Erkenntnis ist, dass Ratten in einer »reichhaltigeren Umwelt«, die größere Ähnlichkeit mit der natürlichen Welt hat, in der Aufgaben gelöst werden müssen, bei der Problemlösung beharrlicher sind und weniger zur Überforderung neigen als Ratten, die unter herkömmlichen Laborbedingungen leben. In der Studie über die fahrenden Ratten stellten Crawford und Lambert fest, dass in einer fordernden Umwelt aufwachsende Ratten schneller fahren lernten und dass Tiere, die selbst fuhren, eine andere Stresshormonreaktion zeigten als Ratten, die passiv befördert wurden. Es gibt Parallelen zu den unterschiedlichen Angstniveaus von Menschen, die aktiv fahren oder aber gefahren werden.

Wie ich es sehe, können wir aus dieser Arbeit Rückschlüsse auf das menschliche Verhalten ziehen. In der Auseinandersetzung mit den Herausforderungen der Automation wären wir vielleicht gut beraten, unsere Umwelt so zu gestalten wie die der glücklichen Ratten und nicht wie die überdeterminierte Welt ihrer von Angst geplagten Artgenossen. Natürlich leben wir nicht einfach in einer natürlichen Umwelt. Aber die konstruierte Umwelt der Technologie und der kulturellen Praktiken kann ebenfalls reichhaltig genug sein, um von uns zu verlangen, unser gesamtes Repertoire an Intelligenz zu nutzen. Ratten wie Menschen scheinen nur in einer Umwelt mit »offenen Problemräumen« zu gedeihen, in denen jene Art von körperlicher und geistiger Bemühung gefordert ist, die uns im Lauf von Evolution und kultureller Entwicklung vererbt wurde. Zu den perfektionierten menschlichen Fähigkeiten zählen die glorreiche Entwicklung des Umgangs mit dem erstaunlichen Werkzeug des Automobils und die soziale Intelligenz, die wir angesichts der Probleme der gemeinsamen Straßennutzung der Straße unter Beweis stellen. Wenn wir uns stattdessen in ein Plexiglasgehäuse einschließen, in dem alle unsere Grundbedürfnisse erfüllt werden, können wir niemanden außer uns selbst verantwortlich machen, wenn wir beginnen, uns wie herkömmliche Laborratten in einem massiven Social-Engineering-Labor zu fühlen. Zweifellos wären wir in diesen Kästen sicherer. Doch wir sollten Folgendes bedenken: Alle Ratten sterben. Aber nicht alle Ratten leben.

ALTE AUTOS – EIN DORN IM FLEISCH DER ZUKUNFT

Einmal sah ich auf dem grasbedeckten Parkplatz des Virginia International Raceway ein Auto, das aussah wie eine AC Cobra aus den Sechzigerjahren. Normalerweise stellt sich bei genauerer Begutachtung heraus, dass es sich bei solchen Fahrzeugen um ein Bausatzauto handelt. Aber dieser Wagen sah übel aus, so, als hätte er ein halbes Jahrhundert lang im Freien gestanden und wäre genauso lang schonungslos gefahren worden. Tatsächlich war es das echte Ding. Ich unterhielt mich mit dem Besitzer, der das Auto in den Achtzigerjahren gekauft hatte. Er war in diesem Wagen von Pennsylvania bis nach Virginia gefahren.

Das freute mich sehr. Derart ikonische Autos werden normalerweise aus dem Verkehr gezogen und übermäßig restauriert. Dann werden sie für den Rest ihrer Tage als Ausstellungsstücke auf Anhängern herumkutschiert und stehen nur noch herum. Wenn ein großartiges Auto auf ein Sammlerobjekt reduziert wird, hat man zwangsläufig das Gefühl, hier geschehe ein Unrecht, wie wenn man ein einst beeindruckendes Raubtier sieht, das in einem Zoo-Gehege von einer Wand zur anderen trottet. Das hier aber war eine Cobra in der Wildnis, ein Geschöpf, unberührt von Jahrzehnten des Marketingkitschs (Fotos von diesem Modell werden verwendet, um alle möglichen Dinge zu verkaufen). Als ich dieses mitgenommene Auto unbefangen und zufrieden auf dem morastigen Parkplatz stehen sah, lichtete sich der Nebel der Klischees, der es bis dahin umhüllt hatte, und das Ding an sich offenbarte sich mir.

Alte Autos rufen vielfältige Empfindungen in uns wach. Eines davon ist das schwer greifbare Gefühl, das wir manchmal mit dem befrachteten Wort »Authentizität« zu fassen versuchen. Ein Auto trägt sichtbare Narben von einem erfüllten Leben, Spuren einer Vergangenheit, die der Gegenwart Substanz geben. Der *Road and Truck*-Kolumnist Peter Egan berichtet über seine Abneigung gegen eine Restaurierung seines Lotus, der auf der Rennstrecke einige Beulen abbekommen hatte, und beschreibt die Weisheit eines Jaguar-Liebhabers, der ihm erklärte, man solle nie etwas ersetzen, was noch zu retten sei. »Man sieht die alten Kreidemarkierungen eines Fabrikinspektors auf der Rückseite einer Trennwand und begreift, dass das ganze Auto voll von englischen Geistern ist. Lässt man sie entweichen, so kehren sie nie zurück.«[1]

Ein anderer Oldtimer-Liebhaber schreibt: »Die Patina ist ein Lebenszeichen. [...] Sie erzählt eine reichhaltige Geschichte des Alters, eine vollkommen unbearbeitete Geschichte. Der einzigartige Charakter ihrer Texturen kann für keinen Preis gekauft und nicht mit einem Anspruch auf Würde fabriziert werden.«[2]

Die meisten von uns werden nie einen Klassiker besitzen. Der 92er Camry, den ich vor einigen Jahren verkaufte, hatte keine »Patina« – sein Lack war einfach verrostet. Das Verhältnis zwischen Hundehaaren und Velours hatte vor Jahren einen kritischen Wert überschritten, aber das war kein Grund für Sentimentalität. Nichtsdestotrotz hatten wir gemeinsam viele Krisen durchgestanden, angefangen mit der Wasserpumpe und dem Zahnriemen, die ich nur eine Woche nach dem Kauf des Wagens im Jahr 2004 hatte austauschen müssen, und in unserer gemeinsamen Geschichte hatte ich so etwas wie Loyalität entwickelt. Zwischen einem Klassiker und einem einfach *erledigten* Auto zu unterscheiden ist schwieriger, als man meinen könnte!

Es ist leicht, Loblieder auf alte Autos als Träumerei nostalgischer alter Trottel abzutun. Vielleicht ist die Liebe zu solchen Fahrzeugen auch Ausdruck der Kennerschaft des Ästheten, der auf dem Land nach Antiquitäten sucht, um sich die Vergangenheit anderer Leute als Requisiten anzueignen, mit denen er seinem Leben eine Ersatztiefe verleihen kann. Eine wohlwollende Interpretation lautet, dass alte Autos für jene, die sie zu schätzen wissen, zum Bezugspunkt für ein bestimmtes Weltverständnis und für eine Methode werden, sich in der Welt zurechtzufinden. Als solche sind sie Ausdruck einer moralischen Verpflichtung zur Bewahrung des Wertvollen, einer Weltsicht, die der Kontinuität Wert beimisst. Und das gilt nicht nur für den gut situierten Mann mittleren Alters mit seinem alten Jaguar, sondern auch für den vietnamesischen Einwanderer mit seinem ebenso kostbaren Honda Civic aus den frühen Neunzigerjahren. Auch er wird uns wahrscheinlich sagen, dass »heute keine solchen Autos mehr gebaut werden«.

Das ist das Eigentümliche an Autos und an unserer Liebe zu ihnen: Die wenig inspirierenden Modelle der Gegenwart sind die Klassiker der Zukunft. Zumindest ein Teil von ihnen schafft tatsächlich diesen Sprung. Welche das sind, können wir nicht im Voraus wissen. Anscheinend dauert es etwa eine Generation oder unsere persönliche Reifung von der autobegeisterten Jugend zum mit Bedauern befrachteten Erwachsenenleben, um Sentimentalität gegenüber den materiellen Dingen unserer Vergangenheit zu entwickeln. Ironischerweise liefert der vom technologischen Fortschritt vorgegebene unablässige Wandel des Designs das Rohmaterial für die Retro-Faszination – für die Liebe zu Eigenheiten, die Liebhaber eine Generation später entwickeln. Ohne Fortschritt blieben uns die Freuden der Nostalgie verwehrt! Anders ausgedrückt: Die Liebe zu »Retro« ist eine Empfindung, die einen offenkundigen Reiz ausübt, weil sie uns Schutz vor den unablässigen Angriffen des Neuen gewährt.

EIN HOF VOLLER SCHÄTZE

Im Jahr 2016 erhielt ich ein Schreiben meiner Versicherung, die mich aufforderte, den »Schutt« zu beseitigen, der sich rund um mein Haus angesammelt habe. Ich vermute, damit war das heiß begehrte VW-Fahrwerk aus den Siebzigerjahren gemeint, das unter einem Überstand lag. Vielleicht dachten sie auch an die vollständige Front von Spindel zu Spindel, die ich von einem Spenderauto abmontiert hatte und an meinem Einstellplatz aufbewahrte, wo sie auf eine umfassende Rekonstruktion wartete, bevor ich sie in den Karmann Ghia einbauen konnte. Oder meinten sie das Fahrgestell, das samt vollkommen einsatztauglicher Drehstabfeder und Achsengehäuse neben dem Haus vor sich hin rostete und darauf wartete, verwertet zu werden? Oder die unter einer Plane schlummernden beheizbaren Ledersitze, die ich bei Chesterfield Auto Parts (einem Schrotthändler im Süden der Stadt) in dreistündiger Arbeit aus einem vom Ende der Neunzigerjahre stammenden Audi ausgebaut hatte? Keineswegs gemeint sein konnten die etwa zweieinhalb Cross-Maschinen, von denen zwei lediglich eine neue Batterie und eine Runderneuerung des Vergasers brauchten. Auf die Gefahr, angeberisch zu wirken, darf ich auch behaupten, einen beeindruckenden Vorrat an neuem und altem Metall zu besitzen – Stangen, Flachmaterial, Vierkantrohre, Rohre, Bleche und ein paar solide Billet-Motorblöcke, schön sortiert nach Form, Größe und Art der Legierung.

Bei meinen Fahrten durch das ländliche Virginia sehe ich Häuser, bei denen alte Haushaltsgeräte, Geländewagen,

Möbel und alle erdenklichen Abfälle nicht über den Garten verstreut sind, sondern offensichtlich *arrangiert* und sorgfältig von einem Platz zum anderen bewegt wurden. Es sieht aus wie ein Gartenflohmarkt, aber es ist keiner. Was ist es dann?

Anscheinend ist es etwas Universelles. Johan Huizinga berichtet, dass die Bewohner der Trobriand-Inseln Lebensmittel nicht nur ihres Nutzens wegen schätzen, »sondern auch als Mittel zum Zurschaustellen ihres Reichtums. Ihre Yamhäuser sind so gebaut, daß man von außen her abschätzen kann, wie viel darin ist, und daß man durch die weiten Zwischenräume der Latten die Qualität feststellen kann. Die besten Stücke liegen am sichtbarsten, und besonders große Exemplare werden eingerahmt und mit Farben geschmückt außen an der Vorratsscheune aufgehängt.«[3]

Mein Haus liegt so, dass man meinen Reichtum im Garten von der Straße aus nicht sehen kann, und ich bewahre den Großteil meiner Schätze außerhalb des Gesichtsfelds meiner unmittelbaren Nachbarn auf (weil ich weder auf den Trobriand-Inseln lebe noch ein bekennender Hinterwäldler bin). Ich kenne mich nicht sehr gut mit den baurechtlichen Bestimmungen aus (eher mit den Vorlieben meiner Versicherung), aber zweifellos ist der Ordnungssinn hier im West End von Richmond ausgeprägter als an meinem früheren Wohnort in der Southside. Dort hatten viele Leute Autos, die Projekte waren. Während die Kinder aus der Nachbarschaft und ihre Mütter auf dem Gehweg Freundschaften schlossen, fand das Sozialleben der Männer hauptsächlich in den nicht asphaltierten Gartenwegen zwischen den Straßen statt, wo Schuppen und Garagen aneinandergrenzten. Jeder wusste, welcher Nachbar einen Sandstrahler besaß, von wem man sich eine Schweißausrüstung ausborgen konnte, wer eine Drechselbank sein Eigen nannte und wer besonders gut darin war, die Ursachen rätselhafter Fehler in der Elektrik aufzuspüren. Es gab eine funktionierende informelle Wirtschaft, in der Gefälligkeiten ausgetauscht und Bier spendiert wurde. Nebenan wohnte ein Polizist. Er und ich konnten einander nicht ausstehen, aber das hinderte uns nicht an regelmäßigen Transaktionen dieser Art.

In meiner neuen Nachbarschaft sind die Rasenflächen gepflegt, die Häuser stehen weiter auseinander, es gibt keine Gartenwege oder Gehsteige, und das Recycling wird hier sehr ernst genommen. Ein Freiluftbestand an Autoteilen ist hier nicht vorgesehen. Man nimmt wohl an, dass ein 40 000 Dollar teurer Hybrid-SUV mit einem durchschnittlichen Kraftstoffverbrauch von 7,6 Litern auf 100 Kilometer und die interkontinentalen Energie- und Materialströme, denen er seine Existenz verdankt, »grüner« ist als ein schäbig wirkender alter VW, der aus in der Umgebung gesammelten gebrauchten Teilen zusammengebaut wurde und 7,3 Liter schluckt.[4] Man muss einer Ästhetik der Sauberkeit entsprechen, oder, besser noch, einer Ästhetik der Unsichtbarkeit. Um als grün zu zählen, müssten diese hässlichen Stücke rostigen Stahls aus den Siebzigerjahren beseitigt und *recycelt* werden: Sie müssten in einem mit Kohle befeuerten Ofen eingeschmolzen und über einen Ozean an einen Ort transportiert werden, wo sie als Rohmaterial für ein Elektroauto (für dessen Strom wiederum Kohle verbrannt würde) dienen könnten, um anschließend auf einem mit Diesel angetriebenen Containerschiff in die Vereinigten Staaten zurückzukehren. Über diese Details denkt man besser nicht nach; entscheidend ist, dass das Metall auf dieser Reise einer moralischen Reinigung unterzogen wird.

Vielleicht waren auch einige Gegenstände neben meiner Garage eine Beleidigung für die Augen meines Versicherungsinspektors: ein mit Altöl gefüllter Kübel, ein paar kaputte

Batterien, ein mit alter Bremsflüssigkeit gefüllter Cashew-Behälter und mehrere rote Plastikkanister mit unterschiedlichen Benzinmischungen (ein Zweitaktgemisch für die Gartengeräte, für Verbrennungsmotoren nicht mehr einsatzfähiges Benzin, das jedoch noch als Lösungsmittel oder zum Anzünden von Lagerfeuern verwendet werden kann, sowie eine Reserve von ausgezeichnetem frischen Treibstoff). Und dann ist da ein Kanister Kerosin, das ich zur Reinigung von Teilen verwende. Je nachdem, wann der Mann vorbeikam, um bei meinem Haus herumzuschnüffeln, sah er vielleicht auch einen Joghurtbehälter mit zur Hälfte verdampfter Epoxidharzgrundierung – die vorschriftsmäßige Entsorgungsmethode besteht darin, die Flüssigkeit verdampfen zu lassen und den zurückbleibenden trockenen Satz zum Entsorgungszentrum zu bringen. Wäre es meiner Versicherung lieber, wenn ich diese Substanzen, die brennbar, eklig und anscheinend gefährlich sind, tatsächlich jedoch von mir gewissenhaft für Verwendung, Wiederverwendung, alternative Verwendung oder Entsorgung bereitgehalten werden, in der Werkstatt aufbewahren würde, das heißt näher bei den Schweiß- und Schleiffunken?

Ich verstehe, dass niemand gern neben einem Superfund-Standort* leben will. Ich möchte jedoch zeigen, dass unser Urteil darüber, was »verantwortungsbewusst« ist, durch ästhetische Überlegungen getrübt wird, welche wiederum mit Vorstellungen von Selbstachtung und Tugendhaftigkeit zusammenhängen, die von der gesellschaftlichen Stellung bestimmt sind. Das Baurecht sowie die informellen Normen

* Superfund ist ein Programm der amerikanischen Umweltschutzbehörde EPA (Environmental Protection Agency), zur Sammlung, sicheren Lagerung und Entsorgung gesundheitsschädlicher Abfälle. (A. d. Ü.)

des bürgerlichen Umweltbewusstseins dienen auch der sozialen Abgrenzung (und damit der Definition sehr unterschiedlicher Grundstückswerte). Obendrein erleichtern sie die Durchsetzung des geplanten Wertverlustes für alte Dinge, auf dem unsere Volkswirtschaft beruht.

Leute, die an alten Autos arbeiten, sei es aus Liebhaberei oder wirtschaftlicher Notwendigkeit, passen nicht in dieses System. Eine genauere Betrachtung dieses Konflikts kann uns helfen, einige gesellschaftliche Spannungsfelder zu beleuchten, die sich auf das gegenwärtige politische und wirtschaftliche Leben auswirken.

ALTE AUTOS UND DIE LOGIK DER ENTEIGNUNG

In seinem vorzüglichen Buch *Junkyards, Gearheads and Rust* erzählt David N. Lucsko folgende Anekdote:

> *Im Frühjahr 1999 platzte Daniel Groff der Kragen. Seit mehr als zwanzig Jahren stritt der Mann aus dem Elizabeth Township in Pennsylvania mit den örtlichen Behörden über sein Grundstück. Groff arbeitete als Fernfahrer, Erntehelfer und Mechaniker, und im Lauf der Jahre hatten sich auf seinem Grundstück alte Autos, Lastwagen, schwere Maschinen und alle möglichen Bauteile angesammelt. Für Groff war dies ein unverzichtbares Ersatzteillager, auf das er angewiesen war, um sich seinen Lebensunterhalt zu verdienen. In den Augen der Gemeinde war es hingegen eine »illegale Mülldeponie« und Groff ein verantwortungsloser Hauseigentümer. Nach endlosen Anhörungen, Unterlassungsbefehlen und Einsprüchen setzte sich die Gemeinde gegen Ende des Jahres 1998 durch und teilte Groff mit, sie*

werde ein Unternehmen beauftragen, sein Grundstück zu räumen. Aber als die Arbeiter im März des folgenden Jahres bei seinem Haus vorfuhren, widersetzte sich Groff. Mit einer Schrotflinte bewaffnet, griff er mit einem Schaufellader an und stieß das Räumfahrzeug vom Anhänger. Dann zog er sich in eine Verteidigungsstellung zurück, ließ den Motor des Schaufelladers laufen und setzte sich mit der Flinte im Schoß vor sein Haus. Die folgende Konfrontation dauerte so lange, bis seinem Schaufellader der Sprit ausging. Als sich die Polizei anschickte, vorzurücken, richtete Groff seine Waffe gegen sich selbst. Kurze Zeit später wurde sein Grundstück geräumt, und wie zum Hohn erhielt seine trauernde Witwe von der Gemeinde eine Rechnung über die Dienste der Räumungsfirma.[5]

Lucsko weist darauf hin, dass Groffs Fall »abgesehen von dem furchtbaren Ende nicht ungewöhnlich war«. Er berichtet über immer aggressivere Maßnahmen zur Durchsetzung der Raumordnung und über Verfügungen gegen »Bausünden«, eine Geschichte, die sich wie eine Chronik der bürokratischen Piraterie liest, von der oft Bauunternehmer auf Kosten alteingesessener Bewohner profitieren. Zu den Angriffszielen zählen Betriebe (sogar in ländlichen Gebieten), die mit Abfällen handeln, sowie der gewöhnliche Schrauber von nebenan. Gegen sie werden verschiedene rechtliche Mittel eingesetzt, darunter unangekündigte Änderungen an kommunalen Verordnungen, kaum zu bewältigende Genehmigungserfordernisse oder die präventive Neueinstufung eines Wohngrundstücks, auf dem fahruntüchtige Fahrzeuge stehen, in eine illegale Deponie, die damit den für Wirtschaftsbetriebe geltenden Bestimmungen unterliegt. Lucsko beschreibt detailliert Beispiele für Behördenwillkür in ländlichen Gegenden und Vorstädten; in Städten wird die Enteignungsbefugnis der Kommune eingesetzt, um »ganze Gewerbegebiete auszulöschen«. Wir werden wohl nie genug Lofts haben.[6]

Wie viele Geschichten begann auch diese mit guten Absichten, nämlich mit Lady Bird Johnsons Initiative zur Säuberung Amerikas, die zur Verabschiedung des Highway Beautification Act im Jahr 1965 führte. Bis dahin waren die Autobahnen ein unschöner Anblick: Es gab keine Beschränkungen für Werbetafeln, überall lag Müll, und von der Autobahn aus konnte man nicht abgeschirmte Schrottplätze und Altmetalllager sehen. Wir schulden der damaligen First Lady Dank dafür, dass sie uns zeigte, dass die Ästhetik ein Ausdruck des Nationalstolzes ist, und dass sie uns Wertschätzung für das Gemeinwohl vermittelte. Aber in Lucskos Augen führte die Hervorhebung der Landschaftsverschönerung in dem Gesetz zu einer kulturellen Paradigmenverschiebung, die teilweise ein zweifelhafter Segen war, weckte sie doch in den letzten fünf Jahrzehnten »eine sehr viel radikalere Nicht-vor-meiner-Haustür-Einstellung«, die sich gegen Mülldeponien, Schrottplätze und schäbig aussehende Autos richtete.[7]

Bei oberflächlicher Betrachtung sind nicht nur Abfälle, sondern auch rostende Autokarosserien ein Affront gegen unseren Schönheitssinn. Aber während Abfälle ein Beispiel für jenen Mangel an Sinn für Bewahrung sind, der den ethischen Kern einer Wegwerfgesellschaft darstellt, steht die sichtbare Gegenwart alter Autos für das genaue Gegenteil. Doch beide Anblicke werden leicht unter dem Gesichtspunkt der Umweltästhetik gleichgesetzt, und das Ergebnis ist, dass das amerikanische Vorurteil gegen das Alte einen höheren moralischen Stellenwert erhalten hat und mittlerweile als Ausdruck des bürgerlichen Verantwortungsbewusstseins gilt.

Das Vorurteil gegen das Alte ist tief in der amerikanischen Psyche verankert. Alexis de Tocqueville berichtete über ein Gespräch mit einem amerikanischen Seemann im Jahr 1831. Tocqueville fragte ihn, »warum die Schiffe seines Landes so gebaut sind, dass sie nur kurze Zeit halten. Er antwortete, ohne zu zögern, die Kunst der Navigation mache täglich so rasche Fortschritte, dass das beste Schiff bald fast nutzlos würde, wenn es länger als ein paar Jahre hielte.« Hier haben wir eine verblüffende Verteidigung der Schäbigkeit als natürliche Begleiterscheinung des Fortschrittsglaubens. Vielleicht stieß dieser Seemann auf den verborgenen Syllogismus, der die andernfalls verblüffende Wertlosigkeit so vieler Bestandteile unserer materiellen Kultur erklären kann.

Der Philosoph Michael Oakeshott schreibt, wir seien »bereit, den Spatz in der Hand für die Taube auf dem Dach herzugeben. In einer ständig sich wandelnden Welt gibt es nichts, was eine wahrscheinliche Verbesserung überdauert: [...] Die Schnelligkeit des Wechsels warnt uns vor tiefen Bindungen.«[8] Die kulturelle Fehlanpassung derer, die alte Autos lieben, besteht in ebendieser »zu tiefen Bindung«.

Diese Bindung wirkt heute unausweichlich komisch, denn die rasche Obsoleszenz, also die Ansicht, dass alles möglichst schnell veralten muss, war in der Geschichte des Automobils schon früh ein Designkriterium, ein Teil des Geschäftsmodells. Im Allgemeinen wird dies dem General-Motors-Chef Alfred Sloan zugeschrieben. Seine Idee war es, nicht ein einziges Automodell (wie Fords Model T) anzubieten, sondern eine Vielzahl von Modellen für verschiedene Marktnischen: Autos für Männer, für Frauen, für Angehörige verschiedener Einkommensgruppen, Modelle mit unterschiedlichem Stil, um diese Unterschiede hervorzuheben. Es wurde das »Modelljahr« eingeführt, und jedes neue Jahr versprach Verbesserungen. Im Kern dieser Marketingstrategie finden wir eine

Sprache des technologischen Fortschritts, die bei den Amerikanern einen Nerv traf, egal, wie oberflächlich oder inexistent die zugrunde liegenden technischen Neuerungen manchmal sein mochten. Die Gangschaltung mit Druckknöpfen, die von 1956 bis 1958 in die Oberklassemodelle von Chrysler, Packard, Ford und Edsel eingebaut wurde, eignete sich nicht besonders gut, um die Gänge zu wechseln – aber sie hatte Druckknöpfe.

In einer solchen Kultur, in der Alt schlecht und Neu gut ist, machten sich Schrottplätze »schuldig, nicht nur unansehnlich zu sein, sondern auch die Logik der Obsoleszenz zu untergraben, indem sie ermöglichten, dass ältere Maschinen auf der Straße blieben«, schreibt Lucsko.[9] In Kombination mit den Verschönerungsbemühungen der Sechzigerjahre und einem manchmal schwachsinnigen Umweltempfinden, das sich in den Siebzigerjahren Bahn brach, gab dieses Vorurteil gegen das Alte der Wegwerfmentalität einen Anstrich des zukunftsgerichteten Denkens.

Ein vielsagender Ausdruck dieses Vorurteils und seiner Verbreitung durch das offizielle Amerika sind die zahlreichen Programme für die »beschleunigte Erneuerung des Fahrzeugparks«, auch als Abwrackprämien bezeichnet. Auch diese Programme, an die wir seit den frühen Neunzigerjahren gewöhnt sind, gehen auf eine wohlmeinende gesetzgeberische Maßnahme zurück, in diesem Fall den Clean Air Act von 1990, ein Gesetz, das jedoch eine schwer durchschaubare Mischung aus Anreizen und Chancen hervorbrachte. Wesentliche Bestandteile des Gesetzes waren von Anfang an auf die Bedürfnisse der Wirtschaft zugeschnitten und nicht unbedingt im Interesse der Allgemeinheit.

Im Jahr 1990 versprach die Erdölfirma Unocal jedem im Großraum Los Angeles 700 Dollar und eine Monatskarte für das städtische Busnetz, der ein vor 1971 gebautes Auto abgab, damit die Firma es verschrotten konnte. Mit seinem South Coast Recycled Auto Program (SCRAP) wollte Unocal 7000 Autos endgültig aus dem Verkehr ziehen. Das Unternehmen sah sich mit hohen Investitionen konfrontiert, um seine Raffinerien den staatlichen Luftreinhaltevorschriften anzupassen; die Initiative zur Zerstörung alter Autos war ein PR-Vorstoß. Unocals Argument war, die Altautos seien »schlimme Luftverschmutzer« und für den Löwenanteil der Verkehrsemissionen verantwortlich.

Lucsko beschreibt, wie Manager, Journalisten, Umweltschützer und Politiker Unocals SCRAP-Programm als »kreativen und weitblickenden Vorstoß zur Lösung des Problems der Luftverschmutzung« begrüßten, als eine »Win-win-Lösung für alle Beteiligten«.[10] Aber mit »allen Beteiligten« waren im Wesentlichen Wirtschaft und staatliche Bürokratie gemeint, von Ford und seinen südkalifornischen Autohändlern, die unbedingt neue Autos verkaufen wollten, über die Banken, die günstige Kredite für den Neuwagenkauf anbieten konnten, bis zur für die Emissionskontrolle verantwortlichen Behörde. Diese Akteure lobten nicht nur die Initiative, sondern boten zusätzliches Geld an, um sie auszuweiten. In jenem Sommer wurden fast 84 000 südkalifornische (das heißt überwiegend rostfreie) Autos – ein automobiler Goldschatz – unwiederbringlich zerstört, einfach weil sie vor 1971 gebaut worden waren. Weg mit dem Alten.

Sollte das SCRAP-Programm eine Investition gewesen sein, die auf die Änderung der öffentlichen Wahrnehmung von Unocal spekuliert hatte, so erwies es sich als sehr rentabel, und rückblickend kann man es als ausgezeichnetes Lobbying-Instrument zur Beeinflussung des Parlaments betrachten. Im zweiten Gesetz über die Luftreinhaltung, das zu jener Zeit entworfen wurde, wurde der Grundgedanke von SCRAP übernommen. Die mobilen und stationären Emissionsquellen wurden als austauschbar betrachtet, was einen Markt für Emissionsrechte und ausgleichende Maßnahmen schuf: Warum sollte man eine Raffinerie mit neuen Rauchgasfiltern ausrüsten, wenn man stattdessen alte Autos aus dem Verkehr ziehen konnte, womit man nicht nur die Schadstoffemissionen verringern, sondern auch diese Embleme der Rückständigkeit beseitigen konnte?

Dieser Zugang war typisch für die Reagan-Bush-Clinton-Jahre und könnte als früher Ausdruck dessen betrachtet werden, was die politische Theoretikerin Nancy Fraser als »progressiven Neoliberalismus« bezeichnet: die Verknüpfung progressiver Vorstellungen mit einigen Grundsätzen des Raubtier-Kapitalismus, wobei das erste Element dazu dient, der Öffentlichkeit das zweite zu verkaufen. In diesem Glaubenssystem war der Umweltschutz gleichbedeutend mit dem Handel von Emissionsrechten, erklärt Fraser: »Die Förderung des Eigenheimbesitzes war gleichbedeutend mit der Bündelung von Subprime-Krediten, die als hypothekarisch besicherte Schuldverschreibungen weiterverkauft werden konnten.«[11]

Das Urteil über das Regime des Emissionshandels, das den Abwrackprogrammen zugrunde liegt, hängt teilweise davon ab, wie wir eine empirische Frage beantworten: Wie schmutzig waren die aus den Auspuffen dieser alten Autos strömenden Abgase, verglichen mit den Emissionen neuerer Modelle?

Zufällig bewarb ich mich im Jahr 1989 nach meinem Physikstudium an der University of California in Santa Barbara als Wissenschaftler bei der Emissionsschutzbehörde in derselben Stadt. Ich hatte mich zuvor in zwei Sommern bei Technor, einem Start-up-Unternehmen in Livermore, mit der Erforschung von Verbrennungsprozessen beschäftigt. Technor war von einem Forscher der Sandia National Laboratories gegründet worden, um eine Technik zur Verringerung der Stickoxide im Verbrennungsrückstand wirtschaftlich zu nutzen (in diesem Verfahren wurde Cyanursäure als Katalysator eingesetzt). Er hatte mich eingestellt, weil ich Physik studierte, aber auch, weil ich etwas von VW-Motoren verstand; luftgekühlte VW-Motoren hatten in seiner frühen Forschung eine wichtige Rolle gespielt (sie stellen eine relativ einfache Plattform für Experimente dar). Wir bauten im Labor einen vollkommen instrumentierten Verbrennungsreaktor und analysierten die Abgase mit dem Massenspektroskop. Wir bauten auch einen Prototypen einer Filteranlage, mit der wir ein mit Holz befeuertes Stromkraftwerk in den Vorbergen der Sierra ausrüsteten.

Ich erwähne diese autobiografischen Fakten lediglich, um einem Abwehrreflex bei manchen Kritikern zuvorzukommen, die von vornherein davon ausgehen, jeder Zweifel an den Behauptungen über die Segnungen der »neuen Technologie« entspringe zwangsläufig romantischen, »technologiefeindlichen« Vorurteilen technologisch ahnungsloser Wirrköpfe. Ich habe den Eindruck, dass es vielen Kritikern, die diese Haltung einnehmen, selbst an technischen Kenntnissen mangelt. Ein solcher Abwehrreflex wird uns in diesem Fall nicht weiterhelfen, denn in der Frage, ob ältere Autos »schlimme Umweltverschmutzer« sind, gibt es einschlägige Fakten, die man sich aneignen kann, so wie Lucsko. Die Ergebnisse seiner gewissenhaften Forschung, die beispielgebend für die Technologiegeschichte ist, widersprechen der offiziellen Geschichte.

Das öffentlich wiederholte Narrativ wurde entwickelt, bevor die Fakten vorlagen, und entfaltete große Wirkung. Zu Beginn der Debatte über die Frage, wie viel schädlicher die Abgase alter Autos verglichen mit denen neuerer Modelle seien, beriefen sich die Experten auf sehr widersprüchliche

Statistiken. Wenn die Faktenlage derart unübersichtlich ist, gleichzeitig jedoch in der Öffentlichkeit Konsens darüber besteht, dass *irgendetwas getan werden muss,* wächst das Bedürfnis nach Antworten. Vereinfachte Darstellungen sorgen für kognitive Erleichterung. Und genau darauf sind Politiker spezialisiert.

Der damalige Gouverneur Kaliforniens, Ronald Reagan, sagte im Jahr 1971 im Gespräch mit der AP spontan und unvorbereitet: »Ich habe mich oft gefragt, ob wir nicht an einen Punkt gelangen werden, an dem wir über die Möglichkeit nachdenken müssen, die Entsorgung von Autos zu finanzieren, die ein bestimmtes Alter überschritten haben.« Einen Monat später schloss sich Tom Carrell, der Vorsitzende des Verkehrsausschusses des kalifornischen Senats, der Meinung des Regierungschefs mit einer ähnlich schicksalhaften Überlegung an – nur dass der Gedanke diesmal mit Zahlen unterlegt wurde: »Wir können das Problem nur lösen, indem wir die alten Autos von der Straße holen. Ich bin sicher, dass 50 Prozent des Smogs von den älteren Autos verursacht wird, die auf unseren Autobahnen unterwegs sind.« Er erhielt allgemeine Zustimmung. Von da an wurde in der öffentlichen Debatte regelmäßig die Behauptung wiederholt, die Hälfte der Verkehrsemissionen sei den ältesten zehn Prozent der Autos zuzuschreiben. Ein Vertreter des California Air Resources Board bezeichnete diese Statistik später als »urbane Legende«, aber mittlerweile hatte sie sich in eine jener faktenähnlichen Behauptungen mit erfolgreicher Karriere und großer Anhängerschaft verwandelt, die einfach zu groß waren, um wieder zu verschwinden.[12]

Es stimmt, dass die neuen Automodelle auf dem amerikanischen Markt bis 1980, als die Bestimmungen des ursprünglichen Luftreinhaltungsgesetzes von 1970 über mobile Emissionsquellen ihre volle Wirkung entfalteten, die Emissionen deutlich verringerten. Aber als dieselben Autos einige Jahre später bei zufälligen Kontrollen getestet wurden, stellte sich heraus, dass ihre Vergaser in vielen Fällen sehr schlecht eingestellt waren (sofern nicht überhaupt die Katalysatoren beschädigt waren), was eine hohe Abgasbelastung zur Folge hatte. Auf der anderen Seite waren gut gewartete ältere Autos zu einer beeindruckend sauberen Verbrennung fähig. Dazu kommt, dass im Jahr 1985 nur noch 6,7 Prozent der in den Vereinigten Staaten zugelassenen Autos vor 1970 gebaut worden waren. Bis Anfang der Neunzigerjahre sank dieser Anteil infolge des natürlichen Verschleißes auf knapp 2 Prozent.[13]

Es sollte auch darauf hingewiesen werden, dass die anhaltenden Probleme mit der Luftverschmutzung in den Vereinigten Staaten vor allem darauf zurückzuführen waren, dass sich die Zahl der jährlich gefahrenen Kilometer zwischen 1970 und 1990 fast verdoppelte, obwohl die Bevölkerung in diesem Zeitraum lediglich um 20 Prozent wuchs.[14] Die Verlängerung der Pendelstrecken trägt erheblich zur Luftverschmutzung bei. Ältere Autos legen nach Angaben der Versicherungsbranche im Lauf des Jahres sehr viel weniger Kilometer zurück als neuere Modelle. Das leuchtet ein: Wenn man täglich einen Arbeitsweg von 150 Kilometer hat oder die Kinder unter Zeitdruck zum Sport fahren muss, wird man kaum eine alte Klapperkiste oder einen heiß geliebten Klassiker benutzen. Das bedeutet, dass nie durch eine seriöse Berechnung belegt worden ist, dass alte Autos für die Hälfte der Luftverschmutzung oder einen annähernd hohen Anteil daran verantwortlich sein könnten.

Aber die leichthin in den Raum gestellte Behauptung, sie seien die Schuldigen, bereitete die Öffentlichkeit auf Unocals Abwrackprämie für die »schlimmen Luftverschmutzer« vor. Den eigentlichen Anstoß zu solchen Programmen gaben weder Politiker noch auf Umweltschutz spezialisierte Wissenschaftler oder irgendeine andere Gruppe, deren Aufgabe die Verbesserung der Luftqualität war. Stattdessen ging die Initiative von Raffinerien aus, die sich der vom Staat auferlegten Verpflichtung entziehen wollten, ihre Abgase zu reinigen.[15]

Die Entwicklung war derart pervers, dass tatsächlich eine *industrielle Nachfrage nach alten Autos* entstand, die als Rohmaterial betrachtet wurden, das (mittels politischer Alchemie) in einträgliche Klimakompensationszertifikate umgewandelt werden konnte. Das löste Anfang der Neunzigerjahre nach Inkrafttreten des Emissionsgesetzes in fünfzehn amerikanischen Bundesstaaten ein »Abwrackfieber« aus. Und wo es Nachfrage gab, musste ein Angebot an Altautos erzeugt werden. Es bestand die Gefahr, dass dieses Bestreben einen unvorteilhaften, räuberischen Eindruck erwecken würde, wenn es nicht durch die übereinstimmende Meinung der Fachwelt bestätigt würde. Also mussten Politik und Nichtregierungsorganisationen an Bord geholt werden. Beispielsweise beschreibt Lucsko, wie sich in Chicago sieben regionale Ölfirmen mit General Motors, dem Environmental Defense Fund und der Umweltschutzbehörde von Illinois zusammentaten, um alte Autos zu verschrotten. Im Jahr 1994 witterte das California Air Resources Board (die Kommission, die den Staat Kalifornien in Fragen der Luftreinhaltung berät) Blut und drängte auf die Durchführung eines staatsweiten Programms zur Zerstörung von 75 000 Fahrzeugen – *pro Jahr*. In vielen Abwrackprogrammen wurde überdies darauf verzichtet, vor dem Einstampfen der Autos brauchbare Teile auszubauen: Das Ziel war die totale Zerstörung, denn alles andere würde lediglich alte Autos am Leben erhalten.[16]

Wie sollen wir diese Abwrackprogramme verstehen? Ihr Nettoeffekt auf die Luftqualität ist umstritten. In der Auseinandersetzung damit sollten wir auch ihre Auswirkungen auf die geografische *Verteilung* der Luftqualität berücksichtigen. In unsere Berechnungen sollten wir zudem die Emissionen der Kraftwerke einbeziehen, die den Strom liefern, der für die Herstellung der neuen Autos benötigt wird, welche wiederum die alten Fahrzeuge ersetzen. Desgleichen sollten wir die Emissionen berücksichtigen, die bei der Förderung der benötigten Rohstoffe, bei der Stahlproduktion und beim Transport des Materials über die verschiedenen Ozeane entstehen.

All das würde weitere empirische und historische Untersuchungen erforderlich machen; eine umfassende Beurteilung der Effekte wäre ein aufwendiges Unterfangen. Aber mein wesentliches Argument stützt sich nicht auf diese spezifischen Fragen, denn ich möchte die politische Misere im Kontext sehr viel umfassenderer Entwicklungen betrachten. In der Materialwirtschaft, die sich im vergangenen halben Jahrhundert durchgesetzt hat, wird das möglichst schnelle Veralten von Gebrauchsgegenständen als Begleiterscheinung des Fortschrittsglaubens erzwungen. Diese Obsoleszenz verursacht versteckte Kosten, die ungleichmäßig verteilt werden. Wenn wir sie verstehen wollen, dürfen wir uns nicht auf Fragen wie jene der Luftqualität beschränken, sondern müssen auch die *menschliche* Umgebung berücksichtigen. Die Artefakte können grundlegend für jene menschlichen Praktiken und jene »übermäßige Bindung« sein, die einem Leben Gestalt geben und eine Generation mit der anderen verknüpfen.

DIE SCHRAUBER: EIN WEITERER DORN IM FLEISCH DER ZUKUNFT

Junge vietnamesische Einwanderer in Los Angeles – die Kinder der »Boat People«, die nach dem Vietnamkrieg in die Vereinigten Staaten geflüchtet waren – kauften sich in den Neunzigerjahren Hondas aus diesem und dem vorangegangenen Jahrzehnt, weil sie sich keine anderen Autos leisten konnten. Diese Autos bildeten den Nährboden, in dem die amerikanische »Import-Tuner«-Szene Wurzeln schlug. So wie früher in der Welt der VW-Hot-Rods oder in der Welt der Smallblock-Chevrolets entwickelte sich ein Ökosystem des volkstümlichen maschinentechnischen Sachverstands. Oder man nehme die Fanclubs, die sich in den Siebzigerjahren rund um den britischen Ford Escort und den Datsun 510 bildeten: Ein Nutzfahrzeug oder Massenprodukt, das keine besonderen Vorzüge hatte, wurde zum Gegenstand einer intellektuell fordernden und zeitaufwendigen Aktivität von inhärent sozialem Charakter, die dem Leben derer, die sich darauf einließen, Gestalt gab. Ich habe den Eindruck, dass es von der Eignung eines (fast immer preisgünstigen) Automodells für diese weltgestaltende Aktivität abhängt, ob es einen Status als Klassiker der Volkskultur erlangt. Rückblickend wird das Auto zum Emblem eines Lebens, das gelebt wurde. Aber anders als ein altes Foto ist das Auto an sich im Lauf der Zeit Empfänger von Aufmerksamkeit und Fürsorge gewesen; die sichtbaren Spuren seiner physischen Geschichte *sind* die Spuren eines bedeutsamen Teils des persönlichen Lebens, gebündelt in einem Ding, das man anfassen kann.

Doch anders als ein wirklicher Klassiker spielt das volkstümlich-klassische Auto diese Rolle nur, weil die Beziehung des Schraubers zu diesem Fahrzeug keine Beziehung des einfachen Bewahrungssinns oder der leidenschaftlichen Liebhaberei ist. Der Schrauber will, dass sein Fahrzeug schneller fährt, härter bremst, besser in den Kurven liegt und dabei cooler aussieht. (In den Neunzigerjahren war in einer Schlagzeile des Satiremagazins *Onion* die Rede von »unbegreiflichen asiatischen Modifikationen an Autos«.) Der Reiz des Autos besteht darin, dass es uns einlädt, *etwas mit ihm zu tun;* es ist kein statisches Objekt der Verehrung. Komischerweise kann es später für den Sammler ein solches Objekt werden. Er wird einen hohen Preis für ein Auto bezahlen, das »für die Zeit typische« Modifikationen aufweist, sofern diese puristisch genug sind: Dies ist das genaue Gegenteil des Geistes, in dem diese Modifikationen ursprünglich durchgeführt wurden.[17]

Um ein Auto mit knappem Budget zu frisieren, muss man gebrauchte Teile verwenden und oft Wege finden, um Komponenten aus anderen Bauarten und Modellen dem eigenen Fahrzeug anzupassen. Der Ort, an dem diese Teile entdeckt werden, ist der Schrottplatz, wie Daniel Lucsko sehr schön beschreibt. Wenn man mit Maßband und Zeichenblock über einen Schrottplatz wandert, überkommt einen leicht ein Gefühl unbegrenzter Möglichkeiten, das sich mit dem schmerzlichen Gedanken »Ach, wäre …« mischt: »Ach, wäre dieses Jeep-Verteilergetriebe doch nur fünf Zentimeter kürzer … Dann könnte ich die Antriebswelle verkürzen, den gesamten Vierrad-Antrieb des Jeeps verwenden, einen Unterverteiler bauen und das ganze Paket der Karosserie eines VW-Bus T 3 anpassen – das wäre wirklich *fantastisch.*«

Auf einem Schrottplatz im Großraum einer Metropole stößt man möglicherweise auf einen Fotografen, der die alten Autos als »Wrackporno« betrachtet. Schrottautos haben von der Zeit gezeichnete Oberflächen, und der Verfall hat etwas inhärent Anziehendes für das zeitgenössische künstlerische

Empfinden. Woran das liegt, ist schwer zu sagen. Es könnte eine Abwehrreaktion heutiger Künstler sein, die möglicherweise das Gefühl haben, dass ihnen ihre Zeit eine andere Einstellung aufzwingen will: Hass auf alles Vergangene.[18] Diese Einstellung besagt, dass sich die Kunst möglichst von der Vergangenheit befreien und den Weg für die Kreation *ex nihilo* frei machen soll. Aber diese Forderung ist schwer zu erfüllen. Der Aufenthalt auf einem Schrottplatz, umgeben von unausweichlichem Verfall, hat mitunter etwas Tröstliches angesichts der Unbestimmtheit eines Lebens, in dem uns wenig hinterlassen wird und einfach bleibt. Alte Dinge tragen eine unumkehrbare Geschichte in sich, die sich der freien Wahl entzieht. Sie verleihen einem Dasein, das unerträglich leicht scheinen kann, Gewicht oder zumindest eine *Stimmung* der Gewichtigkeit.

Auch der Schrauber kann auf dem Schrottplatz in einen Zustand der Entrückung geraten, aber es ist eine andere Art von Entrückung. Vielleicht sieht man ihn mit einem Ausdruck angestrengter Konzentration im Gesicht im Schmutz sitzen und mit den Händen sonderbare Gesten machen, wie man sie bei Personen beobachtet, die im Geist etwas bauen. Er interessiert sich nicht für die gealterten Oberflächen, sondern für die inhärent zeitlose Funktion des Dings. Da er mit denselben technischen Herausforderungen konfrontiert ist wie jene, die damals das Bauteil entwarfen, das er jetzt neu nutzen will, empfindet er über die zeitliche Distanz hinweg eine Art von geistiger Verbundenheit mit ihnen. Umgekehrt würden auch diese namenlosen Ingenieure verstehen, was er zu tun versucht. Unabhängig davon, ob diese Geister sein Vorgehen gutheißen oder nicht, gibt es eine solide Basis für ein imaginiertes Gespräch – für jene Art von freundschaftlichem Disput, der nur zwischen Personen möglich ist, die dieselbe Sprache sprechen.

Mit Blick auf die Bedeutung der Schrottplätze für die Hot-Rod-Szene der Fünfziger-, Sechziger- und Siebzigerjahre zitiert Lucsko einen gewissen Joe Mayall, der 1981 schrieb:

> *Ich treibe mich auf Schrottplätzen herum, solange ich zurückdenken kann, und habe einige der glücklichsten Momente erlebt, während ich nur mit einem Maßband bewaffnet auf einem Platz herumging, um einen Blick in und unter sämtliche dort abgestellten Fahrzeuge zu werfen. Manchmal brauchte ich etwas Konkretes, aber oft nutzte ich einfach die Gelegenheit, um mir Dinge anzusehen, für die ich keine konkrete Verwendung hatte, die jedoch in der Zukunft vielleicht einen Nutzen haben konnten. Es ist überraschend, wie viel kreatives Denken der Blick unter ein zertrümmertes Auto wecken kann.*[19]

Dieser Auszug stammt aus einem kaum bekannten und seit Langem verschwundenen Fachmagazin namens *Street Scene,* einer Zeitschrift mit knallbunten Covern und protziger Werbung. Die Aussage deckt sich mit einem Argument Michael Oakeshotts, dessen schmucklos schöne Texte zu den beeindruckendsten Leistungen der Philosophie des 20. Jahrhunderts gehören. Oakeshott versuchte zu erklären, was es bedeutete, konservativ zu sein. Er verstand darunter weder ein Verlangen nach der Vergangenheit noch Furcht vor der Zukunft, sondern vielmehr eine *Zuneigung zur Gegenwart:* den Genuss an dem, was tatsächlich existiert, weil man seinen Wert sieht. Diese Einstellung

> *wird bei den Alten natürlicher auftreten als bei den Jungen, nicht weil die Alten empfindlicher auf Verluste reagieren, sondern weil sie sich der Ressourcen ihrer*

Welt eher bewusst sind und folglich weniger dazu neigen, sie als unzureichend zu empfinden. Bei manchen Menschen ist diese Einstellung einfach deshalb weniger ausgeprägt, weil sie nicht wissen, was ihnen ihre Welt zu bieten hat: Die Gegenwart ist in ihren Augen lediglich ein Überbleibsel von Ungelegenheiten.

Dies scheint mir eine gute Beschreibung der psychologischen Wahrheit des Schrottplatzes zu sein, wie sie der automobile Improvisationskünstler erlebt. Für ihn ist der Schrottplatz ein Reservoir kultureller Schätze, die heute zutage gefördert und genossen werden müssen.

Wir haben uns mit dem erzwungenen Wertverlust alter Autos beschäftigt, der auf einem falschen Umweltschutzargument beruht. Wir haben gesehen, dass sich eine Vielzahl kreativer Möglichkeiten eröffnet, wenn man sich der verpflichtenden Logik des Neuen und der damit verbundenen Entfremdung von der Gegenwart verweigert. An beiden Fronten ist die Figur des Schraubers ein gegenkultureller Bezugspunkt, der uns die Selbstkritik erleichtert und uns vor Augen führt, dass der »Fortschritt« manchmal etwas von einem Gewaltmarsch hat. Der politischen Ökonomie des »Schrotts« entspricht eine moralische Ökonomie, und an beiden Fronten steht der Schrauber im Widerspruch zur Selbstgewissheit der modernen Gesellschaft.

Denken wir an den Mann mit der Schrotflinte, der die Ordnungskräfte in Schach hielt, solange seine Kräfte reichten. Er würde in der heutigen politischen Typologie zweifellos als »erbärmlich« eingestuft. Die kulturellen Ressentiments, die sich unter einem Regime entwickeln, das sich dem Fortschritt verschrieben hat, können als Antworten auf ein allgemeines Muster betrachtet werden. Menschen stellen fest, dass sie von anderen, die größere Autorität besitzen – sei es, weil sie über Geld, politische Macht oder moralische Überlegenheit verfügen (normalerweise besitzen sie alle drei) –, ihrer Lebensart beraubt werden, das heißt der Vorstellungen, an denen sie sich die meiste Zeit ihres Lebens in der Welt orientiert haben. Wenn die alten Autos dieser Bürger zu einem öffentlichen Ärgernis erklärt werden, verlieren sie ein zugleich materielles und sentimentales intergenerationelles Vermögen.

DIE SCHWINDENDEN ERTRÄGE DER IDIOTENSICHERHEIT ALS KONSTRUKTIONSPRINZIP

An einem Tag im Jahr 2018 ging mir in meinem 1970er Karmann Ghia das Benzin aus (die Tankanzeige funktionierte nicht – wie sich herausstellte, war sie nicht geerdet. Ich musste ein paar Blocks per Anhalter zur nächsten Tankstelle fahren. Ich hatte keinen Benzinkanister, aber an der Tankstelle konnte ich einen kaufen. Ich füllte ihn und machte mich auf den Rückweg zu meinem Auto. Dort angekommen, musste ich feststellen, dass ich das Benzin nicht in den Tank füllen konnte – die Bauart des Auslaufrohrs des Kanisters war mir vollkommen fremd.

Ich war ratlos. Ich nehme an, der Hersteller hatte versucht, den Ausguss sicherer zu machen, jedenfalls zwang er mich, zu erraten, welche Gefahr vermieden werden sollte – in der Hoffnung, ausgehend von diesem Hinweis den Denkprozess des für das Design verantwortlichen Komitees zurückverfolgen und daraus schließen zu können, welche Handgriffe ich nach Meinung der Komiteemitglieder an dem Ausguss vornehmen sollte.

Manchmal muss man sehr schlau sein, um idiotensichere Lösungen zu verstehen; man muss eine regelrechte psychologische Theorie über die Beweggründe des Widersachers aufstellen. Wenn Sie ein Idiot wie ich sind, werden Sie den Test nicht bestehen und sind offenbar nicht qualifiziert, um diese Art von Ausguss zu verwenden. Meine Lösung bestand darin, das Auslaufrohr abzuschrauben und das Benzin in der Hoffnung, ein wenig von der kostbaren Flüssigkeit in den Tank zu bringen, auf mein Auto, meine Hose und meine Schuhe zu schütten. Es schien kein besonders sicheres Verfahren zu sein.

Der perverse Antagonismus dieses Ärgernisses aus Plastik wurde mir klar, als ich es mit dem Karmann Ghia verglich. Der Kontrast war vielleicht noch stärker, als wenn ich an jenem Tag ein modernes Auto gefahren hätte. Der Karmann Ghia weist mich nicht zurecht, wenn ich den Sicherheitsgurt nicht anlege, die Scheinwerfer nicht ausschalte oder den Schlüssel im Zündschloss stecken lasse. Wenn die Tankanzeige funktioniert, misst sie bis etwa auf ein Drittel genau. Wenn ich mit angezogener Handbremse losfahre, blinkt auf dem Armaturenbrett kein Warnlicht auf. Könnte der Ghia sprechen, so würde er sagen: »Also, das ist deine Sache. Ich arbeite nur hier.« Tatsächlich ist der Wagen ein unbeseeltes Ding, das überhaupt nicht mit mir spricht. Er tut einfach, was ich ihm sage, ohne vorher ein Komitee zurate zu ziehen. Das mag ich an diesem Wagen.

Wenn ich jemanden im Karmann Ghia mitnehme, bemerke ich im Gesicht dieser Person normalerweise eine gewisse Konsternation, während sie nach der Schlosszunge des Sicherheitsgurts sucht, die für gewöhnlich irgendwo zwischen Sitz und Tür am Boden liegt, weil es hier keinen Aufrollmechanismus gibt. Die Person kurbelt das Fenster herunter und wundert sich zweifellos über den blechernen

Klang der zufallenden Tür. Das ist ungewohnt. Das Armaturenbrett besteht aus der Geschwindigkeitsanzeige, der erwähnten Tankanzeige und einer Uhr, die zweimal täglich die genaue Zeit anzeigt. Doch im Wesentlichen ist es eine leere Fläche (ähnlich wie der »Mindful Modus« auf dem Armaturenbrett des neuen Ford Explorer, nur billiger).[1]

Wenn ich losfahre, bemerke ich, wie sich das Gesicht meiner Beifahrerin zu einem Grinsen verzieht. Man kann das Klappern der Einlass- und Auslassventile hören, die sich in unserem Rücken öffnen und schließen, und das Cockpit besteht im Wesentlichen aus Glas. Schon bei 25 Stundenkilometern wirkt meine Beifahrerin beherzt, ja beinahe aufgedreht. Ich habe den Verdacht, ihr Entzücken rührt nicht nur von der mechanischen Sinnlichkeit der Fahrt her – von der Körperlichkeit –, sondern auch von der Tatsache, dass wir scheinbar ohne Erlaubnis losgefahren sind. Wir haben uns derart an die Warnleuchten und ermahnenden Töne moderner Autos gewöhnt, dass wir sie einfach ausblenden, aber irgendwo unterhalb der Wahrnehmungsschwelle erinnern sie uns daran, dass wir beaufsichtigt werden. Es fühlt sich daher ein bisschen verboten an, sich einfach unangekündigt in Bewegung zu setzen wie in einem Kanu, das über die Rampe ins Wasser gleitet.

Aber das ist bloß Poesie. In diesem Kapitel geht es um die Sicherheit beim Autofahren, und dieses Thema sollten wir nicht in romantischer Stimmung, sondern ganz unsentimental behandeln. Die Autos, die heute gebaut werden, sind sehr viel sicherer als die aus früheren Jahrzehnten. Wir werden uns die verschiedenen Verbesserungen ansehen, die unsere Autos sicherer gemacht haben. Aber wir werden auch untersuchen, wie Verbesserungen am Auto zu einer Änderung des Fahrverhaltens führen können, und zwar nicht immer zu einem *besseren* Fahrverhalten. Das Gesamtbild ist daher nicht ganz so klar wie dann, wenn wir nur den reinen technologischen Fortschritt betrachten.

Es geht hier weniger um den technologischen »Schnickschnack«, der offensichtlich die Konzentration des Fahrers auf die Straße beeinträchtigt, also um Dinge wie Navigationsbildschirme und Infotainment-Systeme. Vielmehr werden wir uns auf Merkmale und Designelemente konzentrieren, die tatsächlich die Sicherheit erhöhen sollen. Ich habe nicht die Absicht, die positive Nettobilanz der Sicherheitsverbesserungen in den letzten Jahrzehnten infrage zu stellen – die ist unbestreitbar –, sondern ich will den Weg nachzeichnen, den wir in jüngster Zeit beschritten haben und die Frage stellen, wohin er uns führt.

Dass dies notwendig ist, wird klar, wenn man sich die Behauptungen über die größere Sicherheit von autonomen Autos ansieht und die Schritte nachvollzieht, die in diese Richtung unternommen worden sind und uns bereits heute erlauben, ein Auto zu fahren, ohne es selbst zu steuern. Im Januar 2017 veröffentlichte die für Straßen- und Fahrzeugsicherheit zuständige Behörde NHTSA (National Highway Traffic Safety Administration) die bemerkenswerte Behauptung, die Unfallquote – gemessen daran, wie oft der Airbag ausgelöst wurde – sei »in mit der Autopilottechnologie ausgerüsteten Pkw von Tesla nach der Installation des neuen Fahrerassistenzelements Autosteer um fast 40 Prozent gesunken«.[2] Dieses Ergebnis fand am Tag seiner Veröffentlichung ein großes Medienecho und wurde unter anderem vom »nationalen Presseflaggschiff« (der *New York Times*) und vom einflussreichen Nachrichtenunternehmen *Bloomberg* weitergegeben.[3] Ende Dezember 2016, kurz vor der Bekanntgabe dieses Ergebnisses, kostete die Tesla-Aktie 216 Dollar. In den folgenden sechs Monaten stieg ihr Kurs auf 383 Dollar. Die auf Technologie und Wirtschaft spezialisierte Website

Ars Technica berichtet, dass sich Tesla im März 2018, nachdem bei einem Unfall unter Beteiligung von Autosteer ein weiterer Tesla-Kunde gestorben war, in einem Blog-Post auf den positiven Bericht der NHTSA berief, um die Technologie zu verteidigen. Wenige Wochen später rügte Tesla-Chef Elon Musk die Journalisten dafür, »dass sie sich auf Berichte über Unfälle fixieren, anstatt die Beiträge des Autopiloten zu größerer Sicherheit hervorzuheben«. In einem Bericht über die Gewinnentwicklung seines Unternehmens im Mai 2018 erklärte Musk: »Sie sollten eine Geschichte darüber schreiben, wie sicher autonome Autos wirklich sind. Aber das ist keine Geschichte, die die Leute lesen wollen. Sie schreiben reißerische Schlagzeilen, die den Leser in die Irre führen.«

Da sich Herr Musk Sorgen über irreführende Information macht, sollten wir uns ein zutreffendes Bild von der tatsächlichen Situation machen. Die Behauptung, Autosteer verringere die Unfallzahlen um 40 Prozent, weckte das Interesse Randy Whitfields, des Leiters einer kleinen Forschungsfirma, die sich auf »forensische statistische Dienstleistungen« im Bereich der Risikominderung spezialisiert hat.[4] Er gelangte zu dem überraschenden Ergebnis, dass die Bekanntmachung der NHTSA »keinerlei Daten enthielt, die diese erstaunliche Behauptung belegen könnten«, weshalb es unmöglich sei, das Ergebnis der Studie zu bestätigen. Bei einer Auswertung der Aufzeichnungen von Versicherungen über Unfälle mit Tesla-Autos stellte Whitfield fest, dass diese Daten nicht den von der Behörde genannten Zahlen entsprachen. Seine winzige Firma, die den beeindruckenden Namen Quality Control Systems (QCS) trägt, stellte, gestützt auf den Freedom of Information Act, einen Antrag auf Offenlegung der Daten. Die NHTSA ignorierte das Ansuchen. Schließlich verklagte Whitfield das Verkehrsministerium.

Die NHTSA argumentierte, eine Herausgabe der Daten

könne Tesla »erheblichen Wettbewerbsschaden« zufügen. Die Behörde machte auch keinerlei Angaben zur Quelle der Daten, auf die sie sich bei ihrer spektakulären Behauptung gestützt hatte. Im Prozess über die Klage wegen Verletzung des Gesetzes über die Informationsfreiheit stellte sich heraus, dass die NHTSA Daten verwendet hatte, die von Tesla zur Verfügung gestellt worden waren.

Unter diesem gravierenden Vorbehalt können wir feststellen, dass die Behauptung über die Verbesserung der Verkehrssicherheit einfach darauf beruhte, dass man die Zahl der Tesla-Unfälle vor der Aktivierung von Autosteer genommen und durch die Zahl der Meilen dividiert hatte, welche die Tesla-Autos unter dieser Bedingung zurückgelegt hatten. Anschließend wurde dieselbe Berechnung mit der Zahl der Meilen angestellt, die mit aktiviertem Autosteer gefahren worden waren. Anschließend wurden die beiden Koeffizienten verglichen. Als QCS zwei Jahre, nachdem es den Antrag gestellt hatte, endlich die Daten zur Verfügung gestellt bekam, stieß Whitfield auf ein heilloses Durcheinander: Bei vielen Fahrzeugen im Datensatz war die Zahl der zurückgelegten Meilen »unbekannt, nicht gemeldet worden oder fehlte aus anderen Gründen«.

Wenn ich dieses Resultat richtig verstehe, wurde angenommen, dass für die fehlende Meilenzahl ein Wert von null angesetzt wurde, wenn dies für Tesla vorteilhaft war, wodurch die Unfallquote pro gefahrene Meile in diesen Fällen künstlich aufgeblasen wurde. Das Ergebnis war eine erhebliche Verbesserung der Werte nach der Aktivierung von Autosteer.[5] Außerdem hatten die Autoren der Studie einfach verschiedene Gruppen von Autotypen in einen Topf geworfen, weshalb der Zähler (die Zahl der Unfälle) und der Nenner (die Zahl der gefahrenen Meilen) nicht denselben Autos mit denselben Fahrern entsprachen.[6]

Und das war nur die Spitze eines Eisbergs von methodologischen Fehlern, die anscheinend nicht alle ohne Hintergedanken begangen worden waren. Als Whitfield nur die kleine Untergruppe von Fahrzeugen berücksichtigte, für die vollständige Daten vor und nach der Installation von Autosteer vorlagen, blieben von den 43 781 Autos, welche die Behörde für ihre Berechnungen herangezogen hatte, lediglich 5714 Fahrzeuge übrig. Zu welchem Schluss gelangte er bei der Auswertung dieser solideren Daten? Die Häufigkeit von Unfällen mit Öffnung des Airbags war »nach der Installation von Autosteer um 59 Prozent *gestiegen*«.

Wie war das möglich? In Kürze werden wir uns den besonderen Herausforderungen zuwenden, mit denen wir konfrontiert werden, wenn wir den Menschen vom Fahrersitz verbannen, weil wir annehmen, der Computer könne besser fahren als er. Die Tesla wohlgesinnten Behörden haben unterdessen ihre Behauptungen über die Sicherheit von Autosteer in Reaktion auf den QCS-Bericht stillschweigend zurückgezogen und ihre Erkenntnisse als Ergebnis einer »oberflächlichen« Analyse relativiert. Tesla seinerseits behauptet auf seiner Website nicht länger, Autosteer könne die Unfälle um 40 Prozent verringern. Dort heißt es jetzt: »Tesla-Autos mit eingeschaltetem Autopiloten erleiden weniger Unfälle pro gefahrene Meile als Tesla-Autos mit deaktiviertem Autopiloten. Diese wiederum erleiden weniger Unfälle pro Meile als das durchschnittliche Auto, das gegenwärtig auf den Straßen unterwegs ist.«

Timothy B. Lee, der Autor des zuvor erwähnten Artikels in *Ars Technica,* nahm Kontakt zu Whitfield auf und fragte ihn nach seiner Meinung zu Teslas gegenwärtigen Behauptungen über die Fahrzeugsicherheit. Whitfield wies darauf hin, dass sich Tesla mittlerweile zwar zurückhaltender äußere, jedoch weiterhin nicht in der Lage sei, wichtige Variablen in der Rechnung zu berücksichtigen. Der Autopilot soll nur auf Autobahnen genutzt werden, auf denen es weniger Unfälle pro gefahrenen Kilometer gibt als auf anderen Straßen. »Die Tatsache, dass die Zahl der Unfälle pro gefahrener Meile bei eingeschaltetem Autopiloten geringer ist, beweist nicht zwangsläufig, dass der Autopilot das Fahren sicherer macht. Sie kann auch darauf zurückzuführen sein, dass es auf Autobahnen einfach zu weniger Unfällen pro zurückgelegter Meile kommt.« Man kann auch davon ausgehen, dass Tesla-Autos einfach deshalb eine geringere Unfallquote haben, weil diese Fahrzeugflotte relativ neu ist und neuere Autos generell weniger Unfälle haben als ältere. Außerdem sind diese Autos teuer, was bedeutet, dass ihre Fahrer wahrscheinlich wohlhabender und älter sind als der durchschnittliche Fahrer. Fahrer mittleren Alters verursachen weniger Unfälle als jüngere Fahrer. Wohlhabendere Fahrer warten ihre Autos besser als Fahrer mit geringerem Einkommen. (Man bekommt nicht viele Teslas mit abgefahrenen Reifen zu Gesicht.) Lee schreibt, die relativ niedrige Unfallquote von Tesla sei »möglicherweise eher ein Ausdruck der demografischen Zusammensetzung seines Kundenstamms als der Sicherheitsmerkmale seiner Autos«. Und er berichtet, Tesla habe unabhängigen Experten, die diese Faktoren berücksichtigen könnten, um die Sicherheit des Autopiloten einer rigorosen Beurteilung zu unterziehen, keine neuen Daten zur Verfügung gestellt.[7]

Halten wir kurz inne, um uns die Moral dieser Geschichte vor Augen zu halten, in der eine charismatische, vorausschauende Techfirma verlässliche Verbündete im Regierungsapparat und einem journalistischen Establishment fand, die sich bereitwillig mit den Kräften des Fortschritts verbündeten. (Natürlich sollten wir auch die gute Arbeit von *Ars Technica* würdigen.) Ich glaube, das letzte Wort sollte der statistisch geschulte Bürger Randy Whitfield haben, der die Lehren aus dieser Geschichte mit bewundernswerter Klarheit zusammenfasst:

> *Die übergeordnete Frage lautet, ob die Erfahrungen mit autonomen Fahrzeugen und fortschrittlichen Fahrassistenzsystemen von den Behörden, die dafür verantwortlich sind, die Sicherheit der Allgemeinheit zu gewährleisten, fair und transparent beurteilt werden, während diese Technologie auf den öffentlichen Straßen dem »Betatest« unterzogen wird. Die gerichtliche Auseinandersetzung über unseren Fall zeigt, dass sowohl die NHTSA als auch Tesla alles taten, um eine öffentliche Überprüfung dieser mit Steuergeldern finanzierten Forschung zu verhindern, weil sie fürchteten, Tesla könne dadurch Schaden im Wettbewerb erleiden.*

Die konfliktreiche Beziehung, die zwischen Aufsichtsbehörden und Industrie und zwischen beiden und dem Journalismus herrschen sollte, wird im »Spezikapitalismus« zur Fiktion. Man gewinnt den Eindruck, dass dies keine separaten Eliten mehr sind, sondern in ihrer Gesamtheit eine Superelite, die das Narrativ des Fortschritts kontrollieren will – selbst wenn dies dem Interesse der Allgemeinheit widerspricht.

WIR HABEN EIN RISIKOBUDGET

Auf konzeptueller Ebene sind die Kausalfaktoren in Verkehrsunfällen und die Ursachen für Todesopfer in solchen Unfällen heute genauso schwierig zu entwirren wie 1975, als Sam Peltzman seine maßgebliche Studie *Regulation of Automobile Safety* veröffentlichte. Ein Auto bewegt sich demnach in einer umfassenden Risikoökologie, die durch Verkehrsdichte, Geschwindigkeitsbegrenzungen, Durchsetzung der Verkehrsregeln, Bauweise und Zustand der Straßen, Qualität der Fahrausbildung, Verfügbarkeit und Qualität der Notversorgung in Krankenhäusern, sowie den Prozentsatz der jungen und unerfahrenen Fahrer, die Inzidenz von Trunkenheit am Steuer und andere Faktoren beeinflusst wird. Aber wenn wir uns auf die physikalischen Faktoren konzentrieren – auf den Bereich, in dem die Crashtest-Dummys das Sagen haben –, dann ist offensichtlich, dass im Fall eines Zusammenstoßes die Sicherheit des Autos selbst erheblich verbessert worden ist. Die wichtigsten Fortschritte wurden Mitte der Sechzigerjahre erzielt, als zwei neue Sicherheitseinrichtungen eingeführt wurden: der Sicherheitsgurt und die Sicherheitslenksäule, welche die Aufprallenergie absorbiert (dadurch, dass die Lenksäule bricht, wird verhindert, dass der Fahrer bei einem Frontalzusammenstoß aufgespießt wird).[8] Eine weitere bedeutsame Verbesserung brachte die Einführung des Airbags in den Neunzigerjahren als ergänzende Schutzmaßnahme zum Sicherheitsgurt.[9]

Peltzmans wichtigster Beitrag bestand in der Erkenntnis, dass wir dazu neigen, in Reaktion auf die Einführung neuer Sicherheitseinrichtungen unser Fahrverhalten zu ändern, was dazu führt, dass die Zugewinne bei der Fahrzeugsicherheit teilweise wieder verloren gehen. Wenn der Staat Sicherheitsmaßnahmen vorschreibt, »kann er niemanden zum Erwerb von mehr Sicherheit zwingen, sondern nur dazu, die Geräte zu erwerben, welche die Auswirkungen eines Unfalls auf Leben und Gesundheit verringern. Diese Unterscheidung ist bedeutsam, sofern die Entscheidung, das Risiko eines Unfalls einzugehen, kein unveränderliches Resultat pathologischen Verhaltens ist.« Stattdessen hängt diese Entscheidung von unserer Einschätzung der mit dem Risiko verbundenen Kosten und Nutzen ab. »Ein Resultat (wirksamer) Sicherheitseinrichtungen besteht in der Verringerung der Kosten dieses Risikos, und diese Verringerung dürfte die Bereitschaft der Fahrer erhöhen, das Risiko einzugehen. Der Fahrer sucht nicht das Risiko an sich, sondern die damit einhergehenden Vorteile: Man gelangt schneller von einem Ort zum anderen, ein junger Fahrer kann das Familienauto verwenden und so weiter.«

Peltzman erklärte, wir alle hätten ein »Risikobudget«, das im Lauf der Zeit weitgehend unverändert bleibe, und verteilten das Risiko durch eine Verhaltensänderung neu, wenn wir einen Zugewinn an Sicherheit sähen. Der Grund dafür ist nicht, dass wir einen Todeswunsch hegen, sondern dass jede Aktivität in dieser Welt mit Risiken verbunden ist. Und damit finden wir uns ab.

Man muss unterscheiden zwischen Sicherheitseinrichtungen und konstruktiven Elementen, die das *Risiko* eines möglichen Unfalls verringern, einerseits sowie andererseits solchen Einrichtungen und Elementen, welche die schädlichen Auswirkungen eines *tatsächlichen* Unfalls auf die Gesundheit verringern (das heißt seine »Kosten«, wie die Ökonomen sagen würden). Zur zweiten Gruppe gehören Sicherheitsgurt, Sicherheitslenksäule, Airbag, ein besser platzierter und gebauter Treibstofftank, das vakuumaktivierte Kraftstoffabsperrventil (das den Kraftstofffluss automatisch unterbricht, wenn der Motor nicht mehr läuft), das mit einem Trägheitsschalter ausgestattete Kraftstoffpumpenrelais (die Pumpe wird bei einem Aufprall abgeschaltet) sowie Knautschzonen und andere strukturelle Elemente, welche die Fahrzeuginsassen schützen sollen. Die andere Gruppe – jene Konstruktionsmerkmale, welche die Wahrscheinlichkeit verringern, dass es überhaupt zu einem Unfall kommt – beinhaltet die Zweikreisbremsanlage mit Hauptbremszylinder (die seit

1968 in allen in den Vereinigten Staaten verkauften Neuwagen vorgeschrieben ist), bei der die hydraulischen Systeme von Vorder- und Rückbremse getrennt sind, sodass im Fall eines Ausfalls eines Systems das andere weiter funktioniert, Warnlampen auf dem Armaturenbrett, die einen nachlassenden Bremsdruck oder einen Mangel an Bremsflüssigkeit anzeigen, die Einführung von Scheibenbremsen an den Vorderrädern (diese verteilen die Hitze besser als Trommelbremsen und sind bei Nässe wirksamer, weil die Bremsbeläge das Wasser von der Bremsscheibe wegpressen, während sie sich dreht), gegen die Atmosphäre abgedichtete Bremsbehälterdeckel mit Faltenbalg (was das Eindringen von Feuchtigkeit ins System verhindert, die bei Betriebstemperatur kochen kann, wodurch Gas ins System eintritt, das die Flüssigkeit komprimierbar macht, die Druckübertragung beeinträchtigt und zur Korrosion von Bremskomponenten führt), Verbesserungen der Zusammensetzung von synthetischem Gummi und des Reifenaufbaus, was die Bodenhaftung der Reifen auf feuchten und trockenen Straßen bei sehr unterschiedlichen Temperaturen erheblich erhöht hat, sowie elektronisch gesteuerte Hilfssysteme wie Antiblockiersystem (ABS), Traktionskontrolle (Antriebsschlupfregelung) und Stabilitätskontrolle (ESP).

Die letzten beiden sind leicht zu verwechseln. Die Traktionskontrolle nutzt die Raddrehzahlsensoren, die Teil des Antiblockiersystems sind, um eine Situation zu erkennen, in der sich eines der Räder schneller dreht als das andere, und zwar in einem größeren Ausmaß, als zu erwarten wäre, wenn die Räder unterschiedliche Strecken zurücklegen (zum Beispiel in einer Kurve), was auf einen Traktionsverlust des schnelleren Rads hindeutet. Das System greift ein, indem es das Rad, das sich schneller dreht, abbremst, oder indem es das Drehmoment dieses Rads verringert. Die elektronische

Stabilitätskontrolle indes nutzt die Traktionskontrolle und ergänzt sie durch weitere Informationen, insbesondere über die Kursabweichung (das heißt über den Unterschied zwischen der Neigung des Autos auf der vertikalen Achse und seiner Fahrtrichtung) und den Lenkwinkel. Fährt das Auto nicht in die Richtung, in welche die Vorderräder zeigen, schätzt das Stabilitätskontrollsystem »die Richtung des Schleuderns und bremst anschließend die einzelnen Räder asymmetrisch, um eine Neigung des Fahrzeugs auf der vertikalen Achse herbeizuführen, die der Richtung der Kursabweichung entgegengesetzt ist und das Fahrzeug wieder auf den vom Fahrer gewünschten Kurs bringt«.[10] Die ESP ist in den Vereinigten Staaten seit 2012 in allen neuen Pkw und leichten Lkw vorgeschrieben und hat die Sicherheit der Automobile deutlich erhöht.[11]

Peltzman war ein Volkswirt an der Universität Chicago. Seine Analyse weist die charakteristischen Beschränkungen auf, die mit Annahmen über einen »rationalen Akteur« einhergehen, dessen Verhalten ausschließlich von Kosten-Nutzen-Abwägungen bestimmt ist. Diese Vorstellung ist unter anderem deshalb unrealistisch, weil sie nicht berücksichtigt, inwieweit die Überlegungen, auf denen diese Abwägung beruht, »im Bewusstsein präsent sind«. Es muss unterschieden werden zwischen Sicherheitsmerkmalen, deren Existenz der Fahrer nicht wahrnimmt (etwa einer Sicherheitslenksäule oder einem Kraftstoffpumpenrelais mit Trägheitsschalter), und solchen, deren Existenz unübersehbar ist (zum Beispiel einer Crashstruktur mit hohen Schwellen, erhöhter Motorhaube und massiven Säulen). Soweit ich es beurteilen kann, nahm Peltzman nie eine solche Unterscheidung vor, obwohl diese bedeutsam für sein grundlegendes Argument gewesen wäre. Er legte Daten vor, die verschiedene *Korrelationen* belegen, welche auf die Existenz eines »Risikobudgets« hindeuten, aber die Kausalzusammenhänge bleiben im Wesentlichen unerklärt. Gefüllt werden soll diese Lücke mit der Annahme eines »rationalen Akteurs«.

Wenn die Einführung einer neuen Sicherheitseinrichtung das Fahrverhalten verändern soll, darf sie keine rein verbale Mitteilung sein, sondern muss im Geist des Fahrers präsent sein. Wenn der Fahrer eine Leidenschaft für Sicherheitsmerkmale hat, wird ihm etwas Unauffälliges wie eine Sicherheitslenksäule vielleicht in Form einer Aussage zur Verfügung stehen: Er weiß, dass sein Auto eine hat. Dies ist eine irrelevante Tatsache – ein kleiner Happen »Aussagenwissen«, wie es in der Philosophie des Geistes heißt – an die er sich erinnern wird, wenn man ihn nach seiner Lenksäule fragt. Aber in unseren alltäglichen Aktivitäten bewegen wir uns nicht durch die Welt, indem wir jede einschlägige Tatsache im Geist synthetisieren und unser Verhalten einer Berechnung entsprechend anpassen. Wir sind keine Computer, sondern Tiere mit einem Körper, und bei Aktivitäten wie dem Fahren, die uns zur zweiten Natur werden, orientiert sich unser Verhalten normalerweise nicht an Aussagen, sondern an der Welt, die wir uns durch unsere Sinne und körperlichen Interaktionen erschließen. Dies ist eine der Erkenntnisse der revolutionären Wissenschaft von der »verkörperten Kognition« in den vergangenen zwanzig Jahren.[12]

Peltzman wies mit Recht darauf hin, dass es sowohl Kosten als auch Nutzen hat, Risiken einzugehen, aber da die Risiken statistischer Natur sind und die möglichen Gefahren nur selten eintreten, während der Nutzen konkret und jederzeit präsent ist, müssen wir uns ein psychologisch zutreffendes Bild davon machen, wie sich die Kostenseite der Bilanz tatsächlich auf das Verhalten eines Autofahrers auswirkt. Anders als von den Volkswirten der Chicago-Schule um das Jahr 1975 behauptet, sind wir keine allwissenden Nutzenmaximierer. Tatsächlich sind wir als volkstümliche Statistiker furchtbar schlecht darin, Risiken einzuschätzen. Die Frage, in welchem Maß man sich beim Autofahren subjektiv Risiken ausgesetzt *fühlt,* ist für das Verhalten bedeutsamer als die tatsächlichen Risiken. Unmerkliche Sicherheitseinrichtungen dürften sich auf dieses subjektive Empfinden überhaupt nicht auswirken, während das erhöhte, an ein Panzerfahrzeug erinnernde Chassis eines großen SUV erheblichen Einfluss auf das Gefühl der körperlichen Verwundbarkeit hat. Um es mit den Worten John Muirs, des Autors von *How to Keep Your Volkswagen Alive,* zu sagen: »Würden wir alle ständig so fahren, als wären wir wie aztektische Menschenopfer auf die Motorhaube des Autos gefesselt und würden bei einem Zusammenstoß als Erste getroffen, so gäbe es sehr viel weniger Unfälle.« Bei meinen eigenen – unwissenschaftlichen – Beobachtungen habe ich verblüfft festgestellt, dass Fahrer von Drei-Tonnen-SUV oft viel zu wenig Abstand halten. Es ist, als wäre die Möglichkeit einer Verletzung für sie nur eine abstrakte Idee. Man hat auch den Verdacht, dass viele Leute am Steuer solcher Fahrzeuge keine Vorstellung davon haben, was zu tun wäre, sollten sie einmal an die Grenze der Traktion kommen.

Obendrein verringert eine Struktur, die besser gegen Crashs schützt, das periphere Gesichtsfeld, in dem der Fahrer andere Fahrzeuge wahrnimmt. Er muss aktiv nach ihnen Ausschau halten und ist dabei auf konvexe Spiegel angewiesen, die eine erhebliche Verzerrung in Kauf nehmen, um größere blinde Flecken ins Blickfeld zu rücken (»Die Objekte im Rückspiegel sind näher, als es den Anschein hat.«) Der Fahrer muss ein wenig Kognitionsarbeit leisten, um das sonderbare Spiegelbild in etwas Brauchbares umzuwandeln. Das kann er nur schnell und korrekt tun, wenn er an die Verwendung dieser Spiegel gewöhnt ist und die Verzerrung in ein mentales Modell integriert hat, das die Dimensionen des eigenen Fahrzeugs denen der Puppenhauswelt im Spiegel anpasst.

Wenn Sie in letzter Zeit kein Auto gefahren haben, das aus den Achtzigerjahren stammt oder noch älter ist, und sich in ein solches Fahrzeug setzen, werden Sie möglicherweise schockiert sein, wie viel Gesichtsfeld und damit situative Aufmerksamkeit wir seitdem aufgegeben haben. In Anbetracht dessen ist es durchaus sinnvoll, dass in den Vereinigten Staaten seit 2018 alle neu zugelassenen Fahrzeuge mit Heckkameras ausgestattet sein müssen. Die Regierung Obama setzte diese Vorschrift mit einem Präsidialdekret durch. Den Anstoß zu der Gesetzesinitiative hatte die Kampagne eines Autofahrers gegeben, der beim Zurücksetzen seine Tochter überfahren und getötet hatte. In Anbetracht dessen, wie weit wir gegangen sind, um Sicherheit durch eine immer solidere Einkapselung, Anhebung und größere Masse zu erreichen, ist diese Vorschrift notwendig geworden.

Größere und schwerere Fahrzeuge sind bei einem Zusammenstoß tatsächlich sicherer – *für ihre Insassen.* Wir sind Zeugen eines Wettrüstens beim Fahrzeuggewicht, in dem jeder für sich selbst kämpft. Aber wann müssen wir beginnen, diese konstruktive Entwicklung infrage zu stellen, weil wir im Streben nach Sicherheit einen Punkt erreichen, an dem die Erträge schwinden und einige Elemente der Konstruktion kontraproduktiv sind hinsichtlich anderer Ziele? Die niedrig hängenden Früchte der Sicherheitszugewinne wurden mit dem verpflichtenden Einbau von Sicherheitsgurten und Airbags vor vielen Jahren gepflückt, die höher hängenden Früchte wurden mit ABS und ESP geerntet. Es hängen immer noch Früchte am Baum, aber die Äste, auf die wir klettern müssen, um sie zu erreichen, werden dünner – womit ich sagen will, dass die unbeabsichtigten Auswirkungen auf die

Fahrer (und damit paradoxerweise auf die Sicherheit) wahrscheinlich wichtiger werden.

Im März 2019 kündigte die Europäische Kommission an, dass ab 2022 alle in Europa neu zugelassenen Fahrzeuge mit Spurhalteassistenten und automatischen Bremssystemen sowie mit Tempomaten und Fahrtenschreibern ausgestattet sein müssten. (Es wurden keine genauen Angaben dazu gemacht, wer Zugriff auf die Daten erhalten soll.)[13]

Bevor wir uns mit den wahrscheinlichen Auswirkungen dieser neuen Sicherheitsmerkmale auf die Sicherheit beschäftigen, muss eine andere Frage erlaubt sein: Wie viel wird all das kosten? In einem Artikel im *Times Literary Supplement* hat Edward Luttwak vom Medianeinkommen in städtischen Großräumen der USA einen maximalen erschwinglichen Kaufpreis für Autos abgeleitet (der etwa ein Drittel des Jahreseinkommens beträgt). Dieser Preis liegt zwischen 32 855 Dollar in San José und 6174 Dollar in Detroit. Im Jahr 2016 war das billigste Automodell auf dem amerikanischen Markt der Nissan Versa, der 12 825 Dollar kostete. Zwischen 1977 und 2016 stieg der Durchschnittspreis von Neuwagen (inflationsbereinigt) auf fast das Doppelte. Diese Verteuerung sollte in Zusammenhang mit der Tatsache betrachtet werden, dass die Reallöhne seit den Siebzigerjahren gesunken sind beziehungsweise stagnieren. Warum kosten heutige Autos so viel? Wesentlichen Anteil an ihrer Verteuerung haben Sicherheitsvorschriften, die immer neue Merkmale und konstruktive Änderungen erforderlich machen, was die Autos komplexer und teurer macht. Luttwak weist auf die Auswirkungen jedes noch so geringfügigen Anstiegs der Autokosten hin. »Die zusätzlichen Kosten der Heckkameras – wenige Hundert Dollar – werden Tausende weitere Haushalte der Chance berauben, ein neues Auto zu kaufen.«[14]

Realistischer dürfte die Annahme sein, dass diese zusätzlichen Kosten einfach die Konsumkredite erhöhen werden, die sich amerikanische Haushalte aufgehalst haben.[15] In jedem Fall kann man unter Verweis auf die wirtschaftliche Gerechtigkeit – im Gegensatz zum libertären Eifer – gegen das Regime der unendlichen Sicherheitsverbesserungen argumentieren. Der Besitz eines Autos ist für die Bewohner von Randgebieten eher eine Notwendigkeit als für Einwohner städtischer Ballungsgebiete mit guten öffentlichen Verkehrssystemen. Luttwak spricht vom »beruhigenden Gefühl der Freiheit, das in ungezählten Texten und Filmen beschworen wird, die den Imperativen der Mobilität des arbeitenden Menschen noch größere Bedeutung beimessen als der Romantik der in die Ferne führenden Straße«.

Aber wenden wir uns dem Sicherheitsargument an sich zu und kehren wir zu den Verbesserungen zurück, die mit neuen Technologien und Vorschriften angestrebt werden. Dazu müssen wir uns erneut kurz die Entwicklungen der letzten Jahrzehnte ansehen. Die Sicherheitseinrichtungen wurden in jeder Entwicklungsphase aufdringlicher und hatten damit eine immer größere – unbeabsichtigte – Umerziehungswirkung auf die Fahrer.

Unaufdringliche Sicherheitselemente wie der Airbag, die Zweikreisbremsanlage, die Sicherheitslenksäule und Mechanismen zur Unterbrechung der Benzinzufuhr im Kollisionsfall sind Verbesserungen, die sich kaum auf das Verhalten des Autofahrers auswirken werden. Der Sicherheitsgurt ist schon deutlicher zu spüren, und Peltzman stellt fest, dass er unser Risikobudget verändert und uns dazu bringt, sorgloser zu fahren. Bremsen mit Antiblockiersystem und die elektronische Stabilitätskontrolle, die es noch nicht gab, als Peltzman seine Studie durchführte, scheinen in eine andere Kategorie zu gehören. Solche Aufpasser können uns in einer Paniksituation retten, aber sie verringern auch unsere Fähigkeiten am Steuer ein wenig. Sie verhindern, dass der Fahrer lernt, wie sich sein Auto an den Grenzen der Bodenhaftung verhält und welche vor- und nachteiligen Auswirkungen die Dynamik des Fahrwerks haben kann, je nachdem wie stark und wie schnell man bremst und lenkt. Beispielsweise dauert es eine gewisse Zeit, bis sich das Gewicht des Autos in einer Kurve auf die äußeren Räder oder bei einer Bremsung auf die Vorderräder verlagert. Hat sich das Gewicht einmal verschoben, so wird die Bodenhaftung größer. Eingriffe zum Bremsen und Lenken am Limit erfordern also ein wenig Geduld – sie wirken nach etwa einer Sekunde – und ein Gespür für den Rhythmus von Gewichtsverteilung und den Eigenschaften des Fahrwerks. Dieses Wissen ist im ganzen Körper des Fahrers angesiedelt, und er kann es nicht durch Lektüre erwerben, sondern nur durch Praxis, indem er solche Grenzen erkundet. Dieses Wissen – oder besser: dieses Können – ist ein sehr realer Sicherheitsvorteil, selbst wenn die elektronischen Hilfsmittel vorhanden sind.[16]

Aber da sich die meisten Autofahrer nicht für diese Feinheiten interessieren, haben ABS und Stabilitätskontrolle bedeutsame positive Beiträge zur Sicherheit geleistet.[17] Sie mögen unsere Fähigkeiten aushöhlen, allerdings nur in Grenzbereichen, welche die meisten Fahrer ohnehin fast immer vermeiden und nicht erkunden möchten.

Spurhalteassistenten und automatisierte Bremssysteme haben hier eine ganz andere Wirkung. Sie greifen umfassender ein und entheben den Fahrer der Notwendigkeit, auf die Straße zu achten. Muss es *zwangsläufig* so sein? Kann die Interventionsschwelle nicht so hoch angesetzt werden, dass dieser Effekt vermieden wird? Solche Beaufsichtigungssysteme erzeugen eine Rückkoppelungsschleife und stören vermutlich nicht nur unsere Entwicklung zu fähigen Fahrern, sondern beeinträchtigen auch den Prozess, in dem wir unentwegt unsere Wachsamkeit aktivieren. Wir erwerben diese Fähigkeiten und erhalten sie aufrecht, indem wir Gefahren knapp entgehen. Solches Können am Steuer ist das Ergebnis beängstigender Erlebnisse und der schockierenden Erkenntnis unseres Ausgeliefertseins.[18] Werden uns solche Erfahrungen erspart, so verkümmert unsere Wachsamkeit, und das automatisierte System muss einspringen. Diese Rückkoppelungsschleife setzt sich fort, und die der Automatisierung zugrunde liegende Annahme unserer Inkompetenz wird zusehends zu einer selbsterfüllenden Prophezeiung. Diesem Problem wenden wir uns als Nächstes zu.

HALBAUTONOME AUTOS

Die Literatur über den Zusammenhang zwischen menschlichen Faktoren und *teilweise* automatisiertem Fahren (von der Art, die Teslas Autopilotpaket ermöglicht) wirft ein Licht auf das grundsätzliche Problem der Kooperation von Mensch und Computer. Können wir dafür sorgen, dass diese beiden Formen von Intelligenz gut zusammenarbeiten?

Die amerikanische Verkehrssicherheitsbehörde NHTSA hat versucht, Ordnung in den verwirrenden Bereich der automobilen Automation zu bringen, indem sie fünf Ebenen definiert hat, auf denen die menschliche Beteiligung an den Fahrfunktionen progressiv verringert wird: Die Kategorien reichen von der Ebene 0 (ein ausschließlich vom Fahrer bedientes Auto) bis zur Ebene 4, auf der sich der Mensch überhaupt nicht mehr an der Steuerung des Fahrzeugs beteiligt. Interessant wird es auf den Zwischenebenen.

Stephen M. Casner, Edwin L. Hutchins und Don Norman geben in einem Artikel einen Überblick über die einschlägige

Literatur, die überwiegend ihre eigenen Forschungsergebnisse enthält.[19] (Don Norman wird einigen Lesern bekannt sein, denn er ist der Autor des wunderbaren Buchs *The Design of Everyday Things.*) In dem Artikel liefern die drei Autoren eine ernüchternde Darstellung der Herausforderungen, welche die Autobauer in Zukunft bewältigen müssen. Das Problem lässt sich auf einen grundlegenden Zwiespalt reduzieren. Die Autoren fragen: »Welche Funktion hat ein Fahrer in einem teilweise automatisierten Auto, in dem ein Teil seiner Aufgaben manchmal von Computern übernommen wird?« Der Übergang zu fahrerlosen Autos wird schwierig werden, »insbesondere in der Phase, in der die Automatisierung sowohl unvollständig als auch fehlerhaft ist, weshalb der menschliche Fahrer weiterhin die Aufsicht haben und manchmal eingreifen und die Kontrolle über das Fahrzeug übernehmen muss«.

Die Systeme, mit denen sich Casner, Hutchins und Norman beschäftigen, reichen von solchen, die den Fahrer lediglich mit Information versorgen oder ihm Empfehlungen geben (hierher gehören GPS-Hinweise und Warnungen beim Verlassen der Spur), bis zu solchen, die tatsächlich die Kontrolle über das Fahrzeug übernehmen, wenn der Computer eine Situation als unsicher einstuft. Die meisten von uns kennen die Probleme mit Navigationssystemen. Da ist zunächst einmal die Tatsache, dass die Programmierung eines Bestimmungsortes in das System Aufmerksamkeit erfordert. Im Idealfall gibt der Fahrer sein Ziel vor Beginn der Fahrt ein, aber unser Verhalten entspricht nicht immer dem Ideal. Die NHTSA empfiehlt, die Interaktion mit einem On-Board-Informationssystem sollte nie länger als zwei Sekunden dauern. Damit ist der Zeitraum gemeint, in dem unsere Augen und Finger mit der Benutzerschnittstelle beschäftigt sind. Aber wie sich herausgestellt hat, lenkt die

Interaktion mit einem Navigationssystem mittels Sprachbefehlen unsere Aufmerksamkeit genauso ab wie die manuelle Bedienung.[20]

Wenn wir uns auf Navigationssysteme verlassen, leidet unsere Aufmerksamkeit auch aus einem weiteren Grund. Wenn solche Systeme über einen längeren Zeitraum hinweg gut funktionieren, hören wir auf, uns mit unserer Umgebung zu beschäftigen, oder geben zumindest die kognitive Arbeit auf, uns selber in ihr zurechtzufinden, »wenn nominell alles nach Plan läuft«.[21] Das Wort »nominell« ist hier von entscheidender Bedeutung. Komplexe Automationssysteme, die auf künstlicher Intelligenz beruhen, lösen »die meisten Probleme leicht, so lange, bis sie auf einen schwierigen, ungewöhnlichen Fall stoßen – und es dann nicht mehr tun«. Und wenn sie es nicht tun, *wissen* sie möglicherweise nicht, dass sie versagt haben. Wir alle kennen die Berichte über Autofahrer, die von ihrem Navigationssystem über eine Klippe oder in einen See geschickt wurden, weil das System beispielsweise einen Sandweg mit einer befestigten Straße verwechselte. Kleine Fehler in einer Datenbank können gravierende Folgen haben. Dies ist das Problem der *Sprödigkeit,* das »Irrtümer leicht macht«.

Wenn sich ein Autofahrer so verhält, als wäre sein Auto ein U-Boot, sind wir versucht, dies seiner Idiotie zuzuschreiben. Aber dasselbe Phänomen wird auch bei gut ausgebildeten Piloten beobachtet. Das Problem ist, dass wir dem automatisierten System *vertrauen,* weil es normalerweise fehlerfrei funktioniert – der Automat weiß es ja besser. Im Jahr 1995 befolgte der Pilot einer Boeing 757 die Anweisungen des Flugsystems – und steuerte das Flugzeug gegen einen Berg in Kolumbien.[22]

Bei Autos können die Entwickler die besagte Sprödigkeit von Navigationssystem verringern, indem sie der Schnittstelle Aufmerksamkeit schenken und dem Benutzer einen besseren Kontext der Fahrsituation anbieten, also beispielsweise nicht nur das Auto in der Mitte der Straße darstellen, sondern auch zeigen, wohin die Straße führt. Denn ohne einen solchen Umgebungskontext bleiben Hinweise darauf, dass etwas nicht stimmt, leichter unbemerkt. Interessanterweise versuchen einige Forscher die Erkenntnis zu nutzen, dass wir dann, wenn wir einen Mitfahrer haben, dazu neigen, diese Person in die Suche nach dem richtigen Weg einzubeziehen. Könnte ein solch kooperativer Zugang auch bei einem automatisierten System angewandt werden?[23]

Die Resultate der Human-Factors-Forschung sind teilweise ein wenig ernüchternd. Casner u.a. schreiben, dass »Navigationssysteme ein ausgezeichnetes Beispiel für Technologie sind, die eingeführt wurde, um eine Aufgabe zu automatisieren, zu der *die Menschen bereits ausreichend befähigt schienen**. Natürlich verfuhren sich Autofahrer vor der Einführung der Navigationssysteme, aber das führte selten zu gefährlichen Zwischenfällen. Die GPS-Navigation hat zahlreiche unerwartete Komplikationen in Zusammenhang mit den menschlichen Faktoren heraufbeschworen.«

Eine weitere Gruppe von Hilfsfunktionen stellen die Warnsysteme dar, die den Fahrer darauf hinweisen, dass er etwas falsch macht. Spurhaltesysteme warnen uns, wenn wir beginnen, in die benachbarte Fahrspur abzudriften, oder wenn wir versuchen, die Spur zu wechseln, ohne den toten Winkel zu prüfen, in dem sich gerade ein anderes Auto befindet. Casner und Kollegen erklärten: »Eine unbeabsichtigte Konsequenz von Hinweisen und Alarmsystemen ist, dass manche Fahrer die vorrangige Aufgabe, ihre Aufmerksam-

* Hervorhebung vom Autor.

keit auf den Verkehr zu richten, möglicherweise durch die sekundäre Aufgabe ersetzen, auf die Warnsignale zu achten.« Dieses Verhalten wird als »Umkehrung primärer und sekundärer Funktionen« bezeichnet und ist oft bei Piloten zu beobachten, die weitgehend automatisierte Flugzeuge steuern. Beispielsweise kann es vorkommen, dass ein Pilot unbewusst dazu übergeht, seine Aufgabe nur darin zu sehen, auf ein Warnsignal des Höhenmessers zu achten, anstatt sich darum zu kümmern, die richtige Höhe zu halten – was offenkundig problematisch ist, wenn das Warnsignal ausfällt. Dies wird in der Human-Factors-Literatur als Problem der *Bequemlichkeit* bezeichnet.

Ein verwandtes, aber separates Problem ist das der Fehlalarme. Casner u.a. schreiben: »In der Luftfahrt veranlassen Warnhinweise und Alarmsignale in Situationen, die von der Besatzung nicht als beunruhigend empfunden werden, den Piloten dazu, die Warnungen zu ignorieren. Wir können uns unschwer vorstellen, wie wir selbst auf ein System reagieren würden, das uns beim Autofahren unablässig in Erinnerung riefe, dass wir das Tempolimit um acht Stundenkilometer überschreiten.« Die Einführung eines solchen Systems in allen neu zugelassenen Autos schreibt die Europäischen Kommission ab 2022 vor (siehe dazu Fußnote 13 auf Seite 427).

Spurhaltesysteme und Geschwindigkeitswarnungen zählen zu einer Kategorie von Aufpassern, die den Fahrer lediglich informieren und beraten. Auf der nächsten Ebene von Eingriffen finden wir Systeme, mit denen wir uns bereits befasst haben: Antiblockiersystem, Traktionskontrolle und Stabilitätskontrolle, die ausschließlich im Grenzbereich eingreifen und den Fahrer nicht daran hindern, weiterhin Einfluss auf die Steuerung des Fahrzeugs zu nehmen. Auf der darauf folgenden Stufe finden wir Systeme, die das Fahrzeug aktiv steuern und den Fahrer aus der Rückkoppelungsschleife entfernen. Wir kennen solche Eingriffe bereits: Ein Beispiel dafür ist der Tempomat. Und wie wir mittlerweile wissen, neigt ein Fahrer, der nicht mehr permanent in die Steuerung seines Fahrzeugs eingebunden ist, dazu, unaufmerksam und schläfrig zu werden, was seine Reaktion auf ein unvorhergesehenes Ereignis verlangsamen wird.[24] In einem Auto ist das ein größeres Problem als in einem Flugzeug, da die Straße verglichen mit dem Himmel ein hochgradig unvorhersehbarer Ort ist. Außerdem ist der Zeitraum, in dem sich ein Fahrer (oder eine Fahrerin) wieder in die Kontrollschleife einschalten, die Situation einschätzen und richtig darauf reagieren kann, oft nur einen Sekundenbruchteil lang, während der Pilot eines Flugzeugs normalerweise mehr Zeit für die richtige Entscheidung hat. Das wird als Problem des »schnellen Einarbeitens« bezeichnet.

Eine Lösung für dieses Problem besteht darin, die Automatisierung noch weiter voranzutreiben – der Human-Factors-Forscher Earl Wiener nennt es die »Ein-weiterer-Computer-Lösung«. Ein adaptiver Tempomat kann die Geschwindigkeit eines Fahrzeugs automatisch an die des vorausfahrenden Fahrzeugs anpassen. In Kombination mit dem Spurhaltesystem macht es ein solches System überflüssig, beim Fahren die Hände am Lenkrad zu haben. Mittlerweile sind viele Autos mit solchen Systemen ausgestattet. Im Kleingedruckten wird der Autobesitzer darüber aufgeklärt, dass er die Straßensituation trotzdem ständig beobachten und jederzeit bereit sein muss, selbst die Kontrolle über das Fahrzeug zu übernehmen. Aber diese Erwartung ist unrealistisch. Denn wenn die automatisierten Systeme eine umfassendere Kontrolle ausüben, ist unsere Aufmerksamkeit nicht mehr erforderlich, weshalb wir sie über längere Zeiträume auf ein neues Ziel richten müssen: Wir beschäftigen uns mit etwas anderem. Wie oft heben wir nun den Blick vom Smartphone? Und wenn wir es tun, um uns nötigenfalls wieder dem aktiven Fahren zuzuwenden und die Kontrolle zu übernehmen, stehen wir vor einer schwierigen Aufgabe.

Casner und Kollegen schreiben:

> *Der Fahrer muss jederzeit in der Lage sein festzustellen, welche Fahrfunktionen vom automatisierten System übernommen werden und für welche er weiterhin selbst verantwortlich ist. Studien zu den Augenbewegungen von Piloten zeigen, dass sie sich ständig falsch an den Status der automatischen Systeme erinnern, selbst wenn sie diese selbst eingestellt haben. Sie verlassen sich auf ihre Erinnerung, einen Knopf gedrückt zu haben, und ignorieren gewohnheitsmäßig die Anzeigen zum Systemstatus, welche die wahre Geschichte erzählen. Es passiert regelmäßig, dass Piloten einen Knopf drücken, um die automatische Geschwindigkeitskontrolle einzuschalten, und später überrascht feststellen, dass die Geschwindigkeit unerwartet steigt oder sinkt. Manchmal nehmen Piloten irrtümlich an, es stünden automatisierte Funktionen zur Verfügung, die es nicht gibt. Manchmal schalten sich automatisierte Funktionen ohne ersichtlichen Grund unbemerkt von allein aus.*

In Anbetracht der unnatürlichen kognitiven Erfordernisse der partiellen Automatisierung könnte man argumentieren, dass es besser wäre, wenn die automatischen Systeme dem menschlichen Lenker in einer Gefahrensituation die Kontrolle entziehen könnten. Tatsächlich tun Antiblockiersystem, elektronische Stabilitätskontrolle und Traktionskontrolle genau das: Sie übernehmen die Kontrolle. Diese Systeme haben die modernen Autos sehr viel sicherer gemacht.

Es gibt jedoch bedrohlichere Möglichkeiten, über die wir uns Gedanken machen müssen. Das Ereignis, das vermutlich den Anstoß zur zeitgenössischen Welle der Human-Factors-Forschung gab, war der Absturz eines Airbus A320 bei einer Flugshow im französischen Habsheim im Jahr 1988. Die Maschine hatte zahlreiche Journalisten und Flugzeugenthusiasten an Bord, die glücklich waren, bei einer Verlosung einen Flug an Bord dieses neuesten Wunders der Luftfahrttechnik gewonnen zu haben. »Der Überflug sollte demonstrieren, dass die Computersysteme des Flugzeugs unabhängig davon, was die Piloten mit den Steuerungselementen taten, stets ausreichenden Auftrieb gewährleisten würden.«[25] Aber als die Piloten die Zuschauer in sehr geringer Höhe überflogen, ging das Flugzeug automatisch in den Landemodus über. Die Piloten konnten klar sehen, dass sie keine Landebahn, sondern nur Bäume vor sich hatten, und versuchten, die Maschine hochzuziehen. Es begann ein Kampf zwischen Piloten und Automatik um die Kontrolle über das Flugzeug, und die Automatik behielt die Oberhand. Das Flugzeug flog in den Wald und geriet in Brand. Trotz des heroischen Einsatzes der Besatzung bei der Evakuierung der Passagiere starben drei Menschen: ein kleines Mädchen, das den Sicherheitsgurt nicht öffnen konnte (sein Bruder versuchte ihm zu helfen, wurde jedoch von anderen Passagieren mitgerissen, die in Panik zur Tür drängten), ein Erwachsener, der in die mit Rauch gefüllte Kabine zurückkehrte, um das Kind zu retten, und ein behinderter Junge, der sich nicht bewegen konnte.

Da unsere Straßen und Brücken zerfallen, weil es an Geld für die Instandsetzung fehlt, wirkt es ein wenig riskant, die Kontrolle über unsere Autos einem internen Gespräch zwischen den Bordcomputern und in der Vergangenheit gesammelten GPS-Karten zu überlassen: Was, wenn sich im Straßenbelag ein neuer, sehr großer Krater aufgetan hat? Wenn es eine Auseinandersetzung um die Kontrolle gibt, wollen wir, dass sich die Seite durchsetzt, die im Recht ist (sei es der Computer oder der Mensch am Steuer). Aber beide sind fehlerhaft. Und das menschliche Wesen ist heute fehleranfälliger als früher, was auf die kognitiven Herausforderungen durch die partielle Automation zurückzuführen ist.

In *The Glass Cage* schreibt Nicholas Carr: »Wir alle kennen die schädlichen Auswirkungen der Informationsüberflutung. Wie sich herausstellt, kann zu wenig Information ebenso schädlich sein.« Er stützt sich auf Ergebnisse der Human-Factors-Forschung, die zeigen, dass es kontraproduktiv sein kann, den Menschen die Dinge zu leicht zu machen, weil unsere »Fähigkeit zur Aufmerksamkeit [...] bei verringerter geistiger Belastung entsprechend schrumpft«. Dieses Phänomen ist besonders besorgniserregend, weil es schwer zu erkennen ist. Der menschliche Lenker schaltet einfach ab, weil er nicht genug zu tun hat. Wenn die Aufmerksamkeit eines Fahrers (oder Piloten) während des Routinebetriebs zu wenig stimuliert wird, neigt er zudem bei einer plötzlichen Überstimulierung – etwa angesichts eines Ausfalls der Automatik – eher zu einer Panikreaktion.[26]

Die Automatik soll eine ausreichend lange Übergangszeit gewährleisten, wenn sie einen Fahrer zum Eingreifen auffordert. Aber es bleibt das widerspenstige Problem, dass die Automatik angesichts einer unerwarteten Schwierigkeit oft versagt, weshalb der Fahrer kaum Zeit zum Reagieren hat. Studien zu den Reaktionen von Piloten auf unerwartete Ereignisse und »Automatiküberraschungen« während des Flugs geben kaum Anlass zu Zuversicht.

Komplexität geht mit Undurchsichtigkeit einher, und dieses Problem wird durch eines der zentralen Merkmale der fahrerlosen Autos in der gegenwärtig angestrebten Form verschärft: Die Fahrzeuge müssen imstande sein, miteinander zu kommunizieren, damit sie ihre Bewegungen aufeinander abstimmen können, um Kollisionen zu vermeiden und den Verkehrsfluss zu beruhigen (und dadurch die Aufnahmefähigkeit der Straßen zu erhöhen).[27] Der Fahrer wird nicht in der Lage sein, diese Kommunikation zu überwachen, da sie sehr schnell und in der Sprache der Maschinen stattfinden wird. Casner u.a. erklären: »Fast alles, was ein Fahrer in solchen Situationen tut, wird die automatisch berechnete Lösung wahrscheinlich beeinträchtigen.«

Wenn wir aus der Literatur über die Humanfaktoren etwas lernen können, so dürfte es dies sein: Die Automatisierung folgt einer Art totalitärer Logik. In jeder Phase der Automation werden die Nischen, die für menschliches Urteilsvermögen und Entscheidungsfreiheit bleiben, zu Programmfehlern, die beseitigt werden müssen. Neutraler ausgedrückt: Es fällt der menschlichen und der maschinellen Intelligenz schwer, die Kontrolle miteinander zu teilen. Das wird offenkundig, wenn wir die Schwierigkeiten betrachten, mit denen uns teilweise selbstfahrende Autos konfrontieren; es zeigt sich auch an den Problemen, die auftreten, wenn sich vollkommen autonome Autos die Straße mit menschlichen Fahrern teilen müssen.

Fahrerlose Autos sind darauf programmiert, die Verkehrsregeln exakt zu befolgen und stets die vorsichtigere Lösung zu wählen. Das hat zur Folge, dass sie sich nicht gut mit Autos verstehen, die von Menschen gesteuert werden. Die *New York Times* berichtet über ein Google-Auto, das »eine Kreuzung, an der die Fahrer, aus allen vier Richtungen kommend, ein Stoppschild vorfanden, nicht überqueren konnte, weil seine Sensoren so eingestellt waren, dass es warten musste, bis alle anderen (menschlichen) Fahrer ihre Autos vollkommen zum Stillstand gebracht hatten, um es durchzulassen. Die menschlichen Fahrer rollten Stück für Stück vorwärts in Erwartung einer Möglichkeit, in die Kreuzung zu fahren – was Googles Roboter lähmte.« Menschliche Fahrer stellen in einer solchen Situation natürlich Blickkontakt her oder deuten die in der sozialen Interaktion gegebenen Hinweise, die ihnen ermöglichen, sich abzustimmen, wenn nicht geklärt ist, wer die Vorfahrt hat. Sie klären die Situation spontan. Manche Fahrer sind forscher, andere zurückhaltender. Tatsächlich gibt es so etwas wie eine »Körpersprache des Fahrens«. Diese Improvisation funktioniert – meistens – recht gut.

Es ist schwierig, in einer von einer Maschine ausführbaren Logik soziale Intelligenz zu reproduzieren. Daher, so die Schlussfolgerung, müssen die Menschen den Maschinen ähnlicher werden, um die Straßen roboterfreundlicher zu machen. Im selben Artikel in der *New York Times* heißt es: »Dmitri Dolgov, der Leiter der Softwareentwicklung in Googles Self-Driving Car Project, erklärt, aus dem Projekt habe er unter anderem gelernt, dass sich menschliche Fahrer ›weniger idiotisch‹ verhalten sollten.« Es ist leicht, zu diesem Ergebnis zu gelangen, wenn man die Vernunft wie ein Informatiker definiert, nämlich als asozial und fundamental regelartig. Von diesem Standpunkt aus betrachtet, wirkt ein menschliches Wesen tatsächlich wie eine unterlegene Version des Computers.«

Das Ringen zwischen Mensch und Computer über die Kontrolle sieht in der politischen Realität oft überhaupt nicht wie ein Wettbewerb aus. Den Pressemitteilungen der Tech-Firmen und der Berichterstattung leichtgläubiger Medien nach zu urteilen, verknüpft die Öffentlichkeit die Logik der Automation mit der moralischen Logik der Sicherheit, die ebenfalls keine Grenze für ihre Ausweitung anerkennt.[28] Beide sind insofern symbiotisch, als die Ideologie der Sicherheit der geschäftlichen Logik der stetigen Ausweitung der

Automatisierung Legitimität verleiht. Gemeinsam sind sie in den Augen aller rechtschaffenen Menschen unanfechtbar, und wer Kritik am Team Fortschritt äußert, läuft Gefahr, als Mitglied der Pro-Tod-Fraktion gebrandmarkt zu werden.

Wenn wir uns auf Fragen dazu beschränken, welche Beiträge das selbstfahrende Auto tatsächlich zur Sicherheit leisten wird, ist vermutlich das Klügste, sich der agnostischen Haltung der Human-Factors-Forscher anzuschließen.[29] Wie Casner und Kollegen erklären: »In den kommenden Jahrzehnten werden wir alle in einem gewaltigen, unkontrollierten Experiment auf unseren Straßen und Autobahnen an der Erforschung des Fahrens teilnehmen.« Sie stellen dies einfach fest, so, als hätten wir in dieser Frage keine Wahl. Die Automatisierung ist nicht nur ein Entwicklungsprojekt, sondern auch eine politische Stimmung.

DIE STRASSE SPÜREN

Mein erstes Auto war ein 63er Käfer, den ich im Jahr 1980 kaufte. Ich war fünfzehn Jahre alt und arbeitete im kalifornischen Emeryville in einer unabhängigen Porsche-Werkstatt, wo ich vor allem niedere Tätigkeiten verrichtete (Ersatzteile säubern, gelegentlich ein Radlager schmieren), während ich die 911er bewunderte. Der Porsche war mein Traum; der Käfer war das erschwingliche Auto, das meiner Idealvorstellung am nächsten kam.

Bald nachdem ich im Käfer Autofahren gelernt hatte, entdeckte ich die Freuden des Driftens. Mit einem 1200-Kubikzentimeter-Motor, der an ein einem guten Tag 40 PS auf die Straße bringt, wird man kaum einen Kick durch die geradlinige Beschleunigung erleben. Aber mit einer »Pendelachsen«-Hinterradaufhängung verliert das innere Hinterrad durch die Gewichtsverlagerung auf das äußere Rad jegliche Bodenhaftung. (Mein Hinterrad damals war wahrscheinlich ein ausgetrockneter Diagonalreifen aus den frühen Siebzigerjahren.) Genau hier fängt das Vergnügen an: Du steuerst die Kurve mit hoher Geschwindigkeit an (der Begriff »hohe Geschwindigkeit« beschreibt eine rein subjektive Wahrnehmung), nimmst den Fuß vom Gas, um das Gewicht ein wenig auf die Vorderachse zu verlagern, und reißt gleichzeitig das Lenkrad herum, was zur Folge hat, dass das Heck ausbricht. Jetzt gehst du ins Rutschen über und fühlst dich wie der Held eines Actionfilms – bei 30 km/h. Das eigentümliche Fahrgefühl, das sich aus der Kombination eines Heckantriebs mit einer Pendelachse ergibt, bewegte Ralph Nader zu der berühmten Aussage, der Corvair sei »bei jeder Geschwindigkeit unsicher«. Unerwähnt ließ er die Tatsache, dass ein solches Auto auch »bei jeder Geschwindigkeit ein Spaß ist«.

Es sind die schönsten Erinnerungen an meine Zeit als Teenager: Ich fuhr hinauf zum schicken Claremont Resort, dessen leuchtend weißer Turm sich über Berkeley erhebt, und trainierte zwischen den Jaguars und Mercedes meine Fähigkeiten in einem lässigen Slalom über den Parkplatz. Ich sage »lässigen«, aber in Wahrheit entsprang das Vergnügen dem wachsenden Gefühl des Könnens, das ich genoss, wenn ich mit Präzision und Beherrschung auf vier Rädern um die Kurve driftete. Der Wagen rutschte besonders leicht, wenn es regnete. Indem ich an die Grenze ging, verschob ich sie weiter. Die Nähe der sündteuren Slalomstangen machte das Erlebnis noch aufregender.

Auf der morgendlichen Fahrt zur Berkeley High School ließ ich den Käfer auch an bestimmten Kreuzungen ein wenig driften. Ein Linksschwenk mit guter Sicht ist besonders gut geeignet, denn man kann eine Linie mit frühem Scheitelpunkt wählen und hat aus der Kurve heraus Platz für eine elegante seitliche Bewegung über zwei Fahrspuren.

Während mein Können wuchs, nahm ich einige Verbesserungen am Auto vor. Als Erstes legte ich mir bessere Reifen zu. Die Folge war eine Schrecksekunde. Dort, wo die Powell Street in die Uferpromenade mündet, fuhr ich mit hohem Tempo um die Kurve, um das Heck rutschen zu lassen. Aber die Reifen griffen, was zur Folge hatte, dass ich einen langen, atemlosen Augenblick auf zwei Rädern fuhr. Es kam vollkommen überraschend und war alles andere als lustig. Nachdem sich das Auto beinahe überschlagen hatte, baute ich härtere Stoßdämpfer und einen Überrollbügel ein. Die neuen Stoßdämpfer wirkten sich auf das Fahrverhalten des Käfers aus und verringerten die Kippneigung erheblich. Als Nächstes baute ich einen getunten Motor mit 1650 Kubikzentimetern ein, der (aufgrund einer leichteren Schwungscheibe) sehr flott aufs Gas ansprach und etwa doppelt so viele PS leistete wie das Original. Er war gerade so durchzugsstark, dass ich jetzt übersteuern konnte, indem ich Gas gab, und das machte noch mehr Spaß.

Spulen wir ins Jahr 2019 vor. Ich näherte mich dem erfolgreichen Abschluss eines jahrzehntelangen Projekts zum Bau eines VW-Hot-Rods (im Kapitel »Volkstümliche Ingenieurskunst« werde ich mich eingehender damit befassen). Als die Karosserie zur Lackierung bereit war, war der Zeitpunkt gekommen, über die Farbe zu entscheiden. Eine Farbe auf meiner Liste war Nardograu: ein gedämpfter, nicht metallischer Lack, der an Keramik denken lässt. Audi und Porsche bieten diesen Ton für ihre schärfsten Modelle an. Ich rief einen Audi-Händler an und fragte, ob sie ein Auto in Nardograu auf dem Hof stehen hatten, denn ich wollte mir selbst ansehen, wie die Farbe bei unterschiedlichen Lichtverhältnissen wirkte. Die Frau am Telefon suchte im Computer und sagte nach einer Minute: »Ja, wir haben einen RS3 in Nardograu da. Möchten Sie eine Probefahrt vereinbaren?« An diese Möglichkeit hatte ich bisher nicht gedacht, aber ich musste nicht lange nachdenken, bevor ich ein »Ja« hervorstieß.

Der Audi RS3 bringt 400 PS auf die Straße, was er einem Fünfzylinder-Turbomotor verdankt, der mit einem 7-Gang-Doppelkupplungsgetriebe und Schaltwippen am Lenkrad kombiniert ist. Auf dem Papier ist seine Leistung genauso beeindruckend, wie man aufgrund dieser Eigenschaften erwarten darf: Der Wagen beschleunigt unter realen Bedingungen in 3,7 Sekunden auf 100 km/h (und ist damit schneller, als Audi selbst behauptet). Ich war ein wenig besorgt, diese Probefahrt könne meine Erfahrung am Steuer eines alten VW-Käfer ruinieren, so radikal ich diesen auch umgebaut hatte.

Ich fuhr auf dem Motorrad beim Händler vor, denn jedes meiner heruntergekommenen Autos hätte meinen Auftritt als »potenzieller Kunde« augenblicklich als Schwindel entlarvt. Der Verkäufer nahm meinen Führerschein, weil er, wie er behauptete, erst eine Kopie davon machen musste. Als er nach einer Weile noch nicht zurück war, dachte ich schon, dass er wahrscheinlich auch meinen Hintergrund prüfte und nach Einträgen in der Sünderkartei des Straßenverkehrsamts suchte. Doch als er zurückkam, stellte ich fest, dass er das anscheinend nicht getan hatte, denn er bat mich, im Wagen Platz zu nehmen. Man ist im Vorteil, wenn man weiße Haut hat.

Ich steuerte den Audi durch einen Vorort auf die Autobahn. Im Lauf der Fahrt kamen wir an ein paar Auffahrten vorbei, und der Verkehr war so locker, das Platz für ein paar forsche Manöver war. Aber ich konnte keine Beziehung zu dem Auto herstellen. Ich hatte den aggressivsten Fahrmodus gewählt (der regelt das Ansprechen des Gaspedals und der Schaltung und wie straff das Fahrwerk ausgelegt ist), aber ich hatte immer noch das Gefühl, als sei irgendwo eine Entscheidungsebene zwischengeschaltet. Die Schaltwippen fühlten sich an wie das, was sie tatsächlich waren: einfache Logikgatter.

Ich bin sicher, ich hätte ein besseres Gefühl für das Auto entwickelt, wenn ich über längere Zeit mit ihm gelebt hätte, aber mein erster Eindruck war, dass es seine eigenen Prioritäten vertrat. Es verstand meine Schaltanweisungen als eine allgemeine Bekundung meiner Stimmung, als Ansuchen, welches das Komitee in seiner nächsten Sitzung in Betracht ziehen würde. Das Auto hielt mir nie brüsk vor, ich sei im Irrtum, so wie seinerzeit der Käfer, als ich ihn fast zum Überschlagen gebracht hätte. Es klang eher wie: »Ihre Meinung ist uns wichtig.« Offenbar machte ich *etwas* falsch (vielleicht lag mein Fehler darin, dass ich beim Hochschalten den Fuß vom Gas nahm, wie bei manueller Schaltung), aber ich konnte nur raten, was es war. Beim Herunterschalten passte der Computer das Gas automatisch dem Drehmoment an – ich mache das lieber selbst mit meinem Fuß. Diese automatischen Eingriffe erfolgten in einem Augenblick, der dem Management richtig erscheinen mochte, standen jedoch in keiner Beziehung zu dem Moment, in dem ich zum Abbiegen einschlagen wollte. Mir blieb nichts zu tun, ich fühlte mich wie ein Angestellter in einem Großraumbüro, der eines Tages begreift, dass seine Tätigkeit jeden Augenblick dem Outsourcing zum Opfer fallen kann. Und trotz seines unglaublich durchzugskräftigen Motors hatte der Audi nichts Rohes oder Wildes an sich. Das Auto ließ mich kalt.

Stimmt etwas nicht mit mir? Der RS3 gilt als eine der aufregendsten sportlichen Limousinen, die gegenwärtig auf dem Markt sind. In meinen Augen ist er jedoch lediglich ein

Beweis für den Triumph einer konstruktiven Ethik, die besagt, dass die mechanische Realität elektronische Filter passieren muss, bevor sie dem Fahrer zugemutet werden kann. Was ist der Ursprung dieses Imperativs? Und wie könnte er sich auf unseren Erwerb von Können auswirken?

Nehmen wir den Prozess, in dem man Eishockey spielen lernt: Man setzt einen Schläger ein, um den Puck zu bewegen und den augenblicklichen Zustand des Pucks wahrzunehmen (zum Beispiel, ob er über das Eis rutscht oder rollt). In den Händen eines guten Spielers wird der Schläger so etwas wie eine Prothese: Er ist auf dieselbe Art in die körperliche Bewusstheit integriert wie künstliche Beine oder Arme eines Amputierten, die seine Aktionen und Wahrnehmungen weiterleiten, ohne als Fremdkörper empfunden zu werden. Dieses Konzept der »kognitiven Erweiterung« wird von immer mehr Forschern bestätigt. Die neuen Fähigkeiten, die wir unserem Repertoire hinzufügen, wenn wir Werkzeuge und Prothesen einsetzen, sind nicht mehr von denen des natürlichen menschlichen Körpers zu unterscheiden, was ihre Verarbeitung durch das Gehirn anbelangt, das unser Verhalten und unsere Wahrnehmung organisiert. Ermöglicht wird ihre Integration dadurch, dass es einen geschlossenen Kreislauf von Handlung und Wahrnehmung gibt: Was wir wahrnehmen, hängt davon ab, was wir tun, so, wie wenn wir unsere eigenen Hände einsetzen. Oder einen 63er VW Käfer.

Die Aufmerksamkeit eines guten Eishockeyspielers ist nicht auf den Schläger gerichtet – sie ist *durch* den Schläger *auf den Puck* gerichtet, so wie die Aufmerksamkeit eines Pianisten nicht auf seine Finger oder auf die Tasten seines Instruments gerichtet ist, sondern auf die Noten, die er spielt. Das »Fahrzeug eines Fahrers« ist ein Werkzeug, das sich auf ähnliche Art unsichtbar macht und ein transparenter bidirektionaler Kanal wird, durch den Information und Intention fließen. Aber es gibt ein Spannungsverhältnis zwischen diesem Ideal und dem Trend zur Einführung von immer neuen Schichten der elektronischen Vermittlung zwischen Fahrer und Straße. Für jemanden, der das Fahren liebt, wird das keine neue Erkenntnis sein, aber wir sollten die Gründe für diese Entwicklung genauer untersuchen, wenn wir herausfinden wollen, welche Herausforderungen im Automobilbau vor uns liegen.

Wir haben jetzt das elektronische Gaspedal, die elektronische Bremse und die elektrische Servolenkung (im Gegensatz zur hydraulischen Unterstützung). Dazu kommen Traktionskontrolle, Stabilitätskontrolle und Antiblockiersystem, die unser Fahrverhalten beeinflussen. Oft hat das zur Folge, dass beim Fahrer sehr wenig Information von der Straße ankommt und dass seine Absicht vor der Ausführung gefiltert wird. Obendrein muss uns das Auto infolge einer übereifrigen Dämpfung der mechanischen »Übergänge« auf andere Art als durch den Hosenboden informieren.

Als mein erstes Kind auf der Welt war, kaufte ich auch meinen ersten Neuwagen, einen Scion xB. Manchmal fragte ich mich, warum das Auto ein akustisches Warnsignal gab, wenn ich um eine Ecke bog. Diese Hinweise waren ein Rätsel für mich. Hatte vielleicht der Sensor des Sicherheitsgurts einen Wackelkontakt? Es dauerte mehrere Jahre, bis ich begriff, dass es die Stabilitätskontrolle war, die mich darauf hinwies, dass sie sich genötigt sah einzugreifen. Das wurde mir schließlich bewusst, weil auf dem Armaturenbrett ein winziger Text aufleuchtete (»STABILITÄT«) – aber ich schaute normalerweise nicht auf das Armaturenbrett, wenn ich um eine Ecke bog. Auch war mir normalerweise nicht bewusst, dass der Wagen die Bodenhaftung verloren hatte. Die direkte Weiterleitung von Informationen über die Situation des Autos in Beziehung zur Straße wird eingeschränkt, und um das zu kompensieren, wird die Beziehung zwischen Auto und Straße mit Symbolen *repräsentiert* – mit einem Wort und einem Ton.

Dieser Zugang ist unter anderem deshalb problematisch, weil sich diese Information »kognitive Kanäle« mit Informationen anderer elektronischer Einrichtungen teilen muss.[1] Einige dieser Informationen wecken möglicherweise größeres Interesse beim Fahrer, beispielsweise ein Ton, der signalisiert, dass auf dem Smartphone eine Textnachricht eingetroffen ist. Jedenfalls piepst mich das Auto aus derart nichtigen Anlässen an (wenn der Schlüssel noch im Zündschloss steckt oder wenn die Scheinwerfer eingeschaltet sind, während ich die Tür öffne, wenn ich anfahre, ohne den Sicherheitsgurt angelegt zu haben), dass ich seine Nörgelei einfach ausblende.

Die Autobauer haben die natürliche Verbindung zwischen Handlung und Wahrnehmung geschwächt, indem sie eine Ebene der Repräsentation eingeschoben haben. Das Problematische an einem Wort oder einem Piepston ist die Willkürlichkeit: Es besteht keine inhärent notwendige Beziehung zwischen dem Symbol und seiner Bedeutung. Der Fahrer muss Inferenz- und Interpretationsarbeit leisten, um dem Signal einen Sinn zuzuordnen. Die Inferenz, also das Ziehen einer Schlussfolgerung, ist eine langsame, kognitiv aufwendige Aktivität. Sie ist die Grundlage für unsere *höheren* geistigen Fähigkeiten, aber wenn unsere *grundlegenden* motorischen Funktionen, die uns in die Lage versetzen, uns in der Welt zurechtzufinden, davon abhängig werden, fließt der Prozess nicht mehr richtig. In einer Umgebung wie einem Flugzeugcockpit ist das akzeptabel, weil die Abläufe dort langsam und reibungslos sind, aber zum Autofahren in der nicht kontrollierbaren Umgebung des Straßenverkehrs mit ihren plötzlichen, unvorhersehbaren Ereignissen sind wir am besten imstande, wenn wir die »direkten und einfachen« Kanäle der verkörperten Kognition nutzen.

Es ist interessant, dass sich die neueste Robotikforschung seit Anfang der Neunzigerjahre an den Lernprozessen von Krabbelkindern orientiert und versucht, Quellen der Ordnung zu nutzen, die bereits in der Beziehung zwischen dem Körper (oder Roboter) und seiner Umgebung verfügbar sind. Es geht darum, durch das Handeln zu lernen, anstatt zu versuchen, im Voraus anhand von Repräsentationen ein *Modell* der Umwelt anzufertigen. Oder wie es Rodney A. Brooks im Jahr 1991 in einem mittlerweile klassischen Artikel ausdrückte: »Die Welt selbst ist ihr bestes Modell.«[2]

Dies könnte als Motto für eine Neuausrichtung des Automobilbaus dienen. Es würde bedeuten, dass wir die Existenz zweier sehr unterschiedlicher Kategorien von Autos mit unterschiedlichen konstruktiven Kriterien akzeptieren müssten: von fahrerlosen Autos einerseits und Autos für Fahrer andererseits. Der wachsende Erfolg selbstfahrender Autos ist einer groß angelegten (wahrlich beeindruckenden) Anstrengung zu verdanken, die komplexe, dynamische Umgebung der urbanen Straße zu modellieren. Der Erfolg dieser Bemühung wird durch die verblüffende Rechenleistung ermöglicht, die mittlerweile zur Lösung des Problems eingesetzt werden kann (und natürlich durch die Kreativität der Ingenieure). Aber menschliche Fahrer können ebenfalls beeindruckende Leistungen aufweisen – sofern sie mit Werkzeugen ausgestattet werden, welche die Verbindung zwischen Handlung und Wahrnehmung erhalten. Gegenwärtig haben wir es mit einer dysfunktionalen Hybridlösung zu tun, die eine eingeschränkte menschliche Kontrolle, welche die leistungsfähigen Verbindungen zwischen Geist und Körper kaum nutzt, mit einer unausgereiften Schnittstelle von Symbolen verbindet.

Natürlich wird die Abkoppelung des heutigen Fahrers von der Straße auch durch das wachsende Gewicht der Autos verschärft.[3] Die große Menge an ungefilterter, unscharfer Information, die ein leichteres Auto direkt an den Fahrer weitergibt, bindet ihn ein: Er spürt deutlich, dass sich *sein eigener Körper* mit hundert Stundenkilometern bewegt. Eine derartige existenzielle Einbindung erfordert Aufmerksamkeit und regt sie an. Deshalb ist es eine so berauschende Erfahrung, am Steuer eines leichten, auf die wesentlichen Bauteile reduzierten Sportwagens zu sitzen. Das Konstruktionsprinzip, das uns in Zukunft helfen könnte, die Unaufmerksamkeit am Steuer zu verringern und die Freude am Fahren wiederzugewinnen, sollte die Nutzung der sensorischen Fähigkeiten sein, die wir im Lauf der Evolution unserer Spezies erworben haben.

Der Fetisch der Automatisierung und der Abkapselung von der Welt, der in den vergangenen zwei Jahrzehnten Einzug in unsere Autos gehalten hat, kann indes nicht als »technologische« Tendenz bezeichnet werden, wenn wir an der Überzeugung festhalten, dass technologische Standards einfach funktionaler Natur sind. Hier geschieht etwas anderes. Wenn wir verstehen, was das ist, werden wir besser in der Lage sein, die jüngsten Entwicklungen im Automobilbau kritisch zu betrachten und Distanz dazu zu gewinnen. Dies ist keine Aufgabe der Kognitionswissenschaft, sondern der Kulturkritik.

In der wohlhabenden westlichen Welt fließt ein großer Teil der Innovationsenergie in die *Erzeugung von Erfahrungen* für den Konsumenten. Diese Erfahrungen sollen angenehm sein, ohne den Menschen zu fordern. Dieser Trend wird als »affektiver Kapitalismus« bezeichnet. Beispiele für die Entwicklung sind Computerspiele, Pornografie, Psychopharmaka oder der durchorganisierte Öko-Abenteuerurlaub.

Derartige vorgefertigte Erfahrungen, die als Ersatz für die direkte Konfrontation mit der Welt angeboten werden, üben offenkundig einen Reiz auf uns aus. Die Last der Auseinandersetzung mit den realen Dingen – das heißt mit Dingen, die sich unserem Willen widersetzen können und uns die Grenzen unseres Verständnisses und unserer Fähigkeiten bewusst machen – wird uns abgenommen. In den für uns fabrizierten Erfahrungen können wir uns der Frustration entziehen, die mit der Konfrontation mit anderen Personen und der materiellen Wirklichkeit einhergeht. Sie erlauben uns, es uns in einer Fantasievorstellung von Kompetenz und Handlungsmacht gemütlich zu machen, in der uns jene Art von Widerlegung erspart bleibt, die wir regelmäßig erfahren, wenn wir zum Beispiel versuchen, Skateboard zu fahren.

Im Jahr 2016 wurde ich von einer PR-Firma angesprochen, die für Porsche arbeitete. Der Autobauer wollte einen Essay für seinen Jahresbericht. Das Ansuchen schien mir ungewöhnlich; anscheinend hat Porsche begonnen, bei unabhängigen Autoren Essays in Auftrag zu geben, die als Kontrapunkt zu den trockenen Finanzanalysen und Unternehmensbotschaften dienen sollen. Von mir wünschten sie sich etwas Philosophisches, und sie betonten, ich könne völlig frei über den Inhalt meines Essays entscheiden. Ich betrachtete dies als interessante Aufgabe.

Ich informierte mich über die gegenwärtige Ausrichtung des Unternehmens und erfuhr, dass es große Summen in die Technologie für autonome Autos investierte, was mich in Anbetracht ihrer Marktnische und der Tradition von Porsche überraschte. Ich stieß auf eine öffentliche Erklärung des Vorstandsvorsitzenden, der die Autofahrer aufgefordert hatte, sich den Porsche der Zukunft vorzustellen, in dem man auf Knopfdruck eine exakte Reproduktion von Beschleunigung, Lenkung und Bremseinsatz in Michael Schumachers Rekordrunde auf dem Nürburgring würde genießen können.

In meinem Essay kritisierte ich diese Zukunftsvision, wobei ich viele der Argumente vorbrachte, die in diesem Kapitel zu finden sind. In einer solchen Vision verwandelt sich die Fahrt in einem Sportwagen im Grunde in eine Attraktion in einem Vergnügungspark, wenn auch in eine sehr teure. Ein Auto, das »eine Erfahrung für uns erzeugen« soll, würde mit sehr viel billigeren Ablenkungen (einschließlich virtueller) um unsere Freizeit konkurrieren. Das schien mir in einer Zeit, in der die Konsumenten, insbesondere die jüngeren, die Freuden der »analogen« und greifbaren Vergnügungen wiederentdecken, keine gute geschäftliche Strategie zu sein – und genau das schrieb ich auch.[4]

Die PR-Firma teilte mir mit, mein Essay sei inakzeptabel und habe in der Führungsetage von Porsche einen Streit ausgelöst: Ein Lager befürworte den Essay, das andere lehne ihn ab.[5]

Die Freude am Fahren ist die Freude daran, etwas zu *tun,* die Freude daran, uns aktiv und gekonnt mit einer Wirklichkeit auseinanderzusetzen, die uns gegenübersteht. Nur so spüren wir, dass wir Fortschritte in dem Bemühen machen, unsere Welt zu meistern. In Aktivitäten, die wir beherrschen, entdecken wir manchmal die Freude am Spiel in der Kindheit wieder, in jener Lebensphase, in der wir in unserem Körper neue Fähigkeiten entdecken. Vielleicht kehren wir auch zum jugendlichen Rabaukentum zurück und entdecken die Freude wieder, die wir empfinden, wenn wir diese körperlichen Fähigkeiten durch eine mechanische Erweiterung unseres Wesens vergrößern.

DIE AUTOMATION ALS MORALISCHE UMERZIEHUNG

Was geschieht, wenn ein autonomes Auto nicht vermeiden kann, entweder mit einem anderen Auto oder mit einem Fußgänger oder einem Hund zusammenzustoßen, und entscheiden muss, welches dieser Hindernisse es treffen soll? Mit welchen moralischen Prioritäten soll der Bordcomputer programmiert werden? Jeder, der in den letzten zwanzig Jahren einen Grundkurs in Philosophie belegt hat, kennt vermutlich das »Trolley-Problem«, ein klassisches Gedankenexperiment, das folgendermaßen aussieht: Eine Straßenbahn mit Bremsversagen rast auf eine Gruppe von Fußgängern zu. Sie, die Versuchsperson, stehen bei einer Weiche und sehen das Unglück kommen. Sie können den Hebel der Weiche bedienen und die Straßenbahn auf ein Nebengleis lenken. Das Problem ist, dass sie auch auf dieser Strecke mit einem unschuldigen Fußgänger kollidieren wird. Allerdings droht dort nur ein Mensch zu sterben. Sollen Sie eingreifen, um eine größere Zahl von Menschen zu retten, und dafür eine einzelne Person opfern? Vielleicht wird die Straßenbahn auf der ersten Strecke eine Frau überfahren, die einen Kinderwagen vor sich herschiebt, während auf dem anderen Gleis ein älterer Obdachloser sterben wird. (Den möglichen Abwandlungen des Gedankenspiels sind keine Grenzen gesetzt.) Wird sich eine solche Konstellation auf Ihre moralische Intuition auswirken?

Derartige Gedankenspiele sind Teil einer Disziplin, die als »analytische Moralphilosophie« bezeichnet wird. In ihrer systematischen Form versucht sie, unsere moralische Intuition zu kleinen Einheiten zu verdichten, die einfach und präzise beschrieben werden können. Auf der einen Seite haben wir Inputs, die aus empirischen Fakten bestehen, auf der anderen Seite Outputs, die einen neuen Zustand der Welt darstellen; dazwischen finden wir eine Person, die *Prinzipien* anwendet. Diese Prinzipien müssen zugleich präzise, klar artikulierbar und universell anwendbar sein.

Das Trolley-Problem ist also unter anderem deshalb reizvoll, weil es sich für eine Art von moralischer Berechnung eignet, die Ähnlichkeit mit der Eingabe-Ausgabe-Logik eines Computers hat. Das am häufigsten angewandte moralische Betriebssystem, wenn wir ihn so nennen dürfen, ist der Utilitarismus, dessen Leitprinzip »der größtmögliche Nutzen für die größtmögliche Zahl« ist. Ein weiterer Vorteil des Trolley-Problems ist, dass man Versuchspersonen bitten kann, sich in ein solches Szenario zu versetzen. Man kann das Szenario in verschiedener Weise abwandeln, um sich anzusehen, wie die Versuchspersonen reagieren, und auf diese Art soziale Daten sammeln. Dadurch hofft man, aus der Moral letzten Endes eine empirische Wissenschaft zu machen.

Dieses Denken in Bezug auf die Ethik hat sowohl in der idealistischen als auch in der empirischen Version eine lange Tradition und ist seit jeher einiger Kritik ausgesetzt (die vielleicht bissigste stammt von Nietzsche in seiner Auseinandersetzung mit den »englischen Moralisten«), aber es ist aus Gründen, die offenkundig sein sollten, in jüngster Zeit zu neuem Leben erwacht.[1] Es weist eine gewisse intellektuelle Handhabbarkeit auf, weshalb es gut zur Maschinenlogik zu passen scheint.[2]

Wenn das Gespräch auf die ethischen Dilemmata kommt, mit denen uns das fahrerlose Auto konfrontiert, berufen sich die Industrie und ihre Weggefährten in Wissenschaft und Medien rasch auf das Trolley-Problem, diese zum Glück in sich abgeschlossene Vexierfrage der Nutzenethik, und gehen zur Diskussion über die Frage des »Todesalgorithmus« über. (Mercedes-Benz war der erste Automobilhersteller, der sich vorwagte und erklärte, bei der Programmierung seiner Autos werde der Schutz des Lebens ihrer Insassen Vorrang haben.) Diese Art von ethischer Grundhaltung scheint die Übertragung einer moralischen Last auf die Maschine zu erlauben – sofern der unaufhaltsame Fortschritt der Automation diese Übertragung nicht sogar *erforderlich macht.* »Wir können es uns nicht leisten, die Entwicklung moralischer Maschinen aufzugeben«, erklären die Autoren des Artikels »The Moral Machine Experiment« in der Zeitschrift *Nature* und berufen sich auf Arbeiten mit Titeln wie »Standardisierung des ethischen Designs für Künstliche Intelligenz und autonome Systeme«.[3]

Das passt sehr gut zur moralischen Dringlichkeit der Sicherheitsideologie. Wer Zweifel an der Unvermeidlichkeit oder Weisheit des vorgeschlagenen Wegs äußert, gibt sich selbst als Befürworter des Todes zu erkennen, und das schadet der Karriere. Aber werfen wir einen genaueren Blick auf das klassische Gedankenexperiment, das den analytischen Rahmen für die »Maschinenethik« liefert.

Bei der Untersuchung der moralischen Intuition haben die Forscher festgestellt, dass mit dem Trolley-Problem konfrontierte Versuchspersonen ganz andere Antworten geben, wenn man ihnen nicht sagt, sie könnten einfach eine Weiche umstellen, damit statt fünf Menschen nur einer getötet wird, sondern sie stattdessen fragt, ob sie einen fetten Mann in eine geeignete Position auf einer Brücke drängeln wollen, von wo sie ihn hinunterstoßen können, sodass sein Körper aufs Gleis fällt und als Bremsklotz dient, der die Bahn zum Stehen bringt: »He, einen Augenblick mal!« In den Augen eines unerschütterlichen Utilitaristen sollte solch eine Überlegung akzeptabel sein, aber dieses grausamere Szenario wirkt der durch das Gedankenexperiment geweckten intuitiven Neigung entgegen, einfach die Zahl der Todesopfer zu verringern. Dies zeigt uns dass das Gedankenexperiment in seiner bereinigten Version eine Künstlichkeit aufweist; in jener wirken die möglichen Entscheidungen wie ein Menü, in dem uns Optionen angeboten werden, ohne uns dabei in moralische Bedrängnis zu bringen.

Aber diejenige Version des Experiments, in der wir moralisch stärker eingebunden werden, lehrt uns auch etwas Bedeutsames über die Auswirkungen der Abstraktion (man muss lediglich einen Hebel bedienen oder einen Knopf drücken, damit etwas geschieht). Die Abstraktion kappt die Beziehung zu unserem Handeln und hat zur Folge, dass wir einen anderen Platz in der Welt einnehmen. Für Soldaten, die Drohnen steuern, ist das zweifellos ein Problem: Sie sitzen an einer Konsole und entscheiden ähnlich wie in einem Videospiel weit entfernt vom Tatort über Leben und Tod von Menschen. Mittlerweile gibt es eine eigene Literatur über die »moralische Verwundung«, die sie erleiden, mit Symptomen, die große Ähnlichkeit mit denen des posttraumatischen Stresssyndroms haben. Ein Forscher drückt es so aus: »Die moralische Verwundung rührt eher von einer existenziellen Krise als von einem Trauma her und hat ihren Ursprung im Verstoß gegen Werte, die mit der Unantastbarkeit des Lebens zusammenhängen.«[4]

Ich halte das Beispiel der Drohnenlenker für aufschlussreich, aber natürlich ist es etwas ganz anderes, als Passagier in einem fahrerlosen Auto zu sitzen, das bei einem Unfall einen Menschen tötet – es wäre widersinnig, ein solches Ereignis als »Verstoß gegen Werte« zu bezeichnen. Tatsächlich ist kaum vorstellbar, dass das Gewissen hier überhaupt beteiligt sein sollte. Der Passagier hat keine Entscheidung gefällt und ihre Ausführung mit einem Knopfdruck delegiert; er hat nichts *getan*. Und das ist das Interessante: die Nichtbeteiligung des menschlichen Wesens.

Man fragt sich, welche gesellschaftlichen Auswirkungen eine umfassende Delegierung – oder besser: eine massenhafte Nichtbeteiligung – infolge einer weitgehenden Automatisierung und der damit einhergehenden Auslagerung der menschlichen Handlungsmacht hat. Wie wird es sich auswirken, wenn wir in einer derart veränderten Welt nicht nur gelegentlich Abstand zum eigenen Handeln haben, sondern wenn diese Distanz ein fester Bestandteil des Lebens ist? Kann man unter diesen Bedingungen überhaupt noch von »Handeln« sprechen? Eine solche Veränderung dürfte unsere Fähigkeit zur Entwicklung einer moralischen Intuition beeinträchtigen, die nicht auf ausweichenden Abstraktionen beruht.

In einer seiner klassischen Argumentationen wies Bernard Williams auf die Tatsache hin, dass das, was ich als »Nichtbeteiligung« bezeichne, von Anfang an Bestandteil der vor zwei Jahrhunderten entwickelten utilitaristischen Theorie war. Ein Blick auf diese Geschichte zeigt, dass die gegenwärtige Hinwendung zu »moralischen Maschinen« das Produkt einer langen intellektuellen Tradition ist.

Williams wies auf das grundlegende Problem des Utilitarismus hin: Er beschäftigt sich nur mit Ergebnissen oder Konsequenzen und unterscheidet daher eigentlich nicht zwischen meiner Handlungsmacht und der eines anderen Menschen. Obendrein postuliert er, dass der Agent selbst sein eigenes Handeln aus der universellen Perspektive betrachten und gleichgültig gegenüber der Frage sein soll, wie sich sein Handeln auf ihn allein auswirkt. Der Agent wird in einen bloßen Kanal verwandelt, der die Eingaben der Welt mit den Ergebnissen verbindet, und er wird am Maßstab des »größtmöglichen Nutzens für die größte mögliche Zahl« gemessen.

Aber wie kann dieser Nutzen bestimmt werden? Man sollte meinen, dafür bräuchte man eine Art Superintelligenz mit einem göttlichen Überblick über das Universum, eine Instanz, die weiß, was für jeden einzelnen Menschen gut ist, und in der Lage ist, diese konkurrierenden Nutzen, gestützt auf eine unparteiliche Arithmetik, miteinander in Einklang zu bringen. Der einzelne Agent muss sich einfach fügen.

Doch wie können wir wissen, welches das Ergebnis der Berechnung ist? Gibt es da irgendwo Angestellte, die in Echtzeit eine Liste führen und als priesterliche Mittelsmänner fungieren? Zu erklären, das Individuum solle einfach aus dem Weg gehen und darauf verzichten, sein eigenes Handeln zu beurteilen, ist in Williams' Augen abwegig: »Das entfremdet es wirklich von seinem Handeln und dem Ursprung seines Handelns in seinen eigenen Überzeugungen. [...] Es ist also im buchstäblichsten Sinne ein Angriff auf seine Integrität.« Sophie-Grace Chappell benennt in ihrem Essay über Williams das grundlegende Problem: »Eine unparteiische Handlungsmacht im Sinn der für den Utilitarismus erforderlichen Unparteilichkeit existiert nicht.«[5]

Die Verwirrung über diese Unparteilichkeit kann erhebliches Unheil anrichten, wenn den Utilitaristen das Kommando überlassen wird. Jene, die danach streben, das menschliche Leben zu lenken, glauben durchweg, sie hätten die »universelle Rechenaufgabe« gelöst, und versuchen, das Ergebnis auf die Welt anzuwenden, indem sie die Ansichten und die Vorhaben von Personen, die dem »unparteiischen Standpunkt« widersprechen könnten, moralisch disqualifizieren. Heute will man uns zu der Einsicht bringen, dass der Versuch, die Menschen zu zwingen, ihre Autos nicht länger selbst zu steuern, nicht das Projekt jener ist, die mit dieser Transformation viel Geld verdienen werden, sondern ein *von der Moralität an sich* vorgeschriebenes Projekt.

Damit will ich nicht sagen, die utilitaristische Ethik sei ein Deckmantel für finanzielle Interessen. So funktioniert die

Ideologie normalerweise nicht. Vielmehr schafft die Tatsache, dass der Utilitarismus (insbesondere in der englischsprachigen Welt, wo die meisten konkurrierenden moralischen Traditionen kaum Anhänger haben) plausibel wirkt, die Voraussetzungen dafür, dass die interessierte Selbsttäuschung messianischer Technologieanhänger zur Grundlage für kollektive Verwirrung und folglich für Genügsamkeit wird.

Wie wir in den Kapiteln »Verkehrsmanagement: Drei rivalisierende Versionen der Rationalität« und »Road Rage, Andersdenkende und die Verkehrsgemeinschaft« sehen werden, können wir die Straße weitgehend konfliktfrei und sicher miteinander teilen, weil wir in der Lage sind, unser Verhalten gegenseitig vorherzusagen. Diese ist eine sozial verwirklichte Form von Intelligenz, die von der Existenz belastbarer sozialer Normen abhängt, die zuverlässige Erwartungen bezüglich des Verhaltens anderer ermöglichen. Die Automation kann also an Attraktivität gewinnen, wenn sie eine Antwort auf schwindende soziale Kohäsion ist – als Versuch, Vertrauen und Kooperation durch eine von Maschinen erzeugte Gewissheit zu ersetzen. Wie wir im Kapitel über die Idiotensicherheit als Konstruktionsprinzip gesehen haben, wird dieser Zugang wahrscheinlich zu einer weiteren Atrophie unserer Fähigkeiten führen. Zu den bedrohten Fähigkeiten zählt jene zur kollektiven Selbstregierung, die in gemeinsamen Gewohnheiten der Kooperation wurzelt. Also wird eine Wissenschaft der Verhaltenssteuerung gebraucht.

PROMETHEISCHE SCHAM

Lösen wir uns vom Trolley-Problem und seinen Ursprüngen in der utilitaristischen Ethik und wenden wir uns einer ganz anderen Art der Auseinandersetzung mit der menschlichen

Handlungsmacht zu, um zu untersuchen, wie dieses Denken die Automation aus einem anderen Winkel beleuchten kann. Die alten Griechen sprachen nicht von »Moralität« als Forderung, die von außen an uns herangetragen wird (und folglich schwer zu erkennen ist, da uns Priester den richtigen Weg zu moralischem Handeln weisen müssen), sondern von »Tugenden« im Plural, mit denen bestimmte Merkmale der Vortrefflichkeit gemeint sind, die im Handeln zum Ausdruck kommen. Hier sind Ethik und Praxis nicht voneinander zu trennen und bleiben eng mit der Erfahrung verknüpft.

In aristotelischer Sicht, so William Hasselberger, stellt die Tugend keine Sammlung wahrer Aussagen dar, die mit den Details der Umstände zu einer moralischen Rechenaufgabe kombiniert werden können, die unter Anwendung universeller Prinzipien gelöst werden kann und ein Ergebnis liefert, das in der richtigen Handlung besteht (wie im Trolley-Problem).[6] Vielmehr ist die Tugend eine Fähigkeit, die man durch lange Praxis in der Kunst des Lebens erwirbt. Sie besteht darin, dass man in der Lage ist, Situationen richtig zu beurteilen, und ein Muster entwickelt hat, um angemessen darauf zu reagieren. Es gibt keine feststehenden Regeln für das angemessene Verhalten.

Außerdem gibt es keine separate Fähigkeit zum moralischen Denken, die wir einsetzen könnten, wenn wir mit moralischen Entscheidungen konfrontiert werden. Vielmehr werden wir zu einer *bestimmten Art von Person:* Unsere ethische Gesinnung entwickelt sich stetig in Einklang mit unserer Wahrnehmung der Welt und mit unausgesprochenem Wissen, das wir erwerben, aber nicht artikulieren können. Wir wissen mehr, als wir sagen können, und es wird uns zur Gewohnheit, »das Richtige zu tun« (oder nicht zu tun), anstatt dass das Richtige etwas wäre, über das wir in jedem Fall nachdenken müssten (oder dessen Definition wir einem Experten überlassen könnten). Oft ist unsere Reaktion auf eine Situation bereits latent in unserer Wahrnehmung dieser Situation enthalten.

Als verkörperte praktische Fähigkeiten müssen die Tugenden trainiert werden, weil sie sonst atrophieren. Der Zweck dieses Exkurses ist nicht, mich darüber zu beklagen, dass es autonomen Autos an aristotelischer Tugend fehlen wird. Es geht mir vielmehr darum, ihre Wirkung auf *uns* in Verbindung mit all den anderen Bereichen zu untersuchen, in denen wir die Verantwortung an »intelligente« Maschinen abtreten. Je weiter die Maschinen in den Raum für intelligentes menschliches Handeln vordringen, desto stärker wird unsere Intelligenz ausgehöhlt, was wiederum Forderungen nach weiteren Automatisierungsschritten auslöst. Mit Intelligenz meine ich körperliche Fähigkeiten, kognitive Fähigkeiten und ethische Fähigkeiten, die allesamt eine Einheit bilden. Letzten Endes werden *wir* automatisiert, und zwar in dem Sinn, dass wir der existenziellen Teilhabe beraubt werden, die das menschliche Handeln vom bloßen Geschehen unterscheidet. Ein Geschehen ist etwas, für das niemand verantwortlich ist.

Können wir aus dieser Darstellung der in praktisches Urteilsvermögen und technische Fähigkeiten gehüllten ethischen Qualitäten einen nützlichen Schluss ziehen? Ich glaube jedenfalls, dieses Bild erleichtert uns das Verständnis der eigentümlichen Probleme, mit denen uns das teilweise automatisierte Fahren konfrontiert. Wie wir gesehen haben, sind dies im Wesentlichen dieselben Probleme, die in jüngerer Zeit bei einigen Flugzeugabstürzen auftraten, wo nach Einschätzung der amerikanischen Flugsicherheitsbehörde NTSB eine »übermäßige Nutzung der automatischen Systeme und ein mangelndes Verständnis der Funktionsweise dieser Systeme seitens der Piloten« entscheidend zur Katastrophe beitrugen.

Die Piloten haben manchmal ein »falsches mentales Modell der Automationslogik des Flugzeugs«.[7] Ich will hier untersuchen, wie die Undurchschaubarkeit der Automationslogik beim Bediener eine bestimmte charakterliche Disposition, die wir als *mutlos* bezeichnen können, sowohl fördert als auch erfordert. Manchmal ist *Beherztheit* – die Bereitschaft, das Ruder in die Hand zu nehmen – eben die Eigenschaft, die wir in einem Notfall brauchen.

Da hochgradig automatisierte Autos gerade erst auf unseren Straßen auftauchen, gibt es noch keine aussagekräftigen Analysen der Unfallstatistiken. Aber für den Flugverkehr liegen umfangreiche und detaillierte Erkenntnisse vor. Die spektakulärsten Abstürze weitgehend automatisierter Flugzeuge in jüngster Zeit betrafen Fluglinien, die ihre Piloten in der Ausbildung dazu anhalten, sich weitgehend den automatisierten Systemen des Flugzeugs zu unterwerfen.[8] Insbesondere in den Entwicklungsländern absolvieren Flugschüler normalerweise viel weniger Flugstunden, und man bringt ihnen bei, im Normalbetrieb die automatischen Systeme zu nutzen.[9] Unter diesen Bedingungen fällt es den Piloten schwerer, die Reflexe und die mechanische Intuition zu schulen, die sich bei der manuellen Steuerung eines bestimmten Flugzeugmodells entwickeln, und das schließt ein Gespür dafür ein, wenn etwas schiefzulaufen beginnt.

Ihr Können zu bewahren ist für alle Piloten im hochgradig automatisierten Cockpit ein Problem. Wie wir im Kapitel über Idiotensicherheit gesehen haben, ist dies ein wichtiges Untersuchungsgebiet in der Human-Factors-Forschung. Aber es gibt noch ein subtileres Problem der ethischen Disposition, das mit der Atrophie der Fähigkeiten zusammenhängt: Man braucht ein gewisses *Durchsetzungsvermögen*, um die von den automatisierten Systemen vorgeschlagene Lösung zu ignorieren, weil von Haus aus angenommen wird, dass es die Systeme besser wissen. Dazu ist ein Pilot nur in der Lage, wenn er *Selbstvertrauen* besitzt – wenn er nicht nur auf sein Können vertraut, sondern auch auf sein Verständnis der Vorgänge und des richtigen Wegs zur Lösung eines Problems. Wer solches Selbstvertrauen besitzt, entwickelt keine Gewohnheit der *Ergebenheit,* sondern das genaue Gegenteil. Eine solche charakterliche Disposition des Piloten reift in langjähriger körperlicher Praxis und kognitiver Schulung.

Selbstverständlich sind Selbstvertrauen und Durchsetzungsvermögen nur wünschenswert, wenn ein Pilot (oder ein Autofahrer) die Situation tatsächlich richtig einschätzt, also besser als die automatisierten Systeme. Im Oktober 2018 stürzte in Indonesien eine Boeing 737 MAX 8 ab, und im März 2019 verunglückte eine weitere Maschine dieses Typs in Äthiopien. Die 737 ist eine jener klassischen Konstruktionen, die durch Weiterentwicklungen einsatzfähig geblieben sind: Neue Systeme werden in eine Struktur eingepasst, die nie dafür vorgesehen war, solche Systeme aufzunehmen. Insbesondere wurde das Flugzeug mit neuen, sparsamen Motoren ausgestattet, damit es konkurrenzfähig blieb. Aber diese an den Flügeln hängenden Triebwerke sind sehr viel größer als die, für die das Flugzeug ursprünglich entwickelt wurde. In der gegenwärtigen Version, der MAX 8, ist die Aerodynamik der 737 inhärent instabil. Boeing versuchte das Problem zunächst mit einer Softwareanpassung zu lösen: Seitdem darf der Autopilot die Nase des Flugzeugs viermal so stark nach unten drücken wie in der Vergangenheit, um einen Strömungsabriss zu verhindern.

Aber Boeing informierte seine Kunden (die Fluglinien) nicht über wichtige Änderungen an den automatisierten Systemen. Interne Dokumente zeigen, dass sich das Unternehmen für die Geheimhaltung entschied, weil die Fluglinien, wären sie informiert worden, gezwungen gewesen wären, ihre Piloten umzuschulen; unter anderem hätten die Piloten einige Zeit am Simulator verbringen müssen, um sich an das geänderte Verhalten des Flugzeugs zu gewöhnen. Das hätte den Fluglinien erhebliche Kosten verursacht, was die Attraktivität des Flugzeugs für potenzielle Käufer verringert hätte.[10]

Man stelle sich eine Situation vor, in der das Flugzeug plötzlich ein unerwartetes Verhalten zeigt und der Pilot angesichts einer Notsituation beginnt, mit dem System um die Kontrolle über die Maschine zu kämpfen. An diesem Punkt zeigt er keine *Ergebenheit*. Unter großer geistiger Anstrengung versucht er, die Situation zu analysieren. Vielleicht gerät er auch in Panik, was es ihm erschwert, klar zu denken. Er schwankt zwischen dem Entschluss, der Automatik die Kontrolle wieder zu entreißen, und dem Zweifel an seinem eigenen Urteil: Vielleicht weiß es der Computer doch besser? Im Fall der 737 MAX war dieser Selbstzweifel tatsächlich angebracht, denn die Piloten hatten nicht die nötigen Informationen – im Rückblick aus Gründen, die in Anbetracht der geschäftlichen Logik, die beim Verkauf von Flugzeugen gilt, nicht überraschen können. (Der Einsatz fahrerloser Autos auf öffentlichen Straßen ist in einigen Fällen von einer ähnlich rücksichtslosen Einstellung zur öffentlichen Sicherheit gekennzeichnet, was auf den Zwang zurückzuführen sein dürfte, »als Erster auf dem Markt zu sein«.)[11]

Wie viel Vertrauen setzt der Pilot in Dinge, die sich seinem Verständnis entziehen? Je komplexer die Steuerungssysteme des Flugzeugs, desto eher ist dieses Vertrauen ein fester Bestandteil seiner täglichen Flugpraxis. Da es sich um eine subjektive psychologische Empfindung handelt, wird sich sein Vertrauen wahrscheinlich in Selbstvertrauen (vielleicht auch falsches Selbstvertrauen) verwandeln, wenn die Dinge meistens reibungslos funktionieren. Der Pilot hat das Gefühl, die Maschine unter Kontrolle zu haben – aber die Grenzen seiner Kontrolle verlaufen nicht dort, wo er sie vermutet, weshalb er in einer Krise leicht die Orientierung verliert.

Eine beherzte Bereitschaft, die Dinge in die Hand zu nehmen, kann leicht zu einer Fehlanpassung führen. Auf ein Komitee, das ein automatisiertes System entwirft, kann eine solche Haltung des Bedieners – die Haltung eines menschlichen Individuums mit Selbstvertrauen – wie ein Fehler im System wirken. Daher muss der Charakter des Bedieners geformt werden; es bedarf einer Neuausrichtung, die den Grenzen seiner Fähigkeiten entspricht.

Tatsächlich ist eine solche Neuausrichtung bei jedermann, der in der gegenwärtigen materiellen Kultur lebt, bereits zur Hälfte bewerkstelligt. Man spricht einer Maschine, die man selbst gebaut hat oder die man genau kennt, weil man sie gewartet und repariert hat, nie Unfehlbarkeit zu. Wurde die Maschine jedoch in einem groß angelegten Gemeinschaftsprojekt entwickelt und gebaut, sodass kein einzelner Beteiligter sie vollkommen versteht, und funktioniert sie in 99 Prozent der Zeit fehlerfrei, so nehmen wir ihr gegenüber eine ganz andere Haltung ein. Wir werden nicht nur von der undurchschaubaren Logik einer solchen Maschine eingeschüchtert, sondern haben das Gefühl, *ihr Rechenschaft zu schulden:* Wir fürchten uns davor, uns in ihrer Gegenwart zu irren, und sträuben uns folglich dagegen, an ihr zu zweifeln, selbst wenn das computergesteuerte Flugzeug im Sturzflug der Erde zurast oder wenn uns das GPS anweist, in einen See zu fahren.

Systeme, die entwickelt wurden, um den Einfluss der menschlichen Intelligenz zu minimieren, neigen zu Sprödigkeit, da sie nicht imstande sind, jede unerwartete Situation vorwegzunehmen. Wenn sie Fehler begehen, so sind es ihrer umfassenden Kontrolle entsprechend meist systemische Fehler. Im Grunde wird von uns verlangt, uneingeschränktes Vertrauen in ein *Komitee* zu setzen – bei Boeing, Airbus und bald auch bei Tesla und Waymo – und uns darauf zu verlassen, dass dieses Komitee beim Entwurf des Systems sämtliche Möglichkeiten berücksichtigt hat (und zwar mit einer technischen Integrität, die gegen widersprüchliche wirtschaftliche Überlegungen immun war). Auf der Entwurfsseite der Gleichung gibt es zweifellos eine gewisse Selbstüberschätzung. Aber beim Benutzer des Systems, beim Piloten oder Fahrer, wird eine ganz andere Mentalität gefördert, die quasi das Gegenteil der Selbstüberschätzung ist.

Günther Anders kann uns helfen, unsere Ergebenheit gegenüber den Maschinen zu verstehen. Anders, der aus Hitlerdeutschland in die Vereinigten Staaten floh und der erste Ehemann von Hannah Arendt war, ließ sich im Zweiten Weltkrieg in Kalifornien nieder, wo er sich mit zahlreichen Gelegenheitsjobs durchschlug. Er schrieb einen Essay mit dem Titel *On Promethean Shame* (Über die prometheische Scham). Die Formulierung macht uns stutzig, denn wir sind daran gewöhnt, vom Stolz des Prometheus zu hören – der Zweck des Mythos des Prometheus ist ja eben, uns vor der Hybris zu warnen.

Der Essay beginnt mit einem Tagebucheintrag im Jahr 1942, dessen Thema eine Ausstellung über neue Technologie ist, die Anders gemeinsam mit seinem Freund »T« in Kalifornien besuchte. Anders fand das Verhalten seines Freundes interessanter als die Exponate. »Sobald eines der ungemein komplizierten Geräte zu arbeiten begann, senkte er den Blick und verstummte. Noch auffälliger war, dass er seine Hände hinter dem Rücken verbarg, so als schämte er sich dafür, diese groben, reizlosen und obsoleten Instrumente an den Ort mitgebracht zu haben, an dem diese Maschinen so präzise und raffiniert arbeiteten.«[12]

Zwei Tage später machte sich Anders in einem weiteren Tagebucheintrag Gedanken über seine Beobachtung. »Der prometheische Ungehorsam besteht in der Weigerung, irgendjemandem irgendetwas einschließlich der eigenen Person zu schulden. Der prometheische Stolz besteht darin, alles einschließlich der eigenen Person als eigene Leistung zu betrachten. Überreste dieser Haltung, die so typisch für den Selfmademan des 19. Jahrhunderts war, sind zweifellos bis heute erhalten geblieben. Aber ich bezweifle, dass sie für den modernen Menschen noch charakteristisch sind.«[13]

Bevor er den Essay schrieb, diskutierte Anders diese Frage mit anderen emigrierten Intellektuellen in Südkalifornien, darunter Bertolt Brecht und Herbert Marcuse. Dazu schrieb er: »Die Künstlichkeit des menschlichen Wesens nimmt im Lauf der Geschichte zu, weil der Mensch zum Produkt seiner eigenen Produkte wird. [...] Es entsteht eine Diskrepanz, ein wachsendes Gefälle zwischen dem Menschen und seinen Produkten, denn die menschlichen Wesen können den Forderungen nicht länger genügen, die ihre eigenen Produkte an sie richten.«[14]

Diese Forderungen können unsere natürlichen Fähigkeiten übersteigen oder ihnen nicht entsprechen. Sie richten sich oft an diejenige dünne Schicht unserer Kompetenz, die auf der Sprache beruht: bei einem Piloten könnte dies ein Handbuch sein, in dem verschiedene Beschleunigungsmodi erklärt sind. Es ist nicht Teil des Körpers. Die auf diese Art eingegrenzten Forderungen werden verstärkt und sind zugleich unvereinbar mit unserer ursprünglichen tierischen Fähigkeit, etwas über die Welt zu lernen, indem wir direkt in ihr wirken. Das kann dazu führen, dass wir uns entmutigen lassen wie ein Tier, das aus seinem gewohnten Lebensraum gerissen wird, in dem es sein gesamtes Repertoire an vortrefflichen Fähigkeiten ausschöpfen konnte.

In diesem Zustand der Entmutigung werden wir tatsächlich inkompetent. Der Endpunkt dieser Entwicklung liegt auf der Hand: Die Welt wird zu einem Techno-Zoo für besiegte Menschen, die Ähnlichkeit mit den Geschöpfen in *Wall-E* mit ihrem glasigen Blick oder mit den Laborratten haben, die in Plexiglasgefängnissen aufgezogen werden.

Im folgenden Kapitel werden wir uns eine andere Art des Zusammenlebens mit Maschinen ansehen.

VOLKSTÜMLICHE INGENIEURSKUNST

In den folgenden Kapiteln geht es um Eisenwaren, und dort bin ich einigermaßen ins Detail gegangen, denn Erfolg und Misserfolg der Maschinen hängen vom Detail ab.

SIR HARRY RICARDO

Bevor wir die Geduld verlieren, sollten wir uns die Worte von Marschall de Saxe in Erinnerung rufen: »Obwohl jene, die sich mit den Details beschäftigen, als Leute von begrenzter Intelligenz gelten, habe ich den Eindruck, dass dieser Teil wesentlich ist, denn er ist die Grundlage. […] Es genügt nicht, eine Vorliebe für die Architektur zu haben. Man muss auch Steine schneiden können.«

MICHEL FOUCAULT

Als ein roter 75er Käfer auf dem Parkplatz eines Gebäudes auftauchte, das ich häufig besuche, und sich herausstellte, dass Carl das Auto verkaufen wollte, wurde das Leben in automobiler Selbstverleugnung, das ich in meinen mittleren Jahren führte, erschüttert. Carl bot mir an, mich ans Steuer zu setzen. Es war wie eine Heimkehr. Das Cockpit dieser

Autos ist geborgen und vertraut. Alles ist leicht und ohne jede Verrenkung zu erreichen. Es genügte, meine Hände auf das Lenkrad und den Schalthebel zu legen und die Füße auf die Pedale zu setzen, um schlummernde mechanische Gewohnheiten zu wecken, die mein bewusster Verstand vor langer Zeit vergessen hatte, während mein Körper sie irgendwie aufbewahrt hatte. Als die Erinnerung an das Herunterschalten vor dem Driften zurückkehrte, sagte mein Körper: »Oh. *Ja.*« Ein Innenraum aus billigem deutschen Vinyl hat einen ganz eigenen Geruch. Vielleicht war es das, was ich roch, auch das Rosshaar, mit dem die Verkleidung des Innendachs und die Räume zwischen den gesprächigen Federn in den uralten Sitzen gefüllt waren.

Es ist nicht übertrieben zu sagen, dass alte Autos einen organischen, ja geradezu pferdeartigen Charakter haben. Ein Auto aus dem Jahr 1975 ist ein Produkt der Industrie in ihrem Zenit, aber man kann sich die schlichte Herkunft des Materials und die Herstellungsprozesse ausmalen (wie unzutreffend diese Vorstellungen auch sein mögen). Da dies für die Imagination zugänglich ist, stellt man möglicherweise fest, dass man *etwas damit tun möchte.* Das heißt, man kann versucht sein, sich in einen Volks-Ingenieur zu verwandeln.

Wenn Sie ein wenig wie ich sind und angesichts einer Chance verfrüht emotional werden, begehen Sie vielleicht einen schweren Fehler. Beispielsweise unterlassen sie es möglicherweise, unter dem Teppich des potenziellen Kaufs nach Rost zu suchen.

Es ist mittlerweile acht Jahre her, dass ich dieses Auto gekauft habe, und vom Original sind nur die zentrale Fahrwerksachse, das hintere Torsionsgehäuse und der obere Teil der Karosserie übrig geblieben. Der Rest war Eisenoxidpulver, das nur durch Gewohnheit und Teppichgummi in der Form eines Käfers zusammengehalten wurde. In der Zeit, die ich in den Neubau dieses Autos investierte, hätte eine kultiviertere Person Chinesisch lernen oder erhebliche Fortschritte in der Kunst des Violinspiels machen können.

Warum ließ ich mich auf ein solches Vorhaben ein? Möglicherweise bin ich nicht der Richtige, diese Frage zu beantworten – Besessenheit erleichtert nicht unbedingt die Selbsterkenntnis. Aber in den vorangegangenen Kapiteln habe ich hoffentlich gezeigt, warum ein Blick auf ein früheres Entwicklungsstadium des Autos helfen kann, die Begeisterung für das Fahren wiederzugewinnen.

Der Fetisch der Automatisierung und Abkoppelung wirkt auf mich wie eine kulturelle Spirale, in der wir in die prometheische Scham abgleiten: Dies ist das genaue Gegenteil der Geisteshaltung des Beherrschens, die wir normalerweise mit Technologie verbinden. Im Gegensatz dazu wird der Käfer, den ich baue, paradoxerweise ein dezidiert »modernes« Auto sein, und zwar im guten altmodischen Sinn der Modernität. Ich statte es sogar mit einem zeitgemäßen digitalen Motormanagement aus, wofür ich die Eigenbauplattform MegaSquirt nutze. Ich glaube, dass eine vollkommen freie Einstellung zur Technologie eine wäre, die weder ihrem entfremdenden Zauber aus dem Weg geht noch unkritisch die in der Blackbox versteckte Agenda absegnet.

Die Konstruktionsprinzipien, die ich beim Bau des Käfers anwende, sind einfach: Leichtigkeit, Festigkeit und direkte Kontrolle. Und natürlich PS, jede Menge PS. Das Resultat, das mir vorschwebt, ist ein von Geschmeidigkeit und Finesse geprägtes Fahrerlebnis in einem Auto, das sich anfühlt wie eine gut angepasste Prothese.

Zumindest ist das meine Fantasievorstellung. In den ersten fünf Jahren entwickelte sich das Projekt ausschließlich rückwärts, was einen einfachen Grund hatte: Rost. Rost ist das Gegenteil von Fantasie. Als ich das Auto zerlegte, fand ich immer mehr Rost in verborgenen Hohlräumen, was mich dazu zwang, immer mehr Blechsegmente herauszuschneiden, um den Verrottungsprozess zutage zu fördern. Ich schnitt das Auto buchstäblich in Stücke. Während ich mein Fantasieleben in Internetforen verbrachte, die dem Bau von etwas Neuem und Tollem gewidmet sind, widmete ich mein wahres Leben in der Werkstatt einer immer innigeren Beziehung zur Korrosion.

Von 2011 bis 2017 lag ich nächtelang wach und stellte mir das haarfeine Vordringen der Feuchtigkeit in die Stellen vor, an denen sich zwei Bleche überlappten. Der Gedanke ließ mir keine Ruhe. Die Korrosion entfaltet eine heimtückische Wirkung auf das Denken, denn je mehr man über ihr schleichendes Vordringen in Erfahrung bringt, desto mehr wird man von den Strategien zu ihrer Bekämpfung in Anspruch genommen: *Der Zersetzung muss Einhalt geboten werden.*

Es war nie meine Absicht, mich in einen Amateurchemiker zu verwandeln, aber man kommt nicht darum herum, wenn man versucht, die Behauptungen zu entschlüsseln, mit denen die Hersteller von Rosthemmern, Rostlösern, Rostversieglern, Rostumwandlern werben, und den Wahrheitsgehalt all des Wunschdenkens prüfen möchte, das in solchen Bezeichnungen steckt.[1] Die einzig wirklich rationale Reaktion auf den Oxidationsprozess ist Fatalismus: Wer schon einmal Jahre mit der Restaurierung eines alten Autos verbracht hat, hat die Worte des Apostels nicht gehört: »Ihr sollt euch nicht Schätze sammeln auf Erden, wo sie die Motten und der Rost fressen.«

Doch kluge Ratschläge wie dieser sind leichter zu verkünden als zu befolgen. Von Hoffnung und Inspiration beseelt, befestigte ich einen dünnen Schlauch an einem langen Stock, um Epoxidharz in Heizungskanäle zu spritzen, die ich in wochenlanger Arbeit rekonstruiert hatte. Ich fand harte Grundierungen, die der Hitze einer Schweißflamme widerstehen können, um sie an Orten einzusetzen, die für eine umfassende Rostschutzbehandlung unzugänglich sein werden, wenn eine Platte einmal angeschweißt ist. Ich baute einen Siphon, mit dem ich ein Hochdruckreinigungsgerät als Strahlmaschine einsetzen konnte; stellen Sie sich einen Wasserstrahl mit einem Druck von 200 bar vor, der *voll von zermahlenem Glas* ist. Ich nutze ihn, um festgebackene Schichten von Straßenschmutz, Unterbodenschutz, Farbe, Grundierung, Spachtelmasse, Fugenversiegler und – da haben wir ihn – Rost zu entfernen. Das Komische ist, dass der Großteil dieses Drecks von früheren Besitzern in dem vergeblichen Bemühen hinterlassen worden war, Rost zu verhindern, und jetzt hinderten diese Schichten *mich* daran, den wuchernden Krebs zu finden und zu zerstören.

Das griechische Wort für »Wahrheit« ist *alétheia* – das, was aufgedeckt wird. Ich werde von der Lust überkommen, bloßes Metall zu sehen; ich will all die Sedimente der Verwirrung abtragen, die von anderen angebracht wurden, die (offensichtlich) ihre Hausaufgaben nicht gemacht hatten. Ich will den Dingen auf den Grund gehen, bis ihre wahre Beschaffenheit vollkommen freiliegt und meinem Willen unterliegt: Die Restaurierung eines alten Autos wird zu einer metaphysischen Obsession, die sich jeder ehrlichen Kosten-Nutzen-Analyse entzieht.

Meine Frau ruft mir gerne die »versunkenen Kosten« in Erinnerung. Eigentlich soll dies eine befreiende Idee sein: Manchmal ist es einfach sinnvoll, sich von etwas zu verabschieden, in das man investiert hat. Selbst wenn man seit einer Stunde vor einem schlechten Film sitzt, hat es keinen Sinn, bis zum Ende auszuharren (obwohl man das Gefühl hat, dass man es tun *sollte,* nachdem man schon so viel Zeit investiert hat). Ohne auf einen bestimmten unangenehmen Anblick in der Auffahrt Bezug zu nehmen, denkt meine Frau laut darüber nach, dass man manchmal einen Schritt zurück tun und ein Vorhaben mit dem ungetrübten Blick einer Person betrachten sollte, die nicht persönlich engagiert ist. Weil sie so vernünftig ist, hat sie keine Vorstellung davon, was es bedeutet, *Loyalität* gegenüber einem Haufen verrosteten Metalls zu empfinden.

DIE INTERNE VERBRENNUNG: DAS ULTIMATIVE WIKI

Der interne Verbrennungsmotor ist ein Wunder. Der Grundgedanke ist einfach genug: Ein Kolben bewegt sich in einem Zylinder nach unten, wodurch der freie Hohlraum vergrößert wird und ein Vakuum entsteht. Dieses Vakuum zieht durch ein geöffnetes Loch eine Mischung aus Luft und zerstäubtem Treibstoff in den Zylinder. Das Loch wird geschlossen, und der Kolben bewegt sich wieder zurück nach oben, wodurch er das Luft-Treibstoff-Gemisch auf ein sehr viel geringeres Volumen zusammenpresst (die Verbrennungskammer macht etwa ein Zehntel der Größe des Zylinders aus). Kurz vor der maximalen Kompression wird ein Funke gezündet. Wenn alles richtig funktioniert, folgt eine Explosion in Zeitlupe (Benzin hat mehr Energie pro Masseneinheit als TNT), eine Druckwelle, die sich gerade nicht so schnell ausbreitet, um als »Detonation« zu zählen. Die Druckwelle drückt den Kolben wieder nach unten. Da der Kolben mit einer Kurbelwelle verbunden ist, wird seine auf und ab verlaufende Bewegung in einer geraden Linie in eine Umdrehungsbewegung umgesetzt (man stelle sich das Rad einer alten Lokomotive vor, das von einer unweit des Rands des Rades befestigten Kuppelstange bewegt wird). Die Explosionsenergie, die den Kolben nach unten gedrückt hat, ist in Drehmoment verwandelt worden, das heißt in die Fähigkeit, Kraft in einer kreisförmigen Bewegung auszuüben. Ein Teil der Drehkraft wird genutzt, um die Räder des Autos zu drehen, und ein Teil wird in einer am Ende der Kurbelwelle befestigten Schwungscheibe gespeichert. Diese gespeicherte Energie wird genutzt: An diesem Punkt ist der Kolben leblos, denn die gesamte Energie, mit der er hinuntergedrückt wurde, ist verbraucht. Aber die Schwungscheibe erwidert die Gefälligkeit, die ihr erwiesen wurde: Die Schwungkraft befördert den Kolben wieder nach oben. Für diese Aufwärtsbewegung wird ein anderes Loch an der Oberseite des Zylinders geöffnet, aus dem das verbrannte Luft-Treibstoff-Gemisch entweichen kann – das Abgas. Das Loch schließt sich, und jetzt öffnet sich wieder das erste Loch, womit der gesamte Vorgang von Neuem beginnen kann. Dies sind die vier Zyklen des »Viertaktmotors«: Ansaugen, Verdichten und Zünden, Arbeiten, Ausstoßen. Im Lauf der vier Zyklen hat die Kurbelwelle zwei vollständige Umdrehungen bewältigt, und der Kolben ist hinunter, hinauf, hinunter und wieder hinauf gewandert.

Je mehr man über die Details dieses Vorgangs und darüber weiß, wie viele Schritte mit absoluter Präzision funktionieren müssen, damit er fehlerlos ablaufen kann, desto anmaßender wirkt die Vorstellung, dass so etwas tatsächlich möglich sein sollte, geschweige denn, dass ein Motor in der Lage sein sollte, diesen Vorgang 300 000 Kilometer lang fast ohne Wartung oder Beschwerden ein ums andere Mal zu wiederholen. Eine überschlagsmäßige Berechnung ergibt, dass dies etwa einer Milliarde Umdrehungen im Lauf des Lebens eines Motors entspricht.[2] Bei einem Viertaktmotor mit sechs Zylindern sind das drei Milliarden kleine Explosionen.

In den Augen einer Person, die in erster Linie mit digitalen Dingen vertraut ist, mag das eine Abstraktion sein – nicht mehr als eine Kette von neun Nullen, nicht beeindruckender als die Nullen, die ein Gigabyte ergeben. Aber die hin und her fahrenden, rotierenden, sich biegenden, scheuernden, brennenden, klopfenden Bauteile eines Motors vollbringen diese Leistung, während sie staubige Luft einatmen und draußen auf der Autobahn gebacken werden. Obendrein sind all diese Komponenten Dinge, die man in die Hand nehmen, inspizieren, abzeichnen, mit einer Feile bearbeiten oder in einem Wutanfall an die Wand werfen kann. Sie haben ein Gewicht und eine Form. Das ganze Ensemble funktioniert, ohne sich auf unzugängliche Einheiten zu berufen, die angeblich in der Cloud leben. Die anheimelnde, kaum magische *Dinglichkeit* eines Motors weckt die grundlegende menschliche Sehnsucht nach Verständnis; ich kann mir keinen effektiveren Verbündeten der Aufklärung vorstellen.

Die Entwicklung des internen Verbrennungsmotors liefert ein einzigartiges Anschauungsbeispiel für den Verlauf des Fortschritts in der Maschinentechnik. Er ist seit seiner Erfindung ein Gegenstand der mathematischen Wissenschaft, aber er ist auch das Ergebnis des vielleicht beharrlichsten und umfassendsten Projekts der praktischen Experimentierfreude in der menschlichen Geschichte, des ultimativen Wiki.[3] Der gegenwärtige Stand der Technik ist das Ergebnis eines mehr als hundert Jahre dauernden Hin und Her zwischen Ingenieuren und Hinterhofmechanikern, Rasern und Umweltschutzbehörden, kostspieligen Motorsportwettbewerben und kostenorientierten Autobauern.

Harry Ricardo wurde im Jahr 1885 in London geboren. Sein Vater war Architekt, seine Mutter stammte aus einer adligen Familie (sein Familienname war portugiesischen Ursprungs, weil seine Vorfahren väterlicherseits sephardische Juden waren). Im Jahr 1898 erwarb sein Großvater ein Automobil, und wir dürfen davon ausgehen, dass der junge Harry zu den ersten Personen in England zählte, die ein solches Gefährt zu Gesicht bekamen. Er besuchte eine Eliteschule, die Rugby School, und begann im Alter von zehn Jahren, Motoren zu bauen. Nach seinem ersten Studienjahr an der Universität Cambridge nahm er an einem vom Automobilklub der Universität veranstalteten Wettbewerb teil, den er mit der Konstruktion und dem Bau derjenigen Maschine gewann, die mit einem Imperial Quart* Benzin am weitesten fahren konnte. Ricardo baute ein Einzylinder-Motorrad, das 40 Meilen weit kam, was bedeutete, dass es mit einer amerikanischen Gallone 133 Meilen zurücklegen konnte. Im Jahr 1904. Man fragt sich, was Ricardos Studienkollegen wohl von den für einen Gentleman sehr unpassenden Gerüchen hielten, die zweifellos aus den Poren eines Menschen drangen, der sich so tief in die Arbeit an Motoren vertieft hatte.

Eine der bedeutsamsten Entwicklungen im Motorbereich zu Beginn des 21. Jahrhunderts ist die »Direkteinspritzung«, die eine Schichtung des Luft-Treibstoff-Gemischs ermöglicht. Das bedeutet, dass Luft und zerstäubter Brennstoff nicht homogen über das Volumen des in die Verbrennungskammer eingelassenen Gemischs verteilt sind. Der Zündfunkte entzündet zunächst einen kleinen Bereich mit einem stärker gesättigten Gemisch, wodurch eine sich rasch ausbreitende Flamme entfacht wird, die ihrerseits ein sehr viel dünneres Gemisch entzündet, das anschließend das ganze Volumen der Kammer füllt. Das Ergebnis ist eine bessere Treibstoffnutzung und eine höhere thermische Effizienz. Ricardo baute

* Etwas mehr als ein Liter. (A. d. Ü.)

schon als Teenager einen Motor, der auf diesem Konzept beruhte – ein Jahrhundert vor der umfassenden industriellen Nutzung der Direkteinspritzung.

Nach der Universität gründete Ricardo eine Werkstatt. Im Ersten Weltkrieg nahm er die Herausforderung an, einen Motor für Panzer zu bauen, der weniger Rauch ausstoßen würde. Der Rauch war ein ernstes Problem, weil er die Position eines Panzers über große Entfernung verriet. Bereits der erste Versuch, ein Sechszylindermotor, löste das Rauchproblem. Ricardo erhöhte auch die Motorleistung von 105 auf 150 PS, und im Lauf des Kriegs gelang es ihm, die PS-Zahl auf 260 zu steigern. Im Zweiten Weltkrieg wandte er sich Flugzeugmotoren zu – mit ähnlich spektakulären Resultaten. Für seine Leistungen im Krieg wurde er zum Mitglied der Royal Society gewählt, später erhielt er den Ritterschlag zum Knight Commander of the Most Excellent Order of the British Empire. Ich frage mich, ob Sir Harry immer noch nach Vergaserreiniger roch, als er vor dem König niederkniete, damit er ihm das uralte Schwert auf die Schultern legen konnte.

Ricardos Meisterwerk *The High-Speed Internal-Combustion Engine* wurde erstmals 1923 publiziert und erschien 1953 in einer überarbeiteten Ausgabe. Ricardo beginnt mit einer interessanten Beobachtung zur Rolle des Zufalls in dem Prozess, der dazu führt, dass sich bestimmte Konstruktionen gegen andere durchsetzen:

> *Wenn wir den Fortschritt der Maschinentechnik in der Vergangenheit betrachten, stellen wir fest, dass jede neue Entwicklungslinie mit einer Phase des Experimentierens und Herumtastens beginnt, in der verschiedenste Typen entwickelt werden. In einem Ausleseprozess wird diese Vielfalt sehr rasch auf ein oder zwei Überlebende*

verringert, und in der Entscheidung zwischen diesen Überlebenden spielt der Zufall oft eine ebenso große Rolle wie das Verdienst. Wir finden zu großen Gefallen daran, einigen wenigen Individuen ein Monopol auf den Erfindergeist zuzugestehen. Die Saat des Erfindungsreichtums geht überall auf, und es hängt lediglich von einer bestimmten Kombination von Erfordernis, Umständen und möglicherweise vor allem Zufall ab, welche Samen aufgehen.
Auf die ein oder zwei überlebenden Typen, die nicht unbedingt die Besten sein müssen, richtet sich dann die Aufmerksamkeit der gesamten Welt der Technik.
Das Resultat ist, dass sie Schritt für Schritt verbessert werden und eine unangefochtene Herrschaft ausüben, bis sie fast ihr gesamtes Potenzial ausgeschöpft haben und schließlich durch neue, fundamental bessere Typen ersetzt werden.[4]

Was Ricardo nicht vorhersah, war die Tatsache, dass einige Leute die Mitteilung über die Obsoleszenz bestimmter früherer Motortypen nicht erhielten und die Entwicklung dieser Lösungen fortsetzten. Als ich Anfang der Achtzigerjahre die Highschool besuchte, brachten Top Fuel Dragster 3000 PS auf die Straße. Niemand hätte sich vorstellen können, dass derselbe auf dem 1950er Chrysler beruhende V8-Motor mit einem Hubraum von 500 Kubikzoll (8200 cm^3), bei dem mit Stangen zwei Ventile pro Zylinder betätigt werden, zu Beginn des 21. Jahrhunderts 10 000 PS schaffen würde. Das ist mehr als das *Fünfundfünfzigfache* des ersten Modells von Chrysler, das 180 PS hatte und seinerzeit als Höllenmaschine galt.

Menschliche Wesen halten oft halsstarrig an etwas Suboptimalem fest. Man kann es als Loyalität bezeichnen, als

Perversität oder auch als kulturelles Erbe. Es ist ein Konservatismus, der paradoxerweise gelegentlich gewaltige Entwicklungssprünge bewirkt. Ricardos »Saat des Erfindungsreichtums«, die überall im Überfluss vorhanden ist, beginnt auf einer stabilisierten Plattform zu keimen, die »nicht unbedingt die beste« ist, und ermöglicht die Entwicklung gemeinsamer Sachkenntnis. Der ungeduldige Optimierer mag ein solches Vermächtnis als Hindernis betrachten, das im Namen des Fortschritts aus dem Weg geräumt werden muss, aber die Tradition kann an sich ein Motor des Fortschritts sein. Sie strukturiert die Weitergabe von Wissen, außerdem liefert sie eine Sprache für ein gemeinsames Vorhaben und historische Bezugspunkte, sodass man sich vorstellen kann, bestimmte Vorläufer zu übertreffen, die innerhalb derselben grundlegenden Grenzen arbeiteten. So schafft die Tradition einen Rahmen für Rivalität um Vortrefflichkeit, jene Art von Rivalität, die manchmal eine ganze Gemeinschaft zu neuen und unerwarteten Orten führt.

In Anbetracht dessen darf man behaupten, dass das Hot-Rodding eine Kunstform ist. Damit meine ich nicht die protzigen Lackierungen, die abgeschnittenen Dächer und ähnliche offiziell »kreative« Lösungen. Ich meine die technische Seite. In der Kunst sind die vom Material gezogenen Grenzen nicht einfach Beschränkungen, sondern sie stellen die Grenzen dar, die der Vorstellungskraft des Künstlers eine Form geben und die von ihm erkannten neuen Möglichkeiten strukturieren. Darüber hinaus verbinden die feststehenden Eigenschaften des Mediums den Künstler mit den Bemühungen derer, die vor ihm diesen Weg beschritten haben. Eine Bildhauerin kann sich der Kenntnis dessen, was Michelangelo mit Marmor tat, nicht entziehen. Sie kann die Flucht in die Freiheit *ex nihilo* versuchen, aber sie weiß, dass sie damit Trivialität riskiert.

Ich gebe zu, dass ich mit dieser Analogie zur Kunst vielleicht ein wenig zu weit gehe. Meine Motivation ist das Bedürfnis, zu rechtfertigen oder zumindest zu verstehen, warum ich ungeheuer viel Zeit und Geld dafür aufgewandt habe, einen luftgekühlten Hochleistungsmotor für einen VW Käfer zu bauen, obwohl ich für einen Bruchteil der Kosten einen Subaru-Motor in meinen Käfer hätte einbauen können, womit ich eine vergleichbare Leistung mit größerer Zuverlässigkeit erhalten hätte. Es gibt eine Anleitung für diesen Austausch; er ist schon durchgespielt worden. Tatsächlich zog ich diese Möglichkeit in Erwägung. Aber ich befürchtete, sie würde trivial sein oder der Bau eines solchen Autos würde sich nicht so anfühlen, als *ginge ich weiter* auf einem geschichtsträchtigen Weg des Erfindungsreichtums.

In den vergangenen 35 Jahren (insbesondere im letzten Jahrzehnt) habe ich den Aufbau meines ultimativen VW-Motors im Geist bis ins letzte Detail durchgespielt. Hier stellt sich die Frage: Warum? Die Nostalgie eines Mannes im mittleren Alter spielt zweifellos eine Rolle. Wie ich in *Ich schraube, also bin ich* erzählt habe, beeinflusste ein tief in der Gegenkultur verankerter VW-Mechaniker in meinen Teenager-Jahren meine Entwicklung. Aber das ist nicht die ganze Geschichte, denn ich fühle mich auch einer Tradition verbunden, die begann, bevor ich geboren wurde. Sie setzt sich heute als lebhafte, oft hitzige Diskussion in den VW-Foren fort und weckt Neugier darauf, was in der Zukunft mit diesen kleinen Juwelen mit Magnesiumfassung möglich sein wird. Ich baue diesen Motor in zwei Versionen. Die erste, die normalen Bestrebungen gehorcht, wird etwa 180 PS haben. Die zweite, mit Turbolader und Direkteinspritzung, wird rund 300 PS haben.

DAS AUTO DES VOLKES: DER HISTORISCHE KONTEXT

Im Jahr 1902 wurde im Habsburgerreich ein junger böhmischer Arbeiter zum Militärdienst eingezogen. Er hatte als Halbwüchsiger in der Werkstatt seines Vaters Anton Porsche als Karosseriespengler gearbeitet. (Die Kunst des Karosseriespenglers besteht darin, von Hand Rundungen in Bleche zu schlagen. Früher wurden Fahrzeug- und Flugzeugrümpfe auf diese Art geformt, und es ist weiterhin eine unverzichtbare Fähigkeit beim Bau maßgeschneiderter Karosserien.) Der junge Ferdinand Porsche bekam in der Armee einen guten Posten: Er wurde Chauffeur von Erzherzog Franz Ferdinand, dem österreichischen Thronfolger, dessen Ermordung den Ersten Weltkrieg auslöste.

Zum Zeitpunkt seiner Einberufung war Ferdinand Porsche bereits aus der Werkstatt seines Vaters ausgeschieden und arbeitete seit einigen Jahren in Wien, wo er zunächst als Elektrotechniker und anschließend als Ingenieur bei den Lohner-Werken tätig war, die Kutschen und Wagen bauten. Nach der Arbeit hörte er sich gelegentlich Vorlesungen an der Universität an. Sieht man von diesen Vorlesungen und von Abendkursen ab, die er zuvor an der technischen Hochschule seiner Heimatstadt besucht hatte, erhielt Ferdinand Porsche nie eine formelle Ausbildung als Ingenieur. Doch am Ende des 20. Jahrhunderts wurde er von der Global Automotive Elections Foundation zum »Automobilingenieur des Jahrhunderts« gekürt.

In seiner Zeit bei den Lohner-Werken arbeitete Porsche am ersten Automobil, das diese Firma baute. Es wurde im Jahr 1898 vorgestellt. Der 22-Jährige nahm sich die Freiheit, in alle wichtigen Bauteile diskret die Bezeichnung »P1« einzugravieren, die für »Porsche-Konstruktion Nummer 1«

stand. Diese jugendliche Unverfrorenheit wirkt im Rückblick gerechtfertigt. Das zweite von Porsche entworfene und in den Lohner-Werken gebaute Fahrzeug war zugleich das erste Hybridfahrzeug der Welt, das mit elektrischen Nabenmotoren und elektrisch geregelter Treibstoffzufuhr ausgestattet war. Und das im Jahr 1901.

Ferdinand Porsche stellte sein Talent später in den Dienst des Dritten Reichs und verbrachte nach Kriegsende wegen seiner Beiträge zur deutschen Kriegswirtschaft einige Zeit in einem französischen Gefängnis. Ein Grund dafür, dass die Geschichte des Automobils in dieser Zeit derart faszinierend ist, liegt darin, dass die hässlichen politischen Entwicklungen nicht vom tatsächlich *volkstümlichen* Charakter des Volkswagens zu trennen sind.

Die Dreißigerjahre waren eine sonderbare und schreckliche Zeit in Deutschland. Vorausgegangen war der umfassende gesellschaftliche Zusammenbruch in den Weimarer Jahren. Die politischen Leidenschaften, die zu jener Zeit brodelten, sind aus heutiger Sicht schwer zu entwirren, insbesondere weil es zwischen Sozialismus und Nationalismus – zwei Ideologien, die wir heute in einem Links-rechts-Schema strikt voneinander trennen – Berührungspunkte gab, die damals auf beiden Seiten des Atlantiks vollkommen natürlich schienen. In den Vereinigten Staaten hatte Herbert Crolys »Neuer Nationalismus« beträchtlichen Einfluss auf den New Deal, in Deutschland war die Beziehung der Nationalsozialistischen Deutschen Arbeiterpartei (NSDAP) zum Sozialismus im Grunde betrügerisch und opportunistisch.[5] Aber ein lohnendes Gedankenexperiment in kontrafaktischer Geschichte könnte mit der Frage beginnen, wie das 20. Jahrhundert hätte verlaufen können, wenn sich die deutsche Arbeiterbewegung der Zwanzigerjahre nicht dem Antisemitismus, dem industrialisierten Mord und der Welteroberung verschrieben hätte. Was, wenn sich das Amalgam von Nationalismus und Sozialismus nicht von einem so offenkundig geistig verwirrten Mann hätte in Beschlag nehmen lassen? Derartige Fragen zu stellen kann für uns in der Gegenwart durchaus nützlich sein.

Stellen wir uns eine Freizeitorganisation vor, die Bibliotheken, erschwingliche Urlaubsreisen, Konzerte, Theaterstücke und Tagesausflüge für Arbeiter und ihre Familien zugänglich macht. Sie organisiert Wanderungen, Kinobesuche, sportliche Aktivitäten oder Besuche bei Sportveranstaltungen für diese Familien. Stellen wir uns vor, eine der Zielsetzungen dieser Organisation wäre die Mischung verschiedener Klassen. Beispielsweise könnte sie Kreuzfahrten organisieren und die Kabinen unabhängig vom gesellschaftlichen Status per Los zuteilen. Das ist kein utopischer Vorschlag von Bernie Sanders, sondern es wurde tatsächlich von der »Gemeinschaft Kraft durch Freude« (KdF) verwirklicht, der Freizeitorganisation der Deutschen Arbeitsfront (DAF). Die KdF hatte im Jahr 1939 mehr als 7000 Angestellte und 135 000 freiwillige Mitarbeiter, und die Organisation hatte bis dahin rund 25 Millionen Deutsche in den Urlaub geschickt.

Auf der Berliner Autoschau 1933 kündigte der neue Reichskanzler (der sich bald in den »Führer« verwandeln sollte) an, Deutschland werde ein billiges Auto bauen, dessen Betrieb wenig koste. Auf diese Art solle »das Volk motorisiert« werden. Der Name dieses zuverlässigen, einfachen Autos werde KdF-Wagen sein. Jakob Werlin, ein früherer Mercedes-Benz-Händler, arrangierte ein Treffen zwischen Hitler und Porsche, der sich kurz zuvor als Konstrukteur und Automobilberater selbstständig gemacht hatte und in Stuttgart ein eigenes Konstruktionsbüro betrieb. Porsche arbeitete bereits in Eigeninitiative an einem Prototypen, der mehr oder weniger den Vorstellungen Hitlers entsprach; finanziert hatte er die Entwicklungsarbeit im Wesentlichen selbst, indem er seine Lebensversicherung beliehen hatte. Er genoss zurückhaltende Unterstützung seitens der Firma Zündapp (die bald darauf für ihre Motorräder berühmt werden sollte) und der NSU Motorenwerke. Bei der ersten Begegnung konfrontierte Hitler Porsche mit Forderungen, die den Ingenieur verblüfften: »Das Auto musste eine Geschwindigkeit von 100 km/h erreichen, der Benzinverbrauch durfte sechs Liter nicht übersteigen, der Motor sollte luftgekühlt sein, die Fahrgastzelle sollte Platz für fünf Personen bieten, und das Auto sollte weniger als 1000 Mark kosten.«[6] Das schien Porsche »vollkommen unrealistisch«. Aber diese Antwort wollte der »Führer« nicht hören.

Edward Eves schrieb im Jahr 1969 in einer VW-Beilage der Zeitschrift *Autocar:* »Als Porsche im Jahr 1936 seine Vorschläge für das Antriebsaggregat des KdF-Wagens vorlegte, schlugen die etablierten deutschen Hersteller die Hände über den Köpfen zusammen und erklärten, ein solcher ›Flugzeugmotor‹ könne niemals für diesen Preis produziert werden. Dasselbe würde heute jeder Produktionsingenieur sagen.«[7] Der luftgekühlte VW-Motor wird gemeinhin als »einfach« bezeichnet, aber der äußere Anschein trügt ein wenig. Tatsächlich ist dieser Motor ein Wunder der Präzisionsfertigung, wenn man ihn zum Beispiel mit dem Small-Block-Chevrolet V8-Motor vergleicht, der eine ähnlich halsstarrige Verehrung bei seinen Anhängern genießt. In wesentlicher Hinsicht hat der aus Magnesium und Aluminium gegossene VW-Boxermotor von 1939 größere Ähnlichkeit mit einem modernen japanischen Motorradantrieb als mit den grobschlächtigen Eisenblöcken, die Mitte des 20. Jahrhunderts aus Detroit kamen.

Wie war es möglich, den VW-Motor so billig zu bauen? Der auf Automobiltechnik spezialisierte Journalist O. G. W.

Fersen besuchte im Jahr 1939 die Berliner Autoschau, wo der KdF-Wagen enthüllt wurde, und drehte mit dem Auto eine Runde auf dem Testgelände. Dreißig Jahre später erinnerte er sich in derselben *Autocar*-Ausgabe von 1969, »das kleine Auto« habe »sehr ›billig‹« gewirkt, »mit einer Menge freiliegendem Blech im Inneren und einem Motor, den niemand als raffiniert bezeichnen konnte. Aber es war doch ein Auto in voller Größe und kostete weniger als 1000 Mark, das heißt so viel wie ein Motorrad mittlerer Größe.« Fersen liefert eine einfache Erklärung für die geringen Kosten: »Der Volkswagen war unter Missachtung von Kosten und geschäftlicher Vernunft auf Anweisung eines Diktators gebaut worden, und er wurde von der [Deutschen Arbeitsfront] gebaut, einer Art von inszenierter Gewerkschaft.« Da die deutsche Automobilindustrie das Auto nicht für machbar gehalten hatte, hatte die DAF unter der Leitung von Ferdinand Porsche selbst das Kommando über das Projekt übernommen. Das Resultat war der VW Käfer.

Es war also ein sozialistisches Auto. Die geringen Kosten und seine volkstümliche Herkunft machten zweifellos einen Teil des Reizes aus, den es später auf die friedensliebenden amerikanischen Hippies der amerikanischen Gegenkultur der Sechzigerjahre ausüben sollte. Aber es war auch ein faschistisches Auto, und zwar im exakten wirtschaftlichen Sinn des Faschismus: Die geringen Kosten waren das Ergebnis diktatorischer Machtausübung, staatlich gelenkter Investitionen und der Ausschaltung der nicht von der Partei kontrollierten Arbeiterorganisationen. Die nationalsozialistische Verdrehung oder Verhöhnung des Ideals der freien Arbeit kommt deutlich in der Tatsache zum Ausdruck, dass das Motto »Arbeit macht frei« die Eingänge von Konzentrationslagern zierte. Für den Bau des Volkswagens wurden im Krieg in großem Maßstab Sklavenarbeiter eingesetzt (vor allem Tschechen und Angehörige anderer slawischer Völker, die in Hitlers Augen einer minderwertigen Rasse angehörten). Als das Werk in Wolfsburg fertig war, produzierte es im Wesentlichen nicht den KdF-Wagen für Verbraucher, sondern den Jeep-artigen Kübelwagen und den allradgetriebenen Schwimmwagen für den militärischen Einsatz. (Diese Fahrzeuge beruhten auf derselben Plattform wie der KdF-Wagen. Im Krieg wurden nur so viele Volkswagen gebaut, wie für Parteifunktionäre und Diplomaten benötigt wurden.) Rückblickend entsprang Hitlers Forderung, der KdF-Wagen müsse einen benzinsparenden, luftgekühlten Motor haben, offenkundig weniger der Sorge um die Finanzen der deutschen Privathaushalte, sondern mehr seinem Vorhaben, Regionen zu erobern, in denen Treibstoff und Wasser knapp waren.

In gewissem Sinn kommt das verworrene ideologische Gemenge der deutschen Politik in den Dreißigerjahren mit dem inneren Widerspruch zwischen der Pflege eines sozialistischen Images und der unterschwelligen Neigung zur Gewalt im luftgekühlten Viertaktmotor von VW zum Ausdruck. Zwanzig Jahre nach Kriegsende entdeckten Hot-Rodder in Südkalifornien, dass im VW-Motor, der Millionen Anhänger unter den friedensliebenden Hippies hatte, ein Hang zu Sturm und Drang schlummerte, der für kriegerische Zwecke genutzt werden konnte.

Wir haben es also mit einem widersprüchlichen Motor zu tun. Und deshalb passt er ideal zum Schläfer.

WAS IST EIN SCHLÄFER?

Aristoteles definierte die Ironie als eine Haltung, welche die eigene Überlegenheit verbergen soll. Er sah ein Laster darin. Dieses Laster entdeckte er bei Sokrates, dem für seine Hässlichkeit berüchtigten mittellosen Mann, der durch Athen schlenderte und Männern von Rang scheinbar harmlose Fragen stellte. Bissen sie an, so offenbarte das folgende Gespräch ihre Ahnungslosigkeit für die Umstehenden. Das war nicht sehr nett.

Ein rostiger, heruntergekommen wirkender alter VW Käfer mit 300 PS könnte als Instrument eines sokratischen Verhörs betrachtet werden. Stellen wir an der Ampel eine Frage, und sehen wir uns an, ob die angesehenen Männer ihren Status in der Stadt verdienen.

Dies ist das Grundthema der Reality Show *Fastest Car* auf Netflix, in der sündteure Superautos in einem Rennen über eine Viertelmeile gegen Eigenbaugefährte antreten (unter denen einige echte Schläfer sind). »Gebaut, nicht gekauft« lautet das Motto eines Mannes, der sich einen Lamborghini ansieht und »Trottel« denkt. Wie schön wäre es, diesem Auto und seinem Besitzer eine ordentliche Abreibung zu verpassen …

GEQUETSCHTE 2276 KUBIKZENTIMETER MIT TROCKENSUMPFSCHMIERUNG

Um verstehen zu können, wie der Schrauber denkt, müssen wir uns mit den Eisenwaren beschäftigen, wie Ricardo sagen würde. Was folgt, dürfte für alle außer den Eingeweihten technisch zu komplex sein. Wenn Sie kein Interesse an Metallurgie und Messtechniken haben, können Sie sich einfach zurücklehnen, die aromatischen Kohlenwasserstoffe einatmen und Ihren Augen einen teilnahmslosen Blick gestatten, während ich einige Einträge aus dem Konstruktionstagebuch dieses Motors zitiere und zu erklären versuche, was ich tue.

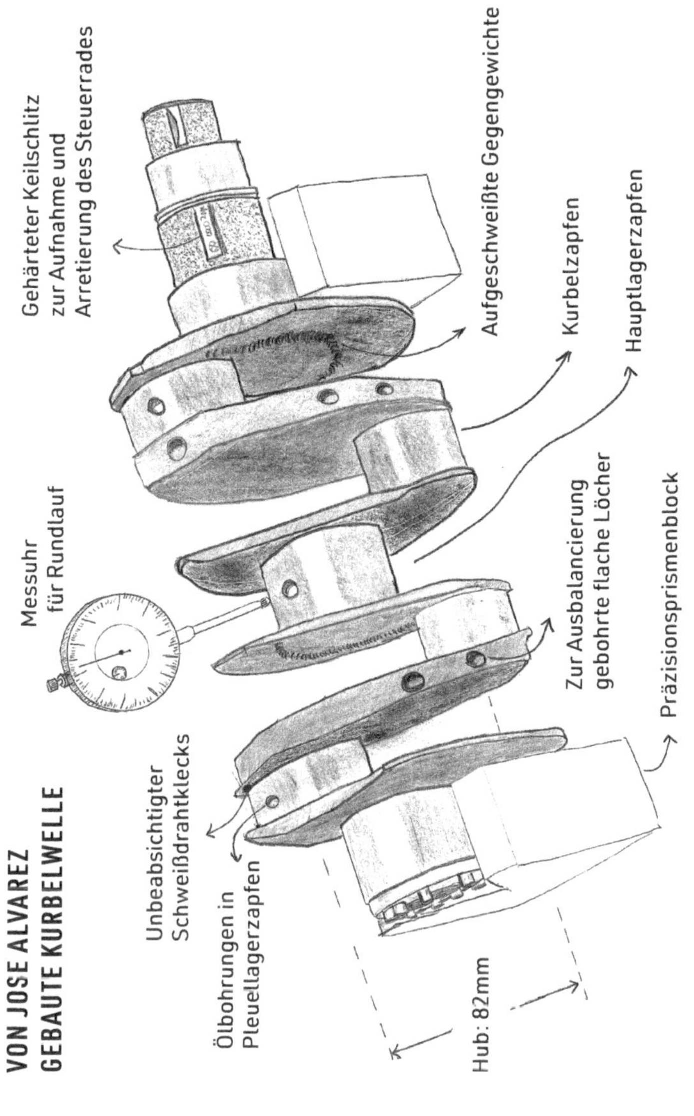

Mit Welle auf Präzisionsprismenblock bei Hauptlagerzapfen 1 und 3 kaum Rundlaufabweichungen zu beobachten (ca. 0,0003 Zoll bei Lagerzapfen 2 und 0,0004 Zoll bei Lagerzapfen 4) laut Messuhr. Jose hat's drauf!

Der Hub des 1600-Kubik-VW-Motors – die Distanz, die der Kolben vom tiefsten bis zum höchsten Punkt im Zylinder zurücklegt – beträgt 69 Millimeter. Diese Distanz hängt von den Abmessungen der Kurbelwelle ab. Meine Kurbelwelle hatte ein Mann namens Jose Alvarez aus einer Einheit zusammengeschweißt, die aus einem von ihm zerlegten Motor stammte. Jose betreibt eine Firma namens DPR Machine im kalifornischen Santa Ana, dem Epizentrum der Käfer-Rennszene im Orange County, die sich nach dem Krieg in Südkalifornien entwickelte und eines der mittlerweile selten gewordenen Zentren des technischen Know-hows ist, die früher einmal über ganz Amerika verstreut waren.

Jose ist die erste Adresse für maßgefertigte Kurbelwellen. Als ich ihn erstmals anrief, bat ich ihn um die Anfertigung einer Kurbelwelle mit einem größeren Hub von 82 Millimetern, um den Hubraum des Motors zu erhöhen; ich wollte, dass er Gegengewichte für eine sanftere Rotation (damit die Drehzahl des Motors erhöht werden konnte) und Kurbelzapfen nach Chevrolet-Standard statt nach VW-Standard hinzufügte. Die Chevy-Zapfen sind am größeren Ende ein bisschen kleiner, mit diesen würde ich nicht so viel Metall von der Lagerschale entfernen müssen, um Platz für den überdimensionierten Drehkranz zu schaffen.

Zu meiner Verblüffung kostete diese handgefertigte Welle, die dem »Triple-0«-Standard entsprach (sie hatte eine Toleranz von weniger als 0,000X Zoll) nicht mehr als eine Welle aus chinesischer Massenproduktion für VW-Liebhaber: Jose wollte rund 400 Dollar dafür. Auf die chinesischen Wellen muss man nicht monatelang warten, und sie sind aus Chrom-Molybdän-Stahl gemacht, der stärker sein soll. Zumindest auf dem Papier. Aber die Standardwelle für den Käfer wird aus *deutschem* Stahl gemacht, und Leute, die diese kleinen Mistkerle zu stratosphärischem Hub und unglaublichen Umdrehungszahlen treiben, ziehen dieses Material oft vor. Die Metallurgie ist seit jeher von einer gewissen Mystik umgeben: Es ist eine geheimnisvolle Wissenschaft, die auf die mit beinahe religiösem Eifer gehüteten Geheimnisse der Gilden zurückgeht, die Damaszenerstahl und Samuraischwerter erzeugten. Im Mittelalter hing die militärische Stärke eines Reiches nicht zuletzt vom Niveau seiner Metallurgie ab. Selbst im Industriezeitalter sind das Wissen und die Fertigkeiten, die benötigt werden, um guten Stahl zu erzeugen, nicht vollkommen auf die Befolgung eines klaren Rezepts beschränkt. Wie bei Walter Whites Meth hängt alles vom Koch ab.[8]

Ich sagte Jose auch, dass ich einen größeren zentralen Hauptlagerzapfen wollte, um die Beugung der Kurbelwelle bei hoher Drehzahl zu verringern. Die Trägheitskraft, die zu einer Beugung der Kurbelwelle führt, nimmt mit steigender Drehzahl exponentiell zu, und ich habe vor, diesen Motor auf 7000 Umdrehungen pro Minute (rpm) zu treiben, während der Standardmotor bei etwa 4500 rpm zu explodieren droht. Wie es Sir Harry ausdrückte:

> *Im mit geringer Geschwindigkeit laufenden Motor sind die dynamischen Kräfte, die durch die Trägheit der Kolben und anderer beweglicher Teile freigesetzt werden, relativ gering, weshalb diese Teile sehr robust gebaut werden können, ohne die Struktur oder die Lager übermäßiger Belastung auszusetzen, aber die dynamischen Kräfte nehmen im Quadrat der Umdrehungsgeschwindigkeit zu und werden im mit hoher Geschwindigkeit laufenden Motor zum beherrschenden Faktor. Wesentlich bei der Konstruktion eines Hochgeschwindigkeitsmotors ist daher die Verwendung einer möglichst starren und kompakten Struktur, die möglichst leichte bewegliche Teile enthalten sollte.*[9]

Als VW 1968 seinen »Typ 4«-Motor für seine größeren Fahrzeuge einführte, der später auch als Antriebsaggregat für den VW-Porsche 914 verwendet wurde, erhöhte das Unternehmen den Durchmesser der Hauptlagerzapfen der Kurbelwelle und brachte diese in einem entsprechenden Kurbelgehäuse unter. Ich zog diesen späteren Standard für eine frühere Motorarchitektur heran. Irgendwann vor langer Zeit hatte ein Schrauber entdeckt, dass es einen – nicht von VW, sondern von BMW gebauten – Hauptlagerzapfen gab, der verwendet werden konnte, um diese Anpassung zu bewerkstelligen.

Es war nicht leicht gewesen, der Gemeinschaft der Schrauber diese Information zu entlocken. Dazu musste ich stundenlang belanglose Tiraden und Jahre zurückliegende Streitigkeiten in den Foren durchforsten. Aber was soll's, ich hatte ohnehin viele Stunden meines Lebens mit der Lektüre von solchem Zeug verbracht. Einige der Threads sind wie Detektivgeschichten, und man kann einfach nicht aufhören zu lesen, bevor man das Ende erreicht. Manchmal wird das technische Geheimnis gelüftet, aber ebenso oft verliert sich die Geschichte in einem Meer von Widersprüchen, die sieben Seiten füllen. Jemand wechselt das Thema. Über das Thema ist in den Vereinigten Staaten kein Buch mehr geschrieben worden, seit Bill Fisher im Jahr 1970 sein maßgebliches Werk *How to Hot Rod Volkswagen Engines* veröffentlichte. Die Technik hat sich in dem halben Jahrhundert, das seitdem vergangen ist, ein wenig weiterentwickelt, aber das Wissen ist nicht organisiert worden.

Eine der weniger bekannten Verbesserungen in den letzten zwanzig Jahren ist der von John Connolly entwickelte »Super Squish«-Kolben für den luftgekühlten VW-Motor. Man muss eine Geheimhaltungsvereinbarung unterschreiben, wenn man John einen Satz seiner Kolben abkaufen will,

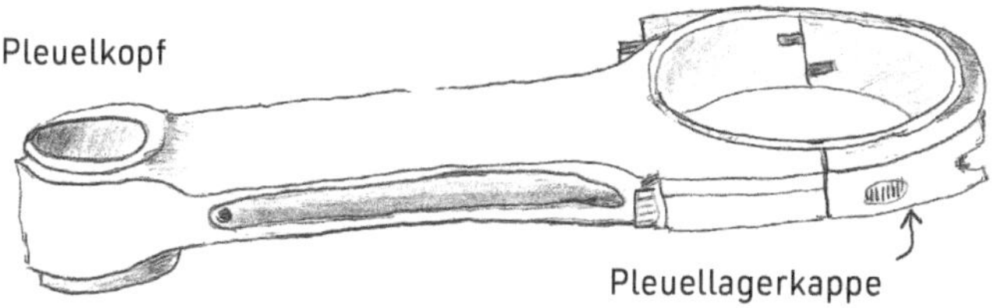

Pleuelstange verbindet Kolben mit Kurbelwelle

und einwilligen, nie ein Foto zu veröffentlichen, das den oberen Teil des Kolbens zeigt. Ich verwende diese Kolben und könnte sie Ihnen beschreiben, nur müsste ich Sie, lieber Leser, anschließend töten. Ich darf nur so viel sagen: Der Hauptvorteil dieser Kolben ist, dass sie eine höhere Kompression ohne Detonation ermöglichen. Sir Harry kann es erklären:

> *Es ist seit Langem bekannt, dass ausschließlich die Detonation in der Vergangenheit der Krafterzeugung und Effizienz des mit flüchtigen Erdölbrennstoffen betriebenen Fremdzündungsmotors Grenzen setzte. […] Beim Detonationsmechanismus wird im Zylinder eine Druckwelle erzeugt, die sich mit derart hoher Geschwindigkeit ausbreitet, dass sie die Wände des Zylinders beim Aufprall in Schwingung versetzt und auf diese Art ein hohes »Ping« erzeugt.*[10]

Die Detonationsneigung kann verringert werden, indem man die Turbulenzen in der Verbrennungskammer erhöht. Das kann man durch das »Quetschen« *(squish)* erreichen. Ricardo erklärt das Quetschen als »raschen Ausstoß des zwischen dem Kolben und einer flachen oder entsprechenden Oberfläche im Zylinderkopf gefangenen Gases«.[11] Das Quetschen wird erreicht, indem die Form des zwischen der Spitze des Kolbens und dem Zylinderkopf freigelassenen Raums manipuliert wird.

Im Interesse Ihrer Sicherheit kann ich nicht mehr sagen. Es muss genügen, dass diese geheimnisvolle Kunst nicht zum Bösen, sondern zum Guten eingesetzt werden soll.

27. Mai 2017
Drehmomentschlüssel kalibriert.
Pleuelfüße mit Öl auf Gewinde auf 32,5 Nm angezogen. Pleuelkopf Nr. 3 hatte seitlich kein Spiel, und ich hatte kein gutes Gefühl nach dem Anziehen der Pleuelschrauben. Etwas stimmt nicht. Bei genauer Inspektion fand ich einen kleinen Schweißdrahtklecks beim Kurbelzapfen. Verfluchter Jose!

Ich untersuchte die Kurbelwelle mit einer Lupe und gelangte zu dem Schluss, dass es möglich sein sollte, den unerwünschten Metallklecks mit einer Feile zu entfernen. Ich wollte lediglich ein paar Millimeter von der polierten Oberfläche des Kurbelzapfens abfeilen. Also schützte ich ihn erst, indem ich ihn mit einem dünnen Stück weichen Aluminiums einwickelte, das ich mit einer Schlauchklemme befestigte.

Bei angezogenen Pleuelfüßen haben die Pleuellager allesamt einen Ölspalt von 0,002 (gemessen mit Plastigauge-Messstreifen), seitlicher Spalt (gemessen mit Fühlerlehre): Nr. 1 0,015, Nr. 2 0,016, Nr. 3 0,014, Nr. 4 0,009.

Nachdem feststand, dass Kurbelwelle und Pleuelstangen grundsätzlich in Ordnung waren, verwendete ich ein Innenmessgerät, um den inneren Durchmesser des Zahnrads zu ermitteln, eine Messschraube, um den äußeren Durchmesser der Breite des Schlüsselkanals zu bestimmen, sowie eine Messschraube, um die Breite des Schlüssels zu messen. Sollten all diese Elemente zusammenarbeiten? Ja, theoretisch schon. Warum machte ich mir dann die Mühe, alles zu messen?

Wenn man diese Arbeit macht, lernt man – wenn nötig, auf schmerzhafte Art –, dass man *niemandem vertrauen darf.* Je mehr man mit »Hochleistungsteilen« vom Zubehörmarkt und Liebhaberteilen oder auch mit Originalteilen arbeitet, desto mehr verfestigt sich diese Einstellung. Man kann es als Ethik des Misstrauens bezeichnen, oder man kann es Empirismus nennen. Man entwickelt eine geringe Wertschätzung für die Zusicherungen anderer, für Darstellungen interessierter Parteien, für das Ansehen, das jemand vor Jahren erworben hat. Man vertraut nur seinen eigenen Instrumenten. Jemandem, der ein Fantasiebudget für seinen Fantasiemotor verwaltet und einfach die Preise der Teile in den Zeitschriften mit den wahren Kosten dieser Teile gleichsetzt, fällt es schwer, sich eine derart skeptische Grundhaltung anzueignen. Man betrachtet das Ding, das man kauft, besser als einen ersten Entwurf, als eine Annäherung an das endgültige Teil. Die Aufgabe besteht darin, dieses metallische Kuddelmuddel so zu bearbeiten, dass es höchsten Maßstäben entspricht. Als »verantwortlicher Mechaniker« setzt man Teile, die von Dutzenden verschiedenen Herstellern stammen, gemäß einem Plan zusammen, der niemals *deren* Plan war. Einmischungen und Inkompatibilität sind allgegenwärtig.

Der Grund für diesen Exkurs ist folgender: Wenn ein Hot-Rodder einem Uneingeweihten erzählt, er baue einen Motor, sieht ihn sein Gesprächspartner oft mit einem fragenden Blick an und hält ihm entgegen: »Sie wollen sagen, dass Sie einen Motor *rekonstruieren.*« Nein, eigentlich nicht. »Also wollen Sie sagen, dass Sie *einen vollkommen neuen* Motor bauen?« Nun, auch das trifft es nicht. Was wir tun, wird als »Blueprinting« eines Motors bezeichnet. Diese Praxis ist mehrdeutigen Ursprungs. Einen Blueprint – eine Montagezeichnung – zu haben bedeutet, einen groben Plan zu haben, in dem die Dimensionen aller Bauteile innerhalb eines akzeptablen Toleranzbereichs genau spezifiziert sind. Aber der Begriff ist vermutlich eher auf die Tatsache zurückzuführen, dass die Maschinisten blaue Farbe verwenden, um sauberes Metall zu kennzeichnen, sodass jedes leichte Kratzen oder Scheuern eine Spur hinterlässt, die uns zeigt, wo zwei Teile einander berühren – wie gleichmäßig ein Ventil seinen Sitz berührt oder wie eine flache Oberfläche von einer perfekten Ebene abweicht (was man feststellt, indem man die Oberfläche auf einem Stück Glas schleift und sich dann ansieht, wo Farbe zurückbleibt) oder wie tief sich die Zähne zweier Zahnräder miteinander verzahnen. Es ist klug, Farbe auf diese Art einzusetzen, um Unregelmäßigkeiten zu erkennen, die man nicht sehen und mit den üblichen Instrumenten des Maschinentechnikers auch nicht messen kann.

Ich legte die Kurbelwelle über Nacht in den Kühlschrank, was ein wenig Verwirrung in meinem Haushalt auslöste. Am nächsten Tag nahm ich das Steuerzahnrad, das am Ende der Kurbelwelle sitzt, legte es in einen Topf, bedeckte es mit Pflanzenöl und erhitzte es auf dem Herd, bis das Öl zu rauchen begann. Die Vorbereitung der Einzelteile eines Motors erfordert oft einen Ausflug in die Küche: Man kann Teile backen, frittieren oder auf andere Art zubereiten. Bei diesem Gericht drehte sich alles um die Präsentation. Ich gab einen Tropfen Motoröl auf die Schnauze der gekühlten Kurbelwelle, fischte das Steuerzahnrad mit einem Schraubenzieher aus dem heißen Pflanzenöl, nahm es mit einem dicken Schweißerhandschuh und setzte es auf die Welle. Es glitt mü-

Messung des inneren Durchmessers des Steuerzahnrads. Dieses hier ist geradeverzahnt.

helos auf die Schnauze. Einige Sekunden des Hitzetransfers genügten, damit das Zahnrad fest auf der Welle saß, mit dem zuvor gemessenen Spiel von etwa 0,0005 Zoll (0,013 mm) bei Zimmertemperatur. Ich hätte eine Übermaßpassung von 0,0005 Zoll vorgezogen (eine Übermaßpassung ist das Gegenteil von einer Spielpassung), aber dieses Spiel war akzeptabel. Der gehärtete Schlüssel würde verhindern, dass die beiden Elemente untereinander rotierten.

Das mit den Steuerzahnrädern ist so eine Sache. Zunächst einmal: Was sind sie eigentlich? Sie verbinden die Kurbelwelle mit der Nockenwelle. Das Zahnrad auf der Kurbelwelle ist klein, das auf der Nockenwelle groß, was zur Folge hat, dass sich die Nockenwelle halb so schnell dreht wie die Kurbelwelle. Bei einem Käfer-Motor aus der Fabrik sind die Zahnräder des Getriebes schrägverzahnt. Das macht sie geräuschärmer. (Man kann es sich so vorstellen: Zwei Objekte, in diesem Fall die Zähne der Räder, stoßen nicht direkt, sondern in einem Glanzwinkel zusammen, das heißt die Zähne berühren einander nicht auf einmal, sondern graduell entlang ihrer Breite.) Aber der Winkel der Verzahnung hat die Entstehung einer Schubkraft zur Folge: Die Zahnräder bringen die Nockenwelle nicht nur zum Drehen, sondern versuchen sie auch entlang ihrer Länge zu schieben. Bei einem Fabrikmotor ist das kein Grund zur Sorge, aber in einem Motor, der mit höheren Drehzahlen arbeiten soll, muss man härtere Ventilfedern verwenden (um zu verhindern, dass die Ventile aufgrund ihrer eigenen Trägheit abheben, das heißt den Kontakt zu den Federn verlieren, die sie steuern sollen), und der erhöhte Federdruck wird über das Ventil auf die Zahnräder übertragen, was die Schubkraft erhöht – und das verschleißt die Nockenwellenlager. Verstanden?

Die Lösung besteht darin, statt schrägverzahnten geradeverzahnte Zahnräder zu verwenden. Das beseitigt den Schub. Allerdings sind sie lauter. Und je lockerer die Zahnräder sitzen, desto lauter werden sie. Also möchte man, dass sie schön festsitzen.

Das ist nicht einfach. Wie fest sie sitzen, hängt davon ab, wie weit die Nockenwellenbohrung von der Kurbelwellenbohrung entfernt ist. Hier ist keine Anpassung möglich. Deshalb stellte VW Nockenwellengetriebe in verschiedenen Über- und Untergrößen her, um geringfügige Variationen der Abstände auszugleichen. Verwendet man jedoch auf dem Zubehörmarkt gekaufte geradeverzahnte Stirnräder, gibt es keine Größenvielfalt. Man bekommt, was es gibt. Das ideale Getriebespiel (der freie Raum zwischen benachbarten Zähnen) liegt zwischen 0,000 und 0,002 Zoll. Ich kam bei meinem Getriebe auf einen Wert von etwa 0,0045 Zoll.

Ich ahne, was Sie jetzt denken: Das Leben ist kurz, vergiss es. Aber ist der Bann der Genügsamkeit einmal gebrochen und hat man die Verantwortung für einen Motor übernommen, wird es schwierig, Teile zu akzeptieren, die nicht perfekt sind. War es vielleicht möglich, ein Material auf den Nockenwellengetrieben anzubringen, um die Oberfläche aufzubauen und auf diese Art den Spalt zwischen den Zähnen der Stirnräder zu verkleinern? In den Foren fand ich niemanden, der das versucht hatte. Und wenn Öl etwas von dem Material lösen konnte, drohte eine Katastrophe.

Das Bewusstsein, die Verantwortung zu tragen, weckt das Bemühen um Innovation und Verbesserung. Man fühlt sich ermutigt. Zugleich hat man das Bedürfnis nach Umsicht: Wenn es niemand anderes versucht hat, dürfte das seinen Grund haben. Oder vielleicht hat es jemand versucht, aber wir haben nie davon erfahren, weil es dieser Person zu pein-

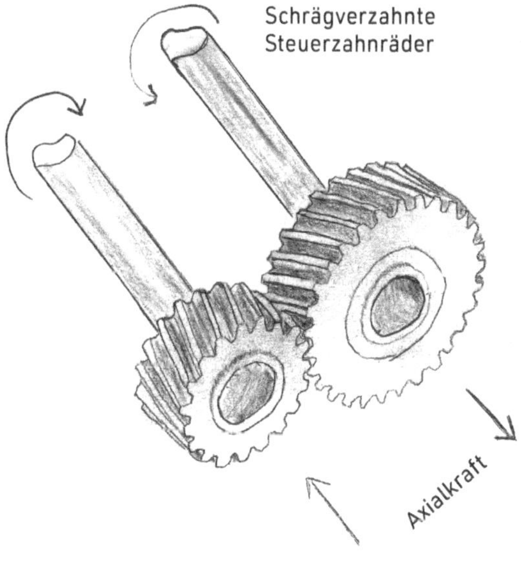

Schrägverzahnte Zahnräder versuchen, sich entlang ihrer Drehachse zu bewegen. Das wird als Axialkraft bezeichnet, und es ist schlecht.

lich war, über das Resultat Bericht zu erstatten. Man muss sich davor hüten, die »Idiotensteuer« zu bezahlen und jene Art von Fehlern zu begehen, welche die Schrauber dazu bewegen, ein als KISS bezeichnetes Prinzip der Zurückhaltung zu befolgen: »Keep It Simple, Stupid.« Wer sich von der Konvention löst, wird eher einen Fehlschlag erleiden als einen bleibenden Beitrag leisten. Aber diese Lehre ziehen wir normalerweise erst im Rückblick.

Ich dachte darüber nach, die Zahnräder zu galvanisieren, um die Oberfläche aufzubauen. Ich googelte herum und fand heraus, dass es bei der Galvanisierung schwierig ist, die Dicke der Beschichtung auf Oberflächen mit kleinem Radius (wie zum Beispiel dem Fuß eines Zahnradzahns) zu kontrollieren.

Aber da gibt es ein Verfahren namens »stromloses chemisches Vernickeln«, dessen Anwender behaupten, die Dicke des Nickelüberzugs ganz genau steuern zu können. Ich beauftragte einen Fachmann, mein Nockenwellengetriebe mit einem Nickelüberzug von 0,0018 Zoll zu versehen und bat um einen Phosphoranteil von 6 bis 10 Prozent, um die richtige Härte zu gewährleisten. Mit dieser Extraschicht auf beiden Seiten eines Zahnradzahns sollte es möglich sein, das Getriebespiel um das Doppelte, das heißt um 0,0036 Zoll zu verringern, womit ich das erwünschte Spiel von 0,001 Zoll erhalten würde, genau im mittleren Bereich der Spezifikation. Als ich das Getriebe zurückbekam, erhitzte ich es entsprechend den Anweisungen des Galvanisierungsexperten zwei Stunden lang bei 290 Grad in einem Tischbackofen. Er hatte mir versichert, dies werde die Oberflächenhärte auf einen Wert von etwa 56 HRC (Härte nach Rockwell) erhöhen.

Dies war eine Episode in einer langwierigen Ausbildung in verschiedenen industriellen Verfahren, deren Anwendung notwendig geworden war, als ich die Eignung der verfügbaren Teile nicht mehr als selbstverständlich betrachtete. Im Verlauf dieser Ausbildung, die nicht abgeschlossen ist (das Auto ist noch nicht fertig), kaufte ich eine Drehbank, verschaffte mir Zugang zu einer Fräsmaschine und verstand danach nicht mehr, wie ich jemals ohne diese Maschinen hatte auskommen können. Messe alles, vertraue niemandem, und baue es neu, wenn es nötig ist.

Diese Mentalität erinnert mich an den in der Geschichte der Neuzeit so oft katechisierten Augenblick, in dem Galileo die überkommene Autorität ablehnte und stattdessen, gestützt auf die von ihm selbst gebauten Instrumente, seinen eigenen Augen vertraute. Tief in ein technisches Gebiet vor-

GERADEVERZAHNTES NOCKENWELLENRAD

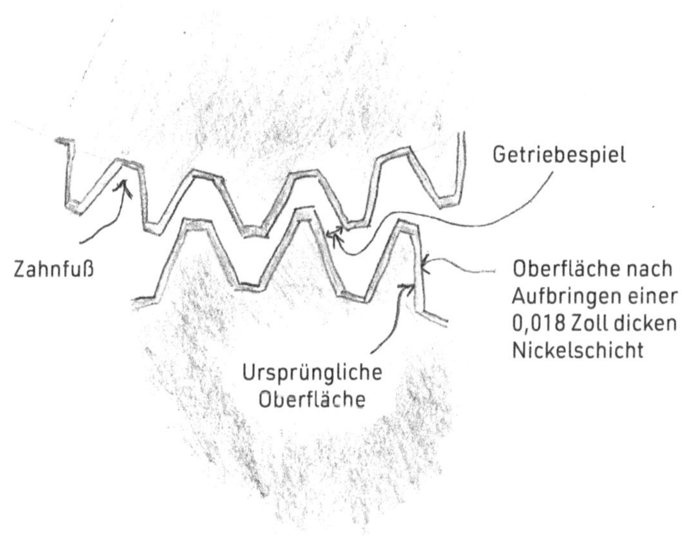

Aufbau der Oberfläche eines Getriebes mit Metallüberzug zur Verringerung des Getriebespiels

zudringen bedeutet, auf dem Weg zur geistigen Unabhängigkeit weiterzugehen und eine Bewegungsfreiheit zu genießen, die proportional zu den eigenen Fähigkeiten wächst. Es bedeutet, wieder modern zu werden und unter der schweren Decke des unbegreiflichen Wunders hervorzukriechen, welche die prometheische Scham über uns breitet.

Man kann die Motorleistung, für die ein Auto gebaut wurde, nicht verfünffachen, ohne auch alle anderen Aspekte des Autos zu überdenken. Seit dem Abschluss der Rostbehandlung habe ich meine Zeit dafür aufgewendet, einen Überrollkäfig zu bauen, der Karosserie durch Nahtschweißen (im Gegensatz zum Punktschweißen in der Fabrik) größere Festigkeit zu verleihen, verschiedene Stellen zu versteifen, die größeren Kräften ausgesetzt sein werden, und ein hydraulisches System für Bremsen und Kupplung zu bauen, das vier separate Hauptzylinder aufweist (das Auto hatte ursprünglich nur einen). Ich habe maßgefertigte Achsen anfertigen lassen und schwerere Gleichlaufgelenke eingebaut ... die Liste ließe sich fortsetzen. Ich fertigte an meiner Drehbank, ausgehend von einem Paar alter Bremstrommeln, die seit Jahren in meiner Werkstatt herumlagen, Radnaben für die Hinterachse an. (Und ich habe meine Lektion gelernt: Es ist furchtbar, Gusseisen zu bearbeiten. Es ist schmutzig, staubig und zerstört Drehwerkzeug.) Ich gestaltete die Naben so, dass sie zu den Bremsscheiben aus einem VW-Porsche 914 passten, die ich mit Bremszangen aus einem VW Golf (die ich bei eBay besorgt hatte) und Bremssätteln aus einem Passat kombinierte – diesen Prozess bezeichnete Lucsko treffend als »Hochleistungsbastelei«.

Damit ein derart zusammengestoppeltes System funktionieren kann, muss man intensive Nachforschungen betreiben. Obwohl das Internet eine scheinbar unerschöpfliche Informationsquelle ist, gibt es eine Art grundlegender Information, die man dort praktisch nicht findet: jene über die *Dimensionen* von Gegenständen. Das verrät uns etwas Interessantes über die zeitgenössische materielle Kultur. Jedes Objekt kann auf verschiedene Arten dargestellt werden, je nachdem, welchem Zweck die Repräsentation dient. Im Internet findet man Fotos von Teilen, Preise von Teilen und *Nummern von Teilen*. Das ist alles, was man braucht, wenn man einfach ein Teil durch eine identische Kopie ersetzen will. Die Ersatzteilnummern sind geeignet, um die Bestände im riesigen Katalog eines Automobilherstellers zu verwalten. Sie bringen Ordnung in das Universum der Bauteile, die vielfach von über den Planeten verteilten Unternehmen produziert werden, die wiederum den Besitzer wechseln, weil sie im Mahlstrom des globalen Kapitalismus mit anderen Unternehmen fusionieren oder übernommen werden.

Ein altgedienter Leiter des Ersatzteillagers bei einem Vertragshändler (der auf der anderen Seite des Schalters steht, wenn man Glück hat) ist ein Kenner dieses Systems, ein Philologe der Teilenummern. Vielleicht ist er sogar in der Lage, eine zwölfstellige Teilenummer zu lesen und uns nicht nur zu sagen, um welches Teil es sich handelt und für welches Automodell es bestimmt ist, sondern auch, für welche Baujahre es sich eignet. Natürlich *sollten* all diese Informationen in dem Computer zu finden sein, den jeder Angestellte am Schalter zurate ziehen kann. Wenn der Angestellte mit seinem Latein am Ende ist (was meiner Erfahrung nach oft vorkommt) und seinen Vorgesetzten zu Hilfe ruft, kann sich der Manager das aufgerufene Diagramm des Ersatzteils ansehen und anschließend eine Weile ins Leere starren, während er tief in seinem Cortex eine synaptische Spur verfolgt. Und dann wird er etwas sagen, was nur in seiner geheimnisvollen Welt einen Sinn hat: »Falsche Kennzeichnung. Im Jahr 1993 sind sie zu einem Buchstabencode übergegangen, und beim Camry wurde mitten im Modelljahr die Produktion umgestellt.« Oder etwas in der Art.

Dies ist das tiefste institutionelle Wissen, das man abrufen kann, und im Allgemeinen findet man es nur am Schalter des Ersatzteillagers: Leute, die *Dinge wissen,* verbringen ihre Zeit nicht am Telefon.

Aber diese Art von Information zählt nur als Wissen, wenn man sich innerhalb der Grenzen der Welt der Institution bewegt. Man sollte nicht versuchen, dem Leiter des Ersatzteillagers eine Frage wie diese zu stellen: »Wie groß ist der Mittelpunkt-zu-Mittelpunkt-Abstand zwischen den Befestigungslöchern der Halterung, wo sie mit der Spindel verbunden wird?« Die Antwort wird ein langes Schweigen sein. Es ist, als hätte man den gelehrtesten Mandarin am Hof des chinesischen Kaisers gefragt, welche Safransorte man für eine echte spanische Paella braucht, und zwar in einem Tonfall, der andeutet, dass er die Antwort kennen sollte. Er ist noch nie auf diese Art angesprochen worden. Dies ist eine Art von Frage, mit der er sich noch nie befasst hat. Wenn man die Frage »Also gut, haben Sie eine Schublehre?« (zum Messen) ergänzt, gibt man sich wirklich als Querkopf zu erkennen.

Hochleistungsbastelei zu betreiben bedeutet, der Welt der Teilenummern vollkommen den Rücken zu kehren und in die Welt der in universellen Einheiten ausgedrückten Abmessungen einzutreten. Nun ist es so, dass die Abmessungen für jedermann zugänglich sind, der ein paar rudimentäre Messinstrumente sein Eigen nennt. Aber diese Abmessungen fehlen in den Lagerhaltungssystemen: Sie sind kein Teil der Wissenssysteme, in denen wir uns zurechtfinden müssen, wenn wir uns mit materiellen Dingen auseinandersetzen. So kommt es, dass man sich am Ende eine Drehbank und eine Fräsmaschine zulegt. Einige Teile selbst anzufertigen ist leichter, als eine Bürokratie zu überwinden. Und obendrein kann man eine frustrierende Aktivität durch eine vergnügliche ersetzen.

Diese Vorstellung der »Zugänglichkeit für jedermann« und die damit zusammenhängende Vorstellung von einem universellen Standard (wie einer Maßeinheit) bilden den Kern des Wissenskonzepts der Aufklärung. Es ging darum, die geschützten Wissenssysteme von Priestern und Schreibern zu umgehen, die das Volk in Unwissenheit hielten und damit leichter beherrschbar machten. Das ist die Geschichte, die wir uns selbst über die Bedeutung des Modernseins erzählen. Entgangen ist uns dabei, dass wir vordergründig hypermoderne Wissenssysteme errichtet haben, die den mittelalterlichen nicht unähnlich sind.[12]

Sprechen wir über das Getriebe. Es musste die fünffache PS-Leistung der Originalmotors bewältigen und in der Lage sein, diese Leistung über Rennreifen mit extremer Bodenhaftung auf die Straße zu übertragen, ohne zerstört zu werden. Ich wollte auch ein Fünfganggetriebe statt des ursprünglichen Vierganggetriebes und eine partielle Differenzialsperre, um die Motorleistung in Kurven mit einem Minimum an Radumdrehungen auf die Straße zu bringen. Sie musste auch mehr oder weniger passen.

Ein Getriebe aus einem neueren Subaru schien die beste Lösung zu sein. Es musste nur um ein paar Zentimeter verkürzt werden. Und der Allradantrieb musste in einen Zweiradantrieb umgewandelt werden. Außerdem sitzt der Motor in einem alten Käfer im Heck, im Subaru hingegen vorne. Hätte ich das Käfer-Getriebe einfach durch ein Subaru-Getriebe ersetzt, hätte ich einen Vorwärts- und fünf Rückwärtsgänge gehabt. Das hätte mir ein paar interessante Faxen auf dem Parkplatz ermöglicht, wäre jedoch nicht unbedingt praktisch gewesen. Die Getriebe-Abtriebswelle musste (in Relation zur Antriebswelle) in die Richtung gelenkt werden, die der von den Subaru-Ingenieuren beabsichtigten entgegengesetzt war. Zum Glück hat ein australischer Getriebe-Guru namens Todd Triebler all diese Probleme gelöst. Er baut einen Satz mit umgekehrtem Ring und Antriebsritzel und hat mehr oder weniger herausgefunden, wie man den Austausch bewerkstelligen kann.

Mehr oder weniger. Das Problem war die Schwungscheibe. Bei der Schwungscheibe treffen sich Motor, Getriebe, Kupplung und Anlassmotor, und alle Bestandteile müssen so gefertigt sein, dass sie gut zusammenspielen. Ich brauchte eine Schwungscheibe, die sowohl Deutsch als auch Japanisch beherrschte und als Vermittler zwischen diesen Kraftübertragungen fungieren konnte, die von Natur aus nicht für eine Freundschaft prädestiniert waren.

Es begann ein anderthalbjähriges Epos, das sich auf drei Kontinenten entfaltete. Ich fertigte gewissenhaft Zeichnungen an, in denen die Abmessungen nicht in Tausendstelzoll, sondern in Zehntelmillimetern ausgewiesen waren, da der Mann in Australien, der anhand meiner Zeichnungen ein Computermodell der gesamten Baugruppe anfertigte, diese Einheit bevorzugte. (In den Vereinigten Staaten sprechen die Maschinentechniker selbst dann, wenn sie an metrischen Teilen arbeiten, in Zoll, weil ihre Werkzeuge und Messinstrumente in Zoll kalibriert sind und weil in der langjährigen Verwendung dieser Maßeinheit verkörpertes Wissen entsteht: Ein erfahrener Maschinenbauer weiß, wie sich eine Erhebung von zwei oder drei »thou« anfühlt, wenn er mit einem Fingernagel darüberfährt).

Nach langem Hin und Her schickte mir der Mann in Australien einen mit einem 3-D-Drucker erzeugten Plastikprototypen der Schwungscheibe. Das Modell musste ein wenig angepasst werden, und es begann eine weitere Runde von Messung und Konstruktion. Schließlich schickte er mir eine

Schwungscheibe aus Stahl, die anhand seines Computermodells irgendwo in Asien gegossen worden war, was ich an Oberflächenversiegelung, Farbe und der Tatsache erkannte, dass sie bereits schwer vom Rost gezeichnet war, als sie bei mir eintraf: Der Grund war die Schiffsreise, aber es hatte auch damit zu tun, dass diese Schwungscheibe anders als die deutschen Originale offenkundig nicht aus »Chrom-Vanadium-Stahl« bestand.

Nach weiterer Bearbeitung an Drehbank und Standbohrmaschine sowie ein wenig Schweißen, Schleifen, Farbeinsatz und einigen unfreundlichen Worten an die Adresse der australischen Nation hatte ich eine funktionierende Baugruppe – fast. Mir fehlte noch etwas, das so trivial war, dass es meiner Aufmerksamkeit bis dahin entgangen war: die Stifte, mit denen die Kupplungsdruckplatte an der Schwungscheibe angebracht werden. Anhand eines Lochmessers und eines Mikrometers maß ich den Durchmesser der Löcher im Schwungrad, in die diese Stifte gesteckt werden mussten: 0,315 Zoll oder 8 Millimeter. Die entsprechenden Löcher in der Druckplatte (einem Ersatzteil, das zu meinem Getriebe aus einem 2014er Subaru WRX passte) hatten jedoch nur einen Durchmesser von 6 Millimetern. Die Stifte, die ich brauchte, würden also abgestuft sein und 8 Millimeter an einem und 6 Millimeter am anderen Ende messen müssen.

Gab es solche Stifte? Baute Todd dieses Schwungrad mit Stiftlöchern von derselben Größe wie denen in einem Subaru-Schwungrad, sodass ich einfach die üblichen Stifte verwenden konnte? Ich ging ins Internet, um mir anzusehen, ob ich die Abmessungen herausfinden konnte. Einmal mehr fand ich nur Fotos, Preise und Teilenummern. Also marschierte ich zum Subaru-Ersatzteilschalter und bat darum, mir die Stifte ansehen zu dürfen.

»Welches Modell und Jahr?«

»Na ja, für mein imaginäres Auto.«

Die Angabe »Acht Millimeter an einem Ende, sechs Millimeter am anderen« würde uns nicht weiterbringen. Ich sprach mit dem Leiter des Ersatzteillagers und mit einem Wartungstechniker, dem Mann, der tatsächlich mit den Kupplungen *arbeitete*. Keiner von beiden hatte jemals abgestufte Stifte von der Art gesehen, die ich beschrieb. Daraus zog ich den Schluss, dass Todd die Löcher *nicht* nach Subaru-Standard gebohrt hatte.

Jetzt war ich wirklich auf mich allein gestellt. Ich fuhr nach Hause, fest entschlossen, mir meine Stifte selbst anzufertigen. Aber bevor ich mich endgültig von der Gesellschaft lossagte und den Weg des Unabombers beschritt, unternahm ich noch einen letzten Versuch und rief den Hersteller meiner Kupplung an. Es gelang mir, einen Techniker ans Telefon zu bekommen, und es entspann sich ein außergewöhnliches Gespräch. Außergewöhnlich war es, weil dieser Mann tatsächlich *Dinge wusste*. Und da er an der Schnittstelle vieler verschiedener Autobauweisen saß, sah er die Dinge in einer universellen Perspektive, unabhängig von den internen Bezeichnungen der verschiedenen Hersteller. Was er spezifisch wusste (Gott segne ihn): Ford Mustangs der Baujahre 2001 bis 2014, die mit einem V8-Motor – aber keinem der verrückten V8 – ausgerüstet werden können, haben Stifte, die an einem Ende acht und am anderen sechs Millimeter dick sind. Wow!

Ich hatte das Gefühl, in der Gegenwart wahrer Größe zu sein, und das sagte ich ihm auch. Wir sprachen über Teile, wir sprachen über den Managementkapitalismus. Ein in seinem Gehirn aufbewahrter Schatz hatte mein Problem gelöst, und er hatte, abgesehen von dem Gehalt, das ihm sein Arbeitgeber zahlte, die ihm gebührende Anerkennung erhalten (von mir). Manchmal gelingt es uns unter vollkommen unerwarteten Umständen, eine wirkliche Beziehung zu einem anderen Menschen herzustellen. Er schien keine Lust zu haben, das Gespräch zu beenden. Mit mir hatte er einen Gesprächspartner gefunden, der verstand, wie viel sein Wissen wert war, und dieser Wert taucht in Organigrammen selten auf – tiefes, spezifisches, nicht beliebiges Wissen. Jene Art von Wissen, das weitergegeben werden kann, ohne auf eine spezifische Nomenklatur oder ein System interner Zeichen einer Bürokratie zurückgreifen zu müssen.

Das Gespräch wirkte beinahe subversiv, fast, als wären wir zwei Mitglieder einer Zelle von Saboteuren. Wir waren diejenigen, die den Zusammenbruch des Systems – der *Teilenummern* – überleben würden, so wie die verwilderten PS-Anhänger in *Mad Max*. Dieser von der Improvisation lebende Haufen australischer Folk-Ingenieure, die sich ins Outback zurückgezogen haben, ist ein bisschen verkommen, aber sie bewahren die Saat der Zivilisation, und ihr Anblick weckt die Hoffnung, dass diese Zivilisation zu neuem Leben erwachen kann.

Sie müssen sich aufeinander verlassen. Damit sind wir bei einer größeren Komplikation in der Geschichte, die ich bisher erzählt habe. Wir können die Dinge die meiste Zeit *nicht selbst messen,* weil wir die Objekte, mit denen wir uns beschäftigen (können sie eingepasst werden?) nicht vor uns haben. Ich lernte die Rezeptur für mein zusammengestoppeltes Bremssystem von Leuten in den Internetforen. Wir standen auf den Schultern von Riesen. Und genau dieses Schulterstehen macht eine Zivilisation aus: Wir lernen voneinander.

Ein Monopol auf das Wissen, geschützt durch ein System willkürlicher Symbole wie zum Beispiel Teilenummern, isoliert uns voneinander und erstickt den menschlichen Innovationstrieb, jene »Saat des Erfindungsreichtums, die überall aufgeht«, um es mit Ricardos Worten zu sagen. Die Schrauber lehnen das Monopol ab.

DER MOTORSPORT UND DER GEIST DES SPIELS

Die Möglichkeit des gewaltsamen
Todes ist die Seele aller Romantik.
WILLIAM JAMES

DAS MOTORISIERTE GEGENSTÜCK DES KRIEGES

DRIFTEN

Ein Motorrad mit mehr als 100 PS zu kaufen ist ein wenig so, als würde man ein Pfund Kokain erwerben. Man sagt im Grunde: *Ich gehe einfach los und werde in der absehbaren Zukunft ein Arschloch sein. Mal sehen, wie sich das anfühlt.* Nun, es fühlt sich so an: Es ist, als bewegte sich die übrige Welt in Zeitlupe, und das ist zermürbend. Die auf die Straße gemalten Fahrbahnen wirken, als wären sie mehrere Hektar groß. Die eingekapselten, schwerfälligen Objekte, mit denen man die Straße teilt, scheinen beinahe stillzustehen, und es hat keinen Sinn, dieselben Regeln zu befolgen wie sie.

Stellen Sie sich vor, Sie wären Stephen Hawking und

wachten eines Tages auf und erkennen, dass Sie den Körper mit Stephen Curry getauscht haben. Das Leben, das Sie bisher geführt haben, ist unmöglich geworden. So groß das intellektuelle Vergnügen an Schwarzen Löchern und Gleichungen auch sein mag, plötzlich haben Sie einen unerwarteten Kosmos vor Augen, der zutiefst animalisch ist, ein sich ausbreitendes Universum, das sich vor Ihren gegenwärtigen Fähigkeiten zurückzieht und Sie auffordert, ihm zu folgen – schneller. Die Raumzeit weitet sich, und Sie bewegen sich in einem anderen Rahmen.

Nachdem ich sieben Jahre lang täglich ein Motorrad mit 35 PS gefahren hatte, legte ich mir eine moderne Yamaha mit etwa 120 Pferdestärken zu. Es war etwa so, als würde man einen irischen Eselskarren durch ein Gefährt mit Atomantrieb und der Präzision einer Schweizer Uhr ersetzen. Die Beschleunigung war wie im Rausch, die Kurven durchtrennte diese Maschine wie ein Skalpell.

Einige Monate später fuhr ich hinunter zum Virginia International Raceway, um mir die Rennen in verschiedenen Motorsportdisziplinen anzusehen, die dort in ein einziges Wochenende gepresst werden. Ich zuckelte kurz hinter der Einfahrt zur Rennstrecke auf der North Paddock Road dahin, als ich eine Rauchwolke in den schweren Sommerhimmel aufsteigen sah. Es war nicht einfach ein bisschen Rauch, sondern eine dichte, quellende Cumuluswolke. Das sah nicht gut aus. Vor meinem inneren Auge erschien ein Fahrer, der mit dem Kopf nach unten in einem Überrollkäfig hing und hektisch versuchte, das Löschsystem auszulösen. Aber dann wurde mir bewusst, dass der Rauch ja nicht schwarz war, wie man erwarten sollte, wenn sich Benzin und Kunststoffe in einem Inferno auflösen. Nein, der Rauch war weiß. Als ich mich dem Ort des Geschehens näherte, konnte ich sehen, dass es Reifenqualm war, und dieser ist kein Hinweis auf ein Missgeschick, sondern der eigentliche Sinn des Driftsports.

Das Driften ist eine Motorsportdisziplin, in der es darum geht, die Kurven seitlich rutschend zu fahren, mit wild durchdrehenden Reifen. Warum seitlich? Die gefeierten Stars dieses Sports gehen manchmal so weit, beinahe *rückwärts* in eine Kurve zu fahren, was den visuell ansprechenden Effekt hat, dass das Auto in eine Vorrotation gebracht wird: Es zeigt bereits in die Richtung, in der es aus einer 180-Grad-Wende herauskommen wird. Stellen Sie sich eine tolle Verfolgungsjagd in einem Film vor, und Sie beginnen zu verstehen, worum es geht. Wenn man zwei oder drei Autos zusieht, die in wenigen Schritten Entfernung im »Tandem« nebeneinander durch eine Kurve rutschen, begreift man, dass hier Menschen eine neue Art des Tanzes erfunden haben. Es gibt vielleicht keinen schöneren Sport auf vier Rädern.

Aber für den Augenblick hatte ich drängendere persönliche Sorgen. Ich würde in einem dieser 1000-PS-Biester mitfahren, und ich wollte mir nicht in die Hose machen. Einige der Fahrer schienen auf der letzten Rille zu fahren; mehrmals war ich überzeugt, der Fahrer eines roten Nissan werde die Kontrolle über seinen Wagen verlieren und ihn gegen die Betonmauer fahren, aber es gelang ihm jedes Mal, das Auto wieder zu beherrschen. Angesichts der Geschwindigkeit, des dröhnenden Auspufflärms, der dicken Schwaden von Reifenqualm, vor allem aber der angesichts der Fahrkunst unübersehbaren Intensität des Vorsatzes fragte ich mich, ob ich mir vielleicht zu viel vorgenommen hatte. Ob mein Fahrer es mit einem Zivilisten an Bord wohl ein wenig ruhiger angehen lassen würde? Nach der dreistündigen Fahrt von Richmond herunter stand ich schwitzend in Jeans und Stiefeln und mit unter dem Helm verklebten Haar da und unterschrieb eine Verzichtserklärung, die zu lang war, um sie zu lesen – obwohl mir der Ausdruck »extrem gefährlich« ins Auge stach.

Mein Fahrer Forrest Wang wirkte, als wäre er etwa 25 Jahre alt. Er trug weder einen Brandschutzanzug noch eine Hans-Vorrichtung (den üblichen Genickschutz) oder irgendein anderes Utensil, das auf Vorsicht hätte schließen lassen. Er trug ein T-Shirt, das dem Albumcover der Band *Run-DMC* nachempfunden war, nur dass der Aufdruck RUN 2JZ. lautete (2JZ ist ein Motorcode). Das hier war nicht die Formel 1. Es gab keine Werbebanner von Fly Emirates oder Rolex, und es stand kein Rettungshubschrauber bereit. Ich fragte nach: Forrest hatte seinen Überrollkäfig selbst gebaut. »Das ist toll!«, rief ich nicht vollkommen aufrichtig.

Ich würde an einer Trainingseinheit bei einer Veranstaltung teilnehmen, die nicht zur Formel-D-Serie gehörte (das »D« steht für »Drift«), aber die Fahrer aus der Formel-D auf der Strecke zusammenbringen würde. Obwohl es nicht um eine Platzierung oder Sponsorengelder ging, trafen hier also ein paar Egos aufeinander, die einander gut kannten. Alle bekannten Animositäten würden ausgetragen werden. Rund um die Aufwärmzone wurden in den verschiedenen Lagern, wo Nylonzelte die Autos und Mechaniker vor der Sonne Virginias schützten, die üblichen geheimnistuerischen Einstellungen an den Maschinen vorgenommen. Vor einem der Zelte saß Forrests Mutter und verkaufte T-Shirts.

Als unsere Zeit gekommen war, half mir Forrest, die Klinkhaken des Sechs-Punkt-Gurts einzuhaken und die Gurte zu straffen, damit sie mich fest im dick gepolsterten Rennsitz hielten. In diesem Augenblick kam mir eine nebensächliche Tatsache über Helme in den Sinn: Ich trug meinen Motorradhelm mit Visier. Aber die Autosportverbände erlauben Motorradhelme nicht, weil sie nicht feuerfest sind. Ich sah mich schon als Unfallopfer mit vollkommen verbranntem Gesicht und dachte einen Augenblick daran, um einen anderen Helm zu bitten, aber wir standen schon mit drei anderen Autos in der Staging Lane, um uns auf den Start vorzubereiten. Die Motoren liefen. Die Fahrer spielten im Geist Hitzesättigung und Abkühlung durch und schätzten, wie viele Runden die Reifen bei der gegenwärtigen Asphalttemperatur durchstehen würden. Es war zu spät, um Bedenken wegen des Helms anzumelden.

Wenn ich sage, dass »die Motoren liefen«, könnte der Eindruck entstehen, dass das ein Leerlauf wie an einer Ampel war. Aber das hier klang eher wie das Brüllen, Schnauben und Stampfen von Rodeobullen in den Sekunden zwischen dem Augenblick, in dem der Gurt erbarmungslos um ihr Skrotum festgezogen wird, und dem Augenblick, in dem sich das Tor öffnet, um ihnen die Möglichkeit zu geben, alles zu versuchen, ihre Folterer abzuschütteln. Wenige Sekunden, nachdem der Starter die Fahne hatte sinken lassen und das erste Auto auf die Strecke gegangen war, erklang unter unserem Wagen ein sehr lauter Schlag, der in der kahlen, von jeglichen weichen Materialien gesäuberten Metallschale der Fahrerkabine widerhallte. Forrest hatte den ersten Gang eingelegt. Er erklärte, dies sei der Klang des »Dogbox«-Sequenzialgetriebes, das sehr schnelle, abrupte Gangwechsel ermöglichte, aber ohne Nettigkeiten wie das Ineinandergreifen der Getriebezahnräder auskam. Das Getriebe war ohne geräuschdämmende Gummiisolierung mit stabilen Metallhalterungen am Fahrwerk befestigt, um maximale Festigkeit zu gewährleisten. Wir krochen langsam zu der Linie vor, an der der Starter stand.

Dann waren wir an der Reihe – und dies war der Moment, auf den ich am neugierigsten war: Wie würde es sich anfühlen, in einem fast 1000 Kilo schweren Auto mit 600 PS und großen, klebrigen Rennreifen zu beschleunigen?[1] Nun, es fühlt sich … *gewalttätig* an. Der Lärm ging weniger vom offenen Auspuff oder vom Turbolader aus, sondern man hörte vor allem das Geräusch der sich drehenden Zahnräder im Getriebe, das eine sonderbare Ähnlichkeit mit dem heulenden Ton eines ferngesteuerten Modellautos hatte.

Ich stemmte die Füße gegen die Fußhalterungen, als wir uns der ersten Kurve näherten. Es war eine ziemlich scharfe Linkskurve. Forrest drehte das Lenkrad ein wenig nach rechts und anschließend scharf nach links, wobei er das Gaspedal durchgetreten hielt. Das hatte zur Folge, dass das Heck ausbrach. Jetzt steuerte er nach rechts gegen, während das Auto durch die Linkskurve rutschte, wobei seine Hände in einem Wimpernschlag vom rasch drehenden Lenkrad zum Schalthebel und wieder zurück sprangen. Das Drifting hat wenig mit Straßenrennen zu tun. Rennfahrer werden von ihren Trainern manchmal ermahnt, ihre Handbewegungen zu verlangsamen. Es ist eine mental-physische Übung, die der Entspannung dient: Der Fahrer soll nicht »der Geschwindigkeit hinterherhetzen«, sondern die Rennstrecke auf sich zukommen lassen und es der Fahrwerksdynamik des Autos überlassen, den Rhythmus der Steuereingaben zu bestimmen. Wenn man die Grenzen der Traktion überschreitet, kann man nicht mehr so schnell fahren, wie es möglich wäre. Beim Drifting hingegen nutzt der Fahrer die Dynamik des Autos, um es gezielt aus der Fassung zu bringen. Aus der Unordnung geht eine neue Beherrschung des Autos hervor. Eine Abfolge von Kurven bewältigte Forrest so unglaublich flüssig, dass ich unter meinem Helm aufstöhnte: Es war ein Moment reiner ästhetischer Verzückung.

In dieser Hinsicht ist das Drifting eine eigenartige Art von Motorsport: Es hat eher Ähnlichkeit mit dem Eiskunstlauf als mit dem Eisschnelllauf. Die Wettkämpfer tragen keine glitzernden Kostüme und Pailletten, aber sie streben nach im

Grunde ästhetischen Idealen, weshalb ihre Leistungen schwerer anhand einfacher Kriterien wie der gefahrenen Zeit zu beurteilen sind (obwohl die Geschwindigkeit ein Kriterium ist). Um ihre Leistung richtig einschätzen zu können, muss man in eine Kunstform eingeweiht sein.

Wir hatten gegenüber den vor uns gestarteten Autos aufgeholt, und jetzt fing die eigentliche Show an. Zwei Autos scherten auf eine alternative Linie am Rand der Hauptspur aus. Ich drehte mich um, um mir anzusehen, wie sie einander seitlich rutschend jagten, nicht ganz zwanzig Meter zu unserer Rechten und auf einer Linie, die sich demnächst mit unserer zu kreuzen schien. Dicke Schwaden weißen Rauchs hingen unter den Wagen. Forrest sah ebenfalls nach rechts und nahm den Fuß vom Gas. Kurz bevor sich unsere Wege kreuzten, rutschten die beiden anderen Autos von rechts nach links, das Gewicht jetzt auf die linke Seite verlagert und im Uhrzeigersinn gierend. Forrest beschleunigte, drehte sein Auto in einen ähnlichen Angriffswinkel und ließ sich in einer fließenden Bewegung hinter sie zurückfallen. Nein, streichen wir das: »Fließend« klingt so, als hätte das Ergebnis festgestanden, aber in Wahrheit war es ein Moment größter Spannung. Es war, als sähe man Bode Miller in einem Abfahrtsrennen an der Grenze zum Kontrollverlust den Hang hinabrasen, aber nicht im Fernsehen, sondern auf dem Rücken eines Konkurrenten.

Jetzt rutschten alle drei Autos in einem wilden, instabilen Einklang, zwei bis drei Meter voneinander entfernt, nebeneinander durch eine lang gezogene Rechtskurve, obwohl ich das im ersten Moment des Einlenkens kaum erkennen konnte, weil sich die Fahrerkabine vollkommen mit Reifenrauch gefüllt hatte und vor der Windschutzscheibe nichts als eine homogene weiße Wand stand. Doch Forrest nahm den Fuß nicht vom Gas. Ich hatte das Gefühl, dass wir vom Kurs abkamen: Vier oder fünf Sekunden hatten wir keine visuellen Anhaltspunkte, um unsere Position zu bestimmen.

Als sich der Qualm auflöste, stellte ich fest, dass wir sehr schnell fuhren. Forrest hatte den Wagen blind durch die ganze Kurve gesteuert. Diese Rivalen hatten großes Vertrauen zueinander.

Unser Tandem-Drift erinnerte mich an Augenblicke in den Neunzigerjahren, als wir im Midway Park in Chicago Eishockey gespielt hatten. Manchmal, wenn der Puck in eine neue Richtung schoss, legte ich mich im Einklang mit zwei oder drei anderen Spielern – aus welchem Team auch immer, es spielte in diesem Augenblick keine Rolle – in eine scharfe Kurve. Wir waren wie Kampfflugzeuge, die in Formation flogen. Jeder von uns wollte den Puck wie der Windhund den Hasen und hätte dem anderen den Kopf abgerissen, um ihn zu bekommen. Aber auf einer anderen Ebene empfand ich eine intensive Zuneigung zur Bewegung der Körper, die gemeinsam mit mir der Scheibe nachjagten. Gemeinsam taten wir etwas, das schön anzusehen war, und wir wussten es.

In *Homo ludens,* seiner klassischen Studie über »das spielerische Element in der Kultur«, beschrieb Johan Huizinga das Spiel als eine Kombination des Geists der Feindseligkeit mit dem der Freundschaft. Er fand diesen widersprüchlichen Geist im Sport, im ritualisierten Kampf, in Tanzwettbewerben, in den Wettkämpfen mit stilisierten Beleidigungen und Prahlerei, die in sämtlichen lebenden Kulturen existieren. Ich denke, dies trifft ziemlich gut auf das soziale Element des Motorsports zu. Huizinga schreibt, unser »Wetteifer« sei eng verbunden mit dem »Bedürfnis des Menschen, in Schönheit zu leben. Die Form, in der es seine Befriedigung findet, ist die eines Spiels.«[2]

Alle höheren Tiere spielen. Huizinga schreibt: »Man braucht nur junge Hunde beim Spielen zu beobachten, um in ihrem munteren Balgen alle diese Züge zu erkennen. Sie laden einander durch eine Art von zeremoniellen Haltungen und Gebärden ein. Sie beobachten die Regel, daß man seinem Bruder das Ohr nicht durchbeißen soll. Sie stellen sich so, als ob sie fürchterlich böse wären.«[3]

So, wie die Scheinkämpfe von Hunden dem menschlichen Spiel ähneln, können wir durchaus auch umgekehrt sagen, dass im Spiel der »animalische Geist« des Menschen zum Ausdruck kommt. Als solches widerspricht es dem Ideal der rationalen Kontrolle, das in der zeitgenössischen Kultur so beherrschend ist. »Wagen, ungewisse Aussicht auf Gewinnen, Unsicherheit des Ausgangs und Spannung bilden das Wesen der Spielhaltung«, erklärt Huizinga.[4] So verstanden, erfüllt das Spiel ein sehr grundlegendes Bedürfnis. Es ist vielleicht das Ernsteste, was wir tun. Aber es ist Ausdruck eines Aspekts der Beseeltheit, der nicht recht zur zeitgenössischen Vorliebe für Ordnung passen will, und wird daher (aus Sicherheitsgründen) als unverantwortlich oder, weil es kompetitiv ist, als Bedrohung für die Ethik der Gleichheit kritisiert.

Als Teddy Roosevelt vor einem Jahrhundert eine Lanze für das »beschwerliche Leben« brach und die »Verweichlichung« kritisierte, die sich seiner Meinung nach ausbreitete, sprach er sich für eine »vitalistische« Tradition aus, die den animalischen Antrieben Raum geben sollte. Diese Denkart war eine Antwort auf einen schleichenden Utilitarismus, der die Spannung in der Seele zu lösen und die Handlungsfähigkeit zu lähmen schien. In Frankreich sprach Henri Bergson vom »élan vital« als entscheidender menschlicher Eigenschaft. In Deutschland schrieb Friedrich Nietzsche mit Geringschätzung über den »letzten Menschen«, jene berechnende Kreatur, die nur noch nach Annehmlichkeit, Sicherheit und den »kleinen Freuden« des bürgerlichen Lebens strebte. In den Vereinigten Staaten suchte William James nach einem

»moralischen Gegenstück des Krieges«, das in Friedenszeiten die Eigenschaft der Härte erhalten sollte, die er als kulturelle Notwendigkeit betrachtete. In jüngerer Zeit wurde diese Kritik in dem Film *Fight Club* wieder aufgegriffen, der Neigungen anspricht, die man als neuheidnisch bezeichnen könnte, denn die in diesem Film gefeierten Tugenden sind nicht die christlichen von Sanftmut und Demut.

Der Rationalist betrachtet das Spiel, die Quelle der Kultur, für die es keine utilitaristische Rechtfertigung gibt, mit Misstrauen. Da das Spiel keinem Zweck dient, hat es keinen Platz in einem Denken, das um Mittel und Zweck kreist. Eine Episode des Spiels unterbricht das *Streben,* auf dem eine auf den Erwerb fixierte Gesellschaft beruht. Das in begrenzte Zeiträume gezwungene, oft auf ein von der »wirklichen Welt« getrenntes Spielfeld (oder auf eine Rennstrecke) beschränkte Spiel stellt eben ein Zwischenspiel dar, eine Unterbrechung des ständigen Aufschiebens der Freude, das wir als Alltagsleben bezeichnen.

So weit, so gut: Man kann sich vorstellen, dass die Anhänger der Montessori-Methode dieser Fürsprache für das Spiel zustimmen. Schließlich sind Klagen über eine übermäßig strukturierte und behütete Kindheit mittlerweile ein fester Bestandteil unserer Kultur. Aber Huizinga sieht das wesentliche, zivilisierende Element des Spiels eben im Wettbewerb, im Hunger nach *Vortrefflichkeit.* Das ist uns weniger angenehm: Selbstachtung ist etwas, auf das jeder von uns denselben Anspruch hat. Bevor ich mich wieder dem Motorsport zuwende, möchte ich mich noch kurz der Psychologie der Rivalität im Allgemeinen widmen, denn ich glaube, unsere Entschlossenheit, sie in der zeitgenössischen Kultur unter Quarantäne zu stellen und zu unterdrücken, ist die Ursache einiger unserer Schwierigkeiten.

DAS SPIEL UND DIE URSPRÜNGE DER SOZIALEN ORDNUNG

Unsere strebende Natur verbindet uns durch Nacheifern mit anderen Menschen. Das Nacheifern (ich möchte wie *diese* Person sein, nicht wie *jene* selbstzufriedenen Leute) bewegt uns dazu, unseren Hintern von der Couch zu heben, aber letzten Endes ist es unser besseres Selbst, dem wir Rede und Antwort stehen müssen. Wozu dieses bessere Selbst fähig sein könnte, ist etwas, was wir entdecken müssen, und dieser Entdeckungsprozess wird dadurch in Gang gesetzt, dass wir anderen Menschen zusehen und den Stich des Rangs spüren.

Huizinga schreibt, der »agonale Instinkt« habe »nicht in erster Linie mit Machthunger oder mit dem Willen zu herrschen zu tun. Primär ist das Verlangen, den anderen zu übertreffen, der Erste zu sein und als solcher geehrt zu werden.«[5] Diese Unterscheidung zwischen dem Wunsch, andere zu übertreffen, und dem Wunsch, andere zu dominieren, wird in der egalitären Kultur unter den Tisch gekehrt, sodass das Streben nach Vortrefflichkeit demselben Verdacht ausgesetzt ist, der einem angehenden Tyrannen vorbehalten sein sollte. Die Ironie liegt darin, dass diese Unterdrückung des Wettbewerbsgeists *selbst* Ausdruck eines tyrannischen Bedürfnisses nach Kontrolle über andere ist.[6] Man sieht das zum Beispiel am Verhalten der Aufsichtspersonen, die in progressiven Schulen für Kinder aus wohlhabenden Familien auf dem Schulhof das Spiel überwachen und nach Hinweisen auf drohende Traumata in den fragilen Persönlichkeiten Ausschau halten, die dort geformt werden sollen.

Da es in diesem Buch unter anderem darum geht, die sich entwickelnden Mittel und Zwecke der sozialen Kontrolle zu untersuchen, sollten wir uns in Erinnerung rufen, dass die

Vorstellung, die Demokratie erfordere nicht nur gleiche Rechte oder Chancengleichheit, sondern auch gleiche Wertschätzung für alle, eine lange Tradition hat und schon in Thomas Hobbes' *Leviathan* zu finden ist. Ein Volk, dessen Lust auf Rivalität sicher in gesellschaftlich nützliche Kanäle (in wirtschaftliche Produktivität) gelenkt worden ist, ist auch ein Volk, dessen Angehörige sich voneinander isolieren und daher leichter zu kontrollieren sind.

Huizinga sieht Grund zu der Sorge, dass dieses Bemühen, die Lust auf Vortrefflichkeit zu kontrollieren und zu unterdrücken, letzten Endes das eigentliche Fundament der sozialen Ordnung untergräbt. Im Wettbewerb um die Ehre entwickeln sich Respekt und Vertrauen zwischen den Spielern, und genau darin sieht Huizinga den Ursprung der Institutionen.[7] Schließlich funktionieren Wettbewerbe und Spiele nur mit Regeln. Anders als die einfache Lust auf Macht erfordern sie, dass die Teilnehmer die Legitimität von Regeln anerkennen, die nicht einfach Produkte ihres eigenen Willens sind.

Die Erkenntnis einer Welt, die uns gegenüber gleichgültig ist, und die Fähigkeit, uns in dieser Welt zurechtzufinden, ist genau das, was einem Kleinkind fehlt: Die Welt dreht sich um das Kind, und es erlebt seine Mutter als allmächtige Erweiterung seines eigenen Willens. Alles, was seinen Willen durchkreuzt, weckt seine Wut. Dies wird als kindlicher Narzissmus bezeichnet, um das Freudsche Schema anzuwenden.[8] Kombinieren wir nun diese wertvolle Beobachtung Freuds mit dem, was wir von Huizinga gelernt haben. Die Welt liebt uns nicht einfach dafür, dass wir wir sind. Aber wenn wir uns ihren Herausforderungen stellen, wird sie uns möglicherweise eine öffentliche Auszeichnung zugestehen. Man stellt sich anderen in einer öffentlich sichtbaren Auseinandersetzung um Auszeichnung und unterwirft sich den für alle geltenden Regeln des jeweiligen Spiels. Das Ich und das Über-Ich brauchen einander: Es kann keinen begründeten Stolz ohne eine entsprechende Fähigkeit zu Selbstekel geben, und es sind die anderen (und ihre Spielregeln), die uns ermöglichen, uns auf dieser vertikalen Skala einzustufen.

Wenn wir diese Skala im Namen egalitärer Skrupel unkenntlich machen oder ihre Existenz leugnen, sorgen wir für eine in großem Maßstab gebremste Entwicklung. Diese Stagnation kann verschiedene Formen annehmen, und wenn wir einige gegenwärtige Erscheinungen des Infantilismus verstehen wollen, sollten wir uns eine Betrachtungsweise aneignen, die Freuds und Huizingas Standpunkte miteinander kombiniert. Nehmen wir das traurige Ritual der Amokläufe junger Männer, die ihre einzige Chance, der Welt ihren Stempel aufzudrücken – sich in der Gesellschaft bemerkbar zu machen –, anscheinend in einem Ausbruch solipsistischer Raserei sehen. Sie leben eine Allmachtsfantasie aus, die nie auf den zivilisierenden Widerstand anderer Menschen gestoßen ist. Ein solches Verhalten ist das Gegenteil von Kampf und Spiel.

EIN SPIEL FÜR GENTLEMEN: MOTORSPORT BIS ZUM TOD

In seiner Darstellung archaischer Kulturen stellt Huizinga fest, dass ein Kampf bis zum Tod zwischen zwei Gruppen oft als Spiel betrachtet wird. In einem solchen Kampf (im Buch Samuel der hebräischen Bibel) wird der tödliche Wettkampf als Spiel bezeichnet (als »aus dem Reich des Lachens« stammend). Auf griechischen Vasen sind bewaffnete Wettkämpfer zu sehen, die von Flötenspielern begleitet werden, und bei den Olympischen Spielen wurden Duelle bis zum Tod ausgetragen.

Ein modernes Gegenstück finden wir möglicherweise im TT-Motorradrennen auf der Isle of Man, bei dem es immer noch fast jedes Jahr zu tödlichen Unfällen kommt. (Es ist ein Straßenrennen, bei dem Höchstgeschwindigkeiten von 300 km/h erreicht werden – nur dass es auf schmalen öffentlichen Straßen stattfindet, die oft von Steinmauern gesäumt sind.) Solche Spektakel werden manchmal mit Freizeitaktivitäten wie Bungeejumping oder Achterbahnfahrten in einen Topf geworfen. Aber der bloße Nervenkitzel ist steril, wenn er in Glücksspielen wie dem Russischen Roulette gesucht wird: Solche Spiele können beim Teilnehmer einen Adrenalinstoß auslösen, bringen jedoch keine Kultur hervor. Wie Huizinga schreibt: »Anders wird es, sobald das Wettspiel Gewandtheit, Kenntnisse, Geschicklichkeit, Mut und Kraft erfordert. Je ›schwieriger‹ das Spiel ist, desto größer wird die Spannung bei den Zuschauern. […] Je mehr es dazu geeignet ist, die Intensität des Lebens des einzelnen oder der Gruppe zu erhöhen, umso mehr steigt es zu Kultur auf.«[9]

Hitting the Apex ist ein wunderbarer Film über das vergangene Jahrzehnt der MotoGP-Rennserie. Die Erzählstimme hat Brad Pitt beigesteuert (der zufällig auch einer der Hauptdarsteller von *Fight Club* ist). In dem Film wird der Teammanager von Jorge Lorenzo interviewt, einem herausragenden Fahrer (oder Spieler, wenn man so will) jener Jahre. Sein Manager sagt: »Ich darf mich glücklich schätzen. Das ist die Botschaft.« Er erklärt, sein Glück bestehe darin, dass er zu etwas Schönem beitragen durfte. »In der Welt der Motorradrennen zeigt derjenige, der stürzt, der wie Lorenzo oder [Marc] Márquez mit gebrochenen Knochen fährt, dass man sich von einer Verletzung erholen und weiter den süchtig machenden Traum atmen kann. […] Wir müssen den Duft des Sieges teilen und die Menschen um uns durch unser Beispiel glücklich machen.« Spieler machen die sie umgebenden Menschen durch ihr Beispiel glücklich: Im Motorsport finden wir das zivilisierende Spektakel des archaischen Wettkampfs wieder.

Im Ersten Weltkrieg entwickelte sich eine neue Form des Kampfs, der Luftkampf Mann gegen Mann, der ebenfalls als ein Beispiel für Motorsport bis zum Tod betrachtet werden könnte. Seine Ähnlichkeit mit einem archaischen Wettkampf sticht ins Auge, wenn man ihn in den Kontext des industrialisierten Schlachtens stellt, das im selben Krieg erstmals praktiziert wurde. Um die Einzigartigkeit des Luftkampfs verstehen zu können, müssen wir uns die umgebende Katastrophe ansehen, von der er sich abhob.

Die rasante Mechanisierung des Kriegs gegen Ende des 19. und Anfang des 20. Jahrhunderts wirkte abstoßend auf die aristokratisch Gesinnten, in deren Augen die Ästhetik des Kriegs unverzichtbar für die gesellschaftlich erhebende Funktion war, die er ihrer Meinung nach (immer noch) erfüllen sollte. Darüber hinaus wurde jener Menschentypus, der im Umgang mit Maschinen kompetent war – zum Beispiel der Chauffeur –, als minderwertig im Vergleich zu dem Typen betrachtet, der das militärische Ideal verkörperte. Winston Churchill brachte dieses unterschwellige Vorurteil in seinen Anfang der Dreißigerjahre veröffentlichten Erinnerungen an seine Jugend zum Ausdruck. Er hatte im Jahr 1895 sein Offizierspatent als Kavallerist erworben und im vierten Husarenregiment gedient. In dieser Passage seiner Memoiren vermittelte er, wie ein junger Gentleman den Krieg sah.

Es liegt ein ganz eigener Zauber und Reiz in dem Geklirr und Geblitz einer im Trab sich bewegenden Kavallerieschwadron; und das steigert sich zu erregender Lust, wenn die Bewegungen im Galopp ausgeführt

werden. Das Schnauben der unruhigen Pferde, das Knirschen des Sattelzeugs, das Nicken der Federbüsche, der Rausch der Bewegung, das Gefühl, Glied eines lebendigen Getriebes zu sein. Das leise erhebende Bewußtsein der Uniform – das alles macht Kavallerieexerzieren zu etwas Schönem an sich. […]
Ein Jammer, daß der Krieg in seinem fortschrittsgierigen, platten, nüchtern erfolgssüchtigen Weg das alles in die Rumpelkammer verbannt hat und nun lediglich Sache von bebrillten Chemikern oder Mechanikern mit der Hand am Hebel eines Flugzeugs oder Maschinengewehrs geworden ist.[10]

Manfred von Richthofen war einer der Aristokraten, die mit Pferden umgehen konnten. Er erhielt im Jahr 1911 sein Offizierspatent in der Kavallerie und führte in seinem Regiment ein schönes Leben, das aus Pferderennen, Springreit-Wettbewerben und Übungen bestand. Dann brach im August 1914 der Erste Weltkrieg aus, und der Rittmeister wurde kurzerhand nach Verdun geschickt. Dort ging es nicht annähernd so sportlich zu. Als sich die Pattsituation in einem neuartigen Stellungskrieg verfestigte, wurde die Kavallerie über Nacht überflüssig, und die Kavalleristen fanden sich in Schützengräben wieder. Wir können uns vorstellen, wie der junge Manfred im Schlamm liegt, in diesem Elend, dieser Ausweglosigkeit, und über sich am Himmel eine Figur sieht, die sich vollkommen frei bewegt.

Richthofen wusste nichts über diese neuartigen Fluggeräte, und wie die meisten Offiziere hatte er nur Geringschätzung für jene übrig, die die Maschinen steuerten. Aber sieh dir das an! Die Sturzflüge, die in drei Dimensionen geschwungenen Linien der Verfolgung, die manchmal knapp bis zu den Baumkronen herabrasenden Flugzeuge: zwei

Piloten in einem tödlichen Drama, für alle sichtbar. Das alte Vorurteil verflüchtigte sich, und Manfred von Richthofen beantragte seine Überstellung zur Luftwaffe.

Im Spätsommer 1915 machte er seine erste Erfahrung im Luftkampf. Am 17. September traf sein Geschwader auf eine Formation alliierter Flugzeuge, Richthofen suchte sich einen Bomber des Typs Farman F.E.2b als Ziel aus. Diese Maschine, die auch als Jagdflugzeug eingesetzt werden konnte, war mit einem Druckpropeller im Heck ausgestattet, was dem vor dem Piloten sitzenden Beobachter und Bordschützen den Einsatz eines nicht synchronisierten Maschinengewehrs erlaubte. Richthofens Jagdstaffel tauchte aus der Sonne auf. Es wird berichtet, dass Richthofens Mangel an Erfahrung

> *dem alliierten Bordschützen die Möglichkeit gab, einige gefährliche Salven auf ihn abzufeuern, aber schließlich gelang es ihm, in den Nahkampf zu kommen und den Rumpf des alliierten Flugzeugs zu durchsieben.*
> *Er folgte dem beschädigten Flugzeug zum Boden und landete in seiner Nähe. Er sah zu, wie deutsche Soldaten die beiden tödlich verwundeten britischen Besatzungsmitglieder aus den Cockpits hoben. Der Beobachter sah Richthofen, erkannte ihn als den Sieger und lächelte ihm anerkennend zu, bevor er starb.*[11]

Es war Richthofens erster bestätigter Abschuss, und dieser britische Flieger konnte nicht ahnen, dass der Sieger, dem er Anerkennung zollte, als der »Rote Baron« berühmt werden und achtzig bestätigte Luftsiege feiern würde. (Der Maßstab für die Zuerkennung des Ehrentitels »Fliegerass« waren auf beiden Seiten fünf Abschüsse.)

Was uns hier interessiert, ist das Lächeln. Möglicherweise

ist dieses Detail eine Ausschmückung, denn es hat etwas von einem Mythos an sich. Aber Mythen sind aussagekräftig, deuten sie doch auf gemeinsame Ideale hin. Das Lächeln des sterbenden Fliegers kann als ein sublimes Zeichen des Sportsgeists verstanden werden: Er war kein schlechter Verlierer. Der Luftkampf war ein tödliches Spiel von der Art, die Huizinga in archaischen Gesellschaften beobachtete. Die Kampfflieger warfen manchmal sogar einen »Fehdehandschuh« hinter den feindlichen Linien ab – eine Einladung zum Spiel.

Manfred von Richthofen fand schließlich seinen Meister in dem kanadischen Piloten Arthur Roy Brown, der ihn verfolgte, während der Deutsche einem anderen Kanadier nachjagte. Die Maschinen gerieten über von den Alliierten kontrolliertes Gebiet in Frankreich, wo sie australische Maschinengewehrnester überflogen. Es ist umstritten, wer die Schüsse abgab, die den Roten Baron vom Himmel holten. Ein Historiker schreibt: »Ob er nun aus der Luft oder vom Boden aus getroffen worden war, Richthofen war tödlich verwundet. Er riss sich die Fliegerbrille herunter, öffnete kurz die Drosselklappe, schaltete den Motor aus und tauchte ab zu einer Bruchlandung. Sein Flugzeug schlug einmal auf, wobei der Propeller brach, und kam auf einem Rübenacker [...] bei Sailly-le-Sec zum Stehen. Er starb wenige Augenblicke später. Es war 10:50 Uhr am Morgen.«

Besonders aussagekräftig finde ich die Ereignisse des folgenden Tages:

Manfred von Richthofen wurde am späten Nachmittag des 22. April auf einem kleinen, ungepflegten Friedhof in Bertangles beerdigt. Nach einem kurzen, von einem anglikanischen Kaplan geleiteten Gottesdienst wurde er mit militärischen Ehren bestattet. Zwölf Männer vom

3. Geschwader des Australian Flying Corps feuerten jeweils drei Salven in die Luft. Andere Offiziere legten Kränze auf das Grab. Der Leichnam wurde mit den Füßen in Richtung des Grabmals gelegt, eines Vierblattpropellers, der gekappt worden war, um ihn als Kreuz verwenden zu können.[12]

In der Achtung, die bei dieser Beerdigung einem tödlichen Feind erwiesen wurde, kommt derselbe Geist zum Ausdruck wie im Lächeln des sterbenden englischen Fliegers. In jedem Spiel bildet sich eine Gemeinschaft, die sich von »den anderen« abgrenzt (zum Beispiel von den wütenden französischen Dorfbewohnern, die keinen Deutschen auf ihrem Friedhof haben wollten und versuchten, Richthofens Leiche auszugraben). Wenn der Krieg als Spiel betrachtet wird, dann ist die Menschlichkeit des Gegners eine unverzichtbare Voraussetzung für das Funktionieren des Spiels. Tatsächlich muss der Feind nicht nur menschlich, sondern ein *würdiger* Gegner sein, weil es sich sonst nicht lohnt, das Spiel zu spielen. Das Spiel ist inhärent exklusiv, woraus folgt, dass der als Spiel verstandene Krieg zwangsläufig begrenzt ist. So wie der Hinterhalt oder die Strafexpedition ist auch die Massenvernichtung unvereinbar mit dem Grundgedanken des Wettkampfs.[13]

Wollte man diese kleinen Details – das Lächeln, die Beerdigung – in die herkömmliche marxistische Darstellung des Ersten Weltkriegs pressen, sähe die Geschichte etwa so aus: Die Eliten der kriegführenden Länder fühlten sich einander eher verbunden als ihren eigenen Landsleuten, weshalb man solche Gesten der Höflichkeit als Ausdruck der Klassensolidarität verstehen kann, welche die Loyalität der Nation gegenüber in den Hintergrund drängte. Das hat zweifellos etwas für sich: Es soll Fälle gegeben haben, in denen sich

Offiziere gegnerischer Armeen zum Pokerspiel trafen, um die zermürbende Langeweile des Grabenkriegs (und vielleicht die zermürbende Langeweile der Gesellschaft ihrer Landsleute von niederem Rang) erträglicher zu machen.

Aber die Teilnahme am Spiel des Luftkampfes war nicht an die Klassenzugehörigkeit gebunden, und der zweifellos *noble* Charakter dieses Spiels stellte die Klassenvorurteile tatsächlich direkt infrage. Vom Snobismus des jungen Churchill, der sich geringschätzig über die »Mechaniker mit der Hand am Hebel eines Flugzeugs« äußerte, war nichts mehr zu sehen, als der Premierminister Churchill am 16. August 1940 während der Schlacht um England den RAF-Bunker in Uxbridge besuchte. Nach dem Besuch »sagte Churchill zu General Hastings Ismay: ›Sprechen Sie mich nicht an, ich war noch nie so tief gerührt.‹ Nach einigen Minuten des Schweigens sagte er: ›Nie zuvor in der Geschichte der Menschheit hatten so viele so wenigen so viel zu verdanken.‹«[14]

Als er von »den wenigen und den vielen« sprach, griff Churchill ein zeitloses Thema der Politik auf. Aber diese wenigen, die Kampfpiloten der britischen Luftwaffe, entstammten mehrheitlich nicht den höheren Rängen der britischen Gesellschaft.[15] Dennoch schienen sie das aristokratische Ideal der archaischen Kriegführung zu verkörpern: Geringschätzung für den Tod, die im individuellen Kampf im Namen einer größeren Gemeinschaft zum Ausdruck kam. Der Geist der Ritterlichkeit, nach dem die vom jungen Churchill beschriebenen berittenen Soldaten gestrebt hatten, hatte inmitten des industrialisierten Schlachtens einen unerwarteten Ausdruck im Verhalten einer unerwarteten Gruppe von Personen gefunden. So erneuert sich die Zivilisation.

DER AUFSTIEG DER FAHRRADMORALISTEN – EIN EXKURS

Manchmal nimmt der von Huizinga beschriebene »Wetteifer« die Form eines Kulturkriegs an, und ein solcher kann auch in der Verkehrspolitik ausgetragen werden. Nehmen wir beispielsweise den Aufstieg der Fahrradmoralisten.

Ein Freund schrieb mir aus Oakland, um mir über einen »verschrobenen gelehrten Rechtsanwalts-Papi« zu berichten, der sein auf dem Klettergerüst in der Grundschule herumturnendes Kind mit dem Zuruf »Achtsamkeit!« ermahnte. Derselbe Papi brachte seine Kinder mit dem Fahrrad zur Schule. »Anstatt wie andere Rad fahrende Eltern einfach über den Bürgersteig in den Schulhof zu fahren, hielt er mit seinem maßgefertigten Eltern-Kind-Rad in der Schlange der vor der Schule stehenden Autos und ließ sein Kind absteigen, als stiege es aus einem Auto. Ich hatte den Eindruck, dass die trendige städtische Pro-Bike-Haltung hier so weit getrieben wurde, dass sie sich in Wahnsinn verwandelte. Es war buchstäblich eine Wahnvorstellung: ›Mein Fahrrad *ist* ein Auto!‹ Es war wie eine Szene aus einem Monty-Python-Film.«

Ich nehme an, dass der Mann nicht tatsächlich unter einer Wahnvorstellung litt, und vermute, er wollte die Fahrt zur Schule auf dem Fahrrad zu einem polemischen Statement nutzen, indem er in der Autoschlange wartete. »Das hier ist *mein* Auto. Es verbraucht null Liter Benzin auf hundert Kilometern.« Wäre der Mann mit seinem Rad einfach unauffällig zur Schule gefahren, hätte es niemandes Bewusstsein wecken können.

Ein anderer Freund schrieb mir aus London. »Mir ist aufgefallen, dass die Autofahrer heutzutage im Allgemeinen ruhig und gelassen sind, während die in Lycra gehüllten Benutzer der Fahrradspur eher wütend darüber sind, dass die

Welt nicht so tut, wie sie wollen. Ich sehe, dass einige von ihnen – die mit *vollständiger* Ausrüstung – gerne das Verhalten anderer Leute auf der Straße überwachen, auch (und vielleicht insbesondere) das anderer Radfahrer, die nicht so umfassend ausgestattet sind wie sie. Die kaum ausgerüsteten Radfahrer hingegen rasen herum wie Anarchisten, unentwegt auf der Suche nach roten Ampeln, die sie missachten, und Zebrastreifen, über die sie mit Höchstgeschwindigkeit hinwegdonnern können. Ich glaube, es hat sich vieles verändert, seit sie die Radspuren eingeführt haben, die Radfahrer und motorisierten Verkehr sehr viel klarer voneinander trennen – jetzt kommt es sehr viel häufiger zu Konflikten zwischen Stammesmitgliedern, da der offenkundige Feind ausgeschaltet wurde. Es entsteht eine neue Hierarchie, es bilden sich neue Stämme innerhalb der alten, und die Kameradschaft schwindet.«

Ich kann mir vorstellen, dass die städtischen Radfahrer das Gefühl haben, zwischen ihnen und den motorisierten Verkehrsteilnehmern klaffe ein tiefer ontologischer Graben, ähnlich dem, der die Motorradfahrer von den Insassen von Autos trennt, die sie oft als »Käfige« bezeichnen. Wahrscheinlich fühlen sie sich überlegen, weil sie beweglicher sind, direkter an der physischen Auseinandersetzung teilnehmen, mehr in der Welt sind. Es fühlt sich *ungerecht* an, die Straße gleichberechtigt mit diesen großen, schwerfälligen Invaliden teilen zu müssen, diesen bedauernswerten existenziellen Kästen! Während Motorradfahrer als Störenfriede gelten, die den Lauf der Geschichte bremsen – rücksichtslos, laut und irgendwie überhaupt nicht grün (selbst wenn sie nur 4,7 Liter auf 100 Kilometer verbrauchen) –, sind Fahrräder fortschrittlich, europäisch, ein unverzichtbarer Bestandteil jedes urbanistischen Versprechens, die Städte zu menschlicheren Orten zu machen. Es muss eine wirkungsvolle Mischung sein. Abgesehen davon, dass Radfahrer für alle Welt sichtbar das Richtige tun, tragen sie auch sehr schicke Outfits, die zeigen, welche Art von Körper sich der Tugendhafte verdient.

Vielleicht liegt es an der Zeit, in der ich aufwuchs (ich bin 1965 geboren), aber ich verbinde das Fahrrad nicht automatisch mit Tugendhaftigkeit. Damals machte es einfach Spaß, Fahrrad zu fahren.

In meinem Heimatort gab es einen berüchtigten Gangster namens Troy. Es hieß, er habe lange im Gefängnis gesessen, manche behaupteten, weil er einen Mann getötet habe. Er muss etwa dreizehn Jahre alt gewesen sein. Ich war acht. Eines Tages sah ich, dass sich vor meinem Haus, das am Fuß eines steilen Hügels stand, eine Menschenmenge versammelt hatte. Ich ging hinaus, um herauszufinden, was da los war, und erfuhr, dass Troy auf seinem Fahrrad auf dem Gipfel des Hügels stand. Seine Gefolgsleute und Bewunderer hatten eine Rampe gebastelt, hinter der zehn Mülltonnen standen. Es stand ein echtes Evel-Knievel-Spektakel bevor – und das genau vor meinem Haus!

Ich erinnere mich noch daran, wie Troy schreiend den Hang herabgerast kam. Er trat wild in die Pedale. Er hob von der Rampe ab, segelte über die meisten Mülltonnen hinweg und landete in einem Funkenregen, der am helllichten Tag zu sehen war, auf den letzten Behältern. Es floss Blut. Es war wirklich schlimm. Und es war das Großartigste, was ich je gesehen hatte. Ich begriff, dass es menschliche Wesen gab, die zu einer ganz anderen Art von harten Kerlen gehörten.

Etwa zur selben Zeit (es muss um das Jahr 1973 gewesen sein) gelangte ich in den Besitz des unfassbaren Betrags von 20 Dollar, ein Geburtstagsgeschenk von einer Mutter mit schlechtem Gewissen. Nach kurzer Zeit hatte ich noch 9,80 Dollar davon übrig, die ich in einer Donald-Duck-Geldbörse aufbewahrte. Mit diesem Schatz musste ich die Stadt durchqueren, um zur Wohnung meines Vaters in der Carleton Street zu gelangen, und ich erinnere mich noch daran, dass ich mir Sorgen um das Geld machte und mich fragte, ob es klug war, eine solche Summe am Körper durch die Stadt zu tragen. Aber ich entschloss mich, es zu wagen.

Ich war mit meinem Rad noch nicht viel weiter als drei Häuserblocks gekommen, als Troy und seine Gangster auf ihren BMX-Rädern auftauchten und mich in die Zange nahmen. Ich fürchtete mich sehr. Troy trug immer noch die Wundverbände, was ihn noch härter wirken ließ.

»Schickes Bonanzarad«, sagte er. Tatsächlich war es ein tolles Rad. Der Rahmen war »hitzebehandelt« (und damit extrastark), was man an der stumpfen schwarzen Beschichtung erkennen konnte. Abgesehen von der Motocross-Lenkstange war die Verlängerung des Halses das einzige besondere Merkmal meines Stingray, das vom Schrottplatz stammte, und Troys Blick fiel sofort darauf. »Kann ich den Lenker haben?«, fragte er.

Ich kann mich nicht an den weiteren Verlauf des Gesprächs erinnern, aber als sie mich weiterfahren ließen, war ich meine 9,80 Dollar los.

Ich war ein schicksalsergebenes Kind, das nicht daran gewöhnt war, den Beistand von Erwachsenen zu suchen, und mein Vater erfuhr nur durch eine Indiskretion meinerseits von dem Diebstahl. Er war empört. Er wollte wissen, wo der Räuber wohnte. Ich versuchte zu erklären: Dad, du verstehst das nicht. Es ist Troy. Das ist niemand, den man zur Rede stellt. Aber mein Vater ließ nicht locker. Wir fuhren zum Haus eines Jungen, der wahrscheinlich wusste, wo Troy lebte. Wir standen am Abend in der Dunkelheit auf der Veranda seines Hauses, aber er wollte die Information nicht herausrücken. Der Druck schien ihm körperliches Unwohlsein zu verursachen, aber mein Vater bohrte weiter. Das schien mir vollkommen verrückt. Erwachsene haben manchmal wirklich keine Ahnung von den wahren Gefahren, die in dieser Welt lauern.

Das Haus, das uns der Junge schließlich beschrieb, wirkte eher wie eine Hütte im Garten eines richtigen Hauses. Mein Vater hämmerte gegen die Tür, und nach einer Weile öffnete eine Frau. Die Luft, die aus dem Inneren drang, war schwer von Zigarettenrauch. Mein Vater erklärte ihr wütend, was geschehen war. Zu jener Zeit war er etwa so alt wie ich heute, und im Jahr 1973 sah er aus wie ein Hells Angel. Er war kein Rocker, wirkte aber irgendwie beängstigend mit seinem langen, strähnigen Haar, der ungewaschenen Kleidung und dem dicken Schnauzbart.

Troys Mutter bat um Entschuldigung. Offenkundig war sie bereit, jede Anschuldigung zu glauben, die gegen ihren Sprössling erhoben wurde. Einen Vater gab es nicht. Sie rief Troy zur Tür, der sich irgendwo in der Hütte versteckt hielt und wahrscheinlich die ganze Verhandlung mitbekommen hatte. Der Junge, der zum Vorschein kam, hatte kaum Ähnlichkeit mit dem Furcht einflößenden Gangster. Er schien geschrumpft zu sein, mit niedergeschlagenen Augen und einem kaum hörbaren Gemurmel als Reaktion auf die Befragung.

Die Mutter holte Geld hervor und sagte: »Warum nehmen Sie nicht einfach zehn Dollar?«

Ich erinnere mich noch klar an die Antwort meines Vaters. »*Sie* will ich nicht ausplündern.« Es war der Klang der rechtschaffenen Gerechtigkeit. An diesem Punkt wurde ich ein wenig kühner und fand meine Stimme wieder. Ich gab zu bedenken, dass die Donald-Duck-Geldbörse, die nach Aussage von Troy längst verloren war, schließlich auch etwas gekostet habe. Das schien das Problem des Fehlbetrags von 20 Cent zu lösen. Mein Vater nahm die zehn Dollar, und wir verabschiedeten uns. Auf dem Rückweg zu seinem Auto reichte er mir das Geld.

Ich war verblüfft. Diese Episode lehrte mich einiges darüber, was man braucht, um ein Vater zu sein, und warum wohl jedes Kind gerne einen hat.

Ich erinnere mich an eine weitere Gelegenheit, bei der mein Vater bewies, dass er einer Herausforderung gewachsen war. Sonderbarerweise spielt auch in dieser Geschichte ein Fahrrad eine Rolle. Mein Vater hatte mir ein neues gekauft, nachdem mein altes gestohlen worden war. Es vergingen nur wenige Tage, bis auch dieses Rad geklaut wurde, obwohl es mit einem Schloss gesichert war. Beschämt und zögerlich gestand ich meinem Vater, was geschehen war. Während des Gesprächs sah ich zufällig aus dem Fenster und glaubte durch die schmale, von Büschen eingerahmte Auffahrt für ein oder zwei Sekunden mein neues Fahrrad die Straße hinunterrollen zu sehen. Ich teilte meinem Vater meine Beobachtung mit. Wir liefen zu seinem Auto, einem roten 1963 Ford Fairlane Coupé, dessen Dach man nicht mehr schließen konnte. Anstatt die Fahrertür zu öffnen, sprang er auf den Fahrersitz, ich kletterte über das Heck auf den Beifahrersitz. Wir waren wie Batman und Robin.

Wir brausten los und versuchten zu erraten, wohin der Fahrraddieb vermutlich verschwunden war: in Richtung der San Pablo Avenue. Wir waren keine drei Blocks weit gekommen, als wir zwei Jungen sahen, die in der Mitte der Straße fuhren. Mein Vater scherte aus, setzte sich auf die Höhe des Jungen, der auf meinem Rad saß, packte ihn an seinem Rucksack und brachte den Wagen zum Stehen. Der andere Junge fuhr weiter; er strampelte wie wild und sah sich immer wieder angsterfüllt nach uns um. Ich heiße es nicht gut, einen Jungen auf einem Fahrrad mit einem Auto einzufangen. Aber das waren andere Zeiten, und die Leute dachten sich vermutlich noch nichts Schlimmes dabei. Jedenfalls hatte ich mein Fahrrad wieder – ein süßer Triumph.

ZWEI DERBYS UND EIN HARE SCRAMBLE

ERSTER AKT: DEMOLITION DERBY

»Ramm dieses Auto! Ramm dieses Auto!«

Die Frau stand an der Bande und zeigte auf das Spielzeugelektroauto, das ihr kleiner Sohn abschießen sollte. Im nächsten Augenblick war das gegnerische Auto außer Gefecht gesetzt, und seine Plastikkarosserie hing auf einem Holzklotz fest. Carpe diem, kleiner Mann. In der irisch-schottischen Kinderstube bietet diese Form von frühen Fahrstunden Gelegenheit, eine bedeutsame Lektion zu vermitteln: Die Kinder müssen in die Appalachen-Ethik der Feindseligkeit eingeführt werden.

Wenn Sie aus Kalifornien in den amerikanischen Süden zugewandert sind, sollten Sie für den Fall, dass Ihnen ein wütender Pick-up-Fahrer an der Stoßstange klebt oder dass Sie mit einer halb vollen Dose Bier beworfen werden, während Sie auf einer zweispurigen Straße ein Ihrer Meinung nach vollkommen vernünftiges Überholmanöver durchführen, wissen, dass hier ein *Prinzip* am Werk ist.

Ich besuchte die Warren County Fair, um mir das für Mittwochabend angesetzte Demolition Derby anzusehen, traf jedoch einen Tag früher ein, weil ich wissen wollte, was das »Power Wheels Derby« am Dienstagabend war. Vielleicht Monstertrucks? Jedenfalls musste es etwas Großartiges sein. Wie sich herausstellte, waren die Power Wheels Autos, die von Krabbelkindern gesteuert wurden. Wem Familienveranstaltungen mit wohlerzogenem Publikum vertraut sind, der ist daran gewöhnt, Aufforderungen wie »Nicht hauen!«, »Wechselt euch ab!«, »Lasst jeden einmal gewinnen!« und ähnliche Ermahnungen zu hören, die allesamt dazu dienen, das zu unterdrücken, was Johan Huizinga als »das menschliche Bedürfnis nach Wettstreit« bezeichnet.

Die »technische Inspektion« vor dem Power-Wheels-Wettbewerb bestand darin, sicherzustellen, dass bei jedem Auto ein aufgeblasener Schlauchballon an Front und Heck befestigt war. Der Zweck des Rennens bestand darin, die Ballons der Gegner zum Platzen zu bringen und den eigenen vor der Zerstörung zu bewahren. Das entspricht mehr oder weniger der Zielsetzung des Demolition Derby für Erwachsene, wobei die Ballons den Platz von empfindlichen Bauteilen wie Kühlern einnehmen.

Im Erwachsenenderby am Mittwochabend wurde überwiegend im Rückwärtsgang gefahren; erfolgreich ist am ehesten der, dem es gelingt, sein Heck einzusetzen, um den Kühler der Gegner zu rammen. Die Benzintanks (die oft aus billigen Plastikkanistern bestehen) werden ins Fahrzeuginnere verlegt, um die Brandgefahr zu verringern. Alles Glas wird beseitigt, und im Rahmen der Windschutzscheibe wird vertikal eine Stahlstrebe angeschweißt, damit kein anderes Auto in die Fahrerkabine fliegen kann. Die Türen werden zugeschweißt. Ich sah ein Auto, in dem die Motorsteuerung auf das Armaturenbrett geklebt worden war, um sie vom Kühler zu entfernen. Als Klebstoff war eine Substanz verwendet worden, die aussah wie Bitumen, das zufällig von einem vorbeikommenden Riesentier ausgekackt worden war. Bei einigen Autos ragte ein Auspuffrohr senkrecht aus der Motorhaube, anstatt unter dem Fahrwerk zu hängen, wo es Gefahr lief, an etwas hängen zu bleiben. All diese Konstruktionen verliehen den Wagen ein Aussehen, das an *Mad Max* denken ließ. Diese Autos, mit Sprühdosen lackiert und aus Material zusammengebastelt, das eher aus dem Baumarkt als vom Spezialhändler für Rennsportzubehör stammte, waren für die einmalige Verwendung bestimmt. Inmitten des Chaos der Improvisation war es schwer, irgendwelche Bauarten oder Modelle zu erkennen. Eine massive blonde Frau, etwa dreißig Jahre alt, hatte ihr Auto mit dem Motto RAISE HELL EAT CORNBREAD versehen.

Für den Start nehmen die Autos mit dem Kühler Richtung einer Mauer in einer Reihe Aufstellung. Wenn das Signal ertönt, rasen sie im Rückwärtsgang los und schwärmen aus. Die Fahrer halten über die Schulter nach ihren Gegnern Ausschau, um sie ins Visier zu nehmen. Eigentlich ist es nicht erlaubt, die Fahrertür eines anderen Autos zu rammen, aber da sich die Autos in einer matschigen Arena bewegen, können die Fahrer nur mit Einschränkungen kontrollieren, wo sie ihre Gegner treffen.

Nicht vorbereitet war ich auf das Gefühl einer Zeitreise in die Vergangenheit. Ich möchte hier vorsichtig sein. Es ist verlockend, die Angehörigen ländlicher Gemeinschaften als Bewahrer von aus der Mode gekommenen Tugenden zu verklären oder sie als Hindernisse für den großen Sprung nach vorn zu verteufeln. Aber die kulturelle Situation, in die ich mich zurückversetzt fühlte, war keine Norman-Rockwell-Szene aus einer friedlichen Kleinstadt, nein, die Atmosphäre hatte eher Ähnlichkeit mit einem Konzert von Iron Maiden, um das Jahr 1983 herum. Nur dass die Bühneneffekte durch tatsächliche Explosionen (kurzgeschlossener Batterien) und Schwaden von Kühlerdampf ersetzt waren. Köpfe schleuderten hin und her, Blech knirschte.

Ein Auto wurde mit solcher Wucht gerammt, dass es über die Motorhaube auf das Dach des Angreifers schoss und dort in einem Neigungswinkel hängen blieb, während der Pirat auf die Betonmauer zusteuerte. Dann rutschte das Auto des Opfers herunter, kam auf der Seite zu liegen und schwankte einen Augenblick lang, bevor es wieder auf die Räder plumpste und sich anschickte, Rache zu nehmen.

»Ramm ihn frontal!«

»Ramm ihn noch mal!«

Die beiden Gentlemen, die zu meiner Rechten am eingezäunten Bierschank standen, hatten in diesem Duell gegnerische Positionen bezogen. Sie schienen beide Anfang fünfzig zu sein. Der eine, ein großer, schlaksiger Bursche, hatte volles langes Haar, das zweifellos ohne das Zutun von Haargel unter einer mit der konföderierten Flagge verzierten Kappe hervorquoll. Der andere hatte die Statur eines Hydranten und trug einen kleinen Pferdeschwanz, ansonsten jedoch kurz geschorenes Haar.

Viele Leute sprechen über »sinnlose Gewalt«, als wäre sie etwas *Schlechtes*. Aber für den wahren Kenner ist sinnlose Gewalt die beste Art von Gewalt. Durchaus ausgeglichene Menschen fühlen sich manchmal von derartigen Spektakeln angezogen, obwohl sie ihre Faszination selbst kaum erklären können.

Natürlich gibt es die einfache und respektable Erklärung, ein derartiger Wettbewerb diene als »Ventil« für Energien, die ansonsten in destruktiveres Verhalten fließen könnten. Aber mit dieser Erklärung holt man das Demolition Derby in den Kosmos des *Verantwortungsbewussten* und kehrt damit den Sinn um, den das Rennen offenkundig für die Teilnehmer hat. Sie scheinen in diesem Wettkampf eher eine ungehemmte, dionysische Freude an der Zerstörung auszuleben.

Ein Seifenkistenderby ist ein Rennen, an dem normalerweise Kinder in Autos teilnehmen, die ausschließlich von der Schwerkraft angetrieben werden. Das Soapbox Derby für Erwachsene in Portland findet seit 1997 alljährlich in einem städtischen Park auf einem steilen Hügel namens Mount Tabor statt. Die Website der Veranstalter vermittelt den Geist des Rennens – Burning Man auf Rädern wäre eine passende Formel – und schildert seine Ursprünge: Einer der Gründer sah im Jahr 1994 in San Francisco ein ähnliches Ereignis. Er beschreibt zunächst die Kleidung der Teilnehmer (»Punk«, »postindustriell«, »zerrissene und fleckige Hosen«) und anschließend die Handlung:

> *Einige Autos rasten in andere hinein. Die wagemutigen Fahrer wurden in die von Blut erfüllte Luft und auf den erbarmungslosen Beton geschleudert. Ein Fahrer verlor die Kontrolle über sein Gefährt, das in die Zuschauermenge und über die Klippe flog. Aber einige schafften es nach unten, und einer errang den Sieg und wurde zur Legende. Die Zuschauer waren außer sich, übergossen einander mit Bier und reckten die Fäuste gen Himmel.*

Ich hatte keinen solchen Gründungsmythos für das Demolition Derby im Warren County gefunden; soweit ich es beurteilen konnte, verzichtete man dort auf jegliche Selbstverklärung. Die Beschreibung des Seifenkistenrennens in Portland klang ein wenig beängstigend – offenbar herrschte eine Atmosphäre von Gewalt, Kriminalität und Rücksichtslosigkeit. Würde ich das ertragen können? Obendrein war ich ein bisschen verwirrt. Ein Rennen mit von der Schwerkraft angetriebenen Autos, die der Reihe nach auf die Piste geschickt wurden, hätte doch eigentlich ein eher ruhiges und friedliches Vergnügen sein sollen.

Ich reiste am Tag vor der Veranstaltung an und suchte mir am Morgen des Rennens wenige Meter von dem Park entfernt einen Platz zum Frühstücken. Wie sich herausstellte, war es eine beschauliche Wohngegend mit Häusern, die Millionen Dollar wert waren. Ich war noch nie in Portland gewesen und wollte mir ansehen, wie die Leute dort lebten. Zu den Dingen, die mir auffielen, zählten die Schilder in den Vorgärten, auf denen die Bewohner ihre Zuneigung zu verschiedenen Personengruppen zum Ausdruck brachten. Auf einigen Schildern standen in Arabisch geschriebene Zeilen, die ich nicht verstand. Es ist beeindruckend, dass sich so viele Einwohner von Portland die Mühe gemacht haben, diese schwierige Sprache zu erlernen. Soweit ich es beurteilen konnte, waren die einzigen tatsächlich anwesenden Personen, die in die auf den Schildern genannten Kategorien passten, einige Gärtner spanischer Herkunft, die das botanische Füllhorn vor einem schönen Haus im American-Craftsman-Stil ausgossen.

Ich setzte mich im Gastgarten des Restaurants Coquine an einen Tisch und beobachtete die Leute aus der Nachbarschaft, die einander an einem Samstagmorgen mit gelöster Freundlichkeit begrüßten, mit Anstand und in einer Atmosphäre vollkommenen Vertrauens. Hier konnte ich einen Blick auf eine bestimmte Art von Utopie werfen. Es fiel mir auf, dass die Homogenität dieses Orts genau das war, was sich die Leute angeblich gewünscht hatten, als sie Trump wählten.

Nach dem Frühstück ging ich den Hügel hinauf. Ich kam an Treffpunkten erwartungsfroher Besucher des Rennens vorbei, die sich auf Picknickdecken niedergelassen hatten, und schnappte Gesprächsfetzen auf. Eine ausgiebig tätowierte Frau sagte zu ihrem tintenbeschmierten Begleiter: »Möchtest du eine Bloody Mary mit Kimchi und Zitronengras oder eine normale Bloody Mary?« Ein Stück weiter den Hang hinauf sagte ein Mann zu seiner blauhaarigen Gefährtin: »Und das ist der *wirkliche* freie Markt, nicht dieser faschistische Scheiß, den wir Kapitalismus nennen.« Sie wirkte gelangweilt und gereizt.

An einem Kiosk wurden künstlerische T-Shirts mit dem Aufdruck FEAR THE FLAG verkauft. Dies war eine Anspielung auf die Streckenposten mit ihren orangenen Flaggen, die an verschiedenen Punkten des Kurses postiert waren, um die Zuschauer davon abzuhalten, auf die Strecke zu laufen und Unfälle zu verursachen. Das Motto, das sich über die Autorität lustig macht, während es sie ausübt, ist gut auf das enge gesellschaftliche Spektrum abgestimmt, in dem eine solche Veranstaltung erfolgreich sein kann. Rebellen, die sich in Funktionäre verwandeln, geraten in einen schmerzlichen Zwiespalt: Man ahnt, wie brüchig ihr Selbstverständnis sein muss.

Unweit der Startlinie fand ich einen Platz neben einem Mann, der einen jungen Hund bei sich hatte, der niedlich, zugleich jedoch auch gefährlich wirkte. Ich sagte: »Er sieht aus wie ein Schakal oder vielleicht eine Hyäne.«

Eine Stimme hinter mir sagte: »Sie meinen, wie ein afrikanischer Hund.«

Ich drehte mich um. Es war eine Frau, die vielleicht siebzig Jahre alt war. Sie hatte einen dieser Wanderstöcke in der Hand und sah mich mit einem strengen Blick an, der darauf hindeutete, dass sie möglicherweise irgendeine offizielle Funktion bekleidete. Ich ignorierte sie und sagte in scherzhaftem Ton zu dem Hundebesitzer: »Sie behalten ihn besser im Auge. Er könnte auf die Idee kommen, Ihnen an die Kehle zu gehen.«

»Das ist wirklich nicht lustig«, sagte die Frau mit dem großen Stock. Ich entschloss mich, den Platz zu wechseln.

Das Derby ist in zwei Kategorien unterteilt. Das erste Rennen ist für jene bestimmt, die schnell fahren wollen. Ich schlenderte durch die »Aufwärmzone« und stellte fest, dass einige dieser Seifenkisten technisch beeindruckend und gut gebaut waren. Das Auto, das diese Kategorie schließlich für sich entschied, war ein vollkommen stromlinienförmig verkleidetes Gefährt, das von einem Team von U.S. Marines gesteuert wurde, die in Tarnanzügen antraten. Sie hoben sich von den übrigen Teilnehmern ab und wirkten daher sozial sonderbar verwundbar. Sie blieben unter sich, eine zurückhaltende gegenkulturelle Präsenz auf diesem Hügel.

In der zweiten Kategorie traten »Kunstautos« an. Hier stand der Einfallsreichtum nicht im Dienst der Geschwindigkeit, sondern des Bemühens, geistreich zu sein. Die Mitglieder des in meinen Augen geistreichsten Teams traten in safrangelben Roben an und fuhren einen mit Blumengirlanden behängten Rolls-Royce aus Pappe – eine Anspielung auf den berüchtigten Bhagwan Rajneesh, dessen Anhänger eine Ortschaft im ländlichen Oregon übernahmen und schließlich unter dem Vorwurf des versuchten Mordes aus der Stadt gejagt wurden. Sehr gut gefiel mir auch eine Reproduktion des liebenswerten Roboters aus dem Film *Wall-E* samt flexiblem Hals und Augen, die sich mit verblüffender Ausdrucksfähigkeit bewegten.

Aber die meisten »Kunstautos« verstand ich nicht, sofern es überhaupt irgendeine kohärente Botschaft gab. Mir gefällt Kunst, aber ich muss gestehen, dass ich nie einen Hang zur »Kunst« als Ausdruck einer urbanen Stimmung, Identität oder kulturellen Haltung gehabt habe. Ich bin nicht sicher, was diese Kunst ausdrücken soll, aber zweifellos erfüllt sie für diejenigen, die sie praktizieren, eine wichtige Funktion.

Ich nehme an, sie hat etwas mit ostentativen Verstößen gegen Normen der Gemeinschaft zu tun, besser gesagt gegen Normen, von denen angenommen wird, sie hätten zu irgendeinem Zeitpunkt existiert. Paradoxerweise scheint sie jedoch auch Ausdruck der Zugehörigkeit zu etwas zu sein. Die Mehrheit der Teilnehmer hatte offenkundig dieses Bedürfnis, und die Veranstaltung diente dazu, es zu erfüllen. Diese Leute schienen das vorherrschende Lebensgefühl Portlands auf ihrer Seite zu haben.

Ich bezog in einer Kurve Stellung und sah zu, wie die Seifenkisten in Wellen vorbeirumpelten. Die Autos, die gebaut worden waren, um schnell zu fahren, waren schnittig und rollten den Hang mit einem Mindestmaß an Drama herab, wobei die schnellsten vermutlich knapp 50 Stundenkilometer erreichten. Einige der Kunstautos fuhren rund 15 Stundenkilometer schnell, aber in ihrem Fall ging es selbstverständlich nicht um die Geschwindigkeit, sondern um die Show. Das Schauspiel verdankte seinen Reiz teilweise der kulturellen Referenz, die ein Team zum Ausdruck bringen wollte, teilweise den Bemühungen der Teilnehmer, mit plumpen dekorativen Anhängseln (die teilweise riesig waren) zurechtzukommen, und teilweise den Auswirkungen von Ingenieursentscheidungen, wie man sie von Geisteswissenschaftlern erwarten darf. Ich sah ein Auto in der Form eines riesigen Steckenpferds, das mit gewaltigen Vibrationen kämpfte; die beiden Vorderräder waren auf getrennten, vertikalen Lenkachsen ohne jegliche Neigung montiert. (Stellen Sie sich das Rad eines Einkaufswagens vor, das chaotisch hin und her schlackert.) Ich konnte mich des Mitleids für die Insassen der langsamsten Seifenkisten nicht erwehren. Ich nehme an, dass jeder Teilnehmer, wenn er sich das Rennen (aus Sicht eines Zuschauers) ausmalt, sich aufgrund der Geschwindigkeit unscharf vorüberfliegen sieht und die Betrachter, die sich nur fragen können, was da gerade vorbeigerast ist, mit einer Ahnung seiner Tollkühnheit zurücklässt. Aber wenn sich das Auto in Schrittgeschwindigkeit fortbewegt, ist es schwierig, das Gefühl eines Ritts am Rand der Katastrophe aufrechtzuerhalten, das der Sinn des ganzen Unternehmens ist. Die Fahrer der langsamsten Gefährte waren einer kalten, nüchternen Inspektion durch die Zuschauer ausgesetzt, die oft keinen Ton von sich gaben. Manche der Rennfahrer saßen nicht ruhig in ihrer Seifenkiste, sondern gaben tapfer eine Pantomime des Kampfs um die Kontrolle über das Gefährt zum Besten, aber diese Vorführung wirkte bei zwölf Stundenkilometern nicht sehr überzeugend.

Ich ging hinunter zur Ziellinie und kam auf dem Weg an einer riesigen Mausefalle vorbei. Am Fuß des Hügels sah ich eine Gruppe erwachsener Männer, die als Teletubbies verkleidet waren und neben einem passenden Animationsfilmgefährt standen; eine Schar von nur mit Windeln bekleideten Männern umringte einen riesigen Kinderwagen. Während die Männer offenbar Themen der Selbstinfantilisierung bevorzugten, trugen die Frauen Kostüme, die Empowerment ausdrücken sollten: schwarze Jeans, Muskelshirts, Motocross-Helme. Ich hatte den Eindruck, Zeuge eines Spiels der Symbole zu sein, dessen Regeln für die Eingeweihten vollkommen klar waren. In diesem Spiel in Portland im Jahr 2018 schien die Regel zu gelten, dass die Männer »Harmlosigkeit« und die Frauen »Bedrohlichkeit« signalisierten.

Darin ahnt man eine gewisse Ritterlichkeit. Die Männer geben den Frauen Raum, in dem diese sich wild fühlen dürfen, und das tun sie, indem sie selbst diesen Raum aufgeben. Ich konnte dieses Kostümspiel nur von außen betrachten, wie ein amerikanischer Beobachter das höfische Spiel französischer Adliger im Salon von Ludwig XVI. Soweit ich es beurteilen konnte, mussten die Männer, um ritterlich zu sein, bestimmte Formen respektieren – hier ging es nicht um gepuderte Perücken und weiße Schminke, sondern das Schwenken einer weißen Fahne im Kampf der Geschlechter in der Erwartung, mit dieser Geste die Frauen in diesem Milieu gewogen zu stimmen. Ganz ähnliche Normen galten im 18. Jahrhundert in der herrschenden Klasse einer Gesellschaft, die kurz vor dem Zusammenbruch stand.

DRITTER AKT: HARE SCRAMBLE

Am Wochenende des Memorial Day 2018 fuhr ich auf der Route 10 nach Osten, um meinen Freund Barron in Surry (Virginia) in einem Hare-Scramble-Rennen zu sehen. Ein Hare Scramble ist ein Motocrossrennen durch den Wald.

Die Strecke in Surry war etwa zehn Kilometer lang und wand sich auf schmalen Pfaden. Die erwachsenen Fahrer mussten fünf Runden absolvieren. Kleidung, Ausrüstung und Lackierung der Maschinen waren so uniform grell und mit Sponsorennamen übersät, dass es schwierig war, die Grenze zwischen Fahrer und Maschine zu erkennen. Man stelle sich eine menschliche Hybridgestalt ähnlich einem Zentauren vor, der auf den Pedalen einer Cross-Maschine steht, die um eine Windung des Pfads gerast kommt, an einer Bodenwelle abhebt und geradewegs auf eine Eiche zufliegt, sich in der Luft jedoch irgendwie dreht. Die Könner unter den Fahrern scheinen mit dem Hintern zu steuern, wodurch sie das in der Luft hängende Hinterrad in den Schlamm auf der Linken, auf der Rechten und wieder zurückdrücken, in einem Rhythmus von kurzen Schlammfontänen und Körpersprache, die zu einer rasanten, fließenden Bewegung zwischen den Bäumen hindurch verschmelzen. Begleitet wird die Bewegung vom kratzenden, metallischen Klang eines hochtourigen, mit

Unterbrechungen aufheulenden Zweitakters, der die Lenkung des Motorrads dadurch erleichtert, dass er spontan aufs Gas anspricht. Die besten Fahrer sehen wie Tiere aus, als hätte sich diese Art der Bewegung über eine Ewigkeit hinweg entwickelt: Sonderbare und schöne Raubtiere bringen die Geschwindigkeit der offenen Savanne ins dunkle und vertrauliche Reich des Waldes.

Auf der engen Fahrbahn gibt es kaum Überholmöglichkeiten. Deshalb ist der Start entscheidend. Die Fahrer werden in Abständen von zwei Minuten in mehreren Wellen auf die Strecke geschickt, wobei abhängig von der Zahl der Teilnehmer in jeder Klasse zwischen fünf und fünfzehn Fahrer nebeneinander auf einer offenen Wiese ins Rennen gehen. Sie alle versuchen, gut wegzukommen, um zu den Ersten zu gehören, die die erste Kurve erreichen. Es ist eine chaotische Jagd aller auf alle, bei der am Start Reifen durchdrehen, Motorräder miteinander in Kontakt kommen und auf den ersten Hundert Metern der eine oder andere Fahrer zu Boden geht. Es gibt keinen neutralen Kampfrichter, der einen Frühstart oder ein verbotenes Manöver ahnden könnte, sondern nur einen Haufen erwachsener Männer, die das untereinander regeln.

Allerdings sind einige von ihnen alles andere als erwachsen. In den Nachwuchskategorien (4 bis 6 Jahre und 7 bis 8 Jahre) wird auf dieselbe Art gestartet. Noch prägender als die körperlichen Herausforderungen in diesem Sport ist das Fehlen einer Autoritätsfigur, bei der man sich beklagen könnte. Hier findet man vielleicht nützliche Hinweise, wenn man sich fragt, was ein Kind darauf vorbereitet, die Härten des Lebens zu bewältigen.

Die ersten Rennen am Morgen waren für die Kinderkategorien reserviert und liefen bereits, als ich eintraf. Ich bemerkte so manchen Pferdeschwanz, der aus einem Helm herausshing. Das erste Rennen endete, und die Fahrer nahmen die Helme ab: Etwa ein Viertel waren Mädchen. Es gab keine eigene Kategorie für sie, sondern sie gingen einfach mit den Jungen an den Start und stürzten sich ins Getümmel. Einige von ihnen waren »verflucht schnell«, wie mir Barron erklärte, und nahmen später als Expert Women an Rennen teil.

In diesem Sport gibt es keine Rennaufsicht, die für Geschlechtergleichbehandlung sorgt, und anscheinend gibt es auch keine Kultur besonderer Fürsorglichkeit für die Frauen: Sie treten an und fahren Rennen. Ich sprach nach dem Rennen mit einigen von ihnen. Die meisten von ihnen stammten aus Rennfahrerfamilien, und Motorrad fahren zu lernen war für sie so natürlich wie Fahrrad fahren.

Hier geschieht etwas Interessantes: Wer aufmerksam ist, dem fällt eine gewisse Ungezwungenheit der Geschlechterbeziehungen in Sektoren unserer Gesellschaft auf, die sich Beschäftigungen wie dem Motocross-Sport widmen. Wenn man sich zwischen diesen Segmenten und der gepflegteren Kultur der oberen Mittelschicht bewegt, bemerkt man einen Kontrast, eine andere Art von Beziehungen zwischen Männern und Frauen. Wollen wir uns das näher ansehen?

EINE ODE AN DIE HINTERWÄLDLERINNEN

In jenen Segmenten der Gesellschaft, die fester in die Institutionen eingebunden und mehr auf Zertifizierungen und goldene Sternchen angewiesen sind, die Menschen dazu bringen, ihren Weg auf der Schlachthofstraße der Meritokratie fortzusetzen, gibt es ein Programm zur Ermächtigung junger Frauen, an das wir uns gewöhnt haben. Als Vater mehrerer Töchter nehme ich bereitwillig daran teil. Verlässt man jedoch diese Welt, so erhascht man gelegentlich einen Blick auf eine weniger strikt verwaltete Sphäre, die größere Ähnlichkeit mit den von Tocqueville beschriebenen »freiwilligen Vereinigungen« der Selbstregierung hat. Anders als beim institutionell verordneten »Mädchen an die Macht« gibt es in dieser informellen Szene keine bürokratische Autorität, die dafür sorgt, dass sich alle Mädchen gleichermaßen und angemessen potent fühlen.

Die Zahl der Fahrerinnen bei jenem Hare Scramble überraschte mich. Und sie ermutigte mich, denn ich fände es schön, meine Tochter J auf einem Motorrad zu sehen – einfach, weil ich glaube, es würde ihr Freude machen. Die Erfahrung gab mir zu denken: Was macht starke Frauen aus? Das Bild der aggressiven Frau ist mittlerweile allgegenwärtig in Werbung, Superheldenfilmen und den gewalttägigen weiblichen Rachefantasien, die zu einem festen Bestandteil der Popkultur geworden sind. Dieselben Eigenschaften, die bei einem Mann als »toxisch« betrachtet werden, scheinen bei einer Frau als »Empowerment« zu gelten. Aber der Prozess, in dem unsere Heldin so unwiderstehlich wird, ist eine imaginative Lücke, die nur selten gefüllt wird.

Offenkundig wird große Hoffnung in die Propaganda gesetzt. Ich meine damit all die Bekräftigungen der Befähigung von Mädchen in der Schule, der Universität, den Unternehmen, dem organisierten Nachwuchssport, der Elternberatungsbranche, den Medien usw. Aber das Resultat ist allzu oft fragil, wenn man die Atmosphäre der sexuellen Paranoia und Opfermentalität betrachtet, die in den Institutionen der oberen Mittelschicht in Bezug auf Geschlechterfragen herrschen. Administrative Anweisungen und therapeutische Regelungen werden zahlreicher, Meinungsäußerungen und Verhalten werden immer strenger überwacht, all dies, um die Befindlichkeit unserer starken jungen Frauen zu schützen.

Daher sollten wir auf der Suche nach einer Antwort auf die Frage, was junge Frauen stark macht, unser Gesichtsfeld vielleicht über die Gesellschaftsbereiche hinaus erweitern, in denen dieser Apparat sein eigenes Versagen zuverlässig in eine Begründung dafür verwandelt, sein Herrschaftsgebiet noch weiter zu vergrößern. In den kaum überwachten sozialen Beziehungen der Hinterwäldlerinnen findet sich etwas, aus dem wir etwas lernen könnten.

Nehmen wir zum Beispiel Marilyn Simons Bericht, die als Fünfzehnjährige in einem rund um die Uhr geöffneten Restaurant arbeitete und unablässig sexueller Belästigung ausgesetzt war. Zunächst verschämt und peinlich berührt, begann sie bald, sich der Köche mit derben Antworten zu erwehren:

> *Einer von ihnen machte mich im Lauf einer achtstündigen Schicht mehrere Male an, aber ich begriff rasch, dass ich in der Lage war, ihn zurückzuweisen – und ihm nicht nur eine Abfuhr zu erteilen, sondern das auch mit einer scherzhaften Beleidigung zu verbinden, die ihn für den Rest der Schicht zum Ziel des Spotts machte. […] Gerade die Unanständigkeit der Kultur in der Küche machte die Arbeit in diesem 24-Stunden-Restaurant erträglich, und all die vulgären Beleidigungen am Arbeitsplatz verliehen der Arbeit eine Art von ungehobelter Würde. Indem man dort arbeitete, wurde man Teil einer Familie. Die Missachtung der für den angenehmen sozialen Umgang geltenden Regeln, an die man sich im Speisesaal des Restaurants gewissenhaft halten musste, war die Initiation für die Aufnahme in den Clan. Seit jenem Sommer habe ich gelernt, dass die Kultur der fettigen Küche anthropologisch reichhaltig ist: Es ist die Art von Gemeinschaft, die wir zum Bei-*

spiel in den Wirtshäusern in Shakespeares Stücken finden, und sie funktioniert in direktem Widerspruch zu den offiziellen Regeln. Ihre Währung ist ein Übermaß an schmuddeliger Heiterkeit, und ihre Ökonomie untergräbt die normativen Ansprüche von Verdienst und Ansehen, die beiden Säulen der sozialen Autorität und Mittelschichtmoral. In der Küche gilt: Je schlimmer du bist, desto besser! Die profane, freie Kultur der Küche war das Gegengift zur höflichen Selbstbeschränkung im Speiseraum sowie zur Ethik der strikten Harmlosigkeit, die unsere politisch korrekte Kultur beherrscht.[1]

Ich hörte, wie eine Frau, die eine bemerkenswerte Ähnlichkeit mit Roseanne Barr hatte, in Gegenwart eines Teenagers einen schlaksigen jungen Mann, der seine Wettkampfmontur trug, aber etwas unentschlossen dreinblickte, anschrie: »Sei keine verdammte Vagina!« Ich war ein wenig schockiert, denn diesen Ausdruck hatte ich noch nie gehört. Vielleicht war es eine deftigere Version der Einstellung, die Plutarch bei spartanischen Frauen beobachtete, die zu ihren in die Schlacht ziehenden Söhnen sagten: »Komm mit deinem Schild oder auf deinem Schild zurück.« Es heißt, in der unteren Mittelschicht sei das Patriarchat am wenigsten umgebaut worden. Und doch ist dieses Patriarchat, wenn es denn eines ist, anscheinend durchaus vereinbar mit selbstbewussten Frauen, die kein Problem damit haben, ihre Männer zu kontrollieren und nötigenfalls zu ermahnen, »ihren Mann zu stehen«.

Der Klassenunterschied besteht vielleicht nicht darin, wer die Hosen anhat, sondern darin, ob die vorherrschende Einstellung »männlichen« oder »weiblichen« Normen entspricht, um die von der Soziologin Patricia Sexton im Jahr 1969 verwendeten Begriffe heranzuziehen. Ich weiß, dass dies gemessen an heutigen Maßstäben furchtbar »binär« klingt. Aber Sexton geht es darum, dass beide Haltungen von beiden Geschlechtern oder von keinem eingenommen werden können. Ihre kulturelle Verbreitung und Annahme ist variabel, aber die Haltungen an sich sind als kohärente Bündel von Werten und Verhaltensweisen erkennbar. In Sextons Darstellung vertreten in der Oberschicht sowohl Männer als auch Frauen eher weibliche Normen, während sich in der Arbeiterklasse beide Geschlechter eher an männlichen Normen orientieren.[2]

Wenn wir diese These mit Simons Beobachtungen zur Solidarität in der Kultur einer Restaurantküche verbinden, können wir folgenden Gedanken entwickeln: Die Verwendung einer vulgären Sprache mag eine männliche Norm sein, aber manchmal dient sie nicht dazu, Frauen zu terrorisieren, sondern dazu, eine Klassengrenze zu markieren, jenseits von der die zimperlichen und prüden Überkorrekten zu finden sind.

In Sextons Augen bevorzugen Frauen aus der Arbeiterklasse männliche Männer, weshalb man sagen kann, dass sie männliche Normen für gültig und sogar wichtig halten. Die übliche feministische Antwort lautet, dass diese Frauen unter einem falschen Bewusstsein leiden, das ihre Unterwerfung garantiert. Aber das ist kaum mit dem in Einklang zu bringen, was man in der Realität sieht.

Tatsächlich kann das »Patriarchat« der Arbeiterklasse große Ähnlichkeit mit einem Matriarchat haben. Eine gute Darstellung dieses Phänomens findet man in der Fernsehserie *Sons of Anarchy*, in der es um einen Motorradclub in Nordkalifornien geht. Gemma (gespielt von Katey Sagal), die Witwe des Clubgründers und Mutter des potenziellen Anführers Jax, herrscht nicht als vermittelnde oder erhebende weibliche Instanz, sondern sie wendet die männlichen Normen an, die sie vorbehaltlos teilt. Sie ist zugleich hart und weiblich – das heißt, sehr sexy.

Nietzsche entwickelte eine dreigeteilte Typologie der Liebhaber. Der höchste Typus sehnt sich nicht nach einer Frau, die ihn retten wird, das heißt nicht nach einer jungfräulichen Erneuerin, sondern nach einer Frau, die ihn gerade wegen seiner Verdorbenheit lieben wird. Gemma ist eine solche Frau, eine echte Spießgesellin, die ihren Sohn zu klarsichtigerer Rücksichtslosigkeit anspornt. Es gibt sogar Hinweise auf eine ödipale Dynamik zwischen Mutter und Sohn. Der Junge will den Maßstäben gerecht werden, die der Vater gesetzt hat, der Eroberer seiner Mutter. Wie Rousseau sagte: Wenn du möchtest, dass die Männer tugendhaft sind, lehre die Frauen, was Tugendhaftigkeit ist. Das scheint sowohl für die heidnische als auch für die christliche Tugend, für männliche ebenso wie für weibliche Normen zu gelten. Die Männer verwandeln sich in das, was die Frauen bevorzugen.

Plutarch berichtet, als eine in der Schlacht besiegte Armee versucht habe, sich hinter den Stadtmauern in Sicherheit zu bringen, hätten die Mütter der Kämpfer das Tor versperrt, seien auf die Stadtmauer geklettert, hätten die Röcke hochgehoben und den Männern zugerufen: »Was wollt ihr – wieder *hier* hineinklettern?« Die Armee zog wieder in den Kampf und siegte.

Wir sind zu der Frage abgeschweift, was *Männer* stark macht (die Antwort: Frauen, die Stärke von ihnen verlangen). Aber unser Ausgangspunkt war die Frage, was *Frauen* stark macht. Kommen wir also wieder darauf zurück. Ich konfrontierte meine Freundin Jess mit dieser Frage, nachdem ich ihr meine Beobachtungen beim Hare Scramble geschildert hatte. Sie erklärte, eine Frau werde einfach dadurch stark, »dass sie Dinge tut, ohne sich auf die Tatsache zu konzentrieren, dass sie eine Frau ist, die diese Dinge tut«. Das klingt vernünftig und im Rückblick sogar naheliegend, und es deutet darauf hin, dass Männer und Frauen im Grunde gar nicht so verschieden sind. Es ist eine gute Beschreibung der Einstellung der Rennfahrerinnen – oder des Fehlens einer Einstellung.

Aber Jess erklärte mir, in unserer Gesellschaft stießen Frauen bei diesem einfachen Tun auf ein Hindernis, das sie ironischerweise als »Überwinderkomplex« bezeichnete. Ich verstand es so, dass sie die Verlockungen einer bestimmten moralischen Tapferkeit meinte, zu der Frauen ermutigt werden, wenn sie etwas *als Frau* tun, wobei angenommen wird, dass dies zusätzlich zu den Herausforderungen der Aktivität an sich einen besonderen Kampf gegen die Unterdrückung erfordert. Das lädt dazu ein, zurückhaltend Abstand von der Aktivität zu halten. Aber man lernt eine Aktivität halt nur wirklich zu beherrschen, indem man sich vollkommen in sie vertieft. Die beeindruckendsten und erfolgreichsten Frauen scheinen so wie ihre männlichen Entsprechungen nicht unter der Bürde der Verantwortung zu leiden, die Geschichte voranzutreiben: Sie tun einfach, was sie tun, und finden ihre Befriedigung darin, die Herausforderungen ihres Handwerks zu bewältigen.

Ich schlenderte über die morastige Wiese, während sich die Expert Women auf den Start vorbereiteten, letzte Handgriffe an ihren Motorrädern vornahmen, ihre Brillen abwischten und sich für ihren Lauf aufstellten. Ich sprach mit einer Frau, die Anfang dreißig zu sein schien. Sie bemühte sich weniger um ein Pokerface als einige andere Teilnehmerinnen, weshalb sie zugänglicher wirkte. Sie hatte erst vor wenigen Jahren, nachdem sie ihre Kinder bekommen hatte, mit den Rennen begonnen, und sie liebte es. Ich fragte sie nach der Kultur dieses Sports und danach, wie es war, sich in dieser Welt als Frau zu behaupten. Leider ertönte gerade in diesem Augenblick das Signal: noch dreißig Sekunden bis zum Start. Die Motoren heulten los. Ich wollte sie in einem solchen Augenblick nicht belästigen, aber ich wollte wirklich wissen, was sie dachte. Ich beugte mich zu ihrem Helm vor und schrie ihr zu, ob sie glaube, dies hier sei *ERMÄCHTIGEND*?

Ich bin nicht sicher, ob sie mich richtig hörte, denn sie schrie: »Versuchen Sie es mit einem Zweitakter! Verdichtung von dreizehn zu eins!«

In diesem Augenblick wurde das Startsignal gegeben, und sie raste los, wobei sie mein Notizbuch und meine Brille mit einer Fontäne von Schlamm bespritzte. Ihr Vorderrad tanzte in der Luft, als sie um eine gute Position auf dem Weg in die erste Kurve kämpfte.

DEMOKRATIE IN DER WÜSTE: DAS CALIENTE 250

Ich mache mich in Las Vegas in einem gemieteten Hyundai Accent auf den Weg, fahre auf der Interstate 15 nach Norden und biege nach 30 Kilometern auf die Route 93 ab. An der Anschlussstelle befindet sich eine Raststation für Lkw. Angesichts der Leere, die vor mir liegt, scheint es mir vernünftig, anzuhalten, um Ölstand und Kühlflüssigkeit des Mietwagens zu kontrollieren und auch einen Wasservorrat für mich selbst anzulegen. Kurze Zeit später sitze ich wieder am Steuer und gleite auf der schnurgeraden zweispurigen Straße in nördlicher Richtung durch die Wüste. Zu meiner Rechten zieht sich parallel zur Straße die Sheep Range entlang. Als die Sonne hinter diesem Höhenzug verschwindet, fliegen zu meiner Linken drei riesige Militärhubschrauber langsam in geringer Höhe vorbei. Sie steigen in Formation auf, um einen Bergkamm zu überfliegen, und verschwinden.

Der Hyundai verschwindet aus meinem Bewusstsein. Die karge Landschaft ist anfangs mit vereinzelten Büschen übersät, die auf den folgenden 150 Kilometern Kakteen und unglaublichen Felsformationen weichen, bei deren Anblick man sich über die Diversivität der Geologie wundert: Da sind zum Beispiel Haufen von glatten Felsen in der Größe von Volleybällen, die aussehen, als seien sie vor Jahrtausenden von einem Stamm von Steinanbetern sorgfältig aufgestapelt worden.

Nachdem ich ein oder zwei Stunden das hohle Surren des Windes und der Reifen genossen habe, schalte ich das Radio ein. Ich erwarte mir überhaupt nichts davon, aber dieses Auto ist mit einem Satellitenradio ausgestattet, und bald habe ich einen Sender gefunden, der gut zu dieser Landschaft zu passen scheint: klassische Western- oder »Cowboy«-Musik aus den Dreißigerjahren. Die Lieder sind schön. Mir war diese Art von Musik nie zuvor aufgefallen.

Ich fahre an den Straßenrand, um mich zu erleichtern, und drehe den Motor ab. Die Stille der Wüste ist vollkommen, der Himmel ist in ein verblassendes bläuliches Zwielicht getaucht. Das Geräusch meiner Schritte auf dem kiesigen Boden klingt übertrieben laut, meine Gegenwart liegt unter dem Himmel frei. Es gibt nicht viele Lebewesen in der Wüste.

Ich bin auf dem Weg zu einer Ortschaft namens Caliente. Eigentlich habe ich keinen Plan. Ich *hatte* einen Plan, aber der ist geplatzt; deshalb bin ich vorsichtig und nehme eine opportunistische Geisteshaltung ein, als ich in den schläfrigen Ort fahre. Ich bin geselliger als sonst, auf der Suche nach Anschluss – jetzt gehöre ich zur Gruppe der einsamen Männer in einem Mietwagen, deren Besuch sich die Leute in einer

Kleinstadt wünschen. (Wir werden einer anderen Prüfung unterzogen als einsame weibliche Reisende.)

Mein Zimmer im Erdgeschoss des Rainbow Canyon Motel ist gut gelegen. Ich trage den Metallklappstuhl aus dem Zimmer vor die Tür und setze mich mit einer Tüte Pistazien und einer Dose Bier unter das Vordach. Von hier aus kann ich das Kommen und Gehen in der einzigen Tankstelle des Orts und im fünfzig Meter entfernten Supermarkt verfolgen. Die sommerliche Nachtluft hat genau die richtige Temperatur und klebt nicht an der Haut wie in Virginia. Und die Lampen an der Tankstelle sind nicht in Wolken von Insekten gehüllt.

Ich hatte mit Dave Hendrickson vereinbart, als sein Beifahrer am SNORE Knotty Pine 250 teilzunehmen, einem von den Southern Nevada Off Road Enthusiasts organisierten Wüstenrennen über eine Distanz von 250 Meilen. Das Akronym SNORE kann man als bissige Anspielung auf SCORE verstehen, jene Organisation, die das hoch dotierte, bei den Medien sehr beliebte Baja 1000 veranstaltet. Mein Problem ist, dass sich Dave in seinem letzten Rennen den Fuß gebrochen hat. Jetzt bin ich ohne Fahrer und kann nur hoffen, rasch einen neuen Freund zu finden.

Am folgenden Morgen lerne ich beim Frühstück im Allzwecklokal Knotty Pine Carl Tygum kennen, einen 85-jährigen Gentleman mit Goldzähnen, der 1982 nach Caliente kam und hier als Holzfäller und Bergmann arbeitete. Er rezitiert einige seiner Gedichte für mich und erzählt mir aus seiner Kindheit: Als er ein Baby war, wurde fast die gesamte Bevölkerung seines Heimatorts in South Dakota von der Cholera dahingerafft, er aber wurde von zwei Indianerinnen gerettet, die geeignete Heilmittel kannten.

Auf dem Parkplatz des Motels begegne ich Greg Meyer, einem gut fünfzig Jahre alten Nomaden, der sich mit einem sehr freundlichen Pitbull einen kleinen Wohnwagen teilt, der aus den Achtzigerjahren stammen dürfte. Am Heck des Campers sind zwei Schaufeln, eine Harke, ein Eimer, ein Teppich und einige andere Utensilien befestigt, die dabei helfen sollen, Zeltplätze wohnlicher zu machen; sodann sind da eine aus Aluminiumschrott zusammengebastelte Stoßstange, ein Aufkleber mit einem blutigen Schädel am Armaturenbrett, eine Botschaft über Jesus an der Seite sowie der drei Meter lange Stamm einer hundertjährigen Aloe, der unten an der Seite des Campers hängt und als Stange für ein Tipi dienen soll. Greg referiert energisch und mit echter Überzeugung über die Vorzüge der Ehescheidung.

Ich bemerke eine kleine Gruppe von Personen, die auf der anderen Seite des Kieswegs, der von meinem Motel wegführt, vor der Agape Baptist Church herumstehen. Ich schlendere hinüber, um herauszufinden, was dort vorgeht, und werde von Peg (nicht ihr wirklicher Name) darüber aufgeklärt, dass hier gerade ein Treffen der Anonymen Alkoholiker stattgefunden hat. Sie scheint Anfang sechzig zu sein und erklärt mir, es gebe in Caliente sieben Kirchen, darunter eine baptistische, eine methodistische, eine katholische sowie vier Gotteshäuser der Mormonen, die im Ort die Mehrheit stellen. Ein anderes Mitglied der Gruppe berichtet, dass es im Ort mehr Kirchen als Bars gibt (meine gründliche Zählung ergibt, dass es tatsächlich nur zwei Lokale sind: das Knotty Pine und das Shamrock).

Aber keine dieser Personen nimmt an dem Rennen teil. Also setze ich mich ins Auto und fahre ein bisschen herum, um herauszufinden, was es hier so gibt. Sieht man von der hellen Sinclair-Tankstelle und einer Family-Dollar-Filiale ab, so wirkt Caliente wie ein Ort, der von der Zeit vergessen wurde: eine heruntergekommene, von der Sonne ausgebleichte Eisenbahnstadt, die mit Betrieben gesprenkelt ist, die aussehen, als wären sie vor Jahrzehnten aufgegeben worden. Viele der Häuser sind Doppeltrailer, die durch Carports oder andere Anbauten erweitert wurden. Gleich hinter dem Depot von Union Pacific befindet sich das Caliente Youth Center. Wie ich bald erfahren werde, ist es eine von drei Einrichtungen im Staat Nevada, in denen jugendliche Straftäter untergebracht werden.

Nach Aussage von Tina, einer Kassiererin in der Family-Dollar-Filiale, ist Caliente eine Gemeinde mit Zusammenhalt, in der den Kindern Hilfsbereitschaft beigebracht wird: Sie bringen oft die Einkaufswagen zurück, die auf dem Parkplatz stehen gelassen wurden, oder fangen im Fluss Guppy-Fische, um sie im Teich eines Nachbarn auszusetzen. Tina zufolge gibt es kaum Drogen oder andere soziale Probleme, obwohl das Lincoln County zu den ärmsten in Nevada zählt.

Die etwas mehr als tausend Einwohner des Orts sind mehrheitlich Mormonen. Obwohl Caliente verarmt ist, wirkt es nicht verwahrlost. Anders in den ländlichen Gemeinden, die ich normalerweise auf der Durchreise zu Gesicht bekomme, begegne ich in dieser Ortschaft kaum maulfaulen, bedrohlichen Bürgern schottisch-irischer Herkunft. In den Wüstenstaaten im amerikanischen Westen atmet der Besucher nicht jenen schweren Dunst des Misstrauens, der es ratsam scheinen lässt, sich von den Ansässigen fernzuhalten.

Vielleicht liegt es auch an mir, dass ich mich hier anders fühle. Ich habe festgestellt, dass wir, wenn wir allein und ohne Plan oder Gastgeber unterwegs sind, offener werden und anderen mit weniger Vorurteilen begegnen, und das kann sich darauf auswirken, wie wir aufgenommen werden. Es ist gut, hin und wieder aus unserem verfestigten Leben herauszukommen. Die festgefahrenen inneren Monologe verstummen, und dasselbe gilt für all die Rollen, Meinungen und Ressentiments, die uns mit unserem gewohnten Umfeld verbinden und uns zu sehr einengen.

Ich ging zum traditionellen Treffen vor der Grundschule, wo die Rennfahrer am Tag vor dem Rennen ihre Autos abstellen, miteinander plaudern und den Kindern Autogramme geben. Die Kassiererin Tina erzählte mir, dass die Kinder im Ort die Rennfahrer verehrten und manche Familien seit Generationen dieselben Kontrollpunkte und Boxen besetzten. Die prominenteren Fahrer verteilten Karten oder kleine Poster mit einem Foto ihres Autos, das in der Wüste durch die Luft fliegt. Ein Team verschenkte wie beim Mardi Gras Perlenketten. Ich unterhielt mich mit einem ergrauten Veteranen, der seit 1970 am Wüstenrennen teilnahm und gekommen war, um seine Tochter zu unterstützen, die in der 1600-Kubikzentimenter-Klasse startete. Andere, darunter Kenny Freeman, fahren das Rennen seit den frühen Achtzigerjahren (Kenny belegte in seinem Rennen in der 1600er-Klasse den zweiten Platz). Joe David, der im Vorjahr die Class 1 und die Gesamtwertung für sich entschieden hatte, ist der Sohn von Tom Koch, einem ehemaligen Sieger beim Wüstenrennen Mint 400.

Dave Hendrickson, in dessen Auto ich hätte mitfahren sollen, hatte mich gebeten, einige Leute in seinem Namen zu grüßen, was mir Gelegenheit gab, mich ihnen vorzustellen. Eine dieser Personen war Journee Richardson, die einen rosafarbenen Rennanzug trug, einen rosafarbenen Trailer hatte und ein rosafarbenes Auto fuhr, dessen Motorhaube mit dem Schriftzug #TEAM-BOOB versehen war. Dave ist eine der angesehensten Figuren in diesem Sport, und er erzählte mir, dass Journee für ihn wie eine Tochter sei. Er und seine Söhne hatten ihr mit dem Auto geholfen, wann immer sie Unterstützung brauchte.

Journee betrachtet die Rennfahrgemeinschaft als ihre Familie, und die Leute kümmern sich um sie. Außerdem ist sie ziemlich schnell. Auf ihrer Visitenkarte findet man ein Foto, auf dem sie an ihrem Auto lehnt und ein Muskelshirt mit dem Aufdruck GIRLS GET DIRTY TOO! trägt.

Nach dem Einfahren fragte ich sie, wie ihr die Strecke gefalle. Sie antwortete, der Kurs sei zu einfach.

»Ich mag es hart«, sagte sie.

»Oh«, erwiderte ich.

In der folgenden Pause, die vielleicht einen halben Herzschlag zu lange dauerte, versuchte ich zu vermeiden, dass sich meine Augenbrauen hoben. »Wie das in Barstow«, sagte ich.

»Genau«, sagte sie, ohne eine Miene zu verziehen.

Um halb acht Uhr abends fand in der Turnhalle der Schule die Vorbesprechung der Fahrer statt. Sie wurden über einzel- und bundesstaatliche Regelungen für die Landnutzung, über die Gefahr von Unfällen mit Wildtieren und über die Besonderheiten des Kurses aufgeklärt: Auf vielen Streckenabschnitten war wenig Platz für Überholmanöver, und es gab Kurven, die man unbedingt langsam nehmen musste. »Seid geduldig. Es wird nicht einfach. Fahrt mit Verstand.« In dem Streckenabschnitt, der durch den Ort führte, galt eine strenge Geschwindigkeitsbegrenzung, die jedoch ohne Strafen gehandhabt wurde. Auf dem Spiel stand eine lange Tradition guter Beziehungen zwischen SNORE und den Einwohnern von Caliente. Dies scheint ein Beispiel für etwas zu sein, was Tocqueville beschrieb: ein freiwilliger Zusammenschluss von Personen, die ein gemeinsames Interesse haben und die Dinge selbst regeln. Tocqueville betrachtete solche Vereinigungen als die Schule der demokratischen Tugend und für das Beste im amerikanischen Charakter. »Das kann man schon in der Schule beobachten, wo die Kinder sich bis in ihre Spiele hinein Regeln unterwerfen, die sie selbst aufgestellt haben, und einander für [die von ihnen definierten] Vergehen bestrafen.«

So schwärmte Tocqueville von der amerikanischen Gewohnheit der Selbstregierung und von der erforderlichen Einstellung, die bei den Bürgern schon in jungem Alter gefördert werde. »Den gleichen Geist«, erklärte er, »finden wir in allen Vorgängen des sozialen Lebens wieder.«[1]

Yoni Applebaum verweist in *The Atlantic* auf die gewaltige Menge an Freiwilligenorganisationen, die in der Vergangenheit die freien Stunden und Tage der Amerikaner in Anspruch nahmen, von Gewerkschaften und Berufsverbänden bis zu Versicherungsvereinen auf Gegenseitigkeit, Bruderschaften und der Freiwilligen Feuerwehr.[2] Doch gegen Ende des 20. Jahrhunderts löste sich diese Lebensart auf, wie der Politikwissenschaftler Robert Putnam von der Universität Harvard in *Bowling Alone* dokumentiert hat. Es gibt immer noch Freiwilligenorganisationen, aber mittlerweile werden sie im Normalfall nicht mehr von ihren Mitgliedern, sondern von bezahlten Angestellten organisiert.

Der Rat »Benutzt euren Verstand« war in der Besprechung wiederholt zu hören. Diese Aufforderung klingt ein wenig fremd in unserer umfassend verwalteten, auf rechtliche Garantien fixierten Gesellschaft, in der die Bürger zunehmend erwarten, dass ihnen als sicher zertifizierte Erfahrungen angeboten werden, so als lebten sie in einem Vergnügungspark. Dementsprechend müssen überall dort, wo sich große Gruppen versammeln, sämtliche Aspekte der Umgebung *kontrolliert* und sämtliche Bewegungen – jede zulässige Nutzung – *vorgeschrieben* werden. Normalerweise übernimmt diese Aufgabe nicht der Staat, sondern eine private Einrichtung. Noch schlimmer ist, dass wir selbst diese undurchdachte Haltung einnehmen, weil wir darauf gedrillt wurden, uns selbst als Konsumenten vorgefertigter Erfahrungen zu betrachten anstatt als vernunftbegabte Geschöpfe, die in der Lage sind, die Welt ungefiltert zu erfahren.

So funktioniert es aber nicht in der Wüste unter einem offenen Himmel, inmitten von Klapperschlangen. An der Vorstellung von der »Freiheit im Westen« ist tatsächlich etwas dran. Dies ist eine andere Welt als die der bevölkerten Bundesstaaten an der Ostküste, wo man spürt, dass die Luft, die man atmet, auf ihrem Weg aus dem Westen bereits von der Bevölkerung eines ganzen Kontinents ausgeatmet wurde und mit Feuchtigkeit und der Erwartung der Regelkonformität beladen ist. Doch die Stimmung der Rennfahrer ist eindeutig *nicht* die der sozialen Auflehnung: Aufgrund der Verantwortung, die sie selbst übernehmen, ist ihre Haltung inhärent erwachsen, nicht halbwüchsig.

Es war mir nicht gelungen, mich am Tag vor dem Rennen in letzter Minute als Beifahrer ins Starterfeld zu schummeln. Das war keine Überraschung: Als bloßer Schreiberling aus Virginia hatte ich weder Kenntnisse in Erster Hilfe noch einen starken Rücken zum Aufrichten eines umgekippten Fahrzeugs oder eine genaue Kenntnis von Systemen und Bauweise eines bestimmten Autos anzubieten. Ich schlenderte durch die Aufwärmzone, als die verschiedenen Kategorien in Wellen auf die Strecke geschickt wurden, und konnte mir ein Bild vom Stand der volkstümlichen Maschinentechnik im Rallysport machen. Im Druckkochtopf des Wettkampfs zeigt sich deutlicher, was funktioniert und was nicht. Widerlegung und Nachbesserung werden beschleunigt. In den Jahrzehnten, die vergangen waren, seit ich als Teenager meine Liebe zur auf VW basierenden Class 5 (Unlimited Baja Bugs) entdeckt hatte, war der Federweg in diesen Autos deutlich erhöht worden, was weichere Federn und höhere Geschwindigkeiten in rauem Gelände ermöglichte. Die schnellsten Kategorien, die als »Trophy Trucks« bezeichnet wurden, hatte es in meiner Jugend nicht gegeben. In den Achtzigerjahren hätte es niemand für möglich gehalten, dass ein 3000 Kilogramm schweres Fahrzeug in extrem unebenem Wüstengelände schneller als 160 Stundenkilometer fahren könnte, aber genau das haben Federwege von einem Meter und massive, extern gekühlte Stoßdämpfer möglich gemacht. Die Trophy Trucks waren ursprünglich experimentelle Sonderanfertigungen, aber mittlerweile sind die Designs vereinheitlicht worden.

Als Zuschauer bezog ich im Lauf des eintägigen Rennens an einigen wenigen Stellen entlang der Strecke Stellung. Kurz nach dem Start mussten die Autos eine Rinderbrücke überqueren, die so schmal war, dass die Reifen auf beiden Seiten teilweise über den Rand hinausragten. Einige Fahrer hielten an, bevor sie sich an die Überquerung machten, als wollten sie sich nervlich darauf vorbereiten, während es andere anscheinend für besser hielten, eine fließende Bewegung nicht zu unterbrechen und die Augen auf den Horizont zu richten. Einige gaben sogar Gas, kurz bevor sie die steile Rampe erreichten, die zur Brücke hinaufführte, um Gewicht von der Vorderachse des Autos zu nehmen und den Übergang weicher zu machen. Ich sah einige Beinahe-Katastrophen, aber niemand fiel von der Brücke. (Es wäre ein Sturz von knapp sieben Metern in ein ausgetrocknetes Bachbett gewesen.)

Auf der anderen Seite der Brücke begann das eigentliche Rennen, denn ab diesem Punkt war die für das Ortsgebiet geltende Geschwindigkeitsbegrenzung aufgehoben. Die ersten Kilometer waren pittoresk, denn die Strecke schlängelte sich direkt an der roten Mauer eines Zeugenbergs entlang. Von der asphaltierten Straße aus sah ich, wie ein Chevy Blazer aus den Siebzigern in dieser Zone von der Spur abkam, einen Hang hinunterkullerte und im Bachbett auf der Seite liegen blieb.

Die Strecke verlor sich in der Wüste, aber ihr Verlauf war

noch aus großer Entfernung an den Staubwolken zu erkennen, die sich vom klaren blauen Himmel abhoben.

Als Nächstes suchte ich mir eine Beobachtungsposition auf halber Strecke. Dazu musste ich in meinem Mietwagen einen Sandweg nehmen, der schließlich die Rennstrecke kreuzte. An dieser Kreuzung befand sich ein Checkpoint, an dem ein paar Teams Benzinvorräte, Reservereifen und andere Ersatzteile gelagert hatten. Zwei Teams hatten Pick-ups mit beeindruckenden Aufbauten mitgebracht, die als mobile Werkstätten für Notreparaturen dienten. In diesem Bereich war das Gelände offener, und die Strecke führte auf schlammigem Terrain zwischen Buschwerk und Kakteen hindurch. Die schnellsten Autos, die ich sah, fuhren vielleicht 100 km/h, obwohl aufgrund all der andersartigen Bewegungen – auf und ab und von einer Seite zur anderen – schwer zu beurteilen war, wie schnell sie tatsächlich waren. Hin und wieder liefen ein oder zwei Autos auf ein langsameres auf, das sie nicht überholen konnten, nicht zuletzt, weil ihnen die von ihm aufgewirbelte Staubwolke die Sicht auf die Strecke nahm. Um Kollisionen zu vermeiden, waren die Autos mit Blinklichtern am Heck ausgestattet, die in den dichten Staubwolken jedoch kaum zu erkennen waren.

Von diesem Beobachtungspunkt kehrte ich nach Caliente zurück und suchte mir einen Platz am Ende der Strecke, an einer Stelle, wo die Autos über einen langen, steilen und felsigen Hügel herabkamen, der sich gleich hinter dem Shamrock Pub über Caliente erhebt. Die Fahrer nennen ihn den »Oh My God Hill«. Ich war am Morgen hinaufgewandert. Er ist teilweise so steil und das Erdreich so locker, dass es bereits eine Herausforderung war, ihn zu Fuß hinabzusteigen. Jetzt stand ich am Fuß des Hügels und sah (besser: hörte), dass die selbstsichersten Fahrer tatsächlich *auf dem Gas standen.* Viele Autos sahen mittlerweile nicht mehr besonders gut aus oder hörten sich ungesund an. Ich vernahm das quälende Gejammer unglücklichen, nicht geölten Metalls, das an Metall rieb, und sah Karosserieteile aus Glasfaser, die nach irgendeinem Missgeschick, das ich mir lediglich ausmalen konnte, im Fahrtwind flatterten und nur noch mit Sicherheitsdraht am Auto hingen, weil der verantwortungsbewusste Fahrer entschlossen gewesen war, keinen Abfall in der Wüste zu hinterlassen.

Damit komme ich zu ein wenig Literaturkritik: Ich habe den starken Verdacht, dass Hunter S. Thompson in seinem 1971 erschienenen Text *Fear and Loathing in Las Vegas** mit seiner Beschreibung des Mint 400 danebenlag. Natürlich war das eine andere Zeit, und es mag sein, dass Wüstenrallys im Jahr 1971 wenig Ähnlichkeit mit den heutigen Rennen haben. Aber ich bezweifle es. Anders waren eher die umgebende Kultur und der Nutzen, den ein ehrgeiziger Autor aus Wüstenrennen ziehen konnte.

Es war eine Zeit, in der eine Gruppe relativ wohlhabender junger Leute in bestimmten städtischen Zentren sich selbst als Avantgarde einer anarchischen, dionysischen Revolte gegen die drückende gesellschaftliche Verantwortung betrachtete. Thompson schwang sich in seiner ausgesprochen performativen Art zu einer Inkarnation dieser kulturellen Stimmung auf und hatte offenkundig dieses Projekt im Sinn, als er seine Begegnung mit den Wüstenrennen (im Auftrag des *Rolling Stone*) beschrieb. Wie er selbst zugibt (oder für sich in Anspruch nimmt), nahm er das eigentliche Rennen kaum wahr, da er es durch einen Drogennebel sah, denn er hatte sich aus Los Angeles einen großen Vorrat mitgebracht.

* Deutsch als *Angst und Schrecken in Las Vegas.* (A. d. Ü.)

Ich bekam nicht einmal mit, wer das Rennen gewann. Vielleicht niemand. Soviel ich weiß, wurde das ganze Spektakel durch eine furchtbare Orgie sinnloser Gewalt beendet, ausgelöst von betrunkenen Rowdys, die sich weigerten, sich an die Regeln zu halten.

Dies ist der kulturelle Eintopf »Ken Kesey trifft die Hells Angels«, den Thompson gewohnheitsmäßig servierte und in dem ungeachtet des Milieus, aus dem er vordergründig berichtete, er selbst die wichtigste Zutat war. Aber das Milieu einer Wüstenrally ist eines, in dem nicht alkoholisierte Hemmungslosigkeit, sondern gewissenhafte mechanische Vorbereitung und beharrliche Konzentration belohnt werden. Dies war keine geeignete Bühne für Thompsons Masche.[3]

In den diesigen Nachmittagsstunden nach dem Rennen fand ich einen Platz im Shamrock. Der Bartender Mike schien nicht mit Bourbon vertraut zu sein, aber ich erspähte eine Flasche Maker's Mark und dirigierte ihn dorthin. An der Bar lernte ich Victoria Hazlewood kennen, eine junge Frau Mitte zwanzig, die neu im Wüstenrallysport war und in einer der schwereren Buggy-Kategorien als Beifahrerin an den Start gegangen war. Ihr Auto war mit einem mechanischen Problem liegen geblieben und von einem Konkurrenten abgeschossen worden, der mit etwa 140 Stundenkilometern unterwegs gewesen war (die Sicht auf der Strecke kann nahe null liegen). Sie hatte offenbar für ein paar Sekunden das Bewusstsein verloren, denn sie konnte sich nicht an den Aufprall erinnern.

Ich sagte: »Meine Güte, Sie sollten sich untersuchen lassen.«

»Ach was, ich bin daran gewöhnt. Ich bin Rodeoreiterin«, antwortete sie.

Eine Stunde später sah ich sie bei der Preisverleihung bei der Feuerwache auf der Bühne, wo sie den Siegern in den verschiedenen Kategorien ihre Erinnerungsplaketten überreichte.

Was ist eine Gemeinschaft? Es ist die Art von Gruppe, vor der ein Gruppenmitglied eine Rede halten kann. Die Sieger und Zweitplatzierten stiegen einer nach dem anderen auf die Bühne und bekamen ein Mikrofon in die Hand gedrückt. Sie waren an der Reihe, etwas Bemerkenswertes zu sagen und einen guten Eindruck zu hinterlassen.

Ein Fahrer nutzte die Gelegenheit, um über einen Konkurrenten und dessen Frau zu sprechen, deren Wagen samt Anhänger sich auf dem Weg zum Rennen überschlagen hatte. Die beiden waren mit dem Hubschrauber ins Krankenhaus geflogen worden, und er widmete ihnen seinen Sieg und forderte die anderen Fahrer auf, die Unfallopfer im Krankenhaus zu besuchen.

Die meisten Leute haben nicht oft Gelegenheit, vor einer großen Gruppe von Menschen zu sprechen. Es ist ein Augenblick, um sich im gesprochenen Wort zu präsentieren. Der ganze Körper ist exponiert: Man fühlt das Adrenalin im Blut, den klebrigen Schweiß auf den Handflächen, die Enge in der Kehle, die Möglichkeit einer Katastrophe. Zwischen der Siegerehrung und der Fahrerversammlung fiel mir auf, dass dies eine Gemeinschaft war, die sich nicht nur durch Aktion, sondern auch durch Kommunikation bildete und erneuerte. Das gesamte Handeln war darauf gerichtet, individuell und als Team eine Auszeichnung zu erringen, während die Reden den Wettkämpfern Gelegenheit gaben, ihre Sorge um das Gemeinwohl unter Beweis zu stellen.

In der Vorbesprechung der Fahrer in der Sporthalle war mir ein kleiner Junge aufgefallen, der in der ersten Reihe saß. Er verfolgte die ernsten Gespräche der Erwachsenen aufmerksam, und ich fragte mich, welche Erziehung er hier erhielt. Denn das hier hatte Ähnlichkeit mit den von

Tocqueville beschriebenen Bürgerversammlungen in Neuengland – es war eine Schule des Bürgergeistes, der jeden Juni in der Einöde von Nevada wie eine jährliche Wüstenblüte aufgeht.

SELBSTREGIERT – ODER AUCH NICHT

»Gleichwie wir nun die Anhänglichkeit der Wilden an ihre gesetzlose Freiheit […] mit tiefer Verachtung ansehen und als Rohigkeit, Ungeschliffenheit und viehische Abwürdigung der Menschheit betrachten […]«
IMMANUEL KANT

PRELUDE: EIN ERLEBNIS AUF DEM VERKEHRSAMT

Das Büro des Verkehrsamts war an diesem Tag gesteckt voll. Als registrierter Eigentümer von fünf Motorrädern (von denen eins tatsächlich fährt), vier Autos (darunter zwei fahrtüchtigen) und zwei Wohnwagen kannte ich die hiesigen Spielregeln.

Ich stellte mich in der Schlange an, um schließlich eine Nummer zu ziehen, die mir einen Platz in der Warteliste sicherte. Meine Nummer war die S37. Auf den Monitoren im Raum las ich:

Sie sind an der Reihe:

B34
P181
R211
R209
T88
B33

Ich suchte mir einen Sitzplatz und nahm die Haltung ein, die man einnimmt, wenn man weder weiß, was einem bevorsteht noch wann. Ich habe meine eigene, von uralter fernöstlicher Weisheit inspirierte Vorgehensweise für Besuche beim Straßenverkehrsamt entwickelt: Kapitulation. Als ich mich zwanzig Minuten früher auf den Weg zum Verkehrsamt gemacht hatte, war mein Ich noch in seinen eigenen Neigungen, Plänen und Vorhaben für den Tag gefangen gewesen. Ich war ein törichter Mensch.

Die unergründliche Zahlenmystik der Warteschlange erfüllt einen nur für das Verkehrsamt erkennbaren Zweck. Ich nehme an, dass die Personalabteilung Quoten und Zeitpläne für Aufgaben hat, die in verschiedene Kategorien fallen: Eine einfache Erneuerung der Fahrerlaubnis einer Bürgerin, die eine ordentliche Dokumentation vorlegen kann, dient wahrscheinlich als Verschnaufpause, als Erholung von den krank machenden Fällen, in denen die höhere Weisheit eines hochrangigen Hofmandarins gefordert ist. Den Erkenntnissen der Industriepsychologie gehorchend, müssen die einfachen Fälle so verteilt werden, dass sie motivieren und beschwichtigen. Gemeint ist natürlich, dass sie die *Beamten* beschwichtigen sollen.

Aber diejenigen, die auf den Hartplastikschalen sitzen, soll die Unergründlichkeit der Warteschlange anscheinend in eine tiefe Resignation angesichts der Willkür einer bürokratischen Logik versetzen, die es in erster Linie der Bürokratie angenehm machen soll. Ein Gang zum Verkehrsamt dient unserer Erziehung in bürgerlicher Tugend, wobei hier mit Tugend die Unterwerfung unter eine Autorität gemeint ist, die Unverständlichkeit einsetzt, um sich gegen die Gesellschaft abzuschotten, ähnlich wie Fluglinien auf Konzepte wie das des »Systemfehlers« zurückgreifen, um anzudeuten, dass die Konsequenzen der Managemententscheidungen für die menschliche Erkenntnis unzugänglich sind.

Hier haben wir es mit der Wiederbelebung einer tatsächlich vormodernen Form von Autorität zu tun. Wir halten uns für ultramodern, aber der eigentümliche Charakter des institutionellen Lebens in den Vereinigten Staaten scheint uns in die entgegengesetzte Richtung zu führen, denn er erschüttert das Vertrauen der Bürger, dass man mit Logik der Welt einen Sinn abgewinnen kann. Auf dem Spiel stehen unsere Bereitschaft, uns um Verständnis zu bemühen, und unser Vertrauen in unser Verständnisvermögen. Beides sind Merkmale der von verschiedenen Protagonisten der Aufklärung beschriebenen republikanischen Persönlichkeit, aber in den Systemen, die unser Leben verwalten, sind diese Eigenschaften nicht erwünscht. In den folgenden Kapiteln werden wir dieses Problem untersuchen.

»RÜCKSICHTSLOSES FAHREN«: REGELN, VERNUNFT UND DAS AROMA DER AUTORITÄT

In *Fear and Loathing in Las Vegas* gibt Hunter S. Thompson einen wunderbar abwegigen Ratschlag für den Umgang mit Verkehrspolizisten:

Vor etwa fünf Meilen geriet ich mit einem Autobahnpolizisten aneinander. Nicht angehalten oder an den Straßenrand gefahren: nichts Routinemäßiges.
Ich fahre immer, wie es sich gehört. Vielleicht ein bisschen schnell, aber immer mit vollendetem Können und einem natürlichen Gespür für die Straße, das sogar die Cops anerkennen. Es wurde noch kein Cop geboren, der kein Anhänger eines gut ausgeführten kontrollierten Hochgeschwindigkeits-Drifts durch die gesamte Kurve einer Abfahrt bei einem dieser Autobahnkreuze gewesen wäre.
Nur wenige Leute verstehen, wie man psychologisch richtig mit einem Autobahnpolizisten umgeht.
Der normale Schnellfahrer gerät in Panik und fährt augenblicklich an den Straßenrand, wenn er das große rote Licht im Rückspiegel sieht ... und dann beginnt er, sich zu entschuldigen und um Gnade zu flehen.
Das ist falsch. Es weckt nur Verachtung im Herzen des Cops. Wenn du mit etwa 160 Sachen unterwegs bist und plötzlich einen Streifenwagen auf den Fersen hast, besteht die richtige Reaktion darin, zu beschleunigen. Fahre nie nach dem ersten Aufheulen der Sirene an den Straßenrand. Gib Gas und zwing den Bastard, dich mit bis zu 200 Sachen bis zur nächsten Ausfahrt zu jagen. Er wird dir folgen. Aber er weiß nicht, wie er den Blinker deuten soll, der andeutet, dass du rechts abbiegen wirst.
Damit teilst du ihm mit, dass du nach einem geeigneten Ort Ausschau hältst, um an den Straßenrand zu fahren und zu reden ... lass den Blinker gesetzt und hoffe auf eine Abfahrtsrampe, eine dieser ansteigenden Schleifen mit einem Tempolimit von 40 ... und der Trick ist, plötzlich von der Autobahn abzubiegen und den

Cop mit nicht weniger als 160 Sachen in die Kurve
mitzunehmen.
Er wird etwa zur selben Zeit wie du auf die Bremse
treten, nur dass er einen Augenblick brauchen wird,
um zu begreifen, dass er eine 180-Grad-Kurve mit
dieser Geschwindigkeit nehmen wird … du hingegen
bist darauf vorbereitet, gerüstet für die Fliehkraft und
das schnelle Wechselspiel von Ferse und Fußballen,
und mit ein bisschen Glück kommst du am Ende der
Kurve neben der Straße zum Stillstand und stehst
schon neben deinem Auto, wenn er dich einholt.
Anfangs wird er nicht zugänglich für Vernunft sein …
macht nichts. Gib ihm Zeit, sich zu beruhigen.
Er wird als Erster sprechen wollen. Lass ihn.
In seinem Kopf wird es drunter und drüber gehen:
Vielleicht beginnt er zu stammeln oder zieht sogar
seine Waffe. Lass ihn sich abregen; lächle freundlich.
Es geht darum, ihm zu zeigen, dass du dich und dein
Fahrzeug in jedem Augenblick vollkommen unter
Kontrolle hattest – während er die Kontrolle über
alles verloren hat.[1]

Wie oft haben unsere Begegnungen mit dem Gesetz eine derart konkrete Qualität? Wie oft ist der Mensch, der das Gesetz vertritt, tatsächlich ein Mensch, von dem angenommen werden darf, dass er hinter der verspiegelten Sonnenbrille menschliche Eigenschaften verbirgt? Darunter möglicherweise die Eigenschaft, ein Mistkerl zu sein? Der Schnurrbart verrät ihn: Wir haben es mit jemandem zu tun, der weiß, was ein guter altmodischer Hahnenkampf ist, und obwohl wir die rechtliche Auseinandersetzung zweifellos verlieren werden, ist die Auseinandersetzung zwischen zwei Menschen nicht vollkommen hinter unpersönlichen Mechanismen versteckt, seien sie nun bürokratischer oder technologischer Art. Es ist eine Sache, in einem Kampf zu unterliegen, aber es ist etwas ganz anderes, unmerklich unter der Behauptung zu ersticken, es gebe überhaupt keinen Kampf, sondern nur das Wirken einer unvoreingenommenen Vernunft. Hannah Arendt bezeichnete das als »Herrschaft des Niemand«.

DER SICHERHEITSINDUSTRIELLE KOMPLEX: HINTER DEM VORHANG DER ÖFFENTLICHEN AUTORITÄT

In aller Welt werden Radarfallen zerstört, und diese Angriffe sind keine willkürlichen Akte des Vandalismus. Sie haben eher Ähnlichkeit mit einer politischen Revolte. Kann dieses Verhalten rundweg als bloße libertäre Übellaunigkeit abgetan werden, wie man sie bei Halbwüchsigen und anderen Unzufriedenen findet? In einigen Umgebungen sieht es nach etwas anderem aus, nämlich nach einer ganz konkreten Manifestation einer umfassenderen Krise der politischen Legitimität, die in den westlichen Demokratien seit geraumer Zeit schwelt. In diesem Kapitel möchte ich mich mit dem Eindruck beschäftigen, dass insbesondere die von der *automatisierten* Durchsetzung der Verkehrsregeln ausgelöste Wut etwas über die gegenwärtige politische Lage verrät.

In einer wachsenden Zahl von Lebensbereichen ersetzen Algorithmen das Urteilsvermögen menschlicher Wesen, die identifiziert und zur Rechenschaft gezogen werden können. Die Begründung lautet, die automatisierte Entscheidungsfindung werde zuverlässiger sein. Aber die Automatisierung ist auch deshalb verlockend, weil sie geeignet ist, verschiedene Formen der Machtausübung gegen den Volkszorn abzuschirmen.

Unsere Bereitschaft, uns damit abzufinden, hat teilweise

zweifellos mit dem Ideal der prozeduralen Fairness zu tun, das besagt, die individuelle Entscheidungsfreiheit derer, die Macht ausüben, sollte überall dort, wo es möglich ist, durch Regeln ersetzt werden, weil Macht letzten Endes unvermeidlich missbraucht wird. Dies ist der ursprüngliche Kerngedanke des in der Englischen Revolution geborenen Liberalismus.

Die Mechanisierung des Urteilsvermögens *ähnelt* dem liberalen Prozeduralismus. Sie stützt sich auf unsere Gewohnheit, uns an Regeln zu halten, und auf unser Misstrauen gegenüber der sichtbaren, personifizierten Autorität. Aber ihre Wirkung besteht darin, eben die prozeduralen Freiheiten auszuhöhlen, welche die große Errungenschaft der liberalen Tradition sind – und auf diese Art jegliche Kontrolle über die Autorität unmöglich zu machen.

Der übergeordnete Zweck meiner Untersuchung besteht darin, der Frage auf den Grund zu gehen, warum so viele Menschen wütend sind und sich ausgenutzt und machtlos fühlen. Und warum so viele ihre Wut gegen ein schwer greifbares, aber allgegenwärtiges Gebilde richten, das sie als »das Establishment« bezeichnen. Es geht um den qualitativen Charakter der institutionellen Autorität, darum, wie wir sie erleben.

Im Haushaltsjahr 2016 nahm der District of Columbia 107,2 Millionen Dollar durch Bußgelder ein, die gegen Verkehrssünder verhängt wurden, die mit überhöhter Geschwindigkeit in Radarfallen gefahren waren. Rechnet man die von Ampelkameras festgehaltenen Verstöße und die Geldbußen wegen Falschparkens dazu, kommt man auf einen Betrag von 193 Millionen Dollar; das waren 97 Prozent aller Bußgelder und Gebühren, die in diesem Verwaltungsgebiet eingetrieben wurden.[2]

Die Behörden begründen diese Strafen natürlich mit der Verkehrssicherheit. Kurz nach Beginn des Programms zur automatisierten Durchsetzung der Verkehrsregeln äußerte sich der Polizeichef empört über die Andeutung, die Behörden könnten damit finanzielle Interessen verfolgen. Doch anscheinend waren die Kreuzungen, an denen Kameras installiert worden waren, nicht aufgrund einer besonders großen Unfallhäufigkeit ausgewählt worden, sondern weil dort das Verkehrsaufkommen besonders hoch und die Gelbphase der Ampeln besonders kurz waren. In den Verkaufsgesprächen mit der Stadtverwaltung von Washington hob das Unternehmen, das die Kameras installierte (es gehört zu dem Rüstungskonzern Lockheed Martin) Berichten zufolge die Tatsache hervor, dass es sich bei der großen Mehrheit der Kraftfahrer, die mit Bußgeldern belegt würden, um Pendler aus Virginia und Maryland handeln werde – also nicht um Wähler aus dem District of Columbia. Im Grunde wurde der Verwaltung also ein Einnahmestrom angeboten, für den sie keinen politischen Preis bezahlen musste. Angesichts dessen kommt man nicht um den Hinweis herum, dass auf den Nummernschildern im District of Columbia das Motto »Keine Besteuerung ohne Vertretung« steht.*

Die zunehmende Automatisierung der Verkehrsaufsicht in den Vereinigten Staaten ist von Enthüllungsjournalisten in mehreren vorzüglichen Arbeiten dokumentiert worden. Die Entwicklung in Washington, D.C. hat Matt Labash in einer fünfteiligen Artikelserie im *Weekly Standard* beschrieben. Der Fall Chicagos wird von David Kidwell in einer laufenden

* »No taxation without representation«, die Parole der rebellischen amerikanischen Kolonien, die Steuern an die englische Krone abführen mussten, jedoch keine Vertretung im Londoner Parlament hatten. (A. d. Ü.)

Serie von Reportagen in der *Chicago Tribune* aufgerollt. In Kombination mit den von beiden Autoren zitierten wissenschaftlichen Studien und staatlichen Dokumenten zeigt sich ein klares Bild.

Die Dauer der Gelbphase einer Verkehrsampel ist eines der besten Sicherheitswerkzeuge im Handwerkskasten des Verkehrsingenieurs. Nun gibt es die naive Annahme, dass die Verkehrsteilnehmer ihr Verhalten anpassen werden, solange die Dauer dieser Phase unverändert bleibt. Aber in Verstand und Körper eines Auto- oder Motorradfahrers finden komplexe Abläufe statt, wenn die Ampel auf Gelb springt. Die für Wahrnehmung und Reaktion benötigte Zeit ist bei einer gegebenen Person im Wesentlichen stabil und hängt von einer neuronalen Verkabelung »auf niedriger Ebene« ab (wie es die Neurophysiologen ausdrücken): Wie lange dauert es, um die Wahrnehmung des gelben Ampellichts in einen »Aktionsplan« umzusetzen und die Anweisungen durch die Nervenbahnen zu schicken, um die entsprechenden Muskelkontraktionen auszulösen? Diese Reaktionszeit ist von Mensch zu Mensch unterschiedlich, weshalb es ratsam ist, die Dauer der Gelbphase der Reaktionsgeschwindigkeit der am wenigsten Katzenartigen unter uns anzupassen (das Institute of Transportation Engineers geht in seinem *Traffic Engineering Handbook* bei der Definition der Formel für die Berechnung der Gelbphase von einer Reaktionszeit von einer Sekunde aus). Aber unsere Reaktion beinhaltet noch eine weitere Phase, die auf einer höheren, tatsächlich »kognitiven« Ebene stattfindet und länger dauert: Wir müssen *entscheiden,* ob wir anhalten oder in die Kreuzung fahren sollen. Die Verkehrsingenieure bezeichnen dies als »Dilemmazone«: »Wenn das gelbe Licht aufleuchtet, müssen die Fahrer innerhalb eines Augenblicks eine Entscheidung fällen«, zitiert die *Chicago Tribune* einen Verkehrsexperten. »›Wie weit bin ich von der Kreuzung entfernt? Wie schnell fahre ich? Wie viel Zeit bleibt mir noch? Wie lange wird die Ampel auf Gelb stehen?‹ Ein Teil der Fahrer wird sich verrechnen und die Ampel möglicherweise den Bruchteil einer Sekunde, nachdem sie auf Rot gesprungen ist, überfahren. Das tun diese Fahrer nicht absichtlich oder weil sie aggressiv sind«, erklärt er. »Sie verrechnen sich einfach.« Ein anderer Experte erklärt in derselben Reportage, eine zu kurze Gelbphase sei problematisch, weil sie »den Fahrer zu der Entscheidung zwingt, entweder zu abrupt abzubremsen oder aufs Gas zu treten, um noch rechtzeitig über die Kreuzung zu kommen. Und das sollte nicht passieren. Wenn überhaupt, sollte man die Gelbphase eher verlängern.«

Je kürzer die Gelbphase ist, desto stärker wird die Dilemmazone zusammengepresst und desto größer wird die Bandbreite der möglichen Reaktionen der Fahrer auf das Aufleuchten des gelben Ampellichts. Das bedeutet, dass ihr Verhalten unberechenbarer wird. Indem man die Dauer der Gelbphase an einer Ampel geringfügig erhöht – zum Beispiel von drei auf dreieinhalb Sekunden – kann man die Unfallhäufigkeit deutlich verringern. Und das kostet nichts.[3]

Aber eine kostenlose Erhöhung der Verkehrssicherheit ist für die Behörden offenkundig nicht annähernd so verlockend wie kostenlose Bußgeldeinnahmen. Bis 2016 spülte das Ampelkamerasystem rund 600 Millionen in die Stadtkassen von Chicago. Auf ihrer Website behauptet die Stadtverwaltung, sich an die vom Institute of Transportation Engineers (ITE) empfohlene Formel zu halten, aber Journalisten der *Chicago Tribune* fanden heraus, dass die Stadt die Grundannahmen der Formel manipuliert, um die Gelbphasen der Ampeln zu verkürzen, indem sie die von der ITE empfohlene Abbremsrate von 3 Metern pro Sekunde durch eine Rate von 3,4 Metern/Sekunde ersetzt. Die Stadtverwaltung nimmt auch an, dass alle Autos mit der vorgegebenen Geschwindigkeit fahren, anstatt die tatsächlichen Geschwindigkeiten an einer Kreuzung zu ermitteln oder realistische Annahmen anzustellen, obwohl dies die Empfehlung der Verkehrsingenieure an die Gemeinden ist. Im Jahr 2014 gab die *Chicago Tribune* beim Verkehrsinstitut der Texas A&M University eine Studie über das Ampelkamerasystem Chicagos in Auftrag. Die Forscher stellten fest, dass »die Stadt regelmäßig Kameras an Kreuzungen platziert, an denen es sehr wenige oder überhaupt keine Unfälle mit Personenschäden gibt, womit die Kameras die Verkehrssicherheit kaum erhöhen können. Gleichzeitig haben die Experten festgestellt, dass unnötige Kameras an mehr als 70 Kreuzungen viele Fahrer dazu verleiten, bei Gelb plötzlich abzubremsen, um einen vom automatischen System ausgestellten Strafzettel zu vermeiden, was dazu geführt hat, dass die Zahl der Auffahrunfälle mit Verletzten bei den mit Kameras ausgestatteten Ampeln überall in der Stadt deutlich gestiegen ist.« Im Jahr 2016, heißt es in der Studie, »machen die meisten dieser Kameras weiterhin Fotos und bringen dem Rathaus Millionen Dollar an Geldbußen ein, obwohl dem Bürgermeister Rahm Emanuel und seinem Verkehrsbeauftragten vor mehr als einem Jahr wissenschaftliche Beweise dafür vorgelegt wurden, dass viele der Kameras mehr Unfälle mit Verletzten verursachen als sie verhindern«.[4]

Das Unternehmen, das die Kameras installiert hat, Redflex Traffic Systems, hat seinen Sitz in Australien. Natürlich wird ein Unternehmen, das außerhalb des Cook County oder sogar auf einem anderen Kontinent ansässig ist, nicht einfach in der Hoffnung auf das große Geld in Chicago auftauchen, ohne dort zuvor Beziehungen geknüpft zu haben. Die Firma brauchte jemanden, der ihr erklärte, wie die Dinge in Chicago funktionierten und welche Stadträte und anderen wichtigen Akteure im Ökosystem der Stadtverwaltung ein Interesse an der Sicherheit der Bürger hatten. Denken wir an die Kinder!

Auftritt John Bills. Er begann seine Karriere in der Stadtverwaltung im Jahr 1979 als Installateur, der Straßenlaternen reparierte. Aber sein wahres Talent hatte er in einem anderen Bereich. Die *Chicago Tribune* berichtet, dass Bills »mehr als zwei Jahrzehnte lang ein gut bezahlter Bezirksvorsteher in Michael Madigans mächtiger politischer Organisation im 13. Bezirk war, wo er sich als früher Mitarbeiter des Stromversorgungsamts der Stadt, das von den Stadtbediensteten wegen der dort beschäftigten Loyalisten aus dem 13. Bezirk nur ›Madigan Electric‹ genannt wird, durch die Patronage-Ränge emporarbeitete«. Bills stieg zum zweitmächtigsten Mann in der Verkehrsabteilung der Stadt auf, wo er etwa ein Jahrzehnt lang »für jede neue Kamera, die er in der Stadt installieren ließ, ein Bestechungsgeld von bis zu 2000 Dollar in bar entgegennahm«.[5]

Wer solche Geschäfte laufen hat, muss damit rechnen, dass Konkurrenten auftauchen. Die *Chicago Tribune* berichtet, dass sich »ein konkurrierender Anbieter von Verkehrskameras mit Stadtrat [Edward] Burke aus dem 14. Bezirk zusammentat, dem mächtigen Vorsitzenden des Finanzausschusses der Stadtverwaltung«. Burke »bemühte sich sehr, die Vereinbarung [mit Redflex] zu torpedieren, um den Vertrag dem von ihm bevorzugten Anbieter Automated Traffic Solutions zu sichern – einem Unternehmen, das einen langjährigen Verbündeten Burkes als Subauftragnehmer engagiert hatte«.

Der Verkehrsmanager Bills strich rund zwei Millionen Dollar netto ein, bevor er den ausgetretenen Weg beschreiten musste, der vom Rathaus von Chicago zum Gefängnis in Joliet führt. Dass er aufflog, war wie üblich der guten Arbeit der *Chicago Tribune* zu verdanken. Wie viel von dem Geld er in Sicherheit bringen konnte, ist unklar; sein Anwalt behauptet, er sei lediglich ein Geldbote für die hohen Tiere in der politischen Nahrungskette gewesen. Wir werden es nie erfahren; Bills ist derjenige, der eine zehnjährige Haftstrafe absitzt. Die Spitzenmanager von Redflex waren im Bilde über das Bestechungsarrangement, und sämtliche Board-Mitglieder wurden in einem internen Memo darüber informiert. Das Unternehmen wurde in dreizehn weiteren amerikanischen Bundesstaaten ähnlicher Praktiken beschuldigt. Fest steht, dass überall dort, wo Kameras installiert werden, auch die Gelbphase verkürzt wird.

Der Fall Chicagos mit seinem Ensemble bunter Figuren, die aus einem Film von David Mamet stammen könnten, droht uns von einer allgemeinen Wahrheit über die kommunalen Finanzen abzulenken: Die Städte brauchen zusätzliche Einnahmen, und es fällt ihnen schwer, die automatisierten Verkehrsüberwachungssysteme kritisch zu hinterfragen, selbst wenn sich herausstellt, dass diese Systeme das Gegenteil dessen bewirken, was beabsichtigt war. Oft sträuben sich die Stadtverwaltungen sogar gegen eine öffentliche Debatte über solche Systeme.[6] Im Jahr 2017 schätzte der District of Columbia die zu erwartenden Einnahmen aus Verkehrsgebühren und Geldbußen in den folgenden fünf Jahren auf 837 Millionen Dollar.[7]

Aus diesen Fällen kann man einen allgemeinen Schluss ziehen: Manchmal werden Regeln bewusst im Widerspruch zur Vernunft festgelegt von Parteien, die ein Interesse an den dadurch erzeugten Konflikten haben.

Die Manipulation der Gelbphasen von Verkehrsampeln ist eine besonders einfache Methode, um das zu erreichen, aber es gibt noch andere. Die »geometrischen« Elemente einer Straße (Breite der Fahrspuren, Breite des Randstreifens,

Krümmung, Neigung) wirken sich darauf aus, wie wir fahren. Wird die Breite der Fahrspur von vier auf dreieinhalb Meter verringert, sinkt die beobachtete »frei fließende Geschwindigkeit« (bei geringem Verkehrsaufkommen) des durchschnittlichen Kraftfahrers auf einer Schnellstraße um 10,5 Stundenkilometer.[8] Wir spüren dann nämlich, dass es schwieriger ist, in der Mitte der Fahrspur zu bleiben, und reagieren vernünftig. Es gibt Normen für die Spurbreite, die dem Tempolimit entsprechen; sie sollen das Gesetz mit unserem von Natur aus vernünftigen Verhalten in Einklang bringen. Aber einem geschäftstüchtigen örtlichen Bürokraten können dieselben Fakten eine Gelegenheit eröffnen. Der George Washington Parkway in der amerikanischen Hauptstadt ist eine berüchtigte Falle für Autofahrer, die ein wenig zu schnell fahren. Die Fahrspuren sind für eine Geschwindigkeit von 90 km/h ausgelegt, aber die erlaubte Geschwindigkeit ist auf 70 km/h beschränkt. Diese Taktik ist gut geeignet, Einnahmen zu erzielen, weil das Tempolimit wenig mit der Geschwindigkeit zu tun hat, die ein Autofahrer im instinktiven Gefühl der Sicherheit wählen würde.

Die amerikanische Autobahnbehörde FHWA (Federal Highway Administration) hat in einem Experiment festgestellt, dass sich, wenn das Tempolimit um 25 Stundenkilometer verändert wird, die Geschwindigkeit, die 85 Prozent der Fahrer nicht überschreiten, um lediglich 2 bis 4 Stundenkilometer ändert. In einer weiteren Studie fand dasselbe Team von Verkehrsingenieuren unter der Leitung von Dr. Samuel Tignor (dem ehemaligen technischen Leiter der FHWA für Sicherheit und Forschungsentwicklung) heraus, dass »die gegenwärtigen Geschwindigkeitsbegrenzungen so niedrig angesetzt sind, dass die große Mehrheit der Fahrer sie nicht als angemessen akzeptiert. Nur auf einem Zehntel der Straßenabschnitte mit Geschwindigkeitsbegrenzung wird das Tempolimit von mehr als 50 Prozent der Verkehrsteilnehmer eingehalten. Die Geschwindigkeitsbegrenzungen machen aus Kraftfahrern, die mit einer angemessenen und sicheren Geschwindigkeit fahren, technisch Verkehrssünder.«[9]

Es gibt Parallelen in anderen Politikbereichen, wo eine Vielzahl von Regeln einen Anschein der Rationalität erweckt, die Bürokratie aber entfaltet sich in der *Lücke* zwischen Regeln und Vernunft.[10] Eine Verschärfung des Strafrechts und der »Krieg gegen die Drogen« haben entscheidend zur Entstehung einer riesigen amerikanischen Gefängnisindustrie beigetragen. Die Verkehrssicherheitsbehörde TSA (Transport Security Administration) entwickelt Regeln für eine Inszenierung des »Sicherheitstheaters«, in der wir alle – im Bewusstsein der Absurdität der meisten dieser Regeln – unsere Rolle spielen müssen. Diese Maschinen, in die wir hineingehen, um uns mit einer schönen Dosis Mikrowellen durchleuchten zu lassen? Und das Abwischen mit einem Tuch, das anschließend in einen schwarzen Kasten gelegt wird, um Sprengstoffrückstände nachzuweisen? Weitgehend nutzlos. Das Militär weigert sich, diese Geräte zu verwenden, und setzt zur Suche nach Sprengstoffen lieber Spürhunde ein. Aber die Maschinen sind ein Millionengeschäft, was für die Hundeausbildung nicht gilt. Fest steht, dass die Versuche unabhängiger Prüfer, Waffen unentdeckt an Bord eines Flugzeugs zu schmuggeln, in neun von zehn Fällen von Erfolg gekrönt sind.[11]

Wenn Hochtechnologie zum Einsatz kommt wie in der automatisierten Verkehrsüberwachung, ist es unsere Pflicht, die Behauptungen derer, die unter Hinweis auf ihre Sorge um unserer Wohlergehen Profit aus normalem Verhalten schlagen wollen, besonders gründlich zu prüfen. Maschinen fällen keine Urteile; sie gehorchen den Gesetzen der Physik. Aber sie erwecken einen Eindruck von Neutralität und Notwendigkeit, hinter dem das Wirken des menschlichen Urteilsvermögens schwerer zu erkennen und zu kontrollieren ist. Die *Chicago Tribune* musste ein Team forensischer Ingenieure aus einem anderen Bundesstaat engagieren, um herauszufinden, was die Stadt mit ihrer automatisierten Verkehrsüberwachung beabsichtigte. Der wahre Zweck einer Blackbox besteht darin, die Macht gegen den Volkszorn abzuschirmen.

Dies hat erhebliche Relevanz dafür, wie wir die öffentliche Autorität heutzutage erleben: Es hat den Anschein, als würde sie von einer Einrichtung ausgeübt, die man nicht so *ansprechen* kann, wie Thompson sich an den Autobahnpolizisten wenden konnte, und nach dem zu urteilen, was wir wissen, könnte diese Autorität genauso gut in Australien wie im Rathaus von Chicago sitzen. Das trägt zweifellos zur Legitimitätskrise bei, die sich in den freiheitlichen Demokratien ausbreitet.

Dass die Autorität mittlerweile in einer Blackbox steckt, dürfte damit zu tun haben, dass sie sich hinter einer unverständlichen Maschinenlogik versteckt. Vielleicht liegt es an der Übertragung der nationalen Souveränität auf undurchschaubare supranationale Gebilde wie die Europäische Union. Oder es könnte mit der soziologischen Kluft zwischen der Mehrheit und einem herrschenden Element zu tun haben, das anscheinend seine eigenen internen Codes hat.

Ende des Jahres 2018 sah sich der französische Staatspräsident Emmanuel Macron mit einer politischen Protestwelle konfrontiert, wie sie Frankreich seit dem Zweiten Weltkrieg nicht mehr erlebt hatte.[12] Die Gelbwesten-Bewegung, die ihren Namen von den leuchtenden Schutzwesten hat, die jeder Kraftfahrer in Notsituationen tragen muss, brachte in den französischen Städten, wie schon erwähnt, Hunderttausende auf die Straße. Die Revolte wurde durch zwei Maßnahmen ausgelöst: durch die Einführung einer

Treibstoffsteuer, die der Verringerung der CO_2-Emissionen diente, und eine Verschärfung der Tempolimits. Diese Maßnahmen wirkten sich unverhältnismäßig stark auf den Teil Frankreichs aus, den der französische Geograf Christophe Guilluy als *»la France périphérique«* bezeichnet. Draußen im Hinterland müssen die Leute viele Kilometer fahren, weshalb sich die vorgeschlagenen Maßnahmen dort konkret auf den Lebensstandard der Bevölkerung auswirkten. Hingegen blieben die Interessen der großstädtischen Fachleute in Finanzwesen, Medien und Wissenschaft – die den Kern von Macrons Wählerbasis bilden – unberührt. Sie haben die U-Bahn, und – was ebenso wichtig ist – sie leben in einer symbolischen moralischen Ökonomie, in der die ökologische Tugend unverzichtbar für das Selbstverständnis der herrschenden Klasse ist und ihren Machtanspruch begründet.

Die Mitglieder der für ihre ausgezeichnete Ausbildung berühmten französischen Bürokratie werden alle im selben Milieu rekrutiert: Sie werden in den *Grandes Écoles* herangezogen und fügen sich nahtlos in den internationalen Kader des politischen Managements der EU ein. Diese Leute behalten lieber ihren Wohnsitz in Paris, anstatt ins triste Brüssel umzuziehen, von wo aus sie ihre aufgeklärten Weisungen erteilen. Aus Sicht der *France périphérique* begann diese Elite offenbar wie ein großer Klumpen von Fahrradmoralisten, schicken Elektrorollerfahrern und CO_2-Abstinenzlern zu wirken.

Einen Hinweis auf die kulturelle Spaltung, die sich hinter den lautstarken wirtschaftlichen Klagen der Gelbwesten verbirgt, finden wir auf einem Foto, das in der *New York Times* erschien, jedoch nicht kommentiert wurde: Inmitten der chaotischen Straßenkämpfe mit der Polizei Anfang Januar 2019 stand ein Fahrrad, das in Brand gesetzt worden war. Man konnte diesen Akt des Vandalismus als witziges

Trolling verstehen, als Angriff auf das Selbstbild der herrschenden Klasse.

In seinem Buch *The Revolt of the Public* (2018) beschreibt Martin Gurri den weltweiten Ausbruch von Protestbewegungen im Jahr 2011 – Occupy Wall Street, die spanischen *Indignados,* die gewalttätigen Straßenschlachten in London, um nur einige zu nennen – als politische Manifestation der reinen Negation, die eher von der Romantik der Anklage als von einem positiven Programm getragen wurde. In diesen Protesten kamen ein verbreitetes Misstrauen gegenüber den institutionellen Stimmen und ein Zusammenbruch der sozialen Autorität zum Ausdruck. Bei der Linken wie bei der Rechten haben viele Menschen den Eindruck, das System sei *manipuliert,* um eines von Donald Trumps Lieblingsworten zu verwenden, und tatsächlich schüren die politischen Führer selbst diesen Glauben mit der Behauptung, jede Wahl, in der ihre Seite unterliegt, sei *illegitim.* Diese gefährliche Form des politischen Nihilismus führt Gurri auf eine epistemische Krise zurück, die er damit erklärt, dass das Internet die Informationsmonopole zerstört habe, die einst die institutionelle Autorität absicherten. Die Gelbwesten passten in Gurris Schema – oder fügten sich hinein, als die Bewegung von halb professionellen Agitatoren unter Kontrolle gebracht wurde, die vom Geist der Negation beseelt waren. Aber anfangs drückten die Gelbwesten-Proteste etwas Substantielleres aus, und das ist für unsere Untersuchung relevant.

Der wirklich bedeutsame materielle Schaden, den die Protestbewegung anrichtete, betraf das dichte Netz von Radarfallen auf Frankreichs Straßen. Im Januar 2019 waren rund 60 Prozent der Apparate funktionsuntüchtig. Mir fällt kein modernes Beispiel für ein vergleichbares Ausmaß an Vandalismus ein. Welchen Reim sollen wir uns auf diese landesweiten Guerillaaktionen machen? Zunächst einmal ist festzustellen, dass die Attacken durch eine Senkung des Tempolimits von 90 auf 80 Stundenkilometer auf vielen Landstraßen ausgelöst wurden. Diese Verschärfung der Geschwindigkeitsbegrenzung wirkt eher unbedeutend. Aber wurde hier nicht auch eine ohnehin schon recht niedrige Höchstgeschwindigkeit weiter herabgesetzt? Das ist schwer zu sagen, ohne die Straßen aus erster Hand zu kennen. Claire Berlinski schrieb in ihrer Analyse der Gelbwesten-Bewegung, durch die Zerstörung des Radarfallennetzes würden dem französischen Staat »Dutzende Millionen Euro an Einnahmen entgehen«. Im Jahr 2017 nahm der Staat »jeden Monat im Durchschnitt 84 Millionen Euro mit Bußgeldern ein. Und genau das ist natürlich der Grund dafür, dass die *Gilets jaunes* [die Radarfallen] zerstörten. Sie waren überzeugt, die Bußgelder seien für den Staat lediglich ein einträgliches Geschäft.«

Der Staat reagierte wie erwartet, spannte dabei jedoch den Moralmuskel noch ein wenig mehr als sonst an. Innenminister Christophe Castaner erklärte: »Ich habe in den sozialen Netzwerken ein paar Dummköpfe gesehen, die neben verbrannten Radarfallen stehen. Ich wünsche ihnen nicht, dass sie eines Tages der Realität des *Todes auf der Straße* begegnen. Es geht nicht um Zahlen, sondern um Menschenleben.« Emmanuel Barbe, der Leiter des französischen Straßenverkehrsamts, erklärte, es seien Menschenleben in Gefahr gebracht worden: »Die Schäden am Radarfallennetz [...] werden *zu Todesopfern führen*. Und darüber bin ich tieftraurig.«[13]

Der Funktionär ist zutiefst betrübt. Der Tod ist kein Grund zum Scherzen, und es versteht sich von selbst, dass *Raserei* tödlich *ist*. Aber sehen wir uns das ein wenig genauer an. Es ist zweifellos richtig, dass eine abrupte Verringerung der Geschwindigkeit tödlich sein kann. Es ist eine einfache physikalische Tatsache, dass beim Zusammenstoß von zwei

Autos die Schäden an den Fahrzeugen und die Wahrscheinlichkeit schwerer oder sogar tödlicher Verletzungen bei den Insassen – bei ansonsten unveränderten Variablen – umso größer sind, je höher die Geschwindigkeit der Fahrzeuge ist. Aber es ist auch richtig, dass Billardkugeln, die auf Newtons reibungsfreier Oberfläche zusammenstoßen, nicht das beste Bild sind, um das komplexe Gefüge von Straßenbeschaffenheit, Verkehrslage, Wetterbedingungen und »menschlichen Faktoren« zu beschreiben, mit dem wir es im Straßenverkehr zu tun haben.

Deshalb gibt es in einigen Staaten »grundlegende Geschwindigkeitsvorschriften«, die Vorrang vor den an bestimmten Punkten angezeigten Tempolimits haben und den Verkehrsteilnehmern die Verantwortung dafür übertragen, unter den jeweils herrschenden Bedingungen sicher zu fahren. Das menschliche Urteilsvermögen bleibt unabdingbar und kann nicht mit einfachen Regeln beseitigt werden. Aber die automatisierte Durchsetzung von Geschwindigkeitsbegrenzungen versteht das nicht.

Wie in jeder Debatte sind Statistiken ein bevorzugtes Instrument der Verfechter der verschiedenen Positionen, aber die richtige Interpretation der Daten erfordert eine nuancierte Betrachtung, zu der die meisten von uns nicht bereit sind. Für eine genaue Analyse braucht man Zugang zu den Rohdaten, bevor sie, gestützt auf eine sorgfältige Auswahl der für die eigene Argumentation brauchbaren Ergebnisse und auf eine tendenziöse Kontextualisierung, in Argumente umgewandelt werden.

Haben wir keinen solchen Zugang, so können wir uns zumindest die *Interessen* jener vor Augen halten, die uns von der einen oder anderen Meinung überzeugen wollen. Ich weiß zu wenig über die verschiedenen Akteure in Frankreich, aber in den Vereinigten Staaten ist das Insurance Institute for

Highway Safety die Quelle, auf die sich die Journalisten am liebsten berufen, wenn sie ihre Klickfang-Artikel über eine »Epidemie« von Rasern schreiben, die auf den Straßen des Landes Menschen niedermähten. Diese Einrichtung genießt nach eigener Angabe die »volle Unterstützung« der Versicherungsgesellschaften, die ihr angehören. Es überrascht nicht, dass sich das Insurance Institute für niedrigere Tempolimits und für die automatisierte Verkehrsüberwachung ausspricht. Wie Matt Labash erklärt, hat die Versicherungsbranche »ein finanzielles Interesse daran, dass möglichst viele Strafzettel wegen Schnellfahrens ausgestellt werden, denn überhöhte Geschwindigkeit und das Überfahren roter Ampeln erlauben es den Versicherungsgesellschaften, in den folgenden drei bis fünf Jahren höhere Versicherungsbeiträge von ihren Kunden zu verlangen«.[14]

Man sollte meinen, die amerikanische Bundesregierung sei eine unvoreingenommenere Informationsquelle zum Einfluss der Geschwindigkeit auf die Häufigkeit und Schwere von Unfällen als die Versicherungsbranche oder als Einrichtungen, deren Einnahmen davon abhängen, dass sie zitiert werden, oder als die Minister in der Regierung eines »Jupiters« (Macrons Selbstbeschreibung), die Zustimmungswerte von nicht einmal 30 Prozent hat und versuchen muss, eine Revolte der Autofahrer zu unterdrücken, indem sie das Bild eines willkürlichen Blutbads heraufbeschwört. Die für die Sicherheit auf den amerikanischen Autobahnen zuständige Behörde NHTSA (National Highway Traffic Safety Administration) zeichnet ein gemischtes Bild von den Auswirkungen überhöhter Geschwindigkeit. Erschwert wird die Aufgabe, die Leute von der Notwendigkeit des Tempolimits zu überzeugen, durch einige Definitionsprobleme und die Tatsache, dass in den Statistiken nur Zusammenstöße mit Todesopfern berücksichtigt werden, weil die Polizei nur in diesen Fällen alle relevanten Daten sammeln muss, die anschließend in das Fatality Analysis Reporting System eingespeist werden. Unter Berücksichtigung dieser methodologischen Beschränkungen können wir einen Blick auf die tödlichen Verkehrsunfälle im Jahr 2016 werfen (das letzte Jahr, für das Daten vorlagen, als ich dieses Buch schrieb), bei denen eine überhöhte Geschwindigkeit »ein relevanter Faktor« war: »18 Prozent der beteiligten Fahrer fuhren zum Zeitpunkt des Zusammenstoßes mit überhöhter Geschwindigkeit, und 27 Prozent der Todesopfer waren in Unfällen zu beklagen, an denen mindestens ein Fahrer beteiligt war, der zu schnell fuhr.«[15]

Auf der Website der NHTSA lesen wir, dass die Behörde »dann von einem mit überhöhter Geschwindigkeit zusammenhängenden Unfall ausgeht, wenn einer der beteiligten Fahrer schon einmal wegen Geschwindigkeitsüberschreitung belangt wurde oder wenn ein Polizeibeamter erklärt, dass Rasen, eine den Bedingungen nicht angemessene Geschwindigkeit oder eine Überschreitung der vorgeschriebenen Höchstgeschwindigkeit zu dem Unfall beigetragen hat«. Es liegt also weitgehend im Ermessen des an den Unfallort gerufenen Polizisten, zu beurteilen, ob die Geschwindigkeit bei einem Unfall eine Rolle spielte. Ob jemand »für die Bedingungen zu schnell« fährt, ist eine Ermessensentscheidung, die wir den State Troopers wohl zutrauen können, weil sie im Allgemeinen große Erfahrung besitzen. Aber die »Überschreitung der vorgeschriebenen Höchstgeschwindigkeit« ist ein sehr grobes Urteil, das zumindest für die große Mehrheit der Fahrer gelten *könnte,* wenn man bedenkt, dass Tempolimits nur auf etwa einem Zehntel der betroffenen Straßenabschnitte von mehr als 50 Prozent der Fahrer respektiert werden. In Anbetracht der Unklarheit der Szene, die ein Polizeibeamter an einem Unfallort vorfindet, mit Blick auf die dürftigen Beweise und widersprüchlichen Zeugenaussagen und angesichts der Tatsache, dass der Beamte in der Rubrik »Unfallursache« *irgendein* Kästchen ankreuzen muss, hat die »Überschreitung der vorgeschriebenen Höchstgeschwindigkeit« den Vorteil, dass sie anhand einer relativ einfachen Vermessung von Bremsspuren und Streuung der Trümmerteile festgestellt werden kann. Sie wird zu einer einfachen Methode, die Situation zu klären und den Verkehrsstau aufzulösen. Die Einbeziehung des Kriteriums »Überschreitung der vorgeschriebenen Höchstgeschwindigkeit« in die Bestimmung der Unfälle, die »mit überhöhter Geschwindigkeit« zu tun haben, gibt dieser Kategorie zweifellos ein unverhältnismäßig hohes Gewicht. Und trotzdem trägt überhöhte Geschwindigkeit sehr viel weniger zu tödlichen Unfällen bei als Alkohol am Steuer, als das »Unvermögen, die Spur zu halten, oder als Abkommen von der Straße«.[16]

Wie sollen wir die Zahlen deuten? Um ein zuverlässiges Urteil fällen zu können, müssten wir uns in das Gebiet der Verkehrssicherheitsforschung vertiefen und eine unvoreingenommene Beurteilung vornehmen. Zu beidem dürfte ein Team von Wissenschaftlern der Virginia Polytechnic Institute and State University (Virginia Tech) befähigt sein, das von einem ehemaligen technischen Leiter der Sicherheits- und Forschungsentwicklung bei der Autobahnbehörde Federal Highway Administration geleitet wird. Die Forscher gelangten in einer Studie zu dem Ergebnis, dass »die meisten Geschwindigkeitsbegrenzungen um fast 25 km/h niedriger angesetzt waren als die ›maximale sichere Geschwindigkeit‹. Sie erklärten, eine Anhebung der Höchstgeschwindigkeiten werde mehr Fahrer zur Einhaltung der Tempolimits bewegen und nur die gefährlichsten Fahrer ins Visier nehmen«.[17]

In der Frage der Tempolimits ist normalerweise von einem Spannungsverhältnis zwischen Freiheit und Ordnung die Rede; die Aufgabe besteht also darin, ein Gleichgewicht zwischen beiden herzustellen. Das trifft weitgehend zu. Wäre da nicht der eigentümliche Fall Deutschlands, der Zweifel weckt, ob es diesen Gegensatz wirklich geben muss. Vor Kurzem wies der Autor eines Artikels in der *New York Times* darauf hin, dass es weltweit nur eine Handvoll Orte gibt, an denen auf Geschwindigkeitsbegrenzungen verzichtet wird. Afghanistan und die Isle of Man sind zwei solche Orte, und das deutsche Autobahnnetz ist ein weiterer. Doch Deutschland ist ein Land, das für die Regeltreue seiner Bürger und für Ordnungswut in vielen Lebensbereichen bekannt ist. Dort machen lokale Behörden sogar Vorschriften zu Dingen wie der Farbe von Sonnenschirmen in Gastgärten. In mancher Hinsicht hat das Land Ähnlichkeit mit einer amerikanischen Vorstadtsiedlung, in der freiwillige Helfer der Hauseigentümervereinigung die Einhaltung der Regeln überwachen – jene Art von Leuten, die herumgehen und die Höhe des Grases in den Vorgärten der Anwohner messen. Aber eine beträchtliche Minderheit der Deutschen fährt auf der Autobahn regelmäßig über 160 Stundenkilometer, und zwar ohne gegen die Regeln zu verstoßen. Irgendwie bringt das deutsche Wesen diese Verhaltensweisen unter einen Hut. Wir werden im Kapitel mit dem Titel »Road Rage, Andersdenkende und die Verkehrsgemeinschaft« einen genaueren Blick auf die Ursprünge des deutschen Autobahnnetzes und die eigentümlichen kulturellen Bedingungen werfen, die den Verzicht auf eine erlaubte Höchstgeschwindigkeit möglich machen. An dieser Stelle möchte ich lediglich anmerken, dass eine heutige Kontroverse in Deutschland über die Autobahnen einen weiteren Beleg für meine These liefert, dass die Reaktion der Bevölkerung auf erzwungene Geschwindigkeitsbegrenzungen etwas über allgemeine politische Strömungen verrät.

Die *New York Times* berichtet, dass »es beinahe zu Unruhen gekommen wäre, als eine von der Regierung eingesetzte Kommission im Januar [2019] wagte, die Idee einer Höchstgeschwindigkeit ins Gespräch zu bringen. [...] Bei den Radiosendern riefen wütende Autofahrer an.«[18] Dieser Vorschlag wird in Deutschland etwa alle zehn Jahre einmal gemacht – das Resultat ist immer dasselbe. Die deutschen Autofahrer sind seit Langem politisiert, so wie jetzt anscheinend auch die französischen. Die Frage der Tempolimits hat sogar seltene Solidaritätsbekundungen zwischen Germanen und Galliern ausgelöst, den alten Erzfeinden: Als die Begrenzung der Höchstgeschwindigkeit auf Autobahnen vorgeschlagen wurde, legten deutsche Arbeiterführer »drohend ihre Gelbwesten an und malten das Gespenst von Protesten an die Wand«. Da er sich nicht in eine Hassfigur wie Macron verwandeln wollte, machte der damalige Verkehrsminister Andreas Scheuer rasch einen Rückzieher und erklärte, eine Höchstgeschwindigkeit auf Autobahnen widerspreche dem »gesunden Menschenverstand«.

DAS VERKEHRSGERICHT

In Virginia macht sich jeder, der schneller als 130 Stundenkilometer fährt, des »rücksichtslosen Fahrens« schuldig, und zwar auch auf Autobahnen, wo eine Höchstgeschwindigkeit von 110 km/h erlaubt ist. »Rücksichtsloses Fahren« ist ein sogenannter Class-1-Verstoß, der mit bis zu einem Jahr Gefängnis bestraft werden kann. Im Jahr 2016 debattierte der Senat von Virginia eine Gesetzesvorlage über eine Anhebung der Schwelle von 130 auf 140 km/h. Laut einem Medienbericht erklärte der »demokratische Fraktionsvorsitzende Don McEachin (Richmond), ein auf Personenschäden spezialisierter Rechtsanwalt, es sei gefährlich, schneller als 130 Stundenkilometer zu fahren, und das solle sich weiterhin im Gesetz niederschlagen. [...] ›Das ist rücksichtsloses Fahren. Man fährt so schnell, dass man sein Fahrzeug nicht mehr beherrschen kann‹.«[19]

Nun gibt es zweifellos Fahrsituationen, über die man so etwas absolut seriös sagen kann, selbst wenn man kein auf Personenschäden spezialisierter Rechtsanwalt ist. Wenn ich mir vorstelle, wie Katharine Hepburn in einem Kieslaster mit 130 Sachen über eine gewundene Bergstraße rast, fühle ich mich unsicher. Aber mir ging es richtig gut, als ich an einem sonnigen Tag im Mai mit genau dieser Geschwindigkeit auf einer schnurgeraden Autobahn (der Route 360) dahinglitt – bis ich den State Trooper auf dem Mittelstreifen sah und ein Stück von den vorderen Bremsbelägen wegbrannte. Ich war auf dem Heimweg vom Virginia International Raceway, auf einem Motorrad mit dreifachen Scheibenbremsen, das acht Prozent eines Chevy Suburban wiegt, schätzungsweise die doppelte Seitenführungskraft entwickelt und etwa ein Drittel der Breite einer Autobahnfahrspur in Anspruch nimmt. Der State Trooper blitzte mich mit 134 km/h: rücksichtsloses Fahren.

Das geschah im Amelia County, einem jener ländlichen Gebiete Virginias, in denen die Eintreibung von Bußgeldern anscheinend der einzige florierende Wirtschaftszweig ist. Die strategische Position des Countys in dieser Branche ist ideal, denn man muss es durchqueren, um von Richmond zur wichtigsten Rennstrecke Virginias zu gelangen. Es dauert eine gewisse Zeit, sich nach einem Aufenthalt in einer Umgebung, in der die newtonschen Gesetze gelten, an das Dasein im Reich der Gesetze Virginias zu gewöhnen, und das eröffnet Möglichkeiten für den Gesetzesvollzug. Die Route 360 ist ein »Wirtschaftskorridor« für die Countys entlang des Weges, obwohl das, nach der allgemeinen Trostlosigkeit zu urteilen, nicht so gemeint sein dürfte, wie es auf den Schildern verkündet wird.

Derart geringschätzig war meine Haltung, bis ich einige Monate später im Gerichtssaal stand. Nichts ist besser geeignet als die Ankündigung eines Aufenthalts im Gefängnis, um einen überheblichen Ausdruck aus dem Gesicht eines Mannes zu verscheuchen. Tatsächlich kam ich mir sehr klein vor und fühlte mich verabscheuungswürdig schuldig angesichts der Majestät des Gerichts. Die Bedeutung des Gemeinwohls hing schwer über dem Raum, als pünktlich um 9:30 Uhr ein mit einem Stab bewaffneter Sheriff mit extravagantem Schnurrbart die vor dem Gebäude herumlungernden motorisierten Gesetzesbrecher herbeiwinkte. Er fuhr mit dem Stab am Körper jedes einzelnen Übeltäters entlang. (Er erklärte das mit der Notwendigkeit, Metall aufzuspüren.) Als wir im Gerichtssaal Platz genommen hatten, gab er mit dem Schwung eines Karnevalsimpresarios seine Vorstellung.

Im Raum herrschte ein großes Gedränge, aber vom Richter war nichts zu sehen. Nach einer sorgfältig bemessenen dreißigminütigen Pause, in der man nichts anderes tun konnte, als schweigend über seine Verfehlungen nachzudenken (Handys verboten), bellte der Sheriff: »Erheben Sie sich!« Ein Mann in Robe betrat den Saal.

Der erste Angeklagte war ein afrikanischer Einwanderer, dessen Namen der Richter nur mit Mühe aussprechen konnte. Der Vorsitzende fragte ihn, ob er sich schuldig oder nicht schuldig bekennen oder aber nicht äußern wolle. Der Beschuldigte antwortete nicht. Die Sekunden verstrichen. Ich nehme an, er hatte die Frage nicht verstanden. Sie wurde mehrfach wiederholt. Schließlich murmelte er etwas, und der

Richter fuhr fort: Wolle der Beschuldigte einen Anwalt beiziehen, sich selbst vertreten oder den Beistand eines vom Staat ernannten Pflichtverteidigers in Anspruch nehmen? Der Angeklagte schien einmal mehr ratlos. Man hielt ihm ein Formular vor die Nase. Offenbar kamen Worte aus meinem Mund, denn die Frau, die neben mir auf der Bank saß, drehte sich zu mir um, als ich in Gedanken schrie: »Nicht unterschreiben!«

Ich selbst war von einem Rechtsanwalt angesprochen worden, der sich auf »rücksichtsloses Fahren durch überhöhte Geschwindigkeit« in bestimmten Countys spezialisiert hatte. War meine Vorladung noch vor einer Entscheidung des Gerichts in die Öffentlichkeit gelangt? Wie ich erfuhr, teilt die Verwaltung des Countys ihr Vorladungsregister mit Anwälten, die bereit sind, für diese Liste zu bezahlen: eine weitere Einnahmequelle. Es wäre interessant zu wissen, wie oft tatsächlich jemand wegen rücksichtslosen Fahrens durch überhöhte Geschwindigkeit ins Gefängnis geschickt wird. Vielleicht setzt man die Androhung einer Haftstrafe lediglich ein, um die Geldbuße wie ein gutes Geschäft wirken zu lassen. Mein Verfahren wurde gegen Zahlung einer Geldbuße von 150 Dollar eingestellt. Ich war sehr erleichtert, die Strafe bezahlen zu dürfen.

In Frankreich gewährte der König vor der Revolution Personen, die als Steuerpächter bezahlt wurden, Konzessionen für die Eintreibung der Steuern. Die Steuerpächter hatten beträchtlichen Ermessensspielraum und bewiesen viel Initiative, was nicht verwundern kann, weil sie einen Teil der Einnahmen behalten durften. Es war eine einträgliche Position. Die Steuerpächter waren bei der Bevölkerung verhasst. Ich glaube, es sind nicht die Steuern selbst, die revolutionären Hass wecken (es sei denn, man ist ein fundamentalistischer Anhänger der Tea Party), sondern die falschen Vorwände von Leuten, die unter dem Deckmantel der Sorge um das Gemeinwohl ihre eigenen Interessen verfolgen.

Die Aktivitäten der Bußgeldpächter in den Vereinigten Staaten dürften eine Variante der Praxis unter dem Ancien Régime sein. In diesem Fall berufen sie sich nicht auf die Autorität einer insolventen Monarchie, sondern auf einen Moralismus, der mit dem Argument der »Sicherheit« alle anderen Überlegungen unterdrückt und mit dem Finger auf die Inkompetentesten unter uns zeigt, um seine Normen zu rechtfertigen.

Es liegt auf der Hand, dass diese Haltung in bestimmten Bereichen angebracht ist. Zum Beispiel glaube ich, dass der Umgang der Vereinigten Staaten mit körperlichen und geistigen Behinderungen außergewöhnlich und wirklich bewundernswert ist. Aber eben, weil es so schwierig ist, diese Moralität zu kritisieren, liefert sie einen kaum zu entkräftenden Vorwand für die stetige Ausweitung eines Verwaltungsstaats, der keinem einschränkenden Prinzip unterworfen ist und sich nicht mit widersprechenden Überlegungen konfrontiert sehen will, die in seinen Augen zwangsläufig »unverantwortlich« wirken. Da das Regime der öffentlichen Sicherheit seiner eigenen inneren Logik überlassen bleibt, muss es Wege finden, um seine wachsenden Personalkosten und die Kolonisierung immer neuer Lebensbereiche zu rechtfertigen. Das kann der Staat unter dem Vorwand der Verteidigung demokratischer Werte durch eine fortschreitende Infantilisierung seiner Klienten bewerkstelligen.

Im Juli 2018 saß ich erneut in einem Verkehrsgericht auf der Anklagebank, diesmal im Fluvanna County. Der Sheriff hatte sich mit seinem Streifenwagen in einer schattigen Nothaltebucht am Straßenrand versteckt und mich mit einem Heckradar geblitzt. Als ich ihn bemerkte, bremste ich die Yamaha noch scharf ab, aber als ich an ihm vorbeifuhr, war mir klar, dass er mich erwischt hatte. Als ich im Rückspiegel sah, dass sein großer Mopar aus dem Straßengraben auftauchte, fuhr ich sofort an die Seite. Er sagte, ich sei »138 gefahren« und hätte »beschleunigt«. Die erlaubte Höchstgeschwindigkeit waren 90 Stundenkilometer. Der Ort war die Route 6, die ich normalerweise nehme, wenn ich von Osten nach Westen oder umgekehrt reise.

Der Beamte verhielt sich anständig. Er schrieb keine Anzeige wegen rücksichtslosen Fahrens (das liegt im Ermessen des Polizisten) und notierte statt 138 km/h nur 135 km/h, womit das Vergehen vermutlich unter irgendeiner Schwelle der Ruchlosigkeit blieb.

Auf dem Weg zum Gericht von Palmyra kommt man am Gefängnis vorbei; das Gebäude befindet sich gleich neben dem 1828 errichteten Old Stone Jail. Man kann den Pranger kaum übersehen, der davorsteht. Ja, Sie haben richtig gelesen: ein Pranger – eine hölzerne Vorrichtung, in welcher Hals und Handgelenke des Übeltäters eingeschlossen werden, der in eine vornübergebeugte Haltung gezwungen und dem Spott aufrechter Bürger und kleiner Kinder preisgegeben wird. Natürlich, denkt man, ist das ein *historisches* Instrument, kein Instrument der heutigen Strafgerichtsbarkeit. Wahrscheinlich.

Im Gerichtssaal zählte ich sechs Beamte des Sheriffbüros des Fluvanna County, die unter ihren Hemden kugelsichere Westen trugen. Von ihren Revers hingen Funkdrähte bis zu ihren Gürteln herab, und in ihren Brusthalftern steckten Pistolen. Ich suchte den Polizisten, der mich dingfest gemacht hatte, aber unsere Begegnung lag einige Monate zurück. Mit ihren muskulösen Körpern, kahl geschorenen Köpfen und an Shar-Peis erinnernden Nackenfalten, die in einem anderen Leben vielleicht von einem Pferdeschwanz verdeckt gewesen waren, wirkten sie eher wie eine Superlesben-Gang in Leder.

Irgendwie fiel an ihrer Gegenwart hauptsächlich ihre Gleichartigkeit auf, was die Wirkung dieser Machtdemonstration erhöhte.

Die Richterin war eine Afroamerikanerin, was mich einfach deshalb freute, weil kaum anzunehmen war, dass sie sich später im Lions Club mit den Cops treffen würde, um mit ihnen bei einem Gläschen über Recht und Ordnung zu diskutieren. In einem Gerichtssaal haben wir allzu oft das Gefühl, es dort mit diesem einen großen Apparat – dem Staat – zu tun zu haben, der sich geschlossen gegen uns gewandt hat. Natürlich *sollte* es eigentlich so sein, dass sich zwei gleichberechtigte Parteien, nämlich der Polizist und der Beschuldigte, vor einem Richter gegenüberstehen, der keine der beiden Seiten bevorzugt. Das ist eine nette Vorstellung, aber es ist eine soziologische Tatsache, dass man es in der Regel mit einer Gruppe von Staatsdienern zu tun hat, die einander regelmäßig sehen und mit professioneller Höflichkeit begegnen. Daher spricht einiges dafür, eine soziologische Trennwand zwischen Cops und Richter zu errichten, damit es zwischen ihnen nicht allzu kollegial zugeht.

Ich bestritt die gegen mich erhobenen Vorwürfe nicht, äußerte jedoch den Wunsch, eine Erklärung abzugeben. Es war ein kleiner Auftritt, den ich für mein Verfahren im Amelia County entwickelt hatte und kurze Zeit später im Chesterfield County ein weiteres Mal zum Besten geben sollte. Nachdem man sich in den Fällen, die vor dem eigenen verhandelt wurden, ein Bild von der Haltung des Richters gemacht und die Atmosphäre im Saal ausgelotet hat, muss man kurzfristige Anpassungen an einem solchen Auftritt vornehmen. Der Vortrag muss kurz und bündig sein. Aber ich habe festgestellt, dass die Richter anscheinend durchaus Gefallen daran finden. Man stelle sich ihren Alltag vor: eine endlose Parade trauriger Geschichten, verdrießlicher Gleichgültigkeit und widerwärtiger Unterwürfigkeit. Was sie im Verkehrsgericht selten zu hören bekommen, ist eine *Argumentation* oder eine rhetorische Anstrengung, also die Art von Dingen, die ursprünglich vermutlich ihr Interesse an der Jurisprudenz geweckt haben.

»Euer Ehren, der Beamte war absolut professionell *[er ist derjenige, der hier vor Gericht steht]*, und ich habe keinen Grund, an der Kalibrierung seines Radargeräts zu zweifeln *[ich erwähne die Frage der Kalibrierung und wische sie gleichzeitig großherzig vom Tisch, weil es unter der Würde dieses Gerichts ist, sich damit zu beschäftigen]*. Ich bin des mir zur Last gelegten Vergehens schuldig und werde Ihre Zeit nicht mit Ausreden vergeuden. Aber erlauben Sie mir, etwas im Namen aller Motorradfahrer zu sagen *[so wie Ihnen liegt auch mir das Gemeinwohl am Herzen]*.

Wie die Forschung gezeigt hat und wie Ihnen jeder Verkehrspolizist sagen wird *[ich wende mich kurz dem Polizisten zu und sehe ihn an – letzten Endes stehen wir ja auf derselben Seite]*, kann unaufmerksames Fahren ebenso gefährlich sein wie das Fahren unter dem Einfluss von Rauschmitteln. Wenn man ein Motorrad steuert, schreibt man keine Textnachrichten. Man schaut nicht auf einen Navigationsschirm und diskutiert nicht mit den Kindern auf der Rückbank. Man tut nichts anderes, als zu fahren. Und man riskiert seine Haut – wenn man zu Boden geht, schält man sich tatsächlich die Haut ab. Deshalb ist man aufmerksam. Wenn man mit einem Motorrad 130 Stundenkilometer schnell fährt, setzt man andere Verkehrsteilnehmer bei Weitem nicht so großen Gefahren aus, als wenn man dasselbe in einem drei Tonnen schweren SUV tut, das mit elektronischem Schnickschnack vollgestopft ist. Ich erwähne diese Tatsachen nicht, um anzudeuten, dass für Motorradfahrer andere Tempolimits gelten sollten *[wir sagen »nicht X«, um dem Zuhörer den Gedanken*

»Warum nicht X?« nahezulegen, während wir uns selbst von X distanzieren, weil es für so verantwortungsvolle Personen wie uns eine zu radikale Option ist] oder dass sie in irgendeiner Weise über dem Gesetz stehen *[das von strahlender Majestät ist, genau wie die Robe, die Ihnen so ausgezeichnet steht, Euer Ehren]*, sondern nur, weil ich hoffe, dieser größere Kontext möge in Ihr Urteil über die in meinem Fall angemessene Strafe einfließen.«

Wie gerne würde ich sagen, dass ich diese kleine Rede mit der Geschmeidigkeit eines Cicero vortrug. Aber wie seinerzeit in Amelia sprach ich auch hier mit zittriger, atemloser Stimme, kaum hörbar. In einer solchen Situation spürst du tatsächlich die Schwere des Staates, die auf deinem ganzen Körper lastet.

Die Richterin hörte mit offenkundigem Interesse zu und äußerte mit warmer Aufrichtigkeit ihre Wertschätzung für meine Gedanken. Sie lehnte es ab, die Strafe in irgendeiner Weise zu verringern, aber sie verkündete ihre Entscheidung mit einem so freundlichen Wohlwollen, dass ich dankbar für ihre Gegenwart war. Das meine ich nicht sarkastisch. Es wurde Recht gesprochen.

Vor dem Gerichtsgebäude legte ich meinen Hals in den Pranger und machte ein Selfie.

THERAPIE FÜR STRAFTÄTER

Wenige Monate später geschah es erneut. Auf dem Chippenham Parkway, einer sechsspurigen Autobahn mit Mittelstreifen samt Schutzplanken, hatte sich an einem Samstagnachmittag hinter einer Anhöhe ein Mann versteckt, der in der linken Armbeuge eine Pistole verbarg, die unsichtbare Strahlen abgab, wie er es ausdrückte. Er hatte auch ein Buch mit gelben Formularblättern dabei. Er schien genug für jedermann zu haben. In mein Formular schrieb er 77/55*. Da mir in den vergangenen achtzehn Monaten einige dieser Formulare ausgestellt worden waren, war ich mittlerweile empfänglicher für die Werbebotschaften der Rechtsanwälte, die kurze Zeit nach einem Vergehen zuverlässig in meinem Briefkasten auftauchten. Nach meinem letzten Zusammenstoß mit dem Gesetz im Fluvanna County hatte ich kurz mit einem Anwalt telefoniert, aber er wollte 1500 Dollar, wenn er meinen Fall übernehmen sollte, weshalb ich mich selbst vertrat (eine interessante Formulierung). Jetzt stand der Tatbestand »135 km/h in einer 90 km/h-Zone« in meinem Register beim Verkehrsamt. Aber bei dieser Gelegenheit fand ich in der Post eine Broschüre von einem Mr. Joyner, Esq.**, der nur 149 Dollar verlangte. Ich sprach am Telefon mit einem seiner Mitarbeiter, er übernahm meinen Fall, und es gelang ihm tatsächlich, eine Einstellung des Verfahrens zu erreichen. Allerdings stellte der Richter die Bedingung, dass ich einen Anfängerkurs in einer Fahrschule absolvierte.

Dort wies uns der Fahrlehrer an, uns mit den Füßen am Boden auf kleine 250-ccm-Motorräder zu setzen, uns langsam vor und zurück zu wiegen, das Gewicht von der Ferse auf den Fußballen und wieder auf die Ferse zu verlagern. Im Klassenzimmer hatte ich eine Zu-cool-für-die-Schule-Haltung eingenommen, rüpelhafte Kommentare in mein Arbeitsbuch geschrieben, die ich unauffällig meinem Sitznachbarn zeigte, und auch sonst den Klassenclown gespielt. Die Situation schien es einfach zu erfordern. Aber jetzt waren

* Eine gemessene Geschwindigkeit von 77 Meilen/Stunde (125 km/h) bei einer erlaubten Höchstgeschwindigkeit von 55 Meilen/Stunde (90 km/h). (A. d. Ü.)

** Mit dem Zusatz »Esq.« (Esquire) gab der Anwalt zu erkennen, dass er bei der Anwaltskammer zugelassen war. (A. d. Ü.)

wir draußen auf dem Parkplatz und lernten, »die Reibungszone« zu fühlen, wo die Kupplung zu greifen beginnt. Der unablässigen Negativität meines inneren Monologs überdrüssig, hatte ich beschlossen, meine Einstellung zu ändern. Ich würde dies als eine Übung in Achtsamkeit betrachten. Ich versuchte, das Gleiten der Kupplung wirklich im Kupplungshebel zu *fühlen* und mir die Einheit meines Körpers mit dem Motorrad bewusst zu machen.

Das funktionierte. Etwa dreißig Minuten lang gelang es mir, zu denken und zu handeln, *wie es sich gehört,* wie es in der Schule heißt. Wir paddelten im Einklang langsam über den Parkplatz und nutzten unsere Füße auf dem Boden als Stützräder. Am anderen Ende angekommen, hoben wir die linke Hand und ließen sie oben, um zu zeigen, dass wir die Übung abgeschlossen hatten. Aber als sich die Übungen über den Tag hinzogen, geriet ich erneut in eine emotionale Krise, da es mir schwerfiel, so demonstrativ die Regeln einzuhalten. Ich konnte es mir nicht erlauben, die beiden Fahrlehrer zu verprellen, denn ich brauchte unbedingt das Papier, das sie mir erst nach zwei Tagen und einem *zwanzigstündigen* Nachweis meiner Fahrtauglichkeit ausstellen würden. Keine durchdrehenden Reifen, so viel stand fest.

Michel Foucault schrieb eine Kulturgeschichte der Strafe, deren Kernaussage lautet, dass die westlichen Gesellschaften irgendwann im 18. Jahrhundert von der einfachen Strafe (wie Auspeitschen oder einem Aufenthalt am Pranger) zu dem übergingen, was er als »Disziplinierung« bezeichnet. Diese nimmt verschiedene institutionelle Formen an: Gefängnisse, Schulpflicht, die Fabrik, das Asyl. Der Zweck dieser Institutionen besteht nicht einfach darin, Regelverstöße zu ahnden, sondern sie sollen eine bestimmte Art von »Untertan« heranzüchten – jene Art von Persönlichkeiten und Formen des Selbstverständnisses, die eine reibungslose

Machtausübung ermöglichen. Dies wird unter anderem mit Hilfe des »ungleichen Blicks« erreicht. Die Disziplinarinstitutionen haben etwas von Spiegeln, die von einer Seite durchsichtig sind: Man kann nie sicher sein, ob oder wann man beobachtet wird. In Gefängnissen wird das durch die Architektur erreicht, und in der Schule weiß man nie sicher, welche Regelverstöße im »Abschlusszeugnis« landen werden.

Die natürlichen Bestandteile der Straße werden vom sicherheitsindustriellen Komplex manchmal ähnlich genutzt: Hinter einem Busch könnte ein Mann mit einer Laserpistole lauern – oder auch nicht. Man kann zufällig für etwas bestraft werden, was sich ansonsten ganz normal und natürlich anfühlt.

Der einzige Weg, um die daraus resultierende Angst und Verunsicherung zu vermeiden, besteht darin, die Forderungen der Institution zu verinnerlichen: Man muss eine andere Person werden. Zum Beispiel jene Art von Person, die es als richtig und natürlich empfindet, auf einer leeren sechsspurigen Autobahn mit befestigtem Mittelstreifen 90 Stundenkilometer zu fahren. Allerdings dürfen die Umerziehungsmaßnahmen der Disziplinareinrichtung auch nicht *zu* erfolgreich sein, denn der Zweck des Systems besteht ja gerade darin, Straftäter hervorzubringen. Ohne sie verlöre der ganze Apparat seinen Daseinszweck (und auch sein Budget). Das Maß an Durchsetzungsmaßnahmen sowie die Kluft zwischen dem Tempolimit und der von unserer natürlichen Vernunft diktierten Geschwindigkeit müssen sorgfältig abgestimmt werden, um die optimale Zahl von Verkehrssündern zu produzieren.

Wie Ihnen vielleicht schon aufgefallen ist, versetzen mich Strafzettel wegen überhöhter Geschwindigkeit in eine libertäre Stimmung. Aber gerade erst habe ich eine jener häufiger werdenden Erfahrungen gemacht, die bei mir den Wunsch nach einer strengeren Verkehrsüberwachung wecken. Auf dem Huguenot Parkway, einer vierspurigen Durchgangsstraße, auf der etwa alle 800 Meter eine Ampel steht, sah ich im Rückspiegel meines Scion xB ein Auto, das immer näher kam und schließlich nur noch etwa einen Meter von meiner Stoßstange entfernt hinter mir herfuhr. Der Verkehr war nicht dicht, die linke Spur war frei. Der Wagen folgte mir etwa hundert Meter, um sich dann zurückfallen zu lassen – und kurz darauf erneut dicht aufzufahren. Dasselbe wiederholte er mehrmals.

Da es ein Freitagabend war, kam ich auf den Gedanken, der Fahrer sei möglicherweise betrunken. An der nächsten Ampel gelang es mir, mich neben ihn zu setzen. Ein bläuliches Schimmern erleuchtete seinen vorgebeugten Kopf, und in seinem Gesicht sah ich einen Ausdruck hingerissener Konzentration in Reaktion auf eine Erfahrung, die ihren Ursprung in seinem Schoß hatte.

Als ich mich voller Empörung neben ihn setzte, ließ ich das Beifahrerfenster herunter und wäre beinahe in das Auto vor mir reingerollt: eine heftige Blamage, die das Gefühl der moralischen Überlegenheit beinahe auf einen Schlag auslöschte. Aber nur beinahe.

Ich wechselte ein paar unfreundliche Worte mit dem Drängler. Auf dem nächsten Kilometer fiel mir eine Frau auf, die auf der benachbarten Spur allein in einem Minivan saß und laut lachend auf ihr Smartphone schaute, das sie in der Hand hielt, mit der sie lenkte. Ich hatte das Gefühl, umzingelt zu sein, und sehnte mich nach einer öffentlichen Autorität, die gegen das rücksichtslose Fahren vorgehen würde.

Aber ich bin überzeugt, dass kein Gesetz, keine Ankündigung behördlicher Maßnahmen und keine Sensibilisierungskampagne die Autofahrer dazu bringen kann, auf diese Ablenkungen zu verzichten. Die Befürworter solcher Maßnahmen verweisen oft auf den beeindruckenden Erfolg der Kampagne gegen Alkohol am Steuer in den Achtzigerjahren, die in ihren Augen bewiesen hat, dass kulturelle Normen geändert werden können. Aber getrunken wird im Wesentlichen in einer sozialen Situation, das heißt, bevor sich eine Person ans Steuer setzt. Ein Beisammensein von Freunden oder Arbeitskollegen ist eine Situation, in der Normen ins Spiel kommen und sozialer Druck ausgeübt wird. Hingegen fühlen wir uns in der abgeschotteten Fahrgastzelle eines Autos wie in einem Privatraum. Hier kann die Beschämung nicht eingesetzt werden, um uns zu sozialerem Verhalten zu bewegen.

Wenn wir allein im Auto sitzen, sind wir moralisch isoliert, was befreiend wirkt. Diese Freiheit wirkt ermutigend, ähnlich wie die in einer anonymen Online-Kommentarsektion, die ebenfalls zu antisozialem Verhalten einlädt. Aber die Isolation ist eine Illusion. Wir steuern aufeinander zu, und zwar nicht in der Wolke, sondern in Blechbehältern, die Benzin und Fleisch enthalten, und unsere Flugbahnen sind nur durch die hauchdünne Konvention der auf den Asphalt gemalten Linien voneinander getrennt.

Die Verlockungen des Bildschirms sind so unwiderstehlich und der Gemeinsinn ist in diesem Spätstadium des liberaldemokratischen Experiments so schwach, dass es meiner Meinung nach nur eine technologische Lösung gegen die Ablenkungen am Steuer geben kann. Das fahrerlose Auto ist ein Lösungsansatz, der gewaltige Ausgaben erfordert und einen gewaltigen Wohlstandstransfer verspricht (im Wesentlichen zugunsten derselben Akteure, die das Problem verursacht haben). Deshalb ist es der einzige Lösungsansatz, der spekulatives Wagniskapital anlockt und die Unterstützung eines politischen Establishments genießt, das bereits weitgehend überzeugt wurde.

Es gibt noch andere technologische Lösungen, die wesentlich einfacher umzusetzen wären und weniger kosten würden. Beispielsweise ist es relativ simpel, spezifische Funktionen eines Smartphones automatisch zu deaktivieren, sobald sein Besitzer am Steuer eines Autos sitzt, und tatsächlich muss man Apple zugutehalten, dass es genau das mittlerweile bei seinem iPhone eingeführt hat. (Nur dass man diese Sicherheitsfunktion ausschalten kann, indem man das Symbol »Ich fahre nicht« einmal antippt.) Um das abgelenkte Fahren mittels Technologie besser unter Kontrolle zu bringen, müssten somit lediglich die Staatsdiener, die dem Gemeinwohl dienen sollen, bereit sein, ebendiese Aufgabe zu erfüllen. Außerdem müssten Unternehmen, deren Existenz und Vorrechte vom Staat gesetzlich garantiert werden (auch wenn ihre Manager sie als souveräne Gebilde betrachten), wenigstens ein wenig Hochachtung für das Gemeinwohl zeigen.

Aber verglichen mit dem fahrerlosen Auto lässt sich mit derart bescheidenen technischen Maßnahmen gegen die Zerstreutheit am Steuer kaum mehr Geld aus den Bürgern herausholen. Und deshalb haben sie nur geringe Aussichten auf Erfolg.

VERKEHRSMANAGEMENT – DREI RIVALISIERENDE VERSIONEN DER RATIONALITÄT

Sie erzählen uns, dass sie in einem Traum die glorreiche, konfliktfreie Lebensart für alle Menschen gesehen haben, und diesen Traum verstehen sie als ihre Vollmacht zur Beseitigung der Vielfalt und der Gelegenheiten für Konflikte, die unsere gegenwärtige Lebensart auszeichnen. […] Und diese Leute […] sehen die Aufgabe des Staates darin, einen persönlichen Traum in eine öffentliche und verpflichtende Lebensart zu verwandeln.

MICHAEL OAKESHOTT, 1947

Stellen Sie sich vor, Sie fahren auf einer typischen Durchgangsstraße durch einen Vorort. Sie kommen an eine Kreuzung. Der Verkehr ist locker. Die meisten Autos stehen an der Kreuzung und warten. Worauf warten sie? Natürlich warten sie darauf, dass die Ampel auf Grün springt. Daran sind wir gewöhnt.

Wenn Sie in Eile sind oder, wie ich, zur Ungeduld neigen, verlangt es Ihnen eine kleine emotionale Anstrengung ab, dort mehrere Minuten auszuharren, obwohl Sie sehr gut sehen können, aus welcher Richtung Autos kommen oder auch nicht. Es gibt einen Widerspruch zwischen dem, was unter diesen spezifischen Umständen natürlich und vernünftig erscheint – die leere Kreuzung lädt dazu ein, loszufahren –, und dem Gesetz, das diesen Umständen gegenüber gleichgültig ist. Sie haben das Gefühl, die Bewegungsfreiheit Ihres Körpers werde willkürlich eingeschränkt, so, als wären Sie ein Tier, das in einem Plexiglasbehälter gefangen ist. Das Hindernis hat keine irdischen Merkmale und wirkt sinnlos auf Ihren Körper.

Hier ein radikales Gedankenexperiment: Wie wäre es, wenn wir unsere begnadeten Augäpfel nutzen würden, um zu entscheiden, ob es in Ordnung ist, an einer Kreuzung links abzubiegen? Und unser Gehirn? Wurde etwas derart Verrücktes jemals ausprobiert?

Amerikaner, die von einer Italienreise heimkehren, erzählen mit einer Mischung aus entsetztem Unglauben und Bewunderung Geschichten über ein gewaltiges Verkehrschaos. In Rom Auto zu fahren sei »nichts für ängstliche Gemüter«, sagen sie. Selbst um dort Fußgänger zu sein, müsse man für den Kampf gerüstet sein. Aber für einen Verkehrsnarren ist die römische Kreuzung noch etwas anderes: ein herrliches Spektakel der Improvisation und des »Flow«. Autos, Busse, Motorräder und Fußgänger fügen sich in den Strom ein. Wenn Regeln zu befolgen sind, so sind sie nicht von der einfachen Art, die in einem Fahrschulhandbuch beschrieben wird oder für einen Besucher leicht verständlich zusammengefasst werden kann. Die Fahrer sind aufmerksam und finden ihren Weg durch das Chaos, wobei sie sich anscheinend weniger auf Ampeln oder Vorfahrtsregeln verlassen, sondern eher eine verblüffende italienische Fähigkeit zum »Schwarmdenken« nutzen. Nach dem Eindruck zu urteilen, den dieses Gemenge auf den ausländischen Besucher macht, ist diese Denkart verblüffend *effizient*.[1]

Aber wie steht es um die Sicherheit? Nach Angaben der Weltgesundheitsorganisation kamen im Jahr 2016 in Italien 6,3 Verkehrstote auf 100 000 Fahrzeuge. In den Vereinigten Staaten war die Zahl der Todesopfer mit 14,2 pro 100 000 Fahrzeuge mehr als doppelt so hoch. Aber bevor wir den Italienern gratulieren, sollten wir klarstellen, dass dies ein sehr unvollkommener Maßstab für die Sicherheit im Straßenverkehr ist; aufschlussreicher wäre die Zahl der Verkehrstoten pro zurückgelegtem Fahrzeugkilometer. Dieser

Wert ist nur für eine Handvoll Länder verfügbar, Italien gehört nicht dazu. Die Analyse wird noch durch weitere Variablen erschwert.[2] Daher sollten wir im Interesse einer sachlich fundierten Argumentation lediglich festhalten, dass der italienische Straßenverkehr jedenfalls nicht erheblich *gefährlicher* ist als der hochgradig reglementierte Verkehr in den Vereinigten Staaten.

Mit der römischen Straßenkreuzung als Bezugspunkt können wir es wagen, folgende Frage an unsere eigene Gesellschaft zu richten: Muss jeder mögliche Fahrweg *innerhalb der Grenzen* eines Parkplatzes und jede Zu- und Ausfahrt eines Parkplatzes mit Randsteinen und Inseln abgegrenzt sein? Muss der Verkehr auf Durchgangsstraßen an jeder Kreuzung mit einer Querstraße durch eine Acht-Wege-Ampel geregelt werden? In den letzten Jahren sind in der Umgebung meines Wohnorts im westlichen Henrico County in Virginia an vielen großen Kreuzungen Ampelkameras installiert worden. Es hat den Anschein, als seien sie Ausdruck eines stillschweigenden Eingeständnisses, dass unsere Bereitschaft, uns an die Vorgaben dieser Verkehrsregelungssysteme zu halten, überwacht und mit der Androhung von Bußgeldern sichergestellt werden müsse. Der Grund dafür ist, dass das System nicht vernünftig ist.

Wenn wir mit ausreichendem Nachdruck dazu angehalten werden, Regeln zu befolgen, werden wir die physiologische Reaktion, die bei einem gefangenen Tier zu beobachten ist, vielleicht vollkommen einbüßen. Vielleicht ist eine solche Sozialisierung in einer modernen Gesellschaft tatsächlich angebracht. Aber wie weit wollen wir gehen? Wollen wir die *Tatsache* der menschlichen Anpassungsfähigkeit – offenkundig halten wir ziemlich viel aus – als Legitimationsprinzip für die unendliche Umgestaltung des menschlichen Ökosystems heranziehen?

Der Philosoph Ivan Illich beschäftigte sich mit den »steigenden Kosten der Anpassung des Menschen an die Bedienung seiner Werkzeuge. [...] Es bedarf einer zunehmenden Manipulation des Menschen, um den Widerstand seines vitalen Gleichgewichts zu überwinden.« Wenn wir an einer roten Ampel warten, müssen wir uns selbst solchen Therapien unterziehen. Wir alle haben unsere Techniken, um unseren Frieden zu finden.

Freud lehrte uns, um ein zivilisierter Mensch zu sein, müsse man akzeptieren, dass es einen grundlegenden Konflikt zwischen dem, »was natürlich ist«, und den Erfordernissen der Gesellschaft gebe. Die Zivilisation verursacht dem Individuum hohe Kosten; damit müssten wir uns einfach abfinden.[3] Sich gegen die rote Ampel aufzulehnen bedeutet also, sich selbst als infantil zu erkennen zu geben – oder etwa nicht? Oder vielleicht outet man sich auch als ein wahnsinniger Libertärer.

Mag sein. Aber jeder von uns hat ein solches Geschöpf in sich, ein sehr frustriertes kleines Mini-Ich, das sich hin und wieder Gehör verschafft. (Wir werden ihm im nächsten Kapitel begegnen, wo wir uns mit dem Phänomen der Wut im Straßenverkehr beschäftigen.) Der Vergleich der amerikanischen mit der italienischen Lösung sollte uns in Erinnerung rufen, dass verschiedene Gesellschaften verschiedene Wege einschlagen, um die notwendige Anpassung zu erreichen.

In den Vereinigten Staaten wird im Bemühen um eine rationale Ordnung des Straßenverkehrs auf die Einhaltung von behördlich vorgegebenen Regeln gepocht. Diese Rationalität geht von einer individualistischen Prämisse aus. Aber diese Prämisse schränkt die verfügbaren Lösungen künstlich ein. Im Gegensatz dazu könnte man die in Rom oder Addis Abeba praktizierte Form der Rationalität als »sozial eingerüstete wechselseitige Prognostik« bezeichnen. Mit diesem

Konzept beschäftigt sich der Philosoph und Kognitionsforscher Andy Clark in einer neueren Arbeit. In Clarks Augen ist das, was wir Menschen tun, um gemeinsam Probleme zu lösen, etwas ganz anderes als Regelbefolgung. Stattdessen passen wir unsere Vorhersagen über die Welt und das Verhalten anderer laufend an und modifizieren unsererseits unser eigenes Verhalten, um es für andere leichter vorhersehbar zu machen. Diese kognitive Strategie, die uns die Evolution mitgegeben hat, ist in all unsere Gehirnfunktionen eingebettet. Sie passt auch zu dem, was wir im improvisierten Verkehrsstrom an einer nicht geregelten Kreuzung beobachten. In einer solchen Situation nutzen wir Befähigungen, die grundlegend sind für das Leben jener biologischen Art, der wir angehören. Im Gegensatz dazu schränkt ein Verkehrsregime, das auf einer strikteren Regelanwendung beruht, den »Problemraum«, in dem sich die Verkehrsteilnehmer bewegen (erinnern Sie sich an die Studie über die fahrenden Ratten?), sowie die verfügbaren Lösungen ein. Damit werden wir uns im nächsten Kapitel eingehender beschäftigen. An dieser Stelle geht es mir darum, dass in den verschiedenen Methoden zur Regelung des Straßenverkehrs unterschiedliche politische Kulturen zum Ausdruck kommen. Wie erleben wir unsere Anpassung an eine Art regelgestützte Verkehrsordnung, die durch Überwachung und Strafandrohung gewährleistet werden muss? Die Erfüllung solcher Normen fühlt sich ganz anders an als der bürgerliche Respekt für Regeln, der sich zwischen auf Kooperation angewiesenen Menschen natürlich entwickelt (oder auch nicht). Und dieser Unterschied betrifft den Kern dessen, was es bedeutet, frei zu sein.

An der ungeregelten Kreuzung ist die menschliche Fähigkeit zur Improvisation am Werk. Aber das macht kaum Eindruck auf jene, die eine Vision von Ordnung haben und sich ermächtigt fühlen, diese Vision einer Bevölkerung aufzuzwingen, die sie für widerspenstig und inkompetent halten. Allzu oft geht dies auf Kosten einer gewohnheitsmäßigen Praxis oder informellen Konvention, die uns auch ohne Anleitung durch Experten gute Dienste erwiesen hat. Diese volkstümlichen Praktiken haben keine Lobby, und die Konzepte, die wir brauchen, um sie zu verteidigen, haben keine große Anhängerschaft. Schlimmer noch: Gerade die Tatsache, dass sie seit Langem etabliert sind, wird als Beleidigung für die Idee des Fortschritts betrachtet. Der Fortschritt, der uns versprochen wird, erweist sich oft als illusorisch; aber die erzwungene Obsoleszenz unserer angeborenen Fähigkeiten ist sehr real.

Zwingt man meine Argumentation in die Kategorien der etablierten politischen Optionen, so dürfte sie als libertär eingestuft werden. Aber sie entspringt keinem naiven Glauben an eine schöpferische Kraft der Unordnung. Auf der Straße ist Unordnung schlecht. Ich will Folgendes sagen: Das Projekt der rationalen Kontrolle beruht auf einer zu beschränkten Vorstellung davon, wo die Vernunft in der Gesellschaft angesiedelt ist. Die römische Kreuzung *ist* ein Bild der rationalen Ordnung. Sie hat größere Ähnlichkeit mit jener Art von Ordnung, die in organischen Systemen entsteht, als mit jener Art, die aus der Distanz ein System der Kontrolle zu projizieren versucht und ein Netz prädeterminierter Bewegungen über die Verkehrslandschaft legt.

Der Versuch, uns der Verpflichtung zu entledigen, sich selbst ein Urteil zu bilden, hat widernatürliche Auswirkungen. Und genau das tun wir, wenn wir die Orchestrierung unseres täglichen Lebens Systemen anvertrauen, die blind für die außergewöhnliche menschliche Fähigkeit sind, im Wechselspiel mit anderen Menschen Situationen von fließender Unsicherheit zu bewältigen. In Infrastrukturen, die auf einem unflexiblen Ideal der Kontrolle beruhen, ist kein Raum für die Ausübung unserer menschlichen Fähigkeiten oder für die Nutzung ihrer sozialen Effizienz – was zu einer Verkümmerung des Menschlichen führt.

In den Vereinigten Staaten ist uns bewusst, dass die Befolgung von Regeln ausgesprochen ineffizient sein kann, aber wir misstrauen sozial realisierten Formen der Rationalität. Diese missliche Lage hat uns dazu bewegt, uns für die Regelung des Straßenverkehrs eine dritte Form von Rationalität auszudenken: die Künstliche Intelligenz. Mit Hilfe des hoch entwickelten Maschinenlernens soll es möglich sein, die ausgehandelte Vorfahrt besser zu bewerkstelligen. Die »autonome Kreuzung« könnte uns das Warten an einer roten Ampel ersparen und wäre eine erhebliche Verbesserung gegenüber dem gegenwärtigen System, das auf einfachen Regeln beruht. Die entscheidende Frage lautet, ob ein Weg gefunden werden kann, um die Fahrer – das heißt die Computer – in die Lage zu versetzen, miteinander zu kommunizieren und sich einander im Verkehrsfluss anzupassen – wie bei den Italienern.

Es gibt eine Vielzahl von Lösungsansätzen. Einer stammt von Forschern der University of Texas in Austin, die an einem »Kreuzungssteuerungssystem für multiple Agenten« arbeiten. Sie beschreiben die technische Herausforderung, »ein Protokoll für die Kommunikation zwischen den Agenten [den einzelnen Autos] zu entwickeln«. Dazu haben sie einen »Intersection Manager« entwickelt, der »die vorgeschlagene Bahn ausgehend vom erwarteten Verhalten der Fahrer-Agenten berechnet und mit den Daten in einer Reservierungstabelle abgleicht, in der frühere Anforderungen gespeichert sind. Wurde noch kein Anspruch auf genau die Raum-Zeit erhoben, die ein Auto braucht, um seinen Weg fortzusetzen, gewährleistet der Intersection Manager die sichere Durchfahrt zum vorgeschlagenen Zeitpunkt. Das Auto ist dafür verantwortlich, zum vereinbarten Zeitpunkt mit der angekündigten Geschwindigkeit an der Kreuzung einzutreffen. Wird die Reservierung abgelehnt, muss das Auto anhalten und die Reservierung eines späteren Zeitfensters anfordern.«[4]

Man gewinnt den Eindruck, dass diese Forscher versuchen, ein Problem zu lösen, das schon vor langer Zeit gelöst wurde, und dazu Werkzeuge einsetzen, die im Vergleich zu jenen, die Biologie und Kultur entwickelt haben, eher plump sind. Das menschliche Gehirn und unser Wahrnehmungssystem haben sich zu einem hochsensiblen Instrument der wechselseitigen Prognostik entwickelt, und in jeder Kultur bilden sich lokale Normen heraus, die das Vorhersageproblem, mit dem der individuelle Verstand konfrontiert ist, weiter vereinfachen.

Die *New York Times* berichtet: »Experimentelle Entwürfe von autonomen Autos beinhalten nicht weniger als 16 Videokameras, 12 Radarsensoren, ein halbes Dutzend Ultraschallsensoren und vier oder fünf Lidar-Detektoren. Und es dürften noch weitere Sensoren und Scanner nötig werden, um selbstfahrende Autos auf Extremsituationen wie blendende Schneestürme und sintflutartige Regenfälle vorzubereiten.« Der Geschäftsführer eines der führenden Hersteller von Lidar-Detektoren wird mit folgender Aussage zitiert: »Man braucht unfassbare übermenschliche Sensoren, um die Tatsache wettzumachen, dass Computer nicht annähernd so intelligent sind wie Menschen – und es noch sehr lange nicht sein werden.«[5] Es wird geschätzt, dass man für ein autonomes Auto einen Computer braucht, der 300 Billionen Rechenoperationen pro Sekunde durchführen kann.

Sollte irgendwann in ferner Zukunft ein hochgradig koordiniertes System für autonome Autos jenes Maß an Effizienz erreichen, das heute an jeder Straßenkreuzung zu beobachten ist, wäre dies ein gewaltiger Erfolg. Aber um dieses Wunder zu vollbringen, müssten Sie und ich gewaltige Ausgaben auf uns nehmen, und die urbane Landschaft müsste nach dem Diktat einer Handvoll Privatunternehmen und der Akteure im öffentlichen Sektor, die derselbe Traum eint, vollkommen umgebaut werden.

Ivan Illich nennt es ein »radikales Monopol«: Es ist nicht auf die Vormachtstellung eines einzelnen Unternehmens unter Ausschluss vieler anderer beschränkt, sondern erfordert vielmehr eine Neuordnung des Möglichen. »Ein radikales Monopol wird errichtet, wenn die Menschen ihre angeborene Fähigkeit, für sich selbst und füreinander zu tun, was sie können, aufgeben und gegen etwas ›Besseres‹ eintauschen, das nur von einem größeren Werkzeug für sie getan werden kann.« Ein »größeres Werkzeug« ist eines, das uns von Ansprüchen auf Spezialkenntnisse abhängig macht, die sich unserer eigenen Erfahrung entziehen. So wird beispielsweise das Lernen zum Monopol der Pflichtschule, und die Behandlung körperlicher Leiden wird zum fast ausschließlichen Vorrecht dessen, was wir als Gesundheitswesen bezeichnen. Wir vergessen, wie wir Dinge für uns selbst und füreinander tun können. »Die Institutionen optimieren heute die Produktion großer Werkzeuge für leblose Personen«, schreibt Illich. Im Gegensatz dazu fördere der »Pluralismus begrenzter Werkzeuge«, die direkt verständlich seien, das, was Illich als *Konvivialität* bezeichnet. Gemeint sind »individuell zugängliche Werkzeuge, die vollkommen wachen Menschen das sinnvolle und verantwortliche Handeln erleichtern«. Illichs Definition zufolge ist das Auto verglichen mit einem Fahrrad in mancher Hinsicht ein großes Werkzeug. Dennoch ermöglicht es in der Anwendung Flexibilität, individuelle Initiative und den Einsatz des eigenen Urteilsvermögens. Tatsächlich ist gerade das in den Augen unserer Utopisten sein *Fehler*! Daher die Notwendigkeit eines KI-Kreuzungsmanagers.

PRAKTIKER DER STADT

Michel de Certeau schrieb, Fußgänger, die er als »Wandersmänner« bezeichnet, seien »Praktiker der Stadt«, jene »gewöhnlichen Benutzer der Stadt«, die »unten« auf der Straße leben.[6]

Dies könnte man genauso über Autofahrer sagen, insbesondere in einer Stadt wie Los Angeles, die für das Autofahren gemacht ist. Am Neujahrsabend 2018 sprach Papst Franziskus die ethische Bedeutung des Fahrens in einer Predigt im Petersdom an, in der er jene Fahrer pries, »die sich im Verkehr vernünftig und umsichtig bewegen«. Die Umsicht ist ein Urteilsvermögen, das wir nutzen, wenn die Regeln nicht genügen, um unser Verhalten zu leiten. Umsicht entwickeln wir nur durch Erfahrung, und sie reift nur, wenn wir die Chance haben, Fehler zu begeben. »Diese und tausend andere Verhaltensweisen drücken die Liebe zur Stadt konkret aus.« In einer schönen Formulierung erklärte Franziskus, umsichtige Fahrer seien »Kunsthandwerker des Gemeinwohls, die ihre Liebe zur Stadt nicht mit Worten, sondern mit Taten ausdrücken«.

Auf meinen Reisen habe ich in London sehr gute Fahrer gesehen. Das gegenseitige Geben und Nehmen von Taxis und Pendlern, die sich bemühen, im dichten Verkehr der britischen Hauptstadt voranzukommen, ist ein subtiles Wechselspiel von Rücksichtnahme und Selbstbehauptung, professioneller Höflichkeit und Entschlossenheit zur Nutzung von Gelegenheiten, und dabei hat der Verkehrsfluss stets Vorrang vor der strikten Regelkonformität. Der Verkehrsfluss ist ein gemeinsames Gut mit interessanten Merkmalen: ein zerbrechlicher, sich entwickelnder Besitz eines Kollektivs, ein Zustand, der nur eintritt, wenn alle Beteiligten die Situation aufmerksam beobachten und mit einer flexiblen Einstellung in Angriff nehmen. Manchmal ähnelt der Verkehr einer Jamsession improvisierender Musiker. Im Idealfall erleben wir beim Fahren in der Stadt bürgerliche Freundschaft und nehmen an einem Akt des Vertrauens und der Solidarität teil, der uns stolz darauf macht, der Menschheit anzugehören.

Regeln werden nötig, wenn Vertrauen und Solidarität in einer Gesellschaft schwinden. Die Einführung immer neuer Regeln und die damit einhergehende Haltung der Regelkonformität wiederum schwächen unsere Bereitschaft, unseren Mitbürgern Kompetenz und guten Willen zuzusprechen. Am Ende dieser Entwicklung müssen wir die Steuerung unserer Autos einem KI-Kreuzungsmanager übertragen, der unsere Probleme für uns lösen wird.

ROAD RAGE, ANDERSDENKENDE UND DIE VERKEHRSGEMEINSCHAFT

Der Kolumnist John Phillips von *Car and Driver* erzählt, dass sein Vater ein Veteran der Kriegsmarine war, weshalb angenommen werden darf, dass er sich auf Unflätigkeit verstand. Doch »wenn er am Steuer in Rage geriet, war ›Cowboy!‹ das schlimmste Schimpfwort, das er jemals schrie.«

In Kopenhagen wird ein Kraftfahrer, der von einem anderen geschnitten wird, typischerweise etwas wie »Leck mich am Arsch!« schreien. Wenn man Phillips glauben darf, ist in Kanada der Zuruf »Du Hure!« gebräuchlich. Er berichtet, dass er in Ontario einmal im Stau jemanden brüllen hörte: »Warum bezahlst du nicht meine Hypothek?!« Beliebte Beschimpfungen in den Niederlanden sind laut David Sedaris »Cholerakranker« und »Krebsschlampe«. In Honolulu hörte Phillips einmal einen Einheimischen schreien: »Setz dich bis Ostern auf deinen Schalthebel!« In Wasilla hörte er »Deine Mutter leckt Fleischklöße«. Er schreibt: »In einer ausweglosen Verkehrssituation gefangene Briten rufen manchmal ›Christus in einem Ziehharmonikabus‹ und ›Du bist so zu wie Fat Pats Arterien‹.« Nach Aussage von Sedaris ist der bevorzugte Ausdruck in Bulgarien »Bau dir ein Haus aus deinen Nierensteinen«. Im benachbarten Rumänien sind die Beschimpfungen noch ausgefeilter: »Ich habe meine Eier über den Geburtstagskuchen deiner Mutter geschleift, von Kirsche zu Kirsche und zu jeder einzelnen Kerze.«

Das Thema des Gefängnissexes wurde während einer Testfahrt für *Car and Driver* auf eine neue Ebene gehoben, als zwei Mitglieder der Motorfachpresse an den Straßenrand fuhren, um ihre Notizen zu vergleichen. Phillips berichtet, dass der Fahrer eines Chevrolet Avalanche, unzufrieden mit ihrem schneidigen Fahrstil auf einer öffentlichen Straße, seinen Wagen hinter ihnen zum Stehen brachte, ausstieg, »seine Hose herunterließ und sein Paket an Gluckmans Tür rieb«. »Das sind meine Eier auf deinem Auto«, rief der erboste Fahrer.

Irgendwann im Jahr 1989 bog ich in Wilmington, einer wenig einladenden Gegend direkt am Hafen von Long Beach, an einer Kreuzung links ab, womit ich offenbar den Fahrer eines kleinen weißen Pick-ups verärgerte, der mir einige derbe Worte widmete. Ich gestehe, dass ich mir bei meinem Abbiegemanöver gewisse Freiheiten nahm, aber gefährlich schien es mir nicht. Vermutlich wurde es als Respektlosigkeit ausgelegt. Der Fahrer des Pick-ups schien es bei seiner Reise durch den Ort nicht eilig zu haben, denn was immer sein Plan für den Tag war, er gab ihn auf, um mich zu verfolgen. Es gelang mir nicht, ihn abzuschütteln. Ich wurde nervös und sah im Rückspiegel, dass er wütend war.

Was hätte ich tun sollen? Vielleicht auf die Hauptstraße zurückkehren und zum Beispiel in einer Tankstelle Zuflucht suchen? Die heruntergekommene Umgebung beruhigte mich nicht, und ich hatte das klare Gefühl, dass ich hier der Fremde war.

Am Ende bog ich auf die Baustelle ab, auf der ich zu diesem Zeitpunkt als Elektriker arbeitete. Mein Arbeitgeber war ein windiger Unternehmer, der alle paar Tage einmal vorbeischaute. Meine Aufgabe war es, auf einer kleinen Brachfläche zwei benachbarte Baracken ans Stromnetz anzuschließen. Natürlich waren die Arbeiten nicht genehmigt.

Ich fuhr auf das Gelände, der Pick-up folgte mir. Ich stieg aus dem Auto, und der andere Fahrer stieg ebenfalls aus. Ich hatte keine Ahnung, was ich tun sollte. Sein Gesicht und Nacken waren mit einem Durcheinander von Gefängnistätowierungen übersät, darunter ein paar Tränen. Ich kann mich nicht erinnern, was er sagte oder was ich sagte, aber es war ein hitziges Wortgefecht. An einem Punkt machte er einen Schritt auf mich zu. In diesem Augenblick bemerkte ich, dass sein Blick über meine rechte Schulter huschte, und als ich mich umdrehte, sah ich, dass mein Helfer mit einer Latte in der Hand in lässiger Haltung hinter mir stand. Er war ein Cowboy. Nicht im buchstäblichen Sinn, aber er hatte sich seinen Lebensunterhalt früher damit verdient, im Norden Nevadas Wildpferde einzufangen, zuzureiten und zu verkaufen. Wie dem auch sei, der selbst ernannte Verkehrspolizist zog sich in sein Auto zurück und fuhr weg.

Als er fort war, kam ein älterer Herr, der im Nachbarhaus wohnte, heraus, um sich mit uns zu unterhalten. Er war ein Filipino, der im Zweiten Weltkrieg einen Arm verloren hatte und seit dem Krieg in Wilmington lebte. Rückblickend hatte er eine gewisse Ähnlichkeit mit der von Clint Eastwood gespielten Figur in *Gran Torino,* einem alten Mann, der mitansehen muss, wie seine Nachbarschaft in Gesetzlosigkeit versinkt. Er hatte unsere Begegnung mit dem Schläger beobachtet und empfahl uns, rasch zu verschwinden: »Die werden zurückkommen, und sie werden Maschinenpistolen mitbringen.« Es schien ein guter Zeitpunkt, um den Arbeitstag für beendet zu erklären.

Bis zur Fertigstellung dieses Jobs trug ich ab da eine 22er-Pistole bei mir, was nicht angenehm ist, wenn man auf der Erde unter einem Haus herumkriecht (abgesehen davon, dass eine Pistole wenig gegen eine Maschinenpistole ausrichten kann). Aber der Beauftragte für Anstandsregeln im Verkehr kehrte nicht wieder.

Wie Jack Katz in seiner ethnografischen Studie über die Autofahrer in Los Angeles schreibt, ist Gereiztheit auf der Straße »eine unablässig wiederkehrende Erfahrung«. Außerdem empfinden wir »wütende Reaktionen auf das Verhalten anderer Verkehrsteilnehmer normalerweise als so vollkommen gerechtfertigt, dass wir Fremden problemlos davon erzählen können, ohne uns vor einem Gesichtsverlust fürchten zu müssen«.[1] Woher kommt diese unanfechtbare Rechtschaffenheit unserer Wut am Steuer? Katz liefert einige faszinierende Erkenntnisse dazu. Viele von uns werden sich in seiner Darstellung wiederfinden.

Haben Sie sich schon einmal dabei ertappt, dass Sie jemanden mit harschen Worten zurechtwiesen, während Sie hinter einer hochgekurbelten Scheibe saßen? Sie hatten keine Hoffnung, über den Straßenlärm hinweg Gehör zu finden, doch der Wutanfall verschaffte Ihnen eine emotionale Erleichterung, die Sie gerade brauchten. Bringen Sie tagein, tagaus, jahrein, jahraus Ihre Verzweiflung über das Verhalten anderer Fahrer in ungläubigem Ton zum Ausdruck (»Das gibt's doch nicht!«), als litten Sie unter einer schweren Lernbehinderung? *Genießen* Sie Ihre Wut, selbst nachdem sie wiederholt peinlich berührt an Ihr Verhalten zurückdachten, sobald die Erregung vorüber war?

Zunächst einmal fällt auf, dass Autos, die auf der Gegenspur unterwegs sind, im Allgemeinen unwichtig und kein Anlass zur Aufregung für uns sind. Unser Interesse gilt den Autos, die in derselben Richtung wie wir fahren. Das Resultat ist, dass die Fahrer meist auf das hintere Ende anderer Fahrzeuge schauen, eine Perspektive, die nicht zufällig mit der Tatsache zusammenhängt, dass »Arschloch« das Schimpfwort ist, das dem Autofahrer (zumindest in Los Angeles) in Augenblicken der Wut am häufigsten spontan über die Lippen kommt, wie Katz schreibt.[2] Während Fußgänger einander von Angesicht zu Angesicht begegnen, sind Kraftfahrer in einem Muster der Gesicht-zu-Hinterkopf-Interaktion gefangen. Das wirkt sich darauf aus, welche emotionalen Werkzeuge wir in der Interaktion einsetzen. Wenn sich zwei Personen auf dem Bürgersteig begegnen, können beide sehen, wohin die andere Person ihren Blick richtet. »Bei Begegnungen von Fußgängern ist die Linie zwischen einem flüchtigen und einem musternden Blick moralisch signifikant; im Bewusstsein der sozialen Rechenschaftspflicht vermeiden sie normalerweise den direkten Blickkontakt.« Aber beim Fahren ist den anderen Fahrern normalerweise nicht bewusst, worauf wir unsere Aufmerksamkeit richten, und das hat eine Reihe von Konsequenzen. Es gibt uns die Freiheit, uns direkt an einen anderen Kraftfahrer zu wenden, weil er es wahrscheinlich nicht bemerken wird. Umgekehrt ist es jedoch schwierig für uns, dem anderen unsere Existenz ins Bewusstsein zu rufen, unsere Absichten zu vermitteln, uns *verständlich zu machen*. In einem Auto zu sitzen schränkt unsere Ausdrucksfähigkeit erheblich ein – in diesem Sinn werden wir dumm.

Das ist der Ausgangspunkt für eine schädliche Spirale. »In der Praxis projizieren die Autofahrer in den Anschuldigungen idiosynkratischer persönlicher Inkompetenz die systematische Unfähigkeit aufeinander, die das Fahren als Methode der Fortbewegung in der Öffentlichkeit für jedermann mit sich bringt. Jeder Fahrer hat Grund zu dem Gefühl, sein klares Bewusstsein der Existenz anderer Autos werde nicht erwidert.« Diese fehlende Reziprozität weckt unsere Wut, und sie ist ein fester Bestandteil der Situation, ein Produkt unserer Gesicht-zu-Hinterkopf-Orientierung. »Was die Fahrer in Rage bringt, ist ihre eigene Dummheit, ihre gefühlte Unfähigkeit, andere Fahrer dazu zu bringen, ihre Existenz zu berücksichtigen.«[3]

Haben Sie sich schon einmal neben einen schimpfenden Autofahrer gesetzt und versucht, Ihre Kritik in Zeichensprache zu vermitteln? Ich gestehe, dass ich das schon getan habe. Einmal war ich auf dem Weg vom Yosemite-Nationalpark zur Bay Area, als ich auf einer dicht befahrenen Autobahn einen Reisebus sah, der bei gut 100 km/h extrem dicht auf das vor ihm fahrende Auto auffuhr. Schließlich wechselte das Auto die Spur, und der Bus machte sich daran, den nächsten hilflosen Autofahrer zu bedrängen, der ihm im Weg war. Dieses Spiel wiederholte sich eine Weile. Schließlich setzte ich mich neben den Bus auf der Beifahrerseite (wo ich dank der Glastür einen ungehinderten Blick auf den Fahrer hatte) und stellte fest, dass der Fahrer auf das Handy starrte, das er für seine Passagiere unsichtbar auf Kniehöhe hielt, während er ungeniert bis auf zwei Meter auf die vor ihm fahrenden Autos auffuhr. Von Empörung überwältigt, hupte ich ihn ausgiebig an. In der Annahme, ihn auf mich aufmerksam gemacht zu haben, gab ich eine wütende Pantomime eines glupschäugigen Volltrottels zum Besten, der sich ein Telefon vor die Nase hält. Natürlich fuhr ich dabei fast dem vor mir fahrenden Auto ins Heck. Als ich wieder zum Bus hinübersah, stellte ich fest, dass der Fahrer seine Haltung nicht verändert hatte.

Katz weist darauf hin, dass die emotionale Dynamik des Straßenverkehrs durch abgedunkelte Fensterscheiben ähnlich beeinflusst wird wie das Gespräch mit einer Person, die eine Sonnenbrille trägt. Solche Scheiben erschweren die Interpretation zusätzlich, und die emotionale Dynamik wird einseitig. Man weiß nicht, worauf die andere Person ihre Aufmerksamkeit richtet, aber sie weiß, worauf wir unsere richten. Diese Asymmetrie ist provokant. »Oft wird eine Person, die sich in der Dunkelheit verbirgt, als jemand wahrgenommen, der anderen gegenüber relativ gleichgültig ist und sogar eine Neigung zumindest zu kleinen Grausamkeiten hat.« Eine ähnliche Asymmetrie der Wahrnehmung und die damit einhergehende Bereitschaft, anderen herzlose Gleichgültigkeit zu unterstellen, findet man in einer Schlange von Autos, die sich in dieselbe Richtung bewegen – und getönte Scheiben verstärken das noch.

Auf der Straße findet man keine Anhänger des Egalitarismus. Katz schreibt:

> *Je besser du als Autofahrer bist, das heißt, je aufmerksamer du auf die Bewegungen anderer Autos achtest, desto klarer wird dir, wie beschränkt die Aufmerksamkeit anderer ist. Deine höflichen Bemühungen, das Verhalten der weniger Kompetenten zu berücksichtigen, kollidieren mit ihrer Unfähigkeit zu sehen,*

geschweige denn anzuerkennen, was du zu tun versuchst. Überlegene Fahrer, die gewissenhaft die Aufmerksamkeit anderer beobachten, stellen fest, dass auf der Straße Ignoranz gleichbedeutend mit Macht ist. Ihre Erkenntnis der Inkompetenz anderer Fahrer ist zugleich ein Beleg für ihre eigene überlegene Kompetenz am Steuer und eine Erklärung für die frustrierende Nutzlosigkeit ihrer Überlegenheit.[4]

Hinter dem Lenkrad sind wir alle wie Kallikles, der das Recht des Stärkeren propagierte, und hegen ein Gefühl der Überlegenheit, für die wir nicht die verdiente Anerkennung erhalten. Beim Fahren verwandeln wir uns auch in Amateursoziologen und -psychologen und analysieren den Charakter anderer Fahrer beispielsweise anhand eines Blinkers, der über mehrere Kilometer gesetzt bleibt: Wirklich, wie kann ein Mensch so *vollkommen ahnungslos* sein? Auf der Suche nach einer Erklärung halten wir uns an die verfügbare Information – die offenkundigen demografischen Merkmale des Fahrers, die Art des Fahrzeugs und dessen Zustand, die Aufkleber – und ziehen verallgemeinernde Schlüsse daraus. Diese Analysearbeit ist Teil des Prozesses, in dem wir unsere Wut aufbauen, die sich rasch in eine Art *politische Wut* verwandelt. Frau am Steuer. Macho am Steuer. Fahruntauglicher Rentner. Rücksichtsloser jugendlicher Raser. Asiate. Prius-Fahrer, der uns unbedingt zeigen muss, dass er »lokal kauft«. Mit Meth vollgepumpter Hinterwäldler in seinem aufgemotzten Pickup. Geschniegelter Laffe in seinem BMW. Frustrierter Fettsack in seinem Pontiac Aztek. Ewigjunger Sechzigjähriger, der in seiner Corvette Schritttempo fahren muss. Fußballmutti mit leerem Gesichtsausdruck in ihrer Familienkutsche. »Mechaniker-Philosoph«, der glaubt, im Stau auf seinem Motorrad zwischen den Spuren vorfahren zu dürfen.

Gemeinsam ist den Angehörigen all dieser Gruppen, dass sie vollkommen ichfixiert sind, während wir selbst natürlich ein exquisites Gespür für die Vorgänge in unserer Umgebung besitzen. Sozialpsychologen haben beobachtet, dass Amerikaner eher dazu neigen, das Verhalten anderer auf stabile Wesensmerkmale zurückführen, während es in anderen Gesellschaften eine größere Bereitschaft gibt, das Verhalten anderer Verkehrsteilnehmer mit situationsabhängigen Umständen zu erklären.[5] Man könnte es negativ ausdrücken und sagen, dass wir Amerikaner eher zur Stereotypisierung neigen; oder man könnte es wie Tocqueville neutraler ausdrücken, als er erklärte, die Amerikaner hätten einen Hang zur Verallgemeinerung. Diese angeborene Neigung scheint dadurch verstärkt zu werden, dass es uns auf der Straße an spezifischen Informationen über die anderen Verkehrsteilnehmer fehlt, was wiederum damit zu tun hat, dass unsere Ausdrucksfähigkeit sehr beschränkt ist, wenn wir im Auto sitzen. Es gibt vielleicht keinen zweiten Lebensbereich, in dem wir regelmäßig derart viel *Interpretations*arbeit leisten müssen. Und diese Arbeit wird durchaus belohnt: Unsere Wut fühlt sich an wie eine Erkenntnis, nicht wahr? Sie ist mit einem tief empfundenen intellektuellen Genuss verbunden – und das scheint mir der Grund dafür zu sein, dass wir uns ihr so bereitwillig hingeben.[6]

Wut ist eine unvergleichlich beredte Emotion. Die Lust ist eine stumme Sehnsucht, die Trauer eine körperliche Beschwernis, aber die Wut bringt uns zum Reden. Kaum eine Emotion ist im öffentlichen Leben so präsent, und sie ist immer von Begründungen begleitet (so bruchstückhaft und tendenziös diese auch sein mögen). Im Straßenverkehr wie in der Politik haben wir das Gefühl, eine bürgerliche Auseinandersetzung mit all den Idioten, die uns umgeben, nicht vermeiden zu können.

DER MENSCHLICHE VERSTAND IST EINE VORHERSAGEMASCHINE

Auf der Straße mangelt es an Signalen, die uns helfen könnten, uns ein Bild von den Absichten anderer zu machen. Das ist in evolutionärer Perspektive etwas vollkommen Neues. In normalen Interaktionen von Angesicht zu Angesicht haben wir eine hohe Empfänglichkeit für eine Vielzahl an Signalen entwickelt. Zudem befinden wir uns normalerweise in einer Schleife der Reziprozität, in der unsere ursprüngliche Interpretation von Handlungen, Äußerungen und Mimik unseres Gegenübers in unserem Gesichtsausdruck erkennbar ist, was wiederum die Haltung und die Bestrebungen der anderen Person beeinflusst. So entwickeln sich die Einstellungen zweier Personen im Verlauf ihrer Interaktion oft im Wechselspiel miteinander. Road Rage ist demnach eine natürliche emotionale Reaktion auf die Tatsache, dass die gewohnten sozialkognitiven Kreisläufe auf der Straße unterbrochen werden; dort müssen wir unsere Bewegungen mit denen anderer koordinieren, können jedoch kaum mit diesen Menschen kommunizieren.

In einer solchen Situation gewinnen soziale *Normen* an Bedeutung. Wenn bestimmte Verhaltensmuster als selbstverständlich vorausgesetzt werden können, wird dem Verstand des Einzelnen ein Teil der Prognosearbeit abgenommen. Auf diesen Punkt werden wir zurückkommen.

Ein neues Paradigma der Kognitionswissenschaft besagt, dass der menschliche Verstand im Grunde wie eine Vorhersagemaschine aufgebaut ist. Andy Clark drückt es so aus: »Wir sehen die Welt, indem wir die Welt vermuten (wenn man so will) und die sensorischen Signale verwenden, um unsere Vermutungen laufend zu verbessern und abzustimmen.«[7] Ich denke, der Erklärungsrahmen der »prädiktiven

Verarbeitung« kann unser Verständnis des Straßenverkehrs verbessern, indem er uns unter anderem hilft, die strikt »kognitiven« und physiologischen Aspekte des Verkehrs (zum Beispiel die Reaktionszeiten der Fahrer) mit der sozialen Dimension zu verknüpfen. Wenn ich es richtig einschätze, könnte eine solche Verknüpfung ein ganzheitlicheres und folglich realistischeres Bild dessen liefern, was wir tun, wenn wir fahren. Ein solches Bild kann interessant für jene sein, die eine formale Beschreibung des Straßenverkehrs anstreben, um ihn zu automatisieren oder anderweitig zu verbessern.

Der Verstand wohnt in einem Körper und wird unablässig bewegt. In dieser Bewegung hegen wir Erwartungen bezüglich dessen, was wir in der Welt vorfinden werden, und passen diese Erwartungen anhand der von unseren Sinnen übermittelten Daten laufend an. Aber in unserer Bewegung *erzeugen* wir auch selbst Daten, die sich auf die Angemessenheit unserer gegenwärtigen Prognosen auswirken: Es ist ein zyklischer Prozess, in dem Handeln und Wahrnehmung untrennbar in einer Art Wahrscheinlichkeitsrechnung zur Bestimmung der Realität verbunden sind.

Andere Leute tun dasselbe. Wie Clark schreibt, stellt diese Tatsache eine Chance dar: »Vielleicht können unsere Prognosen in Bezug auf andere Agenten vom selben generativen Modell profitieren, das unsere eigenen Muster von Aktion und Reaktion strukturiert? Das deutet darauf hin, dass wir manchmal die Absichten anderer Agenten verstehen, indem wir richtig umgewandelte Versionen der mehrschichtigen Erwartungen anwenden, die unserem eigenen Verhalten zugrunde liegen. Andere Agenten werden somit als dem Kontext angepasste Versionen von uns selbst behandelt.«[8]

Da andere Agenten dieselben Strategien der probabilistischen Realitätserfassung verfolgen, können wir einander aushelfen. Das heißt, wir können unsere individuelle »Prozessorauslastung« verringern, wenn wir diese Gemeinschaft nutzen und zulassen, dass andere unser Verständnis der Situation von außen bekräftigen. Da alle anderen ebenfalls Prognostiker sind, haben wir manchmal Zugang zu einer »kontinuierlichen reziproken Prognose«, von der alle Beteiligten profitieren können, was zum Beispiel im Verkehrsfluss auf einer nicht regulierten Kreuzung in Rom oder Addis Abeba der Fall ist. Allerdings können wir auch in eine Abwärtsspirale wechselseitig garantierter Missverständnisse geraten, was in einer Episode von Road Rage manchmal der Fall zu sein scheint. Wenden wir uns diesem Fall zu.

Wenn alles gut funktioniert, hat der Verkehr auf einer nicht geregelten Kreuzung in seiner improvisierten, kooperativen Qualität Ähnlichkeit mit einer angeregten Unterhaltung. Weitere nicht verbale Parallelen zu einem Gespräch finden wir im Mannschaftssport und in gewöhnlichen Aktivitäten wie dem Bettenbeziehen mit einem Partner (diese Beispiele nennt Clark). In einem Gespräch nutzt jede Person ihre eigene Sprachfähigkeit, um »dabei zu helfen, die Äußerungen der anderen Person vorherzusagen, während sie zugleich deren Mitteilungen wie ein externes Gerüst für ihre eigenen laufenden Beiträge nutzt«.[9] All das sind Wahrscheinlichkeitsaussagen; das Gespräch kann sich in verschiedene Richtungen entwickeln, und wenn wir abwägen, was wir als Nächstes sagen werden, beurteilen wir die Wahrscheinlichkeit der möglichen Reaktionen der anderen Personen, um unser weiteres Vorgehen zu »berechnen«.

Clark beschäftigt sich nicht mit dem verspielten oder humorvollen Charakter, den die besten Gespräche oft haben und der darin bestehen kann, die Erwartungen des Gesprächspartners zu *enttäuschen*. Aber für unsere Zwecke, als Analogie zur Koordinierung zwischen Fahrern, ist seine Beschäftigung mit dem Gespräch gut geeignet. Er erklärt, dass in einer typischen Unterhaltung beide Seiten versuchen, ihr Verhalten den Erwartungen der anderen Seite anzupassen. Teilweise geschieht das durch Nachahmung, welche die gegenseitige Prognose und das wechselseitige Verständnis erleichtert. Als Ergebnis können wir das Gespräch trotz seiner Komplexität als beschwingt empfinden.

Auf der anderen Seite entwickeln sich manche Gespräche sehr schlecht. Lautet unsere Hypothese beispielsweise, die andere Seite sei wütend, so steuert diese Annahme die *Handlungen,* mit denen wir die Welt nach bestätigenden Belegen absuchen. Wir suchen nach Hinweisen auf Wut im Gesicht der anderen Person, nach Anzeichen für körperliche Anspannung und Ähnlichem. Diese Beobachtung bleibt der anderen Person nicht verborgen: Sie reagiert mit Anspannung. Es entsteht eine Feedbackschleife, die »selbsterfüllende psychosoziale Knoten und Bündel« erzeugt, wie Clark es ausdrückt. Er führt Studien an, die gezeigt haben, dass »unsere aktiven Top-Down-Modelle bezüglich der gegenwärtigen geistigen Zustände und Absichten anderer Personen tatsächlich Einfluss darauf haben, wie wir sie physisch wahrnehmen, was sich auf unsere Wahrnehmung ihrer Blickrichtung [...], des Ausdrucks ihrer Bewegungen usw. auswirkt«.[10]

Wie Clark feststellt, schränken wir unser eigenes Verhalten manchmal ein oder stabilisieren es künstlich, um es für andere leichter vorhersehbar zu machen. Genau das tun gute Fahrer. Wenn ein Fahrer, der sich dessen bewusst ist, dass er ein Objekt der Aufmerksamkeit anderer Verkehrsteilnehmer ist, auf der Autobahn in einem einzigen Manöver über zwei oder gar mehr Fahrpuren hinweg ausschert, wird er kurz den Blinker setzen, rasch in die nächste Spur wechseln, den Blinker ausschalten und denselben Vorgang dann erneut durchführen. Dies ist eine höfliche Geste, die anderen die Orientierung erleichtert. In einer guten Fahrkultur sind solche Praktiken zu Normen geworden, die unser soziales Miteinander auf unaufdringliche Art lenken. Solche Normen verringern die Ungewissheit und erhöhen unsere wechselseitige Vorhersehbarkeit.

Zu beachten ist, dass der Nutzen der Norm für die Leitung der Erwartungen ihrer dualen Natur entspringt: Sie ist zugleich eine Beschreibung (dessen, was normalerweise getan wird) und eine Vorschrift (für das, was zu tun ist). Nur wenn die Norm ein Gewicht als Vorschrift hat und Lob und Tadel für Erfüllung beziehungsweise Nichterfüllung erzeugt, wird sie in der Praxis Bestand haben und folglich als ausreichend präzise Beschreibung des tatsächlichen Verhaltens dienen, um sich als Bezugspunkt für begründete Erwartungen zu eignen.[11]

Natürlich sind die sozialen Normen von Kultur zu Kultur verschieden, und die Unterschiede können sehr lokalisiert sein. Beispielsweise stieß Uber bei dem Versuch, selbstfahrende Autos einzuführen, in Pittsburgh auf Hindernisse, was an einer »verblüffenden Idiosynkrasie« der Fahrer in dieser Stadt lag, die als »Pittsburgh-Linke« bezeichnet wird. Anscheinend halten die stolzen Bürger Pittsburghs an der Gewohnheit fest, auf Kreuzungen bei Grün einem entgegenkommenden Auto, das links abbiegen will, die Vorfahrt zu lassen. »Ich bin ein Anhänger der Pittsburgh-Left«, erklärte der Bürgermeister konsternierten Technikern, die von außerhalb gekommen waren, um Ubers Projekt durchzuführen. Die Programmierer fahrerloser Autos fragen sich, ob sie die Fahrzeuge anweisen sollen, bei Beginn der Grünphase einige Sekunden zu warten, bevor sie in die Kreuzung fahren. Das könnte natürlich Ärger bei nachkommenden Fahrern auslösen, würde es in eine Regel verwandelt. Autonome Autos stehen vor demselben Prognoseproblem wie menschliche

Fahrer, nur dass für sie weder die Vorteile noch die Risiken gelten, die damit verbunden sind, Teil eines sozial befrachteten, von Interpretationen abhängigen Prozesses gegenseitiger Vorhersagen zu sein.

Dass menschliche Fahrer, die sich nur auf ihre natürlichen sozialkognitiven Fähigkeiten stützen können, gemeinsam die Straße nutzen, bringt sowohl Effizienzvorteile als auch Risiken mit sich. Wie wirken sich andere Merkmale der Gesellschaft auf diese Gleichung (und damit auf die relative Attraktivität der Automation) aus? Da soziale Normen große Bedeutung für die wechselseitige Vorhersagefähigkeit der Fahrer haben, müssen wir uns mit der Frage des gesellschaftlichen Zusammenhalts beschäftigen: Wie groß ist der Einfluss von Normen auf unser Verhalten? Und ändert sich das?

Man kann das Problem der wechselseitigen Vorhersehbarkeit auch als Problem des sozialen Vertrauens betrachten. Der Harvard-Soziologe Robert Putnam erklärt, mit zunehmender Diversität einer Gesellschaft sinke »die Erwartung, dass andere kooperieren werden, um Dilemmata des kollektiven Handelns zu lösen«.[12] Und diese Erwartung ist selbsterfüllend: Wenn die Gesellschaft vielfältiger wird, »verbarrikadieren sich die Menschen« und isolieren sich sozial. Wenn Menschen nicht richtig in die Kultur ihrer Gesellschaft hineinwachsen, teilen sie weniger Normen für das richtige Verhalten miteinander und haben weniger gemeinsame Erwartungen an das Verhalten der Mitmenschen.

Man fragt sich, wie sich das wohl in Deutschland auswirkt. Der Verzicht auf ein Tempolimit auf Autobahnen kann nur mit einer stabilen gesellschaftlichen Übereinkunft funktionieren; dieses Wunder des wechselseitigen Vertrauens ist nur möglich, weil die gesamte Gesellschaft die sozialen Normen befolgt. Unter der Oberfläche der hitzigen Einwanderungsdebatte kann das Schicksal der Autobahnkultur als

Indikator dafür dienen, wie gut es Deutschland gelingt, seine neuen Bürger zu assimilieren.[13]

In den Dreißigerjahren des vergangenen Jahrhunderts, als die Autobahnen gebaut wurden, warben die Nationalsozialisten für eine »Verkehrsgemeinschaft«, die sie als Manifestation der »Volksgemeinschaft« auf der Straße betrachteten.[14] Ihre Hoffnung war, dass »Ritterlichkeit« und »Disziplin« auf der Straße Geschwindigkeitsbegrenzungen überflüssig machen würden, und tatsächlich wurde die Höchstgeschwindigkeit abgeschafft. Nach der Verabschiedung der Reichsstrassenverkehrsordnung im Mai 1934 stieg die Zahl der Verkehrstoten in Deutschland sprunghaft auf den höchsten Wert in Europa an. Es war eine peinliche Situation für das Regime, und 1939 wurde wieder eine Höchstgeschwindigkeit eingeführt. Daraus kann ein Verkehrsidealist die Lehre ziehen, dass eine Gemeinschaft ritterlicher und disziplinierter Fahrer nicht per Gesetz ins Leben gerufen werden kann. Sie ist etwas, das im Lauf der Zeit organisch wachsen muss, denn ihr Funktionieren hängt davon ab, dass die Menschen bestimmte soziale Normen in ihre Grundeinstellung integrieren.

Heute ist die Zahl der Unfalltoten in Deutschland trotz (oder gerade wegen?) des Freiraums, den das Land seinen Autofahrern zugesteht, so niedrig wie in kaum einem anderen Land. Die Deutschen mussten über Jahrzehnte hinweg lernen, schnell zu fahren. Dazu mussten sie nicht nur fahrtechnisches Können entwickeln, sondern auch eine Art moralische Erziehung durchlaufen, die in der Friedenszeit nach dem Zweiten Weltkrieg stattfand. Diese Erziehung umfasst individuelle Merkmale wie Verantwortungsbewusstsein und Selbstbeherrschung, hat jedoch auch eine soziale Dimension: Ein Bestandteil dieser Erziehung betrifft das, was im Rücken des Fahrers vor sich geht – die deutsche Autobahn ist ein Ort, an dem der Rückspiegel intensiv genutzt wird. Der (buchstäbliche) Rundumblick ist ein Hinweis darauf, dass die Deutschen weniger als die Autofahrer anderer Länder dem natürlichen Solipsismus anheimgefallen sind, den das Auto zu ermutigen scheint; sie sind sich der Tatsache bewusst, dass sie Objekte des Verhaltens anderer Verkehrsteilnehmer sind. Gemeinsam haben sie eine kollektive Identität des deutschen Autofahrers entwickelt, was sie füreinander ausreichend vorhersehbar macht, um sich auf der Autobahn an eine größere Bandbreite von Geschwindigkeiten anzupassen. Wenn sie diese kulturelle Errungenschaft bewahren wollen, werden sie auf ihrer speziellen Identität beharren müssen.

DER NEUE CHEF IST DA

STREET VIEW: MIT GOOGLES AUGEN

Im Jahr 2007 führte Google seinen Dienst Street View ein und ergänzte Google Maps durch eine 360-Grad-Kamera auf Straßenebene. Der Benutzer konnte das Satellitenfoto heranzoomen und sich dann an einem bestimmten Punkt ansehen, was ein Fußgänger sehen würde, wenn er sich dort im Kreis drehte. Von nun an konnte man Orte, an denen man nie gewesen war und die man vielleicht nie besuchen würde, aus der Ferne ziemlich genau inspizieren.

Aber im Januar 2009 sah sich Google mit wachsendem Widerstand von Gemeinden in aller Welt konfrontiert, die das Vordringen von Street View als aufdringlich empfanden. In seiner Reaktion auf die Kritik konzentrierte sich das Unternehmen auf die Einwände aus Entwicklungsländern, die es als erwartbare Reaktion autoritär geführter Gesellschaften mit »abgeschotteter Information« bezeichnete. Offenheit ist gut.

Diese PR-Strategie bekam einen Kratzer, als im April 2009 die Einwohner eines Dorfs namens Broughton in der englischen Grafschaft Buckinghamshire einem von Google geschickten Kamera-Auto die Zufahrt verwehrten, weil sie sich von Street View gestört fühlten. Dieser Widerstand kam aus einem demokratischen westlichen Land, nicht aus einer Bananenrepublik oder einem von einem repressiven Regime beherrschten Staat. Als sich die Proteste gegen Street View in Großbritannien, Deutschland, Japan, den Niederlanden, Australien, Belgien, Kanada, Frankreich, Hongkong, Irland, Israel, Italien, Neuseeland, Polen, Spanien, Südkorea und den Vereinigten Staaten ausbreiteten, erklärte der für Maps zuständige Google-Manager John Hanke gegenüber der Londoner *Times:* »Ich glaube, dass Gesellschaften wie unsere eher der Einschätzung zuneigen, dass Information gut für die Wirtschaft und gut für uns als Individuen ist.« So gesehen sind es die *Revanchisten* unter uns, die das widersinnige Bedürfnis hegen, »der Wirtschaft« und sich selbst zu schaden. »Wir wollen den Leuten wertvolle Information geben, damit sie bessere Entscheidungen fällen können.«[1]

Es stimmt natürlich, dass uns geografische Information zu etwas »befähigt«. Ich nutze die Karten-App auf meinem Handy, wann immer ich in eine fremde Stadt reise oder in meiner Heimatstadt in einer Gegend unterwegs bin, in der ich mich nicht gut auskenne. Daher klingt Googles Argumentation durchaus plausibel. Aber kommt die Verbreitung von Wissen an sich als Geschäftsstrategie infrage?

Es war ein wenig peinlich für Google, als sich herausstellte, dass seine Kamera-Autos, während sie langsam durch die Straßen rollten, auch Daten aus ungeschützten Heimnetzwerken von Bürgern saugten. Wie Ermittler in mehreren Ländern entdeckten, waren unter den so gesammelten Daten auch »Namen, Telefonnummern, Kreditkarteninformationen, Passwörter, SMS, E-Mails und Transkripte von Chats sowie Aufzeichnungen über Online-Dating, das Anschauen von Pornos, Browseraktivitäten, medizinische Informationen, Fotos sowie Video- und Audiodateien. Die Spezialisten folgerten, solche Datenpakete ließen sich zusammensetzen, um detaillierte Profile eindeutig erkennbarer Personen zu erstellen.«[2]

»Wir sind zutiefst beschämt über das, was da passiert ist«, erklärte Googles neu ernannter Leiter für den Schutz der Privatsphäre[3]. Das Unternehmen verteidigte sich mit dem Hinweis, die Spionage sei das Werk eines außer Kontrolle geratenen Ingenieurs gewesen, eines faulen Apfels, der in Eigeninitiative ein Experiment gestartet habe, das irgendwie seinen Weg ins System von Street View gefunden habe. Das Fehlverhalten eines einzelnen Mitarbeiters also.

Untersuchungen der Aufsichtsbehörde FCC (Federal Communications Commission) und der Justizministerien von 38 amerikanischen Bundesstaaten förderten zutage, dass es keineswegs so gewesen war: Die Spionage war Teil des Plans von Google. Aber es dauerte vier Jahre, bis diese Untersuchungsergebnisse vorlagen, und in der Zwischenzeit ignorierte die Firma einfach Vorladungen, behördliche Anweisungen und Informationsersuche sowie andere Versuche demokratischer Institutionen, sie zur Rechenschaft zu ziehen. In dieser Zeit gewöhnte sich die Öffentlichkeit an die Vorstellung, dass sich Google unilateral das Recht nehmen kann, den physischen Raum zu fotografieren und zu kartieren, um einen Masterindex der Welt zu erstellen.[4] Dasselbe Muster ist in jedem Land zu beobachten, in dem das Unternehmen tätig ist. Souveräne politische Einheiten stehen diesem supranationalen Unternehmen nur im Weg.

Es ist sinnvoll, diese Entwicklungen im Kontext der politischen Geschichte zu betrachten. Street View kann in der langen Geschichte der Kartografie als Werkzeug der imperialen Politik betrachtet werden. Voraussetzung für die politische Konsolidierung – die Bündelung der Herrschaft über ferne Territorien in einem Verwaltungszentrum – ist, dass man sich aus der Ferne ein gutes Bild von diesen Territorien machen kann, und das zu bewerkstelligen ist seit jeher eine Herausforderung für angehende Imperien.

In seinem Buch *Seeing Like a State* schreibt der Anthropologe und Politik-Historiker James C. Scott von der Universität Yale, dass im Mittelalter errichtete Städte aus der Vogelperspektive betrachtet normalerweise unordentlich wirken, womit gemeint ist, dass sie keine erkennbare Struktur haben. »Straßen, Gassen und Durchgänge schneiden einander in unterschiedlichen Winkeln, und das dichte Geflecht ähnelt der Komplexität eines Organismus.« Eine florierende Stadt wuchs im Lauf der Zeit aus den Verteidigungsanlagen mit Mauern und Festungsgräben heraus; da sind »Überreste innerer Mauern, eingefasst von äußeren Mauern, wie die Wachstumsringe eines Baums«.[5]

Solche Städte entwickelten sich ohne einen Gesamtplan oder ein langfristiges Vorhaben, was jedoch nicht bedeutet, dass sie für ihre Bewohner verwirrend gewesen wären. Scott nennt das Beispiel von Brügge: »Man kann sich vorstellen, dass viele der mit Kopfsteinen gepflasterten Straßen einfach durch häufige Benutzung ausgetretene Trampelpfade waren. Für jene, die in den verschiedenen Stadtvierteln aufwuchsen, war Brügge vollkommen vertraut, vollkommen kenntlich. Der Verlauf seiner Gassen entsprach den häufigsten täglichen Bewegungen.«

Aber für jemanden, der von außerhalb kam, etwa ein Kaufmann oder ein Abgesandter des Königs, der Steuern eintreiben oder Soldaten für militärische Abenteuer rekrutieren sollte, dürfte es schwierig gewesen sein, sich in der Stadt zurechtzufinden. Sie war schwer zu lesen. In dieser Stadtlandschaft war »das lokale Wissen im Vorteil gegenüber dem externen Wissen«. Scott verknüpft eine organische mit einer linguistischen Metapher und schreibt, dass die Anordnung der Stadt »räumlich ganz ähnlich funktionierte, wie ein schwieriger oder unverständlicher Dialekt linguistisch funktioniert. Diese halb durchlässige Membran erleichterte die Kommunikation innerhalb der Stadt, während sie für jene, die nicht mit diesem speziellen geografischen Dialekt aufgewachsen waren, unzugänglich blieb.«

Diese Membran und ihre Undurchlässigkeit für Außenstehende waren politisch bedeutsam: Sie schirmten bis zu einem gewissen Grad gegen Eingriffe auswärtiger Eliten ab. »Eine einfache Methode, um festzustellen, ob dieser Schutz existiert, besteht darin, zu fragen, ob ein Außenstehender einen örtlichen Führer (einen eingeborenen Fährtensucher) benötigen würde, um sich in der Stadt zurechtzufinden. Lautet die Antwort Ja, so genießt die Gemeinschaft oder das Gebiet zumindest einen gewissen Schutz gegen äußere Einmischung.«[6]

Aus Sicht des Zentrums eines Imperiums ist verstreutes und in der Peripherie lokalisiertes Wissen ein Hindernis für die zentrale Kontrolle – es sei denn, es kann gesammelt und zusammengestellt werden: All diese Straßen und Gassen müssen kartiert werden.[7]

DIE UBERISIERUNG LONDONS

Als James C. Scott *Seeing Like a State* schrieb, gab es Google und Uber noch nicht. Aber ausgehend von seiner Interpretation können wir sehen, dass das Tech-Projekt zur Erhöhung der geografischen Lesbarkeit nicht nur als Versuch zu verstehen ist, Besuchern und Neuankömmlingen die Orientierung an einem Ort zu erleichtern; es ist – in einer Hinsicht, mit der wir uns genauer befassen müssen – auch ein Programm zur politischen und wirtschaftlichen Enteignung der einheimischen Bevölkerung. Die allergische Reaktion von Bürgern in aller Welt auf den Anblick der durch ihre Nachbarschaft schleichenden Kamera-Autos von Google dürfte ihren Ursprung teilweise in einer Ahnung dieser Gefahr haben.

London ist eine mittelalterliche Stadt von der Art, die Scott beschrieben hat: Ausgehend von Charing Cross, verlaufen in einem Umkreis von zehn Kilometern rund 25000 Straßen. Wenn ich in London bin, winke ich manchmal ein Taxi herbei, selbst wenn ich nur wenige Blocks weiter muss – so zermürbend ist es, den Weg zu Fuß zu finden. Selbst wenn ich bei Erkundungstouren zu Fuß auf den blauen Punkt auf meinem Handydisplay und die Kompass-App zurückgreifen kann, muss ich fast immer umkehren und verliere die Orientierung.

Im Jahr 2012 bereitete sich Matt McCabe auf die Taxifahrerprüfung in London vor. Wer sich dieser Ausbildung in Vollzeit widmet, braucht durchschnittlich vier Jahre dafür. Jody Rosen hat McCabes Geschichte in einer fesselnden Reportage erzählt.[8] Die Vorbereitung auf die Zulassungsprüfung beinhaltet »viele tausend Stunden eingehender Studien, denn die angehenden Taxifahrer müssen sich ganz London einprägen und ihr Wissen in einer Reihe mündlicher Prüfungen von wachsendem Schwierigkeitsgrad unter Beweis stellen«; die Prüfer sind selbst Taxifahrer, die in Arbeitsuniform zu den Examen erscheinen. Die Bewerber arbeiten normalerweise zu zweit und rufen einander in einer mental zermürbenden Gedächtnisprüfung, die einem Talmudstudenten vermutlich vertraut vorkommen würde, mit geschlossenen Augen Fahrtrouten zu. Dabei sitzen sie einander in einem mit riesigen Karten gefüllten Raum an einem Tisch gegenüber.

Aber das eigentliche Studium besteht darin, durch die

Stadt zu wandern oder mit einer an der Windschutzscheibe befestigten Karte auf dem Motorroller durch die Straßen zu fahren, um die besten Routen zu finden. McCabe legte im Lauf seines Studiums etwa 80 000 Kilometer auf einem Scooter zurück, eine Strecke, die 16 Durchquerungen des nordamerikanischen Kontinents entspricht – nur dass er sich fast ausschließlich im Stadtzentrum Londons bewegte. Und das ist der typische Aufwand all jener, die sich »The Knowledge« aneignen wollen. Aufgrund der gewaltigen kognitiven Leistung wird dies als die anspruchsvollste Berufsausbildung überhaupt bezeichnet, vergleichbar der von Juristen und Medizinern.

Rosen schreibt:

> *Die Londoner Taxifahrer müssen sämtliche Straßen kennen und wissen, wie man sie befahren kann – in welcher Richtung sie verlaufen, welche Einbahnstraßen und welche Sackgassen sind, wo man in einen bestimmten Kreisverkehr einfahren und wo man ihn verlassen kann und so weiter. Damit nicht genug, müssen die Taxifahrer auch alles wissen, was man in diesen Straßen findet. Die Prüfer können einen Kandidaten auffordern, die genaue Lage jedes Restaurants in London zu nennen. Jeder Pub, jeder Laden, jede Sehenswürdigkeit, gleich wie klein oder unbekannt – alles legitime Prüfungsfragen. Die Prüflinge müssen erklären, wo sich Blumenstände, Waschsalons, Gedenktafeln befinden. Ein Taxifahrer erzählte mir, dass er nach dem Standort einer nur einen Fuß hohen Skulptur gefragt worden war, die zwei Mäuse zeigt, die sich ein Stück Käse teilen. Sie befindet sich an der Fassade eines Gebäudes in der Philpot Lane Ecke Eastcheap, unweit der London Bridge.*

Die Kenntnis der Straßen geht in etwas Umfassenderes über: in eine Kenntnis der Stadt und ihrer Geschichte. Denn die Stadt wandelt sich unablässig. Auf der Fahrt zu einem Fischmarkt am Stadtrand, der Spitzenrestaurants beliefert, sammelt McCabe wie ein Nachrichtendienst Informationen dazu, welche Chefköche gegenwärtig wo arbeiteten. »Man muss sich mit diesen Dingen beschäftigen. Der Prüfer könnte sich umdrehen und sagen: ›Nennen Sie zwei Restaurants von Angela Hartnett.‹ Oder: ›Nennen Sie vier Restaurants von Gordon Ramsay.‹«

Nach gut dreijähriger Ausbildung schätzt McCabe, dass er unter Berücksichtigung der Einkommenseinbußen, die er auf sich nehmen musste, um sich voll und ganz »The Knowledge« zu widmen (er hatte früher eine Firma, die im Baugewerbe tätig war), rund 200 000 Dollar investiert hatte, um Taxifahrer werden zu können. Einmal fuhr ihm ein Auto von hinten in seinen Motorroller, als er eine Fahrtroute erkundete; der Aufprall war so heftig, dass er über das Dach des Autos flog.

Die »Knowledge-Boys«, wie sie genannt werden, entwickeln im Wesentlichen ein visuelles Gedächtnis: Wenn sie vor ihrem inneren Auge eine Route verfolgen, wechseln sie zwischen einer Betrachtung auf Ebene der Straße und der Vogelperspektive, die sie sich aneignen, während sie jeden Tag viele Stunden vor den Stadtplänen sitzen. Rosen schreibt, dass sie »von einem Heureka-Moment sprechen, wenn, nachdem sie monatelang über dem Puzzle von London gebrütet haben, die Unklarheit weicht und die Stadt ins Blickfeld rückt: Das gewaltige Gewirr von Straßen verwandelt sich dann plötzlich in ein verständliches Ganzes. McCabe war nicht nur von diesem großen Überblick überrascht, sondern auch davon, dass er in der Lage war, sich an die kleinsten Details zu erinnern. ›Ich erkenne eine winzige Kunstwerkstatt einfach an der Farbe der Tür und an der Laterne, die davor auf dem Bürgersteig steht. Dein Gehirn erinnert sich an komische Dinge.‹«

Wie sollen wir derartiges Wissen und seinen Wert einschätzen? Was bedeutet es, dass dieses Wissen wahrscheinlich verloren gehen wird, weil sich der Fahrdienstanbieter Uber, gestützt auf GPS, mit seiner stehenden Armee von Aushilfsfahrern, die lediglich ein Subsistenzeinkommen erzielen und kaum etwas in den Job investieren, in London breitmacht? Eine mögliche Antwort wäre: »Und Tschüss!« Die Taxifahrer sind wie eine mittelalterliche Gilde, die dank ihres Wissens, das ihr persönlicher Besitz ist, hohe Gebühren kassieren kann. Aber dieses Wissen wurde durch einen maschinellen Prozess in »Information« umgewandelt, auf die jedermann ohne Anstrengung zugreifen kann. Und das alles ist zum Wohl des Konsumenten. Das heißt, es ist gut für *das Volk* (das nur in diesem Gedankengang aus Konsumenten besteht).

Was ist also das Problem? Wäre es nicht ein wenig übertrieben, sich Sorgen um die Londoner Taxifahrer zu machen, ein romantischer Luxus, der wahrscheinlich in einer verknöcherten Geisteshaltung wurzelt, in Furcht vor Veränderung und nostalgischer Rückwärtsgewandtheit? Oder ist es ein bloß ästhetischer Einwand gegen die Technologie, typisch für privilegierte Intellektuelle? Dies sind die üblichen Argumente von zukunftsorientierten Linken wie Rechten, die es für unvermeidlich halten, jeden Zweifel am fortschrittlichen Wohlwollen der Techbranche zu unterdrücken. Diese Intellektuellen sind stolz darauf, nichts für Nostalgie übrigzuhaben. Deshalb sind sie nützlich für die Techfirmen, die bei neuen Vorstößen in zuvor autonome Bereiche auf gesellschaftlichen Widerstand stoßen.

Um die Ablehnung verstehen zu können, auf die Street View in Großbritannien stößt, müssen wir uns einen Brexit-

Zylinder aufsetzen. Der Slogan der Austrittsbefürworter lautete: »Holen wir uns die Kontrolle zurück«. Das ist die Kurzfassung der politischen Frage – es geht um die Souveränität. Der Kampf um die Souveränität wird im Mikrokosmos der Taxibranche ausgetragen, wo eine Gilde von Fahrern, die ihr Leben auf den Straßen Londons verbringen und sich ihr Einkommen mit mühsam erworbenem Wissen verdienen, einem kleinen Kader mit Satelliten bewaffneter Daten-Entrepreneure im kalifornischen Mountain View gegenübersteht.

Nebenbei bemerkt, gehören diese Satelliten in Wahrheit den amerikanischen Streitkräften, die GPS für ihre eigenen Zwecke entwickelt haben. Wie sich herausgestellt hat, eignet sich die ursprünglich für die militärische Aufklärung entwickelte Technologie wunderbar für diese Art von Wirtschaftskolonialismus, was man auch als Umkehr des Karmas der staatlich unterstützten Piraterie betrachten kann, welche die britische Hudson Bay Company vor drei Jahrhunderten in Nordamerika praktizierte.

Lassen wir der wütenden nationalistischen Intuition noch ein wenig mehr Spielraum und schauen wir uns an, wohin uns das führt. Der Vormarsch von Street View und GPS erleichtert die Inspektion Londons und macht die Stadt für Außenstehende besser lesbar. Unter diesen Außenstehenden sind auch Esperanto-Meritokraten, die aus allen Winkeln der Welt in ihren Maßanzügen ins Finanzzentrum der Londoner City strömen, sowie Vertreter verschiedener europäischer Verwaltungseinrichtungen, die der Insel wie römische Prokonsuln Besuche abstatten, um die Briten über die Bekundungen des Europaparlaments auf dem Laufenden zu halten. Die Flut GPS-gesteuerter Autos, deren schlecht bezahlte Fahrer sich in London genauso wenig auskennen wie Sie und ich, hat die Verkehrsüberlastung verschärft, London gleichzeitig jedoch auch billiger für Touristen gemacht, die für ein paar Tage zu Besuch kommen. Was sollte ein Urlondoner, der vier Jahre seines Lebens geopfert hat, um seine eigene Stadt bei jedem Wetter auf zwei Rädern zu durchforsten und jeden Kopfstein kennenzulernen, dagegen haben? Wer sich über seine wirtschaftliche und politische Enteignung beklagt, wird als Maschinenstürmer gebrandmarkt.[9]

Der Unzufriedenheit eines Brexit-Befürworters kann man offenkundig nicht einfach mit wirtschaftlichen Argumenten begegnen, wie es die Organisatoren der Remain-Kampagne versucht haben, denn hinter dieser Art von Verzweiflung steckt zudem eine existenziellere Sorge als die Angst vor dem wirtschaftlichen Abstieg. Tatsächlich beobachten wir in allen westlichen Demokratien den Vormarsch einer »existenziellen Politik«, und einer der Gründe dafür ist zweifellos das Gefühl, dass etwas Neues und Gieriges auf dem Vormarsch ist, das uns unserer lokalen Souveränität und eines mühsam erworbenen persönlichen Verständnisses der materiellen Welt beraubt.

Im Jahr 2008 startete Google ein Projekt namens Ground Truth, das streng geheim gehalten wurde, was wahrscheinlich mit der Kontroverse über Street View zu tun hatte. Erst nachdem die Aufsichtsbehörde FCC ihren Abschlussbericht über die Gesetzesverstöße von Google bei der Überwachung der Bürger im Jahr 2012 veröffentlicht hatte, sah sich das Unternehmen mehr oder weniger gezwungen, das Programm offenzulegen. Ground Truth beruht auf demselben Gedankengang wie Street View, geht jedoch noch einen Schritt weiter. Im Grunde geht es bei dem Projekt darum, *das gesamte* lokal gebündelte Wissen von der Art zu erfassen, das von den Londoner Taxifahrern als »The Knowledge« bezeichnet wird. In einer natürlichen Umgebung wird das angestrebt, was man bei einem Wildführer in einem bestimmten Gebirge oder Sumpfgebiet als »lokale ökologische Bewusstheit« bezeichnen könnte.

Der leitende Produktmanager von Google Maps stellte das Projekt Ground Truth mit folgenden Worten vor: »Wenn wir die Offline-Welt betrachten, die reale Welt, in der wir leben, dann stellen wir fest, dass die Information über diese Welt nicht zur Gänze online ist.« Das ist ein Defekt der Realität. Es bedeutet Dunkelheit und Unzugänglichkeit, und beides ist schlecht.

Erfreulicherweise ist es auch eine Lücke, die geschlossen werden kann. Weil wir es können. Wie Shoshana Zuboff berichtet: »Ground Truth steht für ein weiteres Konzept, das der Deep Map, die im Gegensatz zur herkömmlichen *Carte en détail* die ›Logik der Orte‹ enthält: Gehwege, Goldfischteiche, Autobahnauffahrten, Verkehrsmeldungen, Fährverbindungen, Parks, Universitätsgelände, Stadtviertel, Gebäude [-Innenansichten] und vieles mehr. All diese Details richtig hinzubekommen verschafft einen entscheidenden Vorteil im Wettbewerb um den aus Mobilgeräten anfallenden Verhaltensüberschuss.«[10]

Wir werden uns mit Zuboffs aufschlussreichem Konzept des »Verhaltensüberschusses« im Kapitel »Wenn Google Autos bauen würde« eingehender befassen. An dieser Stelle will ich die Frage stellen, was es bedeuten würde, wenn ein einziger Konzern einen vollständigen Index der materiellen Welt besäße. Denn genau das strebt Google an. Es befestigt seine Kameras an Rucksäcken und Schneemobilen, um Orte zu erkunden, die seine Street-View-Autos nicht erreichen können. Es hat gemeinnützigen Organisationen und Tourismusverbänden Rucksackkameras zur Verfügung gestellt, um »Bilder von abgelegenen und einzigartigen Orten zu sammeln«.[11] Protestiert jemand gegen Googles Vorgehen, findet sich immer eine demokratisch klingende Begründung, eine prägnante Aussage, die den Widerstand von Leuten bricht, die beispielsweise in den Non-Profit-Organisationen das Sagen haben: Wollt ihr wirklich, dass die abgelegenen und einzigartigen Orte »den Privilegierten« vorbehalten bleiben?

Eine Welt, die Google vollkommen bekannt ist und von Google indexiert wurde, wird natürlich auch über Google zugänglich sein. So wird Google zur Realitätsplattform werden. Wie es Zuboff ausdrückt: »Mein Haus, meine Straße, mein Viertel, mein Lieblingscafé [...] alles ist umdefiniert zu einer lebenden Tourismusbroschüre, zum Ziel der Überwachung, zum Tagebau am Datenberg – anders gesagt, ein Objekt zur allgemeinen Inspektion und zur kommerziellen Enteignung.« Und: »Googles ideale Gesellschaft ist eine Bevölkerung auf Distanz gehaltener Nutzer, nicht mündiger Bürger. Das Unternehmen idealisiert den informierten Menschen, aber nur, soweit es Google ins Konzept passt.«[12]

Indem sämtliche Orte für jedermann zugänglich werden, beseitigt man keine Privilegien, wenn wir mit Privilegien etwas Illegitimes meinen. Vielmehr löschen wir eine erworbene Fähigkeit aus, verschiedenartige und lokalisierte Winkel der Welt abhängig vom Maß an persönlichem Engagement und Verantwortungsbewusstsein kennenzulernen und zu nutzen. Anders ausgedrückt, handelt es sich um das Ende des Eigentums, und zwar eines Eigentums, das nicht einfach als Privatbesitz, sondern als Recht definiert wird, einen bestimmten Ort auf der Erde zu bewohnen und als unseren eigenen zu betrachten. Dieses Recht teilen wir mit anderen, die ebenfalls an *diesem* Ort statt an einem anderen leben. Wir können es also als kollektives bürgerliches Eigentum bezeichnen. Dieses existenzielle oder durch Erfahrung erworbene Eigentum muss nun geopfert werden, und zwar nicht zur Verwirklichung eines sozialistischen Ideals, sondern im

Interesse der von einem einzigen Unternehmen ermöglichten vollkommenen Lesbarkeit aus der Ferne.

Sollte dieses Ziel erreicht werden, so würde es uns nicht nur unserer Heimat, sondern auch jener schwer greifbaren Erfahrung berauben, die wir bei einem Ausflug im Auto oder auf einer langen Wanderung suchen: Augenblicke der Entdeckung, die nicht vorweggenommen, gekauft oder kostengünstig auf einem Bildschirm genossen werden können. Bei solchen Entdeckungsreisen verdienen wir uns durch ein persönliches Wagnis das Recht, einen neuen Ort kennenzulernen. Diese Möglichkeiten sind der gemeinsame Besitz der ganzen Menschheit.

Eine solche *dauerhafte* körperliche Ansässigkeit an einem Ort wird zur Grundlage der örtlichen Solidarität. Jody Rosen beschreibt den Moment, in dem Matt McCabe in die Bruderschaft der Londoner Taxifahrer aufgenommen wurde, als eine emotional überwältigende Erfahrung. Nachdem ihn seine Prüfer jahrelang erbarmungslosen Examen unterzogen hatten, die tatsächlich förmlich wie Gerichtsverfahren abgelaufen waren, musste er vor einem Prüfer namens O'Connor eine letzte Route – einen »Call« – mit 27 Richtungswechseln von Camberwell nach Holloway beschreiben:

> *Als McCabe den Call abgeschlossen hatte, saßen er und O'Connor eine Weile, die McCabe wie eine Ewigkeit vorkam, schweigend da. Schließlich erhob sich O'Connor und reichte ihm die Hand. Er sagte: »Gut gemacht, Matt. Willkommen im Club. Es freut mich, sagen zu können, dass Sie jetzt zu Londons Besten gehören.« Zum ersten Mal in den mehr als drei Jahren, die McCabe mittlerweile bei der LTPH [der für die Ausbildung und Zulassung von Taxifahrern zuständigen Behörde] studierte, hatte ihn ein Prüfer mit seinem*

Vornamen angesprochen. […] »Es fiel mir schwer, die Tränen zu unterdrücken. Drei Jahre von erdrückendem finanziellen Stress, familiärem Stress – dreizehn Stunden am Tag studieren, sieben Tage in der Woche. Und plötzlich war alles ganz locker. Es war wie: ›Machen Sie es sich bequem, entspannen Sie sich, lösen Sie den Schlips.‹ Und dann erklärte mir O'Connor, was mich in dem Job erwartete. Er teilte das Insiderwissen mit mir, das er in mehr als zwanzig Jahren als Taxifahrer in London angehäuft hatte.« McCabe kehrte nach Hause zu seiner Familie zurück. Er und seine Frau Katie bestellten Essen beim Thailänder, drehten die Musik auf und tanzten mit ihren Kindern durchs Haus. Als die Kinder im Bett waren, tranken die Eltern ein paar Bier und lösten die Knowledge-Bibliothek auf: Sie legten die Karteikarten und Notizen weg und nahmen die Stadtpläne von der Wand. Katie »weinte etwa zwei Tage lang ohne Unterbrechung«, erinnert sich McCabe.

In dieser Szene wird ein Lebensunterhalt beschrieben. Oder, um einen umfassenderen Begriff zu wählen: Die Szene beschreibt eine Lebenswelt, eine wirtschaftliche, soziale und existenzielle Heimat, die auf einem kognitiven Erfolg beruht, der kraft geistiger und körperlicher Anstrengung errungen wurde, eine Lebenswelt, in die ungezählte Stunden investiert und in der Beziehungen geknüpft und in Ungewissheit und Hoffnung finanzielle Risiken eingegangen wurden, die sich dank Zuversicht und Beharrlichkeit ausgezahlt hatten.

Dass die Straßen Londons durch maschinelle Prozesse navigierbar gemacht werden, hat reale Vorteile für die große Mehrheit, während es die Lebenswelt einer kleinen Minderheit zerstört. Hier gibt es einen Zielkonflikt; es gibt keine politische Algebra, um zu einem gerechten Ergebnis zu gelangen. Wie immer ist es eine Auseinandersetzung zwischen widersprüchlichen Interessen, und es wird Gewinner und Verlierer geben. Wenn wir die Auseinandersetzung zwischen gelernten Taxifahrern einerseits und Google und Uber andererseits betrachten, sind wir gut beraten, uns vor Augen zu halten, dass dies nur einer von vielen Konflikten ist, die uns in den kommenden Jahren bevorstehen, und dass jeder von uns in irgendeinem Lebensbereich einer kleinen Minderheit angehört. Von den meisten dieser Auseinandersetzungen wissen wir noch nichts, aber Sie können sicher sein, dass sie in diesem Augenblick von dem unpersönlichen Apparat identifiziert werden, der in jedem Winkel der menschlichen Erfahrung nach Rohstoffen sucht, die er als Daten speichern und in Profit umwandeln kann. Das führt zu einer Konzentration des Reichtums, zu einer Zentralisierung des Wissens und zu einer Verkümmerung unserer angeborenen Fähigkeit, Dinge selbst zu tun.

Auf welcher Seite man auch stehen mag in einem Konflikt wie dem zwischen den Londoner Taxifahrern mit ihrem Expertenwissen und den gleichgültigen Fahrern der Gig Economy, zwischen einer Annehmlichkeit für den Konsumenten und einem menschenwürdigen Lohn, zwischen dem Ärgernis, fünf Minuten länger auf ein Taxi warten zu müssen, und dem Ärgernis, auf Straßen, die voll von leeren Uber-Autos sind, zehn Minuten länger im Verkehr zu stehen: Sollten all diese Fragen nicht von *uns* entschieden werden – im demokratischen Wettbewerb und im Spiel der Marktkräfte?

So passiert es aber nicht. Vielmehr hat diese neue, sehr unilaterale Form von politischer Ökonomie größere Ähnlichkeit mit einer kolonialen Eroberung.

EINE GLORREICHE LEBENSART OHNE KOLLISIONEN

Die Vision von gleichmäßig fließender Mobilität, mit der uns das fahrerlose Auto schmackhaft gemacht werden soll, könnte nur als Teil einer größeren Vision vollkommen verwirklicht werden: jener der »intelligenten Stadt«. Die Idee ist, dass unsere Bewegungen durch die Stadt, die Infrastruktur, auf die wir angewiesen sind, der Schutz durch die Polizei, die Abfallbeseitigung, die Parkraumbewirtschaftung, Lieferdienste und all die anderen Dienstleistungen, von denen das Funktionieren einer Stadt abhängt, von einem »urbanen Betriebssystem« gesteuert werden.

Als Bestandteil der intelligenten Stadt ist das fahrerlose Auto somit Bestandteil einer außergewöhnlichen intellektuellen Bewegung. Diese Bewegung verdankt ihre Besonderheit nicht zuletzt der Tatsache, dass sie eine langjährige modernistische Bestrebung wiederbelebt, nämlich jene der transformativen Stadtplanung. Die Zielsetzungen einer solchen Planung sind normalerweise Volksgesundheit, Effizienz, Schönheit und das eher schwer zu verwirklichende Ideal der Ordnung.

Einige Städte, die in den letzten zwei Jahrhunderten den Stadtplanern anvertraut wurden, sind trotz einer umstrittenen Umgestaltung wunderbare Orte. Ein Beispiel ist Paris, das Baron Haussmann unter Louis Napoleon zu großen Teilen abreißen und neu bauen ließ. Andere, darunter Brasilia und Chandigarh (die beide nach Le Corbusiers Plänen errichtet wurden), verwandelten sich rasch in Geisterstädte mit ultramodernen Gebäuden und Plätzen von beeindruckender konzeptueller Ambition, durch die der Wind fegte, bis sie schließlich von illegalen Siedlern zweckentfremdet oder als Bezugsquellen für Baumaterial genutzt wurden, das in die umgebenden Elendsviertel gekarrt wurde, in denen das städtische Leben wie zum Hohn des großen Plans weitergeht. Solche Projekte werden manchmal in Entwicklungsländern verwirklicht, die für westliche Visionäre eben deshalb attraktiv sind, weil dort keine stabile Tradition der Selbstregierung existiert und es deshalb keinen organisierten Widerstand gegen den Plan gibt. Le Corbusier bot seine Dienste auch autoritären und totalitären Regimes in Ost und West an – dem Vichy-Regime in Frankreich und der Sowjetunion unter Stalin –, bevor er sich der Dritten Welt zuwandte.

Die Versuche, die Stadt zum Gegenstand der rationalen Planung zu machen, haben eine wechselhafte Geschichte, in der es sowohl Erfolge als auch Fehlschläge gab. Die Sehnsucht nach Ordnung ist manchmal blind für den halsstarrigen Widerstand im menschlichen Verhalten. Die technokratische Persönlichkeit lässt sich leicht in einen moralisch-intellektuellen Raum locken, der abseits der Empirie liegt und in dem Überzeugungen den nicht korrumpierbaren Bekenntnissen des religiösen Glaubens ähneln.

Großartige Visionen können also leicht infrage gestellt werden, und ich werde weiter unten einen solchen Einwand gegen die intelligente Stadt vorbringen. Aber zunächst weise ich darauf hin, dass es normalerweise eher begrenzte, nicht koordinierte Bemühungen um Kontrolle in städtischen Räumen sind, die in ihrer Gesamtheit den menschlichen Geist unterdrücken. Gerade weil eine solche Unterdrückung tyrannische Neigungen verrät – weil sie eben eine Unterdrückung *ist* –, kann sie bei einigen wagemutigen Seelen eine Gegenreaktion auslösen, die schön anzusehen ist.

In einem meiner Lieblingsvideos auf YouTube sieht man einen Motoradfahrer, der auf dem leeren Parkplatz eines Einkaufszentrums beinahe in Schrittgeschwindigkeit kontrollierte »Wheelies« auf dem Hinterrad macht. Offenkundig beherrscht er Motorradstunts. An seinem Helm hat er eine Videokamera befestigt.

Es nähert sich ein Mann mit einem Clipboard, jenem universellen Talisman des Beamten, der sich zuständig fühlt, die Ordnung aufrechtzuerhalten. Was der Beamte sagt, ist in dem Video kaum zu hören (wahrscheinlich etwas über die Sicherheit). Aber eigentlich spielt es auch keine Rolle? Das Clipboard macht die Botschaft klar: Es ist eine stumme Autorität, die oft kein wirkliches Argument vorbringt und nur wirksam sein kann, wenn sich ihr jedermann automatisch unterwirft.

Aber unser Trickkünstler tut das nicht. Auf den Aufnahmen seiner Helmkamera sehen wir, wie er auf dem Hinterrad langsam Kreise um den Mann mit dem Clipboard dreht, und wir ahnen, dass er entspannt ist. »Sieht das etwa gefährlich aus?«, fragt er in ungläubigem Ton.

Sein Einwand hat etwas für sich, was man leicht nachvollziehen kann, wenn man schon einmal auf einem vollen Parkplatz fast von einem aufrechten Mitglied des Elternbeirats überfahren wurde, das mit seinem Geländewagen aus einer Parklücke zurücksetzte.

Aber dann geht der Motorradfahrer einen Schritt weiter. Er sagt zum Clipboard-Mann: »Sie sind einfach verwirrt, und das führt dazu, dass Sie Dinge fühlen.« Der arme Kerl wirkt nun wirklich ratlos.

Der Motorradmann rauscht davon. Offensichtlich hat er die Auseinandersetzung in einem wichtigen Sinn gewonnen.

Aber er ist nicht dumm genug, zu glauben, dass die Polizei seiner überlegenen Logik zustimmen wird.

Dieser Logik zufolge ist die Mission des Manns mit dem Clipboard nicht nur objektiv sinnlos (der Parkplatz ist leer), er ist auch »verwirrt«, weshalb er »Dinge fühlt«. Der Fetisch der Regeltreue wird zu seiner eigenen Rechtfertigung, und das erfüllt den Mann mit Lust auf die Durchsetzung von Regeln, selbst wenn es wahrscheinlich überhaupt keine Regel für das Fahren auf dem Hinterrad auf Parkplätzen gibt.

Auf die Gefahr hin, unpatriotisch zu wirken, muss ich leider darauf hinweisen, dass dies offenbar ein sehr amerikanisches Phänomen ist. Wie mir mein französischer Freund Jean-Pierre Dupuy sagte: »Ihr seid Regelanbeter«, was so weit geht, dass wir uns spontan Regeln ausdenken, um unerwartete Ausbrüche des menschlichen Geistes zu kontrollieren. Zum Ausgleich singen wir ein Lied über »das Land der Freien und die Heimat der Tapferen«.

Der Rapper Lupe Fiasco erzählt in einem schönen Song mit dem Titel »Kick, Push« die Geschichte eines Stadtjungen, der beim Skateboardfahren erwachsen wird und dabei mit der Clipboard-Autorität zusammenstößt.

Since the first kick flip he landed
Labeled a misfit a bandit
His neighbors couldn't stand it
So he was banished to the park
Started in the morning
Wouldn't stop till after dark
Yea when they said its getting late in here
So I'm sorry young man there's no skating here

(Seit ihm der erste Kickflip gelang,
war er als Außenseiter und Bandit gebrandmarkt.

Seine Nachbarn hassten es,
Also wurde er in den Park verbannt.
Fing am Morgen an,
Machte erst nach Einbruch der Dunkelheit Schluss.
Da sagten sie ihm, es ist spät,
Tut mir leid, junger Mann, kein Skating hier.

Der Junge lernt eine Skateboarderin kennen, die ihm einen ihm unbekannten Parkplatz zeigt, auf dem sie besondere Bedingungen vorfinden. Sie üben dort, bis »der Wachmann kam und sagte, hier ist Skating verboten«. Sie schließen sich einer Bande an. Sie werden von den Vorplätzen von Bürogebäuden vertrieben. »Die Freiheit war besser, als zu atmen, sagten sie.«

Sie werden erwachsen. Liebe auf der Flucht, Solidarität auf der Flucht: Dass sie von den »Sicherheitsleuten« verjagt werden, stärkt die Bande zwischen den Dissidenten. Was für eine Schande, wenn es keine Clipboard-Männer gäbe, denn sie machen die Erfahrung der Freiheit erst richtig intensiv! Wie der Motorradfahrer, der Wheelies macht, wie Hunter S. Thompson bei seiner Begegnung mit den Autobahnpolizisten treten die Protagonisten von »Kick, Push« *personifizierten* Ordnungskräften entgegen: Beamten, die nichtsdestotrotz Menschen aus Fleisch und Blut sind, Jagd auf jugendliche Skateboardfahrer machen und wahrscheinlich aus menschlichen Gründen Freude an der Jagd haben.

Was wird aus diesem menschlichen Drama – dem Drama der Freiheit –, wenn die Ordnung in Algorithmen gefasst wird? Was wird dann aus dem Kampf?

Bevor wir uns der intelligenten Stadt zuwenden, sollten wir uns ansehen, in welchem *Geist* die kommenden digitalen Innovationen des städtischen Lebens wahrscheinlich eingeführt werden.

Manchmal sind urbane Räume so gestaltet, dass sie Momente wie die, welche Lupe Fiasco beschreibt, verhindern und ein explizites Eingreifen des »Sicherheitsdienstes« überflüssig machen, weil die Nutzungsmöglichkeiten bereits durch die Architektur an sich erheblich eingeschränkt sind. Thomas de Monchaux spricht von der »Vorliebe für Ordnung«, die sich durchsetzt, wenn zum Beispiel öffentliche Parks von privaten Trägern finanziert werden. Die Annahme liegt nahe, dass dies mit der Angst vor Schadenersatzforderungen zu tun hat, aber die Vorliebe für Ordnung scheint über derartige Überlegungen hinauszugehen und sich in eine Art unklaren Moralismus zu verwandeln, der sich nicht offen bekundet, sondern eher als selbstverständlich betrachtet wird, schwer zu fassen und daher kaum anfechtbar ist.

Monchaux schreibt über den wunderbaren High Line Park in New York, der mit privaten Geldern auf einer stillgelegten Hochbahntrasse angelegt wurde. Monchaux würdigt die gartenbauliche Leistung, weist jedoch darauf hin, das »definierende Detail« sei »die prüde Anordnung von Metallstangen und Seilen, die den Gehweg von der Grünanlage abgrenzen. Sie schienen zu sagen: Komm nicht vom Weg ab, spiel nicht, mach keinen Unfug.«

Vielleicht verbirgt sich hinter diesen Merkmalen eine legitime Sorge um die Sicherheit der Parkbesucher (wenn man vom Gehweg in die einige Zentimeter tiefer liegenden Grünflächen steigt, könnte man umknicken und sich den Knöchel verletzen). »Aber in diesen Regelungen gibt es auch etwas, das über den Schutz vor den gefährlichsten Eventualitäten hinausgeht und darauf zielt, all die harmlosen Unregelmäßigkeiten zu unterbinden, die das Wesen des urbanen Lebens ausmachen – unbändige Freude, kreative Improvisation, entspannte Ineffizienz und unbekümmerte Exzentrik.«

Monchaux beschreibt es sehr anschaulich und verknüpft die Gestaltung des öffentlichen Raums mit der politischen Kultur: »In unserer freiheitlichen Demokratie ist jede Nutzung des öffentlichen Raums – manchmal sogar im Spiel – eine Feier der Rechte auf Versammlungs- und Meinungsfreiheit. Der größte Erfolg von Parks und öffentlichen Plätzen ist nicht, dass sie die einzelnen Aktivitäten effizient den dazugehörigen Einrichtungen zuordnen oder den kontrollierten Konsum von Kultur ermöglichen, sondern dass sie uns durch die politische Kultur und das Design ermutigen, diese Freiheiten zu nutzen.«

Das – und mehr – repräsentieren die Skateboarder. Sie betrachten einen Platz nicht einfach als Freiraum für Versammlungen, sondern als konstituierendes Element ihrer Aktivität. Seine massiven Dekorationselemente stellen bestimmte Herausforderungen dar: Die Sportler entwickeln ein Repertoire von Fähigkeiten, die den spezifischen Merkmalen dieses Orts entsprechen. Sie eignen sich den Raum für Zwecke an, für die er nicht bestimmt war, jedoch latent geeignet ist; diese Zwecke schlummern als Angebote in ihm, die von rollenden Personen entdeckt werden können. Diese »missbräuchliche Verwendung« bringt etwas zum Vorschein.

So verstanden, kann Skateboardfahren durchaus als zeitgenössische Kunst betrachtet werden. Aber damit würden wir riskieren, den Skateboardern fälschlich den wenig überzeugenden »subversiven« Anspruch der Kunstszene zu unterstellen. Meiner Meinung nach ist es zielführender, das Skateboarding in der Stadt als Ausdruck des bürgerlichen Republikanismus zu betrachten (wenn ich in diesem Zusammenhang einen derart schwerfälligen Terminus verwenden darf). Um den Aspekt herauszuarbeiten, warum das so reizvoll ist, müssen wir uns Monchauxs Bemerkung, die besten Parks und Plätze ermutigten die Menschen »durch die politische Kultur und das Design« dazu, sich Freiheiten zu nehmen. Ja und nein. Wenn sich die Menschen die fraglichen Freiheiten aktiv *nehmen* sollen (das ist das Beeindruckende an den Skatern), anstatt sie sich vorschreiben zu lassen, dann muss die »Ermutigung« minimal sein. Die Architektur muss taktvoll sein, und dies ist eine charakteristische Eigenschaft des Liberalismus, so, wie er ursprünglich verstanden wurde: Es sollten die erforderlichen Mindestvoraussetzungen für das Zusammenleben und ein wenig mehr gewährleistet werden, ohne zu versuchen, sämtliche Lebensbereiche zu reglementieren.

Der Liberalismus mutiert allerdings allzu leicht zu einem ehrgeizigeren und damit weniger liberalen Vorhaben: Die nicht verwalteten öffentlichen Räume verschwinden. Wenn »Politik und Design« von Parks zurückhaltend und deren Nutzungsmöglichkeiten bewusst unbestimmt sein sollen, muss der Gestalter auf genau das verzichten, was die Intellektuellen besonders reizt: eine umfassende Vision. Eine solche Vision wird zwangsläufig das Spiel unterdrücken, denn Spielende beharren darauf, ihre eigenen Regeln aufzustellen, die zu einem Spiel gehören, das »für uns« ist, wie uns Huizinga lehrte. Urbane Skateboardfahrer sind eine Spielgemeinschaft.

Jane Jacobs kritisierte die Art von Planung, die Ordnung anstrebt, indem sie »alle Pläne mit Ausnahme jener der Planer unterdrückt«. Ebenezer Howards Pläne für die Garden City bezeichnete Jacobs als »wirklich sehr hübsche Ortschaften – wenn man fügsam ist, keine eigenen Pläne hat und nichts dagegen hat, seine Zeit mit anderen zu verbringen, die ebenfalls keine eigenen Pläne haben. Wie in allen Utopien hatten nur die verantwortlichen Planer das Recht, Pläne von irgendeiner Relevanz zu haben.« Rufen wir uns in Erinnerung, dass Bernard Williams genau diesen Einwand gegen den Utilitarismus vorbrachte: Dessen totalisierende Logik verlange, dass wir alle unsere eigenen Pläne den Plänen derer unterordnen, die für die Berechnung der universellen Utilität zuständig sind.

Zur Beurteilung der Vision von der intelligenten Stadt müssen wir uns ansehen, inwieweit die vorgeschlagene Ordnung Raum für jene Quellen ungeplanter urbaner Lebensfreude bietet, die Monchaux so gut benennt: »unbändige Freude, kreative Improvisation, entspannte Ineffizienz und unbekümmerte Exzentrik«. Was, wenn der Mann mit dem Clipboard in einem undurchsichtigen, proprietären »urbanen Betriebssystem« installiert wird, das hochgradig determiniert ist und »den einzelnen Aktivitäten effizient dazugehörige Einrichtungen zuordnet« – in einem Betriebssystem, für das Motorradkunststücke auf Parkplätzen nicht existieren?

Ein Großteil unserer Bewegungen mit Fahrzeugen findet im städtischen Raum statt, weshalb die Stadtplanung beträchtlichen Einfluss auf das Fahrerlebnis hat. Wir haben uns mit der Automation von Autos und einigen der selten erwähnten Kosten befasst, die wahrscheinlich mit den offenkundigen Vorteilen einhergehen werden. Dieselbe Logik der Automatisierung wird vom Auto auf die Stadt ausgeweitet – was tatsächlich nötig ist, um die Vision vom fahrerlosen Straßenverkehr zu verwirklichen.

Wie wird sich dieses Paket auf das gesellschaftliche Leben auswirken? Wird es in das liberale Erbe eingreifen, das wir als selbstverständlich betrachten? Ist die vorgeschlagene Transformation als Hinweis auf eine umfassendere Bestrebung zu verstehen? Und wessen Bestrebung ist das?

In einem Artikel in *Tablet* weist Jacob Siegel darauf hin, dass »demokratische Regierungen glauben, die grundlegenden Dienste, für deren Bereitstellung sie zuständig sind, auslagern zu können, womit sie die alltäglichen Funktionen des städtischen Betriebs und die Bereitstellung der kommunalen Dienste in der Praxis an Subauftragnehmer vergeben. Sicher, sie können das tun, aber auf diese Art zeigen sie natürlich, dass sie eigentlich nicht gebraucht werden, und machen sich langfristig selbst arbeitslos.« In Anbetracht der häufigen Dysfunktion demokratischer Regierungen ist es tatsächlich verlockend, die Dinge in die Hände der Techfirmen im Silicon Valley zu legen. Siegel hält es für nachvollziehbar, dass viele von uns bereit wären, ein wenig von der Demokratie aufzugeben und uns einem »gutartigen Autoritarismus« anzuvertrauen, »wenn er nur dafür sorgen würde, dass die verdammten Züge pünktlich fahren. Im Gegenzug werden wir Macht über die Institutionen verlieren, in denen wir leben müssen.«

Das Problem ist also die Souveränität.

Google baut in Toronto eine Modellstadt, so etwas wie eine Bonsai-Version dessen, was möglich wäre, konzipiert im Geist historischer Vorführstädte, deren Zweck darin bestand, die Zustimmung der Elite zu gewinnen, etwa Potemkins Dörfer, die großen Eindruck auf Katherina die Große machten. Über die gesamte physische Anlage verstreute Sensoren werden die Aktivitäten der Bewohner beobachten, und diese Informationen werden anhand modernster Datenwissenschaft verarbeitet.

Offenkundig will Google eine wirkungsvolle proprietäre Sozialwissenschaft entwickeln. Eine solche Wissenschaft könnte dabei helfen, die Abläufe im städtischen Leben wirklich zu verbessern, wenn sie beispielsweise in der Lage wäre, die Nachfrage für Heizkraft und Strom vorherzusagen, Kapazitäten auf den Straßen bedarfsabhängig zuzuteilen und die Abfallentsorgung zu automatisieren. Wir dürfen jedoch nicht übersehen, dass die Hortung der gesammelten Daten und ihre Verwahrung mit geradezu militärischer Geheimhaltung ein zentraler Bestandteil des ganzen Konzepts ist, weil das Vorhaben ansonsten keinen wirtschaftlichen Nutzen hätte. Die intelligente Stadt ist als das nächste Billionengeschäft für die großen Techfirmen bezeichnet worden.

Mit Blick auf Googles Regierungsbestrebungen dürfte es aufschlussreich sein, erneut einen Blick in James C. Scotts 1998 erschienenes Buch *Seeing Like a State* zu werfen. Scott beschreibt die Entwicklung des modernen Staats als Prozess, in dem es darum geht, das Leben seiner Bürger »lesbarer« zu machen. Der vormoderne Staat war in mehrerlei Hinsicht blind; er wusste »sehr wenig über seine Untertanen, ihr Vermögen, ihren Grundbesitz und dessen Erträge, ihre Aufenthaltsorte, ja sogar ihre Identität. Er hatte nichts, was einer detaillierten ›Karte‹ seines Gebiets und seiner Bevölkerung nahegekommen wäre.« Das Fehlen eines umfassenden Überblicks schränkte diesen Staat in seinem Streben nach zentralisierter Kontrolle ein; seine Eingriffe »waren oft roh und kontraproduktiv«. Die Entwicklung eines synoptischen Verwaltungsapparats im 18. Jahrhundert ermöglichte es, die Bereitstellung von Diensten und die Sammlung von Daten zu verbessern, was im Wesentlichen einer effektiven Steuereintreibung und der Aushebung von Soldaten diente.

Die erhöhte »Lesbarkeit« führte auch dazu, dass sich das Bild von der Gesellschaft änderte: Es setzte sich die Vorstellung von einem intellektuell fassbaren System durch, das ein attraktives Objekt für die Vorhaben von Visionären wurde und zu Eingriffen einlud. Je weiter diese Vision entwickelt wird und je optimistischer ihre Anhänger werden, desto mehr setzt sich der Eindruck durch, um wirksam eingreifen zu können, müsse eine weiße Leinwand vorbereitet werden, auf der ein Meister aus dem Nichts ein völlig neues Werk schaffen könne – dieser Gedanke lag Baron Haussmanns Plan zugrunde, das alte Paris abzureißen und eine besser lesbare Ordnung mit sternförmig aus dem Zentrum wegführenden Boulevards zu errichten; der gleiche Gedanke bewegte Le Corbusier dazu, seine rationalistische utopische Stadt Brasilia mitten in einem Urwald zu errichten.

»Die Menschen leben gegenwärtig in Städten, die Wegwerf-Handys vergleichbar sind«, erklärte ein schlauer Stadtplaner, der ursprünglich ein Wagniskapitalist war, im Gespräch mit der *New York Times*. Wir müssen die Ungeduld verstehen, die hinter dieser Analogie steckt, das Gefühl der Vergeudung und des für den Planer beleidigenden Mangels an *Optimierung*. Ein weiterer Investor-Urbanist, ein Herr Huh, erklärte: »Wir haben keinen Einfluss auf die grundlegenden Bausteine von Infrastruktur und Gesellschaft genommen.« Der Journalist der *New York Times* schreibt, Herr Huh habe auf seinen Laptop gedeutet und gesagt: »Wir haben dies besser gemacht. Wir haben die neuen Dinge besser gemacht. Wir haben nicht die alten Dinge besser gemacht.« In einer hilfreichen Randbemerkung weist der Journalist darauf hin, dass die Leute im Techsektor bei der Auseinandersetzung mit der Frage, wie die alten Dinge besser gemacht werden könnten, »dem First-Principle-Konzept großen Wert beimessen, dem zufolge das historische Bewusstsein und traditionelle Kenntnisse bahnbrechende Ideen behindern können.«

Einmal mehr nimmt das alte Drama des Modernismus seinen Lauf. Der Tabula-rasa-Urbanist erinnert uns an Thomas Hobbes' Missfallen über das Gewohnheitsrecht, jene Sammlung von Präzedenzfällen und überkommenen Praktiken, die dem englischen Leben Struktur gab, in seinen Augen jedoch nur ein Relikt überkommener Geistlosigkeit war. Hobbes wollte das gesellschaftliche Leben Gesetzen unterwerfen, die ausgehend von klaren Prinzipien neu ersonnen werden sollten (diese Aufgabe wollte er selbst übernehmen), anstatt eine willkürliche Ansammlung informeller Praktiken und Regelungen zu sein.[1] Anstatt die Gründe zu suchen, die *latent* in unseren nicht durchdachten Praktiken schlummern und, ausgehend davon, die Logik der Funktionsweise einer Stadt zu rekonstruieren (wie es Jane Jacobs tat), vertrauen Hobbes' Epigonen bei der Gestaltung der intelligenten Stadt auf ihre eigene Fähigkeit zum apriorischen Denken.

Was würde es bedeuten, eine Stadt nach dem Vorbild eines Smartphones zu entwickeln? Vermutlich würden wir in einer solchen Stadt hinter einer exquisiten Glasfassade ein Füllhorn maßgeschneiderter Apps finden, die unsere Bedürfnisse mit maximaler Effizienz und minimaler Anstrengung unsererseits erfüllen und sich dabei auf Mechanismen stützen werden, die uns vollkommen rätselhaft sind. Diese Entwicklung haben wir bereits im Kontext des Automobilbaus untersucht. Aber sie ist auch im institutionellen Leben zu beobachten, wo die algorithmische Entscheidungsfindung an Bedeutung gewinnt. Die intelligente Stadt und unsere Bewegungen in ihr würden wahrscheinlich ebenfalls auf einige der Probleme stoßen, die beim Autoverkehr aufgetaucht sind.

ALGORITHMISCHE REGIERUNG UND POLITISCHE LEGITIMITÄT

In *The Black Box Society: The Hidden Algorithms That Control Money and Information* analysiert der Rechtsprofessor Frank Pasquale von der University of Maryland im Detail, was andere als »Plattformkapitalismus« bezeichnet haben; er hebt dessen Eigenschaft als von einer Seite durchsichtiger Spiegel hervor. Sämtliche Aspekte unseres Lebens liegen als Daten offen: unsere Bewegungen durch den Raum, unsere Konsummuster, unsere Bekanntschaften, unsere intellektuellen Gewohnheiten und politischen Neigungen, unsere Sprachmuster, unsere Empfänglichkeit für verschiedene Werbebotschaften, unsere Bereitschaft, in geringfügigen Streitigkeiten nachzugeben, unsere sexuellen Vorlieben, unsere Neigung, Rückschlüsse auf den Zustand unserer Ehe zu ziehen, unser in jedem Augenblick am Mienenspiel erkennbarer emotionaler Zustand. Diese Daten können von Unternehmen gesammelt werden, die ihrerseits die Algorithmen, mit denen sie unser Verhalten kontrollieren und in die gewünschte Richtung lenken wollen, wie militärische Geheimisse schützen.

Die Version unseres Selbst, die auf diese Art beobachtet (oder erzeugt) wird, entscheidet zunehmend darüber, welche Welt uns mit verschiedenen elektronischen Mitteln präsentiert wird. Es gibt die klassischen Geschichten, die uns seit Jahrzehnten begleiten – etwas die über jemanden, der bei dem Versuch, einen Fehler einer Wirtschaftsauskunftei zu korrigieren, feststellen muss, dass die Verfahren zur Beurteilung der Bonität vollkommen undurchschaubar sind und die Agenturen nicht zur Rechenschaft gezogen werden können. Solche Geschichten zeigen uns, was schiefgehen kann. Die Einstufung unserer Kreditwürdigkeit kann ein irreführendes Bild von unserem Charakter zeichnen, das sich nachhaltig auf unser Leben auswirkt. Wir werden in Zukunft in einer Welt leben, die mittels eines für uns unzugänglichen Prozesses auf unser Daten-Selbst zugeschnitten sein wird und den Interessen derer dient, die den Algorithmus besitzen.

Dieser Mangel an Rechenschaftspflicht gegenüber den Bürgern kann aus Gründen, die im Wesen der Technologie liegen, nicht mit wohlwollenden Bemühungen um »Transparenz« behoben werden. Die Logik, deren sich eine künstliche Intelligenz bedient, um zu ihren Schlussfolgerungen zu gelangen, ist normalerweise selbst für die Entwickler dieser KI undurchschaubar, was an ihrer Komplexität liegt.[2]

Wenn ein Gericht ein Urteil fällt, schreibt der Richter normalerweise eine seitenlange Begründung, in der er erklärt, wie er zu seiner Entscheidung gelangt ist. Er stützt sich bei seiner Entscheidung auf das Gesetz, auf Präzedenzfälle, auf den gesunden Menschenverstand und auf Prinzipien, die zu verteidigen er sich verpflichtet fühlt. So wird aus einer einfachen Anordnung eine politisch *legitime* Entscheidung, die bei freien Menschen Zustimmung finden kann. Dies ist der Unterschied zwischen einfacher Machtausübung und Autorität. Ein charakteristisches Merkmal einer modernen, freiheitlichen Gesellschaft ist, dass man der Autorität diese Rationalität unterstellen kann – sie ist nicht auf ein besonderes priesterliches Talent zur Deutung des göttlichen Willens angewiesen (um ein Beispiel für einen Mangel an Rationalität zu nennen). Das ist das Vermächtnis der Aufklärung.

Es wird klar, wo das Problem liegt. Eine institutionelle Machtausübung, deren Legitimität nicht begründet werden kann, ist nicht aufrechtzuerhalten. Wenn diese Legitimität nicht in unserer *gemeinsamen* Rationalität begründet ist, wenn sie nicht auf Gründen beruht, die vorgebracht, hinterfragt und verteidigt werden können, muss sie mit einer anderen Begründung beansprucht werden. Was das für eine Begründung sein wird, ist erkennbar: Sie hat eine auffällige Ähnlichkeit mit der priesterlichen Zeichendeutung: Die Legitimität beruht auf dem unergründlichen Geheimwissen der Datenwissenschaft, das eine neue Geistlichkeit in die Lage versetzt, eine verborgene Ebene der Realität zu ergründen, die nur von einem selbstlernenden KI-Programm offenbart wird, dessen Logik das menschliche Verständnis übersteigt.

In den letzten Jahren beklagen sich Intellektuelle aus dem Establishment regelmäßig über den »Populismus«, in dem sie eine aufklärungsfeindliche Kraft sehen. Aber wir könnten genauso sagen, dass der Populismus im Widerstand gegen die priesterliche Autorität auf die Demokratie und die ihr zugrunde liegenden Prinzipien der Aufklärung pocht. Die gegenwärtige Politik ist im Grunde eine epistemische Auseinandersetzung, und in meinen Augen ist keineswegs klar, ob die mit ausreichendem Kapital ausgestatteten institutionellen Stimmen einen überzeugenderen Anspruch auf Legitimität geltend machen können – *sofern* wir weiterhin darauf beharren, dass die Legitimität auf Vernunft und guten Argumenten beruht.

Alternativ dazu können wir die technokratische Kompetenz als legitime Grundlage für einen Herrschaftsanspruch akzeptieren, selbst wenn sie für uns unerforschlich ist. Aber damit nehmen wir eine Position des *Vertrauens* ein und lösen uns von der Erkenntnis, auf der der Liberalismus beruht: dass Macht korrumpiert.

Eine solche Hinwendung zum Vertrauen ist unwahrscheinlich, da den Menschen bewusst wird, dass sich hinter dem Versprechen von technologischer Kompetenz und Wohlmeinen oft geschäftliche Interessen verbergen. Sehen wir uns einige der jüngsten Beispiele für die Entwicklung »intelligenter« Verkehrsinfrastrukturen an.

Als die Main Street von Kansas City aufgerissen wurde, um Straßenbahngleise zu verlegen, überzeugte Cisco Systems die Stadtväter davon, dass sich hier die perfekte Gelegenheit eröffnete, verschiedene Sensoren zu installieren und ein Glasfaserkabel zu verlegen, um die Verkehrsüberwachung zu verbessern. Das Verkaufsargument lautete, das werde den kommunalen Behörden zu geringen zusätzlichen Kosten die Möglichkeit geben, die Funktionsweise ihrer Stadt besser zu verstehen. Die Stadt nahm das Angebot an und stellte außerdem entlang der Straßenbahnlinie 25 Kioske für ein öffentliches WLAN-Netz auf. Außerdem wurden an den Verkehrsampeln Überwachungskameras installiert. Für einige dieser Maßnahmen musste die Stadt Kredit aufnehmen, aber den Großteil der Kosten übernahmen Cisco und Sprint (die Firma, die das WLAN-Netz betreibt). Die *New York Times* berichtet, dass »in der Innenstadt jetzt fast alles überwacht wird, was entlang dieser Strecke [von 3,7 Kilometern] passiert – Autos, Fußgänger, Parkplätze. Das Drahtlosnetzwerk ist mittlerweile von 2,7 Millionen Menschen genutzt worden.«

Sind Projekte wie dieses als Anfall von Bürgersinn und Philanthropie bei den Unternehmen zu verstehen? Es werden erste Zweifel an ihren Beweggründen wach, wenn sich herausstellt, dass »Sprint Daten der Benutzer sammelt, die sich in das Drahtlosnetzwerk einloggen, darunter die Postleitzahl ihrer Wohnadresse, ihre Internetsuchen und ihre Standorte. Einen Teil der Informationen – darunter Telefonnummern und andere Daten, die zur Identifizierung genutzt werden können – kann das Unternehmen sogar abgreifen, wenn sich eine Person überhaupt nicht in das Drahtlosnetzwerk einloggt.« Sprint lehnt es ab, sich zu den gesammelten Daten oder ihrer Verwendung zu äußern, aber der für den Bereich »Neue Lösungen« zuständige Direktor behauptet, dass »die Leute für intelligente Dinge bereit sind«.

Einen weiteren Beweis für unternehmerischen Bürgersinn hat Uber in Pittsburgh mit dem Einsatz fahrerloser Autos erbracht, die Verkehrsdaten sammeln, während sie sich durch die Stadt bewegen. Auch in diesem Fall wurde der Stadtverwaltung das Projekt mit dem Argument verkauft, diese Information werde der Stadt helfen, ihre Abläufe besser zu gestalten. In Wahrheit hat sich die Firma geweigert, die Daten zu teilen, und dasselbe tut sie überall, wo sie ihre autonomen Autos auf die Straßen schickt. »Hier wurde eine Gelegenheit vertan«, erklärte der Leiter der Stadtkasse von Pittsburgh. Vielleicht hatte er falsch verstanden, für wen das überhaupt eine Gelegenheit war.

Man ist versucht zu sagen: Je dümmer eine Stadtverwaltung, desto eher ist sie bereit, eine intelligente Stadt zu errichten. Das ist tatsächlich angebracht, sofern wir mit »dumm« keine kognitive Behinderung, sondern eine schwache Position in der von Schlaumeiern beherrschten politischen Ökonomie meinen.

Das von den Entwicklungen der vergangenen Jahrzehnte wirtschaftlich schwer getroffene amerikanische »Fly over Country« ist entschlossen, fortschrittlich zu denken. Kansas City bezeichnet sich selbst als »intelligenteste Stadt« des Landes und veranstaltet internationale Konferenzen, um anderen zu erklären, wie sie eher so intelligent werden können. Bob Bennett, der Technologieguru der Stadt, versteht es, die Ängste der Region zu wecken: »Städte, die heute unfähig sind, neue Technologien zu übernehmen, die unfähig sind, einen datengestützten Zugang zu wählen, werden in zwanzig Jahren *zum digitalen Rostgürtel* gehören.«[3] Im neoliberalen Wirtschaftsgerede wird die Bezeichnung »Rostgürtel« (Rust Belt), mit der eigentlich die abgehängten amerikanischen Industriegebiete gemeint sind, zur Beschreibung jedes Ortes verwendet, der nicht in der Lage ist, sich dem unvermeidlichen Wandel anzupassen, und daher dem Verfall und schließlich dem Untergang ausgeliefert ist. Das vernichtende Urteil über jene, die auf der falschen Seite der Geschichte stehen, ist eine progressive Version des Sozialdarwinismus; beide Theorien beschreiben unausweichliche natürliche Prozesse, um die in der politischen Auseinandersetzung Unterlegenen in einem bestimmten Licht darzustellen. Die Techbranche beruft sich in ihren Ankündigungen unentwegt auf die angebliche Unvermeidlichkeit der von ihr vorangetriebenen Entwicklungen, und das scheint eine bewusste Strategie zur Demoralisierung jeglichen politischen Widerstands gegen neue Vorstöße zu sein.

Wir sollten die intelligente Stadt jedoch nicht einfach als einen weiteren Schwindel abtun, denn so würde uns entgehen, dass sie tatsächlich besondere Merkmale aufweist. Die Bestrebungen von Sprint und Cisco Systems kann man durchschnittlich schlauen Konzernmanagern zuschreiben, aber die subtilen Leute bei Google verfolgen eine eher jesuitische Bestrebung. Um uns ein Bild davon zu machen, wohin wir in einer von Google betriebenen Stadt wahrscheinlich gelenkt werden, müssen wir einen Blick hinter die Kulissen werfen, um die Bestrebungen dieser Firma zu untersuchen und uns anzusehen, wie sie diese zu verwirklichen versucht. Wie Google vorgeht, sehen wir in seinem Kerngeschäft: der Internetsuche. Es ist anzunehmen, dass das Unternehmen das Management von Städten mit einem ähnlichen Ethos in Angriff nehmen würde.

TREUHANDSCHAFT DURCH INFRASTRUKTUR

Google ist einzigartig unter den Plattformanbietern. Sein Beinahemonopol auf die Internetsuche (es hat einen Marktanteil von 90 Prozent) versetzt es in die Lage, unser Denken zu lenken. Und Google betrachtet das Lenken des Denkens zunehmend als seine einzige Pflicht. Das Unternehmen, dessen berühmtes Gründungsprinzip »Tu nichts Böses« lautete, hat es sich in seiner Selbsteinschätzung zur Mission gemacht, aktiv Gutes zu tun.

In einem wichtigen Artikel mit dem Titel »Google.gov« erklärt der Rechtsprofessor Adam J. White, Google betrachte »die heutigen gesellschaftlichen Herausforderungen als Probleme des Social Engineering« und versuche, »den Informationskontext der Amerikaner umzugestalten und dafür zu sorgen, dass wir unsere Entscheidungen nur gestützt auf die in seinen Augen richtigen Fakten fällen – wobei es bestreitet, irgendwelche Wertvorstellungen oder politischen Anliegen zu vertreten.« Gute Governance bedeutet, den Menschen die Möglichkeit zu geben, *fundierte* Entscheidungen zu fällen. Das ist nicht dasselbe, wie den Menschen die Möglichkeit zu geben, ihre Entscheidungen gestützt auf das zu fällen, was sie aufgrund ihrer ungebildeten Präferenzen zu wollen *glauben*. Fundierte Entscheidungen sind solche, die in einem gut betreuten Informationskontext sinnvoll sind.

Wie wird unsere Welt aussehen, wenn unsere Bewegungen in der physischen Welt in diesem Geist der Beaufsichtigung orchestriert werden? Mit diesem Detail werden wir uns im nächsten Kapitel (»Wenn Google Autos bauen würde«) befassen. Aber zuvor sollten wir uns noch ein wenig mit dem Charakter dieses Unternehmens beschäftigen.

Um das geistige Universum verstehen zu können, in dem sich Google entwickelte, müssen wir einen Blick auf die jüngste Ideengeschichte werfen. In den vergangenen zwei Jahrzehnten tauchten in den Sozialwissenschaften neue Strömungen auf, deren Vertreter ihr Augenmerk auf die kognitive Inkompetenz des Menschen richteten. Ein Modell des menschlichen Verhaltens, das auf der Vorstellung von einem »rationalen Akteur« beruhte – eine vereinfachende Prämisse, auf die sich im vorangegangenen halben Jahrhundert die Anhänger des freien Marktes berufen hatten –, wurde von einer psychologisch fundierteren Theorie der Verhaltensökonomik abgelöst. Sie besagt, dass wir, um rational handeln zu können, alle erdenkliche Hilfe in Form von externen »Stupsern« *(nudges)* und kognitiven Gerüsten brauchen. Hier fallen zwei Dinge auf: Erstens war dies eine notwendige Korrektur unseres Verständnisses von der Funktionsweise des menschlichen Verstands. Zweitens passt diese Philosophie sehr gut zum Projekt des aufgeklärten Social Engineering und verstärkt die autoritären Tendenzen der technokratischen Herrschaft.

Im »Schreiben der Gründer«, das Larry Page und Sergey Brin bei Googles Börsengang im Jahr 2004 veröffentlichten, erklärten sie, ihr Ziel sei es, »euch genau das zu geben, was ihr wollt, selbst wenn ihr nicht sicher seid, was ihr braucht«. Die perfekte Suchmaschine werde das »fast ohne Anstrengung« seitens des Benutzers bewerkstelligen. Wie Eric Schmidt gegenüber dem *Wall Street Journal* erklärte: »Eine Idee ist, dass immer mehr Suchen für dich durchgeführt werden, ohne dass du etwas eintippen musst. [...] Ich glaube tatsächlich, dass die meisten Leute eigentlich nicht wollen, dass Google ihre Fragen beantwortet. Sie wollen, dass Google ihnen sagt, was sie als Nächstes tun sollen.«

Die im Google-Firmensitz in Mountain View entwickelte Idealvorstellung ist, dass wir Googles Dienste so mühelos in unseren Alltag integrieren werden und dass dieser allgegenwärtige wohlmeinende Riese unser Leben derart unaufdringlich lenkt, dass die Grenze zwischen unserem Selbst und Google verschwimmt. Das Unternehmen wird eine Art geistiges Gerüst für uns errichten und unsere Absichten leiten, indem es unseren Informationskontext gestaltet. Damit wird die Idee der Treuhandschaft in die Infrastruktur des Denkens eingebaut.

Die intelligente Stadt würde dieselben Prinzipien vom Bildschirm auf die physische Welt übertragen, wo sie unsere körperlichen Bewegungen leiten würden. Den Stecker zu ziehen wäre keine Option mehr. Dieser stadtartige Ort wäre vermutlich ein handlicheres Gebilde: Er hätte Ähnlichkeit mit einer Stadt, aber die ärgerlichen Reibungen und Zusammenstöße zwischen freien Bürgern blieben aus. In einem solchen Terrarium der Optimierung, so die Anhänger der intelligenten Stadt, könnte endlich eine echte Wissenschaft der Verhaltenssteuerung entwickelt werden.

In Anbetracht seiner Kompetenz in allem, was Google tut, können wir zuversichtlich sein, dass dieses Unternehmen dafür sorgen würde, dass die Züge pünktlich fahren. Diese und ähnliche Eingriffe würden das städtische Leben konkret verbessern. Der Preis, den wir dafür bezahlen müssten, ist schwerer zu fassen. Wir würden uns in Lieferanten von Verhaltensdaten verwandeln, die verwendet werden können, um unser zukünftiges Verhalten je nach Zweck zu steuern, sei es zur Gewinnmaximierung oder um das soziale Leben in einem aufgeklärten Sinn umzugestalten.

Sehen wir uns an, wie sich das auf das Fahren auswirken dürfte.

WENN GOOGLE AUTOS BAUEN WÜRDE

Auf einer COMDEX-Computermesse im Mittelalter (November 1997) verglich Bill Gates die Computerbranche mit der Autoindustrie. Er sagte über seine Industrie: »Die Offenheit und die Innovation sind wirklich unvergleichlich. [...] Der Preis eines Mittelklasseautos ist heute etwa doppelt so hoch wie in der Vergangenheit [...]. Wenn man sich ansieht, wie es wäre, wenn sich die Preise in der Autoindustrie so entwickeln würden wie in der PC-Industrie, würde das Auto heute etwa 27 Dollar kosten.« In der urbanen Legende wird seine weitere Argumentation so ausgeschmückt: »Hätte General Motors die technologische Entwicklung so vorangetrieben wie die Computerindustrie, würden wir heute 25-Dollar-Autos mit einem Durchschnittsverbrauch von 0,2 Liter auf hundert Kilometer fahren.« In der Legende heißt es weiter, General Motors habe in einer Pressemitteilung erwidert, dass wir, wenn das Unternehmen seine Technologie so entwickelt hätte wie Microsoft die Computertechnologie, Autos mit folgenden Merkmalen fahren würden:

1. Aus unerfindlichen Gründen würde der Motor zweimal täglich absterben.
2. Jedes Mal, wenn die Bodenmarkierungen auf der Straße neu gemalt würden, müssten wir ein neues Auto kaufen.
3. Gelegentlich würde unser Auto auf der Autobahn liegen bleiben. Dann müssten wir auf dem Pannenstreifen stehen bleiben, alle Fenster schließen, den Motor abschalten, neu starten und die Fenster wieder öffnen, bevor wir weiterfahren könnten. Unter Umständen müssten wir auch den Motor neu einbauen. Aus irgendeinem Grund würden wir uns mit alldem abfinden, ohne weitere Fragen zu stellen.
4. Apple würde ein Auto bauen, das mit Sonnenenergie betrieben würde und zuverlässig wäre, fünfmal schneller und viel einfacher zu bedienen wäre, jedoch nur auf fünf Prozent der Straßen benutzt werden könnte.
5. Die Warnlichter für Ölstand, Wassertemperatur und Lichtmaschine würden durch ein einziges Warnlicht mit dem Hinweis »Allgemeiner Fehler« ersetzt.
6. Neue Sitze würden alle Insassen zwingen, Hinterteile von identischer Größe zu haben.
7. Der Airbag würde »Sind Sie sicher?« fragen, bevor er sich öffnet.
8. Gelegentlich würde uns das Auto ohne erkennbaren Grund aussperren und sich weigern, uns hineinzulassen,

wenn wir nicht gleichzeitig am Türgriff ziehen, den Schlüssel umdrehen und die Radioantenne festhalten.

9. Die Eigentümer von Macintosh-Autos würden teure Microsoft-Upgrades bekommen, die ihre Autos deutlich verlangsamen würden.
10. General Motors würde alle Autokäufer zwingen, auch ein Deluxe-Set von Verkehrsatlanten von Rand-McNally (einer GM-Tochter) zu kaufen, selbst wenn sie diese weder brauchen noch wollen. Der Versuch, diese Option zu entfernen, würde die Leistung des Autos automatisch um mindestens 50 Prozent verringern.
11. Man müsste den »Start«-Knopf drücken, um den Motor auszuschalten.

In Bill Gates Augen steht das Auto für Stagnation, es ist die Totlast des industriellen Erbes. Die Tatsache, dass es *funktioniert,* verlieren wir irgendwie aus den Augen. Es ist verblüffend, wie bereitwillig wir diesen Maßstab für die Beurteilung aufgeben und ein Produkt einfach deshalb als akzeptabel betrachten, weil es fortschrittlich wirkt. Oder weil es uns aufgezwungen wird.

Ich riss eine Latte aus der Wand des aufgegebenen Hühnerstalls und schlug damit, so hart ich konnte, auf das Dach ein. Die verrottete Latte zerbrach in der Hälfte. Mit dem verbleibenden Stumpf prügelte ich weiter auf das Dach ein, bis die gewellte Kunststoffplatte brach. Mit nacktem Oberkörper, zerkratzt und wegen des Hühnerdrahtes blutend, zog ich das Dach hoch, drückte es in die Scharniere, rüttelte daran, riss es aus der Verankerung und schleifte es in den Wald. Aber ich hatte noch nicht genug zerstört. Also fällte ich mit einer Stichsäge einen Baum in meinem Garten (okay, es war ein Setzling). Dann holte ich Benzin und Streichhölzer und zündete ein paar überflüssige Sachen an. Das Feuer beruhigte mich. Jetzt befand ich mich beinahe in einem Zustand der Meditation und holte mein Handy hervor, um nach einer Kalaschnikow zu suchen, der bevorzugten Waffe des Dschihadisten. Für etwa 850 Dollar bekommt man eine wirklich schöne.

Was geschehen war: Ich hatte die vergangenen sieben Stunden mit dem Versuch verbracht, Microsoft Office 2016 auf einem neuen MacBook Air zu installieren. Anstatt die Software für 66 Dollar bei einem zwielichtigen Online-Händler zu erstehen, hatte ich mich auf die Microsoft-Seite begeben und 149 Dollar bezahlt. Auf diese Weise, so nahm ich an, würde ich Installationsprobleme vermeiden.

Muss ich die Details meines Leidenswegs tatsächlich beschreiben? Wohl kaum: Dies ist eine universelle Erfahrung, bezeichnend für das moderne Leben. Die Frustration über »Tech« unterscheidet sich von der, die wir in der Auseinandersetzung mit anderen materiellen Dingen erleben – und damit sollten wir uns auseinandersetzen, bevor wir das Auto in ein »Gerät« verwandeln. Das Gerät hat regelmäßige Fütterungszeiten, die vom Programm für die geplante Obsoleszenz abhängen. Und wir müssen es nicht nur mit Geld und Zeit füttern, denn da ist noch etwas anderes. Was das ist, ist schwer zu sagen, aber es ist ein Muster erkennbar. Mit Ausnahme der dämlichen »Early Adopter«, die über Nacht Schlange stehen, um zu den Ersten zu gehören, die die neueste Version ausprobieren dürfen, geraten die meisten von uns bei jedem Upgrade oder Update in Wut über die Maschine – und dann fügen wir uns. Dieses Muster bewirkt eine Art Erziehung. Deren Resultat: Stolz erschwert die Anpassung.

Wir verwenden das Wort »Technologie« nicht für Dinge wie eine Zahnbürste oder einen Schraubenzieher, sondern behalten es Geräten vor, die aus Siliziumchips und dergleichen bestehen. Aber in Wahrheit meinen wir mit »Technologie« nichts Materielles. Vielmehr wird ein Gerät dadurch zu »Tech«, dass es als Eingangstor zur Bürokratie dient. Man kann solche Geräte nicht nutzen, ohne sich mit großen Organisationen einzulassen, die jeweils ein Quasimonopol auf ihrem Gebiet haben. Microsoft erzeugt ein in aller Welt verwendetes Produkt, das mir die Textbearbeitung auf meinem Computer ermöglicht. Aber aus irgendeinem Grund muss ich mich, nachdem ich dieses Produkt bezahlt habe, in einen unbezahlten Bürokraten verwandeln und versuchen, die vielfältigen, widersprüchlichen und veralteten technischen Ratschläge des Unternehmens auf das Produkt anzuwenden, das ich von seiner Website heruntergeladen habe.

Also gut: Ich blieb beharrlich und drang weit in die Eingeweide der Organisation vor, wo ich schließlich auf ein Angebot stieß, »mit einer Person zu sprechen«. Aber ich wurde nur auf den Arm genommen. Der Bot versprach mir, dass mich in 22 Minuten jemand anrufen würde, aber als fünf Stunden später der Anruf aus Bellevue im Bundesstaat Washington kam, schlief ich. Schließlich gelang es mir tatsächlich, mit einer menschenartigen Entität namens »Christian E.« zu sprechen, die per Fernsteuerung die Kontrolle über meinen Laptop übernahm und die nächsten 36 Minuten damit verbrachte, der Sache auf den Grund zu gehen. Während der Mauszeiger wie von Zauberhand bewegt über den Bildschirm huschte, interagierten wir in einem Texteingabefeld. Wenn man mit einer tatsächlichen Person interagiert, deren Aufgabe es ist, das Gesicht der Gesichtslosigkeit zu sein, kann man nicht anders, als Sympathie für diesen Menschen zu empfinden und die eigene Feindseligkeit zu bremsen.

In solchen Situationen wird eine Geste menschlicher Solidarität manchmal erwidert. Ich dachte, es wäre einen Versuch wert. Also tippte ich: »Ich hoffe, die Mitarbeiterüberwachungssoftware gibt Ihnen eine gute Note dafür, dass Sie das rasch in Ordnung bringen.« Christian E. wich nicht vom Skript ab: Er pries einen Microsoft-Dienst an, der mich vielleicht interessieren könnte. (»Sie bekommen mehr und bezahlen weniger. Möchten Sie mehr über dieses Angebot wissen?«) Ich nahm an, diese Anfrage habe er mit einem einzigen Tastendruck erzeugt, der Teil des Routineablaufs war. Ich schrieb: »Schon in Ordnung, ich weiß, dass da der Roboter gesprochen hat.« Die Hoffnung war, ein Zwinkern und meine wohlmeinende Annahme, seine Seele sei vom Job unberührt geblieben, werde eine wirkliche menschliche Reaktion auslösen. Er antwortete: »Ich verstehe, dass es eine Weile dauern kann, sich ein Bild von diesem Angebot zu machen.«

Der arme Christian. Ich versuchte einen anderen Zugang und schrieb: »Ich werde Microsoft sieben Stunden meiner Arbeitszeit zu 158 Dollar die Stunde in Rechnung stellen.« Er antwortete: »Danke für Ihre Beteiligung an der Microsoft-Gemeinschaft.«

Ich fühlte mich tatsächlich wie ein Teil der Microsoft-Gemeinschaft: Ich hatte das Gefühl, ein Microsoft-Angestellter wie Christian zu sein. »Team Beta«, schrieb ich. Damit wollte ich sagen, dass er und ich beide am Beta-Test teilnahmen und versuchten, im Dienst des Unternehmens Programmfehler zu beheben. Aber kaum hatte ich das geschrieben, da beschlich mich die Sorge, er könne glauben, ich habe ihn als untergeordnetes Beta-Tier bezeichnet. Das wäre heikel, denn so wie meine »Benutzererfahrung« erforderte sein Job, dass wir beide eine ironische Haltung gegenüber der Annahme einnahmen, wir hätten es nicht verdient, auf diese Art auf den Arm genommen zu werden.

Ich schilderte diese Episode meinem Freund Matt Feeney, der darauf hinwies, die Kundenerfahrung sei *umso schlechter,* je besser man sie sehen könne. Sie sei angenehmer, wenn man auf kritisches Denken verzichtet. Voraussetzung für den Austausch ist die Bereitschaft, jene Fähigkeiten und Einstellungen zu unterdrücken, die grundlegend für unsere Selbstachtung sind. Diese Resignation fühlt sich nur eine Weile lang wie eine Niederlage an, so lange, bis man in den Zustand der Stumpfheit übergeht.

Angesichts der Dysfunktion und Vergeudung menschlicher Möglichkeiten in einem solchen Vorgang kann es uns schwerfallen, unserer eigenen Erfahrung zu trauen, was daran liegt, dass sie nicht zu der kollektiven Geschichte passt, die wir uns erzählen: jener von der Gesellschaft, deren Leben auf einem »freien Markt« stattfindet. Diese Geschichte meint unter anderem, es stehe uns frei, mit den Füßen abzustimmen und anderswohin zu gehen: Sie sind nicht zufrieden mit Ihrer Bank? Ihr Kontoauszug ist voll von geheimnisvollen, wiederkehrenden Belastungen, die niemand erklären kann? Kein Problem, wechseln Sie einfach zu einer anderen Bank. Anschließend müssen Sie nur noch die zwölf Unternehmen und Einrichtungen kontaktieren, denen Sie eine Einzugsermächtigung erteilt haben (jede von ihnen hat ihre eigene Bürokratie – Sie werden folgende PINs brauchen), und anschließend mit jemandem in der Buchhaltung Ihrer Firma sprechen, damit auch Ihr Gehalt von jetzt an auf das neue Konto überwiesen wird. Ja, es stimmt schon: Sie können pingelig mit Ihrer diebischen Bank und Ihrem Kabelanbieter, mit der Telefongesellschaft und der Kranken- und Auto- und Haushaltsversicherung sein – sofern Sie bereit sind, sich selbst in einen unbezahlten Vollzeitbürokraten zu verwandeln. Anscheinend ist das nötig, um im Sinn des freien Marktes frei zu sein.

Aber wer hat die Zeit dazu? Stattdessen geraten wir in Wut; das ist die Vereinbarung, die wir geschlossen haben.

Wir fühlen das *Ressentiment* des Sklaven, das seinen Ursprung in objektiver Schwäche und Rachefantasien hat, sowie den unvermeidlichen Selbsthass des Schwachen.

Was ich damit sagen will: Wenn die »Ausstiegskosten« hoch genug sind, ist monopolistisches Verhalten auch ohne ein wirkliches Monopol möglich. Und je enger alles miteinander verknüpft ist, je »nahtloser« alles ineinandergreift, desto kostspieliger wird es für uns, uns von dem ganzen Apparat zu befreien, sofern das überhaupt eine Option ist.

Darüber sollten wir nachdenken, bevor wir die Mobilität einem Kartell von Techfirmen überlassen, die versuchen, sämtliche Lebensbereiche miteinander zu verknüpfen. Wollen wir wirklich nicht in einem Auto, sondern in einem *Gerät* von Punkt A zu Punkt B gelangen, also in einem Portal mit einander überlappenden Bürokratien? Wollen wir pflichtgemäß die Illusion einer »nahtlosen Benutzererfahrung« akzeptieren, welche die armen Seelen in den Callcentern in Bangladesch wiederholen müssen, während sie ein Skript abarbeiten, das nichts mit unserem Problem zu tun hat? Wollen wir wirklich die grundlegende *tierliche* Freiheit, den eigenen Körper selbst durch den Raum zu bewegen, von der Kompetenz großer Organisationen abhängig machen?

Natürlich ist auch General Motors eine große Organisation. Und auch dieses Unternehmen stellt ein ungeheuer komplexes Produkt her, das obendrein sein Leben bei verschiedensten Wetterbedingungen im Freien verbringt und der Hitze der Verbrennung, unablässigen Vibrationen und den unbarmherzigen Kräften der Korrosion ausgesetzt ist. Doch es funktioniert die meiste Zeit, und zwar »nahtlos«, wenn Sie so wollen. Das Automobil ist ein *Ding*, kein Gerät in dem Sinn, mit dem wir uns hier beschäftigen. Es ist einfach, was es ist: eine unbeseelte Maschine, die den Gesetzen der Physik gehorcht. Ein Auto kann man benutzen, ohne sich mit Leuten in einem Bürogebäude einzulassen, dessen Standort man nie herausfinden wird. Sobald das nicht mehr der Fall sein wird – wenn das Auto als Gerät neu konzipiert werden soll –, sollten wir herausfinden, was die Leute in diesem Bürogebäude wollen und welches ihr Geschäftsmodell ist.

Während wir General Motors als paradigmatisches Unternehmen des Industriezeitalters und Microsoft als typischen Vertreter der Softwareära betrachten können, steht Google für etwas anderes. Es ist im Geschäft mit Hardware und Software tätig (im Wesentlichen, indem es Firmen kauft, die diese Dinge produzieren), aber nur, weil es sie als Instrumente in seinem Kerngeschäft einsetzen kann: dem Verkauf von Werbung. Der Romancier T. C. Boyle hat im *New Yorker* eine Kurzgeschichte veröffentlicht, in der er ein wahrscheinliches Szenario aus der fahrerlosen Zukunft beschreibt:

> *Das Auto sagt zu ihr: »Cindy, hör zu, ich weiß, dass du um zwei Uhr in der Hollister Avenue 1133 sein musst, weil du die Besprechung mit Rose Taylor von Taylor, Levine & Rodriguez, L. L. P. hast. Aber hast du gehört, dass es bei Les Bourses einen Schlussverkauf mit Rabatten von 30 Prozent gibt? Und vergiss nicht: Sie haben die ganze Picard-Linie, die dir so gefällt – vor allem diese süße Crossbody-Tasche in Fuchsia, auf die du letzte Woche ein Auge geworfen hast. Sie haben noch zwei Stück auf Lager.« Sie fahren knapp über dem Tempolimit. So hat Cindy das Auto programmiert, weil sie jede Minute aus dem Tag herauspressen möchte, gleichzeitig jedoch vermeiden möchte, mit dem Gesetz in Konflikt zu geraten. Sie schaut auf ihr Telefon. Es ist Viertel nach eins,*

und sie hat wirklich keine Zeit für weitere Zwischenstationen, abgesehen vielleicht von einem kurzen Halt, um sich ein Sandwich zu holen, das sie im Auto essen kann. Aber sobald Carly (so nennt sie ihr Betriebssystem) den Schlussverkauf erwähnt, stellt sie sich den Kauf vor – rein und raus, das ist alles, denn die Tasche hat sie letzte Woche schon gesehen, obwohl sie zu dem Schluss gelangte, dass sie zu viel dafür verlangten. Rein und raus, das ist alles.

Und Carly wird vor der Tür warten.

»Wie ich sehe, schaust du auf dein Telefon.«

»Ich frage mich nur, ob wir genug Zeit haben …«

»Wenn du nicht trödelst – du weißt ja, was du willst, nicht wahr? Es ist ja nicht so, dass du noch unentschlossen wärst. Das hast du mir selbst gesagt.«

(An diesem Punkt ruft Carly eine Aufnahme ihrer Unterhaltung in der Vorwoche auf, und Cindy hört ihre eigene Stimme sagen: »Ich bin vernarrt in diese Tasche, einfach vernarrt – und sie würde perfekt zu meinen neuen Stöckelschuhen passen.«)

»Also gut«, sagt sie, denn sie hat sich entschlossen, auf das Sandwich zu verzichten. »Aber wir müssen uns beeilen.«

»Ich sehe keinen Verkehr und keinerlei Behinderungen.«

»Gut«, sagt sie. »Gut.« Sie lässt sich in den Sitz fallen und schließt die Augen.

Boyle stellt sich eine Flotte von Autos vor, die durch die Straßen schleichen und augenblicklich herbeigewinkt werden können, um Fahrgäste gratis zu befördern. Aber »wirklich kostenlos ist das nicht, und man muss einen zusätzlichen Zeitaufwand einkalkulieren, um sich einen langwierigen Vortrag anzuhören und etwa sechzigmal Nein zu sagen, aber wenn man das hinter sich hat, wird man dorthin gebracht, wo man hinwollte.«

Wie unterscheidet sich die hier beschriebene Erfahrung von der frustrierenden Auseinandersetzung mit Microsoft Office? Nun, Office ist ein *Produkt,* etwas, für das man bezahlt. Damit wird man zu einem *Kunden.* Diese Beziehung ist durch die fehlende Konkurrenz verzerrt, aber es ist immer noch ein Austausch, der innerhalb des Marktkonzepts verstanden werden kann. Google möchte, dass wir an diesen vertrauten Konzepten festhalten und, gefangen in unseren Erwartungen, glauben, das fahrerlose Auto sei eine Verbesserung des gewohnten Autos – jene Art von Verbesserung, für die man zu zahlen bereit ist (wie ein Automatikgetriebe oder ein Hybridantrieb). Aber in Wahrheit schwebt Google etwas ganz anderes als eine Markttransaktion vor. Ein autonomes Auto *kann* einen wirklichen Nutzen für uns haben, aber Google will das Auto nicht besser *für uns* machen und dafür Geld von uns verlangen. Das autonome Auto wird *möglicherweise* die Effizienz und Sicherheit des Verkehrs erhöhen, aber es wird nicht aus Sorge um das Gemeinwohl entwickelt. Um die Kräfte zu verstehen, die sich hinter der versprochenen Revolution des fahrerlosen Autos verbergen, müssen wir uns mit etwas wirklich Neuem auseinandersetzen: mit dem Überwachungskapitalismus.

DAS FAHRERLOSE AUTO UND DER ÜBERWACHUNGSKAPITALISMUS

Hier die Kurzfassung: Als die Autobauer begannen, ihre Autos in Datenstaubsauger zu verwandeln, die riesige Mengen an Daten über unsere Bewegungen in der Welt und über unser Verhalten im Alltag sammeln, wurde das Auto zu einem Rivalen des Mobiltelefons als Lieferant eines Rohstoffs, den Google als sein Eigentum betrachtet.[1] Um diese Nachschubroute zu schützen, musste die Autoindustrie übernommen werden.

Eine ausführlichere Version macht einen längeren Umweg erforderlich. Zunächst einmal müssen wir verstehen, dass Lokalisierungsdaten wertvolle Aufschlüsse über eine Person liefern. Sie werden für die »Lebensmusteranalyse« verwendet, eine Technik, die ursprünglich vom Militärgeheimdienst entwickelt wurde. Zwei Princeton-Informatiker drücken es so aus: »Es ist keine Methode zur Anonymisierung von Lokalisierungsdaten bekannt, und es gibt keinen Hinweis darauf, dass eine sinnvolle Anonymisierung möglich wäre.«[2]

Die *New York Times* hat in einer unabhängigen Studie über die Lokalisierung mittels Smartphone-Apps angeblich anonymisierte Datensätze ausgewertet. Es lohnt sich, den Artikel ausführlich zu zitieren, denn er enthält wertvolle Erkenntnisse dazu, was man über eine Person und ihre Identität in Erfahrung bringen kann, indem man einfach ihre Bewegungen verfolgt.

> *Es wird die Bewegung einer Person von einem Privathaus außerhalb von Newark zu einer nahe gelegenen Planned-Parenthood-Klinik verfolgt, wo sich die Person mehr als eine Stunde aufhält. […] Eine weitere Person verlässt jeden Tag um 7 Uhr morgens ein Haus im Hinterland von New York und fährt zu einer 14 Meilen entfernten Mittelschule, wo sie bis zum späten Nachmittag bleibt. Diese Reise unternimmt nur eine einzige Person: Lisa Magrin, eine 46-jährige Mathematiklehrerin. […] Die App verfolgt sie, als sie zu einem Weight-Watchers-Treffen und zu einem kleinen Eingriff bei ihrem Hautarzt fuhr. Sie folgt ihr bei einer Wanderung*

mit ihrem Hund und zum Haus ihres ehemaligen Lebensgefährten, wo sie eine Weile blieb. […] Anhand der von der Times ausgewerteten Datenbank […] können die Bewegungen von Personen in verblüffendem Detail und bis auf wenige Meter genau verfolgt werden, und in einigen Fällen werden die Daten mehr als 14 000-mal am Tag aktualisiert […]. »Lokalisierungsinformation kann intimste Details aus dem Leben eines Menschen verraten – ob er einen Psychiater aufgesucht hat, ob er an einem Treffen der Anonymen Alkoholiker teilgenommen hat, mit wem er ausgeht«, erklärt der demokratische Senator Ron Wyden aus Oregon […].[3]

Wie viele andere interessierte Bürger lese ich seit einem Vierteljahrhundert Beschreibungen und kritische Analysen des Silicon Valley (ich habe sogar einige selbst beigesteuert). Aber erst als ich Shoshana Zuboffs vorzügliche Arbeit *Das Zeitalter des Überwachungskapitalismus* las, wurden mir die großen Zusammenhänge klar. Bei der folgenden Analyse habe ich mich sowohl im Detail als auch in der Gesamtdarstellung auf Zuboffs Arbeit gestützt.

Beginnen wir mit dem Gesamtbild des Überwachungskapitalismus und einigen Definitionen. Ausgehend davon können wir die Implikationen für die vom Internet vermittelte Mobilität untersuchen. Zuboff, eine emeritierte Professorin der Harvard Business School, schreibt:

Der Überwachungskapitalismus beansprucht einseitig menschliche Erfahrung als Rohstoff zur Umwandlung in Verhaltensdaten. Ein Teil dieser Daten dient der Verbesserung von Produkten und Diensten, den Rest erklärt man zu proprietärem Verhaltensüberschuss,

aus dem man mithilfe fortgeschrittener Fabrikationsprozesse, die wir unter der Bezeichnung »Maschinen- oder künstliche Intelligenz« zusammenfassen, Vorhersageprodukte fertigt, die erahnen, was [wir] jetzt, in Kürze oder irgendwann tun [werden].
Und schließlich werden diese Vorhersageprodukte auf einer neuen Art Marktplatz für Verhaltensvorhersagen gehandelt, den ich als Verhaltensterminkontraktmarkt bezeichne.[4]

Zum Rohmaterial, das in Vorhersageprodukte umgewandelt werden kann, zählen unsere Stimmen, Emotionen und Persönlichkeiten sowie die Muster unserer Bewegungen durch die Welt. Aber der Wettbewerb zwischen den Akteuren auf dem Markt für Verhaltens-Vorhersagen bewegt sie dazu, etwas anzustreben, das noch besser als Prognosen ist: Wirklichen Nutzen erzielt man, wenn man *eingreifen* kann, um den Menschen Dinge aufzuschwatzen und sie anzutreiben, um das Verhalten großer Gruppen zu lenken. Wie Zuboff erklärt, genügt es nicht mehr, »den Fluss der Informationen über uns zu automatisieren«, sondern das Ziel besteht darin, »*uns selbst* zu automatisieren«.[5]

Klingt das übertrieben? Warum sollte irgendwer den Wunsch haben, menschliche Wesen zu automatisieren? Der Markt ist ein System, in dem eine direkte Beziehung zwischen der Rendite und dem Risiko besteht, das der Investor einzugehen bereit ist. Das Risiko hängt vom Maß an Ungewissheit ab. Alles, was die Ungewissheit verringert, verschiebt das Gleichgewicht zugunsten des Investors. Der Aufstieg von »Big Data« hat die Bedingungen so grundlegend verändert, dass sich die Vermarkter nicht länger damit zufriedengeben, potenzielle Käufer wahllos mit Werbebotschaften zu bombardieren, denn dieser Zugang ist extrem ineffizient verglichen mit auf den Konsumenten individuell zugeschnittenen Botschaften. Der Wert der zielgerichteten Werbung wird im Streben nach Gewissheit bestimmt, denn letzten Endes beurteilt ein Vermarkter den »erwarteten Wert« einer Werbebotschaft, und dieser ist eine Funktion von Wahrscheinlichkeiten. Herkömmliche Werbung hat einen erwarteten Wert von einem Bruchteil eines Cent pro erreichtem Konsumenten. Aber was, wenn wir den individuellen Kunden *in dem Augenblick* ansprechen können, in dem er *an einem bestimmten Ort einer bestimmten Aktivität nachgeht,* sich in einem *bestimmten* physiologischen und emotionalen Zustand befindet, einer *bestimmten* Konstellation sozialen Drucks ausgesetzt ist, eine *bestimmte* Geschichte des Konsumverhaltens, *bestimmte* Unsicherheiten und Bestrebungen hat, auf einen Urlaubsbonus wartet und gerade einen Gesichtsausdruck hat, der unserer KI zufolge mit einer empfänglichen Stimmung korreliert? Und was, wenn man all diesen verwirrenden Faktoren der menschlichen Erfahrung in diesem Augenblick mit statistischen Berechnungen zu Leibe rücken könnte, um präzise vorauszusagen, dass eine bestimmte Intervention mit einer quantifizierbaren Wahrscheinlichkeit erfolgreich sein wird? Wenn sich die Wahrscheinlichkeit eines Kaufs dem Wert 1 nähert, nähert sich der erwartete Wert der Werbebotschaft der Gewinnmarge des Produkts beziehungsweise der Dienstleistung. In dieser Grenzsituation sollte ein Unternehmen, das den Strom von Verhaltensdaten in Vorhersagen umwandeln kann, in der Lage sein, sich einen Anteil von nahezu 100 Prozent an den Gewinnen zu sichern. Ein Unternehmen, das eine solche Position anstrebt, sollte im Rahmen seiner Geschäftsstrategie Unternehmen kaufen, die neue Quellen für Verhaltensdaten erschließen können. Eine solche Quelle sind unsere Bewegungsmuster im Auto.

Der Vorstandsvorsitzende von Daimler hat mit typisch deutscher Höflichkeit erklärt, Google wolle »die Menschen den ganzen Tag über begleiten, um Daten zu generieren, die sich für wirtschaftlichen Profit einsetzen lassen. An diesem Punkt scheint ein Konflikt mit Google vorprogrammiert.«[6] Wahrscheinlicher als ein langer Konflikt ist jedoch, dass sich die Autobauer mit einer Rolle als Lieferanten des Rohmaterials (in erster Linie Lokalisierungsdaten) für Googles Vorhersageprodukte abfinden werden, da sie keine Chance haben, Googles Vorsprung in Maschinenlernen und Datenanalyse wettzumachen. Googles Marktkapitalisierung (gegenwärtig 849 Milliarden Dollar) übertrifft bereits den *gemeinsamen* Marktwert von General Motors, Ford, Fiat-Chrysler, Toyota, Honda, Volkswagen, Nissan, Daimler, BMW und Tesla um den Faktor 1,4.

Unabhängig davon, was es sonst an positiven und negativen Folgen haben mag, wird das fahrerlose Auto der wirtschaftlichen Logik der »intelligenten« Geräte unterworfen werden. Sehen wir uns an, wie das funktioniert. Wenn Sie noch immer auf einer dummen Matratze statt in einem Sleep Number Bed schlafen, lassen Sie sich die Chance entgehen, im Schlaf ihren IQ messen zu lassen, der anhand von Puls, Atmung, Bewegungen und anderen Daten ermittelt wird. Die Daten werden an Ihr Smartphone geschickt, und am besten geben Sie der dazugehörigen App auch Zugang zu Ihrem Fitness-Tracker und ihrem internettauglichen Thermostaten, damit sämtliche Vorteile genutzt werden können.

Aber wessen Vorteile sind das? Nun, um das herauszufinden, müssten Sie sich die Zeit nehmen, die zwölfseitige Datenschutzerklärung zu studieren, die mit Ihrem Sleep Number Bed geliefert wird, denn darin ist die Rede von der »Weitergabe an Dritte«, von Google Analytics, von »gezielter Werbung« und vielem anderen. Zuboff zitiert aus dem

Kaufvertrag, in dem steht, dass das Unternehmen die persönlichen Informationen seiner Kunden weitergeben oder verwenden kann, selbst »wenn Sie die Dienste deaktivieren und/oder ihren Account oder Ihr[e] Nutzerprofil[e] bei Sleep Number löschen«. Die Firma klärt uns also einseitig darüber auf, dass sie »Do not track«-Aufforderungen missachten wird.

Das Bett nimmt auch sämtliche Audiosignale im Schlafzimmer auf (das habe ich mir nicht ausgedacht), was natürlich ein großer Vorteil für einen Exhibitionisten ist. Aber dieses Produktmerkmal könnte auch neue Gründe für die Frage liefern, ob unser/e Partner/in vielleicht doch den Orgasmus vortäuscht – wenn nicht, um dem Publikum zu gefallen (Dritte!), so vielleicht in der Hoffnung, von der Krankenversicherung einen Rabatt für eine »gesunde Beziehung« zu erhalten.

Als Sie das erste Mal von der Existenz eines »internettauglichen Rektalthermometers« hörten, fragten Sie sich vielleicht: Warum muss ein Rektalthermometer internettauglich sein? Die Antwort ist natürlich, dass es das nicht sein muss. Aber das Internet muss die Temperatur in Ihrem Rektum wissen. Sollten Sie das als Einmischung in Ihre Privatsphäre empfinden oder glauben, es habe nichts mit dem Zweck zu tun, für den Sie das Thermometer gekauft haben, so sind Sie vielleicht noch nicht bereit für ein autonomes Auto. Geben Sie sich Zeit für eine Anpassungsphase. Im Lauf der Zeit werden sich Ihre Erwartungen dehnen, um sich dem eindringlichen Stil ihres neuen Freundes anzupassen.

Nest ist ein Unternehmen, das einen »intelligenten« Thermostaten für unser Heim baut. Es wurde bei Google entwickelt und gehört Googles Muttergesellschaft Alphabet. Rechtsgelehrte, die all die Zugeständnisse analysiert haben, die wir machen, wenn wir den Nest-Thermostaten samt seinem Ökosystem von Apps und Geräten verwenden, sind zu dem Schluss gelangt, dass wir, wenn wir dieses Einverständnis wissentlich geben wollten, fast tausend separate Verträge durchlesen müssten. Natürlich liest kaum jemand auch nur einen einzigen derartigen Vertrag, und darauf vertrauen die Unternehmen. Zuboff schreibt, für den Fall, dass der Kunde nicht bereit sei, in alle Bestimmungen einzuwilligen, »so heißt es in den Nutzungsbedingungen, wären nicht nur Funktionalität und Sicherheit des Thermostats kompromittiert [...]. Was alle möglichen Folgen haben könnte, von eingefrorenen Rohren über einen nicht ausgelösten Feueralarm bis hin zum gehackten Heimfunknetz.«[7] Das Ergebnis ist, »*dass Effektivität und Sicherheit des Produkts ganz unverfroren als Faustpfand dafür genommen werden, dass der Besitzer sich der Übertragung seiner Daten zur Nutzung von und für die Interessen anderer unterwirft.*«[8]

Wenn Sie einen Saugroboter von Roomba im Haus haben, sollten Sie wissen, dass er eifrig damit beschäftigt ist, einen Grundriss Ihrer Wohnung anzufertigen, der an den Meistbietenden verkauft werden kann. Ziel des aus all diesen intelligenten Geräten bestehenden »Internets der Dinge« ist »die *Ausweitung* der Extraktionsoperationen über die virtuelle Welt hinaus in die ›reale‹ Welt«.[9]

Hier handelt es sich nicht einfach um Beispiele für das, was ich als »SkyMall-Kapitalismus« bezeichne; es sind nicht nur teure Lösungen für inexistente Probleme. Vielmehr geht es darum, dass der Kapitalismus einen Charakter annehmen wird, der sich grundlegend von dem unterscheiden dürfte, mit dem wir vertraut sind. Und das wird auch das Fahrerlebnis verändern. Zuboff beschreibt es anschaulich: »Bei dieser neuen Art von Produkten ist die Funktionalität, für die wir bezahlen, unentwirrbar mit Software, Diensten und Netzwerken [verflochten].« Das bedeutet, dass »die bloße Idee des funktionsfähigen, effektiven und erschwinglichen Produkts oder Dienstes als ausreichender Basis für den wirtschaftlichen Austausch im Sterben begriffen ist.«[10]

Woran liegt das? Es liegt am Wettbewerbsdruck, der durch die Entdeckung von Verhaltensüberschüssen freigesetzt wird, am Kampf um eine kostenlose Ressource, die *nicht gesetzlich geschützt ist*. Wenn es eine kostenlose Ressource gibt, lohnt es sich einfach nicht länger, Kosten und Mühen auf sich zu nehmen, um ein gutes, funktionales Produkt zu erzeugen. Das ist keine Erfolg versprechende Geschäftsstrategie mehr. »Wir selbst sehen uns der Alternative beraubt; wir sehen uns gezwungen, Produkte zu kaufen, die wir nie besitzen können, während wir unsere eigene Überwachung und Nötigung üppig bezahlen.«[11]

Während wir uns der neuen Realität bewusst werden, dürften sich »dumme« Dinge wahrscheinlich in Luxusgüter verwandeln, für die wir einen Aufpreis gegenüber den »intelligenten« Dingen bezahlen müssen. Da sie sich der Logik der Überwachungserträge entziehen, werden sie ihren Preis ausschließlich durch ihren Wert rechtfertigen müssen, und die Besetzung dieser Marktnische wird eine Boutique-Operation sein. Die Herren des Überwachungskapitalismus werden es vermutlich vorziehen, ihr eigenes Leben mit solchen dummen Produkten zu füllen, so, wie sie ihre eigenen Kinder gegenwärtig auf Privatschulen schicken, in denen Geräte mit Bildschirmen streng verboten sind, damit die geistige Entwicklung ihres Nachwuchses nicht beeinträchtigt wird.

Aber einen Moment noch. Zuboff spricht von »Überwachung und Zwang«. Überwachung: ja – aber wo kommt der Zwang ins Spiel? Und warum sollten wir uns Sorgen darüber machen, dass man uns kennt? Es werden uns ja keine Daumenschrauben angesetzt. Wir müssen verstehen, dass die totalitären Regimes des 20. Jahrhunderts Amateure waren, die auf plumpe Methoden wie die Anwendung von Gewalt angewiesen waren. Heute wird das gesamte Spektrum des menschlichen Verhaltens zum Gegenstand von Manipulationsversuchen, die dazu dienen, es in profitable Kanäle zu lenken. Und im Idealfall findet diese Lenkung unterhalb der Wahrnehmungsschwelle statt. Je nachdrücklicher wir angetrieben werden, desto mehr nähern sich die Vorhersagen den Beobachtungen an, und man kann mit den Verhaltensterminkontrakten das Ergebnis mit wachsender Gewissheit prognostizieren. »Größte Gewissheit bei der Verhaltensvorhersage [...] erreicht man durch eine formende Intervention an der Quelle«, wie Zuboff schreibt.[12]

Jetzt wird die logische Notwendigkeit des fahrerlosen Autos klar. Es ist wahrscheinlich, dass die Route unseres Google-Autos in einer Echtzeit-Auktion festgelegt werden wird, damit uns entlang des Weges befähigende Optionen angeboten werden können. Das wird manchmal als »Lebensmuster-Marketing« bezeichnet. Ein Marketingfachmann sagt es ganz unverblümt: Das Ziel ist, »die Leute in ihren täglichen Routineabläufen mit Marken- und Werbebotschaften zu erwischen«.[13]

Ich stelle mir vor, wie Sergey und Larry in der fahrerlosen Zukunft in »dummen« klassischen Ferraris mit stark riechenden italienischen Sechsfachvergasern und mehreren Zündpunkten in einem verschmierten Verteiler mit Fliehkraftverstellung die Halbinsel durchqueren. Ihre Manager auf der mittleren Ebene, die nur siebenstellige Beträge verdienen, werden die verbleibenden Sportwagen und VW-Oldtimer aufkaufen und damit für den Altautomarkt tun, was sie bereits für den Immobilienmarkt in der Bay Area getan haben: Sie werden ihn für das Fußvolk unzugänglich machen. Diese dummen Autos werden unseren Chefs dabei helfen, den Kopf freizubekommen, sodass sie beim Pendeln zur Arbeit ihren tiefschürfenden Gedanken nachhängen können.

Im Sommer 2016 waren rund um den Erdball große Menschenmengen zu sehen, die sich mit ihren Smartphones in der Hand im Einklang durch die Stadtzentren bewegten. Sie spielten *Pokémon Go!*, ein »Augmented Reality«-Spiel, in dem die Teilnehmer (in der realen Welt) auf eine Schnitzeljagd geschickt wurden, um virtuelle Comicfiguren aufzuspüren, die in der Stadtlandschaft generiert worden waren und durch die Kameras der Smartphones zu sehen waren. Der Erfinder dieses sozialen Experiments war John Hanke, Leiter der Abteilung Produktentwicklung bei Google Maps und treibende Kraft hinter Street View. (In der Vergangenheit hatte er mit Unterstützung der CIA die Firma Keyhole gegründet, die sich auf Satellitenkarten spezialisierte. Das Unternehmen wurde von Google gekauft und in Google Earth umbenannt.) Bei Google rief Hanke Niantic Labs ins Leben, den Lieferanten des Spiels. Anfang 2017 erklärte er auf einer Konferenz für mobiles Gaming in Barcelona die Bedeutung von *Pokemon Go!*

Die Entwickler des Spiels hatten Beweggründe, die gesundheitsfördernder nicht denkbar waren: »Mehr Bewegung, an die frische Luft kommen, aktiver sein und eine Gelegenheit, mit Freunden aus dem Haus zu kommen, gemeinsam mit anderen Menschen Spaß zu haben und durch das Spiel neue Freundschaften zu schließen.« Sein Team lernte, wie es die Menschen dazu bewegen konnte, »sich im Freien zu bewegen«, »Veranstaltungen zu organisieren«, »eine soziale Gaming-Gemeinschaft in der realen Welt« aufzubauen und »tolle Orte« zu entdecken.

Die zuletzt genannte Bestrebung – den Leuten dabei zu helfen, tolle Orte zu finden – scheint der eigentliche Kern des Projekts zu sein, denn dies ist der Punkt, der die Monetarisierung möglich macht. Niantic schließt Partnerschaften mit Unternehmen, die als Sponsoren eines Orts auftreten und dort Fußgängeraufkommen erzeugen können, »das die Spieler in Lokale wie Starbucks- oder Sprint-Filialen lockt«.[14] Kein Zweifel, das sind tolle Orte.

An diesem Punkt wird klar, wie bezeichnend der Befehlston des Namens des Spiels ist: »Go!« Die Experten für »persuasives Design« haben erkannt, dass die Umwandlung in ein Spiel ein wirksames Mittel zur Gestaltung des menschlichen Verhaltens ist. Es gefällt uns, uns in Wettbewerben mit anderen zu messen und die Belohnung für einen Sieg zu ernten. Es kann auch passieren, dass wir in eine beinahe autistische Schleife geraten und uns der Maschinenlogik von Reiz und Reaktion ausliefern (etwa wenn wir vor Einarmigen Banditen und Videopokerterminals sitzen).[15] Solche Belohnungen (in diesem Fall die vollständige Sammlung von 151 Pokémon-Figuren) werden zum Ansatzpunkt für die operante Konditionierung, jene klassische Methode der Verhaltensmodifikation, deren Pionier B.F. Skinner war.

Zuboff beschreibt *Pokémon Go!* als ein Experiment, in dem die Machbarkeit des nächsten Stadiums des Überwachungskapitalismus untersucht wird und in dem die Allgegenwärtigkeit des Computers – die Beherrschung der materiellen Welt durch die digitalen Geräte – nicht länger nur dazu genutzt wird, Daten für Verhaltensvorhersagen zu sammeln, sondern vielmehr dazu dient, solche Vorhersagen überflüssig zu machen. Das Spiel war ein überwältigender Erfolg und lieferte frische Daten »für die präzisere Kartierung von Räumen, innen wie außen, öffentlichen wie privaten. Wichtiger noch lieferte es ein Versuchsfeld für die Fernstimulation im großen Stil. Die Besitzer des Spiels lernten hier, kollektives Verhalten automatisch zu konditionieren, in der Herde zu gängeln und in Echtzeit auf Verhaltensterminkontraktmärkte zu treiben, und das immer gerade mal so, dass der Einzelne sich dessen nicht bewusst wird«.[16]

Dies sind dieselben Leute, die uns gerne ein Google-Auto verkaufen möchten, das sich selbst steuern und uns von der Last befreien wird, uns selbst in der Welt zurechtzufinden.

Die ungehinderte Bewegung durch die Welt ist eine der grundlegenden Freiheiten, die wir als mit einem Körper ausgestattete Geschöpfe genießen. Diese Freiheit wird von Maschinen gefördert, die unsere Mobilität erhöhen, vom Skateboard über das Fahrrad und Motorrad bis zum Automobil. Allerdings tun sie das nur, weil sie nicht der Fernsteuerung unterworfen sind. Die Möglichkeit, uns draußen zu bewegen, ohne Rechenschaft über unsere Bewegungen und unsere Aufenthaltsorte ablegen zu müssen, ist zudem eine der subtilen Atempausen, in denen wir uns aus dem Korsett von Pflichten befreien können, das im Lauf des Erwachsenenlebens immer fester geschnürt wird.

Vielleicht ist eine strenger regulierte, ferngesteuerte Mobilität ein Preis, den zu zahlen sich lohnt, wenn wir dafür mehr Sicherheit und größere Effizienz bekommen; so wie die Gegner eines solchen Regimes können auch seine Befürworter gute Argumente vorbringen. Die Frage ist: Wer wird entscheiden?

Es läuft auf die Frage der Souveränität hinaus.

ABSCHLIESSENDE BEMERKUNGEN

SOUVERÄNITÄT AUF DER STRASSE

Offenbar treten wir in eine neue Ära ein. Eigenschaften, die früher einmal geschätzt wurden, darunter Beherztheit und unabhängiges Urteilsvermögen, wirken zunehmen dysfunktional. Unsere Maschinen können nur optimal funktionieren, wenn wir uns ihnen unterordnen. Vielleicht bedarf es einer Anpassung des menschlichen Geistes, um ihn mit einer Welt in Einklang zu bringen, die von einer Maschinenbürokratie gelenkt werden soll. Oder sollten wir vielleicht eher die Zentrale dieser Bürokratie niederbrennen?

Die größten Techfirmen im Silicon Valley befördern ihre Mitarbeiter aus den schicken Wohnvierteln in San Francisco in diskreten weißen Reisebussen zur Arbeit. Zu erkennen sind diese Busse nur an Kürzeln wie »MV« für Mountain View (Google) oder »LG« für Los Gatos (Netflix). (Routen und Fahrpläne werden aus Angst vor Angriffen auf die Busse geheim gehalten.) Hinter den hohen getönten Fenstern des Google Liner starren unsere Kapitäne auf der Suche nach mathematischer Schönheit jenseits des Lärms der Welt auf die Daten, die über die Bildschirme ihrer Notebooks tanzen. Unsere informellen Normen für das Zusammenleben auf der Straße, die auf unserer Fähigkeit zur wechselseitigen Vorhersage unseres Verhaltens beruhen – diese Kompetenz ist uns als sozialen Wesen eigen – sollen durch etwas ersetzt werden, das von Maschinen ausgeführt werden kann. Die Automatisierung soll Vertrauen und Kooperation ersetzen – im Interesse von Sicherheit und Effizienz, sagt man uns, aber auch im Interesse der Gewissheit. Wie wir gesehen haben, wird diese Gewissheit dem Zweck derer untergeordnet, die die Algorithmen beherrschen. Mit Blick auf die gegenwärtigen Kräfteverhältnisse sind das dieselben Personen, die uns *Pokémon Go!* geschenkt haben, um uns dabei zu helfen, tolle Orte zu entdecken. Orte wie einen Telekom-Shop.

Natürlich ist vorstellbar, dass eine andere Einheit, beispielsweise der Staat, die Algorithmen kontrollieren und für Zwecke nutzen wird, die im Interesse der Allgemeinheit sind. Aber wir sollten uns unsere bisherigen Erfahrungen mit Ampelkameras und Radarfallen zur Geschwindigkeitsüberwachung vor Augen halten, wenn wir die Frage zu beantworten versuchen, ob diese Variante des Projekts, das individuelle Urteilsvermögen durch eine Fernsteuerung zu ersetzen, unsere Hoffnungen erfüllen wird.[1] Wir sind gut beraten, uns hin und wieder die grundlegende Erkenntnis der liberalen Tradition in Erinnerung zu rufen: Die Macht korrumpiert, vor allem, wenn sie in einer Blackbox versteckt und dadurch der gesellschaftlichen Kontrolle entzogen ist.

Doch der Ethik des Misstrauens und des Bemühens, die Funktionsweise der Macht aufzudecken (sei es der Macht von Unternehmen oder des Staates), sind Grenzen gesetzt. Klar ist, dass in der Entwicklung etwas Grundlegenderes am Werk ist, eine Geisteshaltung, die eine große Gefolgschaft hat. Dieser Geisteshaltung zufolge finden wir in der Welt eine Reihe von Problemen vor, die gelöst werden müssen.

Diese Art, an die Welt heranzugehen, hat tatsächlich viel Gutes bewirkt. Sie hat Probleme gelöst, beispielsweise in der

Medizin, im Brückenbau und in der Wasseraufbereitung. Und ja, dieser Einstellung verdanken wir auch sicherere Autos. Aber sie zieht auch eine Reihe von Folgebeziehungen nach sich, und wenn wir diesen durch die Abhandlung über das Fahren nachspüren, gelangen wir zu einem besseren Verständnis des zentralen Problems der Politik: der Souveränität. Der Grund dafür ist, dass der Geist der Problemlösung die Herrschaft über sämtliche Lebensbereiche für sich beansprucht. Alles, was existiert, kann als Problem betrachtet werden, das gelöst werden muss. So wird die Souveränität auf einen Kader von Problemlösern übertragen. *Wer sind diese Leute?*

Unter ihnen sind viele der Figuren, die dieses Buch bevölkern: die Apologeten des umfassenden Neubeginns, in deren Augen die heutigen Städte so etwas wie lächerlich veraltete aufklappbare Handys sind, die sie durch »intelligente Städte« ersetzen wollen; die wohlmeinenden Vorkämpfer der Idiotensicherheit als konstruktives Prinzip im Automobilbau; die Leute, die *unsere* alten Auto einschmelzen, um *ihre eigenen,* nicht mit diesen Autos zusammenhängenden Probleme zu »lösen« (das heißt, ihnen aus dem Weg zu gehen); diejenigen, die in jedes Auto einen Superrechner einbauen möchten, um die Effizienz einer Straßenkreuzung in der alten Welt nachzuahmen; die Leute, die ein Nutzfahrzeug in einen Vergnügungspark verwandeln wollen, um uns eine Konfrontation mit unseren Grenzen zu ersparen; diejenigen, die im Namen der Ordnung den Geist des Spiels unterdrücken wollen; und all die anderen Clipboard-Träger.

Wenn wir irgendwo ein Problem sehen, das wir glauben lösen zu müssen, so liegt das oft einfach daran, dass wir unfähig sind, zu sehen, dass bereits eine Lösung gefunden wurde – dank der Kenntnisse und der Intelligenz normaler Menschen. Beispielsweise ist die Praxis, auf Zweirädern in der Gasse zwischen stehenden Autos vorzufahren, eine kostenlose Quelle für erhebliche Effizienzgewinne im Straßenverkehr, ein bewährtes Verfahren, das in vielen Städten rund um den Erdball angewandt wird.[2] Wir sollten diese Praxis in den Vereinigten Staaten legalisieren. Man könnte das als nicht gemanagte Form einer »Stauabgabe« bezeichnen, welche die Tatsache berücksichtigt, dass jeder von uns ein »Risikobudget« hat. Das bedeutet, dass wir Risiken nicht deshalb eingehen, weil wir Höllenhunde sind, sondern weil wir Dinge erledigen müssen und Orte erreichen wollen, und das ist uns etwas wert. Einige von uns haben eine größere Bereitschaft als andere, den Autos rund um ums Aufmerksamkeit zu schenken, weshalb sie bereit sind, einen größeren Beitrag zur Verkehrsgemeinschaft in Form eines körperlichen Risikos zu leisten und auf diese Art allen Beteiligten Zeit zu ersparen.

Wenn plötzlich Ampeln ausfallen, fühlen wir uns manchmal so, als wären wir aus einem langen Schlummer erwacht. Wir erkennen, dass wir Aufgaben mit ein wenig Vertrauen zueinander selbst bewältigen können. Erinnern wir uns daran, dass Papst Franziskus die umsichtigen römischen Autofahrer, die »ihre Liebe zur Stadt konkret ausdrücken«, indem sie sich mit Takt und Fürsorge durch den Verkehr bewegen, als »Kunsthandwerker des Gemeinwohls« bezeichnet hat. So kann man das Gemeinwohl verstehen: als etwas, das von vollkommen wachen Menschen verwirklicht wird.

Alternativ dazu kann man es natürlich auch als etwas verstehen, das verwirklicht werden muss, indem unser Herdenverhalten ohne unser Wissen gelenkt wird, sodass Umsicht und andere Wesensmerkmale ausgeschaltet werden können. Unsere Rolle wird in diesem Fall darin bestehen, anstandslos zur Seite zu treten, um die Bemühungen zu unterstützen, »die Produktion großer Werkzeuge für leblose Menschen zu optimieren«, wie es Ivan Illich ausgedrückt hat.

Denken wir an die Bedeutung der *aktiv fahrenden* Personen in dem Film *Thelma & Louise,* jener Parabel auf einen Ausbruch, die ein Coupé, eine ungeplante Begegnung mit dem irreal schönen Brad Pitt und einen inspirierten, furchtbaren Moment der Selbstzerstörung enthält: Verabschieden wir uns aus diesem Schmierentheater, indem wir über eine Klippe fahren. Versuchen Sie das einmal in Ihrem autonom fahrenden Waymo.

Ein Selbstmord ist vielleicht ein schlechtes Beispiel; fügen wir also ein weiteres hinzu. Als Kapitän Sullenberger sein Passagierflugzeug auf dem Hudson landete, verließ er sich ausschließlich auf seine mühsam erworbenen Fähigkeiten als Pilot und seine genaue Kenntnis von Flugzeugen; das ganze Land war davon fasziniert, weil dies ein Gegenentwurf zu dem Ideal war, das uns heute angeboten wird. Es war ein *Ecce homo*-Moment. So etwas kann ein menschliches Wesen vollbringen.

Zu fahren bedeutet, unsere Fähigkeit zur Freiheit auszuüben. Und wenn wir uns ans Steuer setzen, können wir nicht anders, als diese Fähigkeit zu fühlen. Ich denke, diese Fähigkeit ist es wert, dass wir sie erhalten.

NACHWORT

DIE STRASSE NACH LA HONDA

Nachdem ich ein Manuskript dieses Buchs an meinen Verleger geschickt hatte, packte ich meine Sachen und machte mich auf den Weg nach Kalifornien. Wenige Fahrminuten von meinem Aufenthaltsort entfernt führen wunderbare Straßen durch die Santa Cruz Mountains. In meinen Tagträumen sehe ich mich in meinem Käfer auf diesen Straßen fahren, wenn er endlich fertig ist. In der Zwischenzeit erkunde ich diese Wege auf meiner starken Yamaha und durchquere die tiefen Schluchten mit viel Optimismus. Ich nehme eine scharfe Linkskurve, in der Tempo 40 empfohlen wird, mit etwa 70 km/h und lege mich tiefer in die Kurve, um eine engere Linie fahren zu können. Der »Fühler« der linken Fußraste schleift über den Asphalt und jagt einen Schauer von Vibrationen durch den Stiefel und mein Bein. Mein Blick huscht voraus in die nächste Kurve, und jetzt gehe ich aus dem Sattel, stehe in den Fußrasten und lege meinen Körper nach rechts. »Weiche Hände«, sage ich laut. Den Kopf in die Kurve geneigt, kippe ich die Maschine nach rechts und lege mich tief hinein. Die rechte Fußraste schrammt über den Straßenbelag, ich bekomme eine weitere Belohnung – das Kribbeln des Kanteneinsatzes – und beschleunige aus der

Kurve heraus. Der heulende Klang des Motors ist berauschend.

In der kurzen Konzentrationspause auf einem geraden Straßenabschnitt kommt mir eine Zeile aus einem Song von Snoop Dogg in den Sinn, und der Klang meiner Stimme klingt im Helm nach: »I lay back in the cut and contain myself.« Diese Einstellung versuche ich nachzuahmen, denn sie ist eine Warnung vor Anspannung und Eile. Ich verstehe es so, dass Snoop dasselbe sagen will wie die Jazzschlagzeuger, wenn sie darüber sprechen, ein kleines bisschen hinter dem Takt zurückzubleiben, damit der Song zu ihnen kommt. Diese musikalische Zurückhaltung passt wunderbar zu dem Asphaltjazz einer Motorradfahrt jenseits der Grenze, wo die Zeit langsamer verstreicht.

An einem Tag fügte sich auf der Straße von Alice's Restaurant nach La Honda alles wunderbar zusammen. Es war ein Slalom durch die Redwoods. Das gesprenkelte Sonnenlicht spielte auf einem makellosen schwarzen Asphalt, als sich das Vorderrad am Ende einer Kurve vom Boden hob. In diesem Abschnitt der Straße gibt es mehrere Serpentinen, in denen man den gesamten Verlauf von drei Kurven auf einmal sehen kann; dort gibt es kein Versteck für Überraschungen. Diese Schikanen erzeugen einen sublimen körperlichen Rhythmus, wenn man sie mit ausreichender Geschwindigkeit nimmt. Ich war nie ein guter Sportler und kann jene, die sich mit natürlicher Anmut bewegen, nur bewundern. Aber auf einem Sportmotorrad auf einer Gebirgsstraße habe ich für kurze Zeit das Gefühl, dass ich aus meiner gottgegebenen Mittelmäßigkeit befreit werde. Von einer Maschine! Wie wunderbar.

DANKSAGUNG

Ich möchte Forrest Wang für die beste Erfahrung als Beifahrer danken, die ich je gemacht habe, beim Drifting auf dem Virginia International Raceway in seinem Formula-Drift-Rennwagen. Dave Hendrickson war so freundlich, mich einzuladen, ihn beim Wüstenrennen Caliente 250 als Beifahrer zu begleiten, und dieses Angebot stieß die Tür zu interessanten Gesprächen mit den Rennfahrerinnen Journee Richardson und Victoria Hazelwood auf, denen ich ebenfalls danken möchte. Barron Wright führte mich in die Hare-Sramble-Szene von Virginia ein und tauchte einmal an einem Winterabend nach einem schweren Schneefall auf einer Motocross-Maschine vor meinem Haus auf; im Gespann hatte er seinen kleinen Sohn auf einem Schlitten. Ich danke Matt Linkous und Darryl Allen dafür, dass sie bei vielen Querfeldeinfahrten in den Blue Ridge Mountains immer wieder anhielten, um auf mich zu warten.

Charles »Chas« Martin danke ich dafür, dass er mich als Teenager in die reiche Welt der Mechanik einführte. Er zeigte mir eine Wertordnung, die mir ansprechender schien als die vorherrschende. Das meiste von dem, was ich über luftgekühlte VW-Motoren weiß, haben mir die Mitglieder der Shop Talk Forums im Internet beigebracht; ich danke all denen, die ihr mühsam erworbenes Wissen mit mir geteilt haben.

Die Specialty Equipment Manufacturer's Association (SEMA) war die erste Einrichtung, die mir eine Plattform für die Auseinandersetzung mit der »Psychologie der Fahrzeuganpassung« bot. Ich danke Zane Clark für die Einladung, im Jahr 2017 vor der SEMA zu sprechen. Am anderen Ende des Spektrums, so weit entfernt von Las Vegas wie überhaupt möglich, lud mich Mathieu Flonneau zu einem Vortrag an der Sorbonne ein. Der Titel lautete »Verkehrsmanagement: Drei rivalisierende Versionen der Rationalität«. Ich möchte Flonneau, Jean-Pierre Dupuy und den anderen Teilnehmern für ihre Beiträge im aus dem Vortrag hervorgegangenen Seminar danken, das im April 2018 unter den Auspizien von LabEx EHNE beim Internationalen Rat für Sozialwissenschaften (ISSC) in Paris stattfand. Ich legte dasselbe Material auf einer Konferenz der International Association for the History of Traffic, Transport and Mobility in Montreal vor und danke den Teilnehmern für ihre kritischen Kommentare. Das Center for the Humanities and Social Change an der University of California in Santa Barbara veranstaltete einen Vortrag und zwei Seminare, wo die in diesem Buch entwickelten Gedanken von Vertretern zahlreicher Disziplinen kritisch beleuchtet wurden. Ich danke dem Organisator Tom Carlson für seine gründliche Auseinandersetzung mit dem Buch.

Am Institute for Advanced Studies in Culture der University of Virginia genieße ich die beharrliche Unterstützung einer intellektuellen Gemeinschaft. An diesem Institut findet man einen Freiraum für wirklich offene Forschung. In der Frühphase dieses Projekts veranstaltete das Institut einen Workshop, in dem das Vorhaben vorgestellt wurde. Ich möchte Ann Brach, der technischen Leiterin beim Transportation Research Board der National Academies of Sciences dafür danken, dass sie eine Autofahrt aus Washington auf sich nahm, um an dem Workshop teilzunehmen. Ihre Kommentare waren von großem Wert für das Projekt. In dem Workshop machte mich Jackson Lears darauf aufmerksam, dass die »vitalistische Tradition« ein nützlicher Bezugspunkt für die Auseinandersetzung mit dem Wert des Risikos ist. Joe Davis, Peter Norton, Jay Tolson, Ari Schulman und Garnette Cadogan steuerten ebenfalls sehr nützliche Kommentare bei.

Matt Feeney und Matt Frost, meine Weggefährten im Textnachrichten-Samisdat, haben mir dabei geholfen, die Freude am Denken wachzuhalten. Ich danke Beth Crawford dafür, dass sie Ratten das Fahren beigebracht hat, für ungezählte faszinierende Gespräche über die Rolle des Körpers in der Kognition und dafür, dass sie mich auf dem langen Weg zu diesem und meinen vorangegangenen Büchern begleitet hat. Ich danke Mario und Luigi dafür, dass sie hartnäckig blieben, als die Fruit Loops so nahe und doch so fern waren.

Ich möchte dem Mann danken, der meine Behälter mit Wasser füllte, als ich mitten in der Nacht fernab der nächsten kalifornischen Ortschaft mit dem Wagen liegen blieb, und ich bedanke mich bei dem Mann, der mir am Tag darauf 50 Dollar (im Tausch für einen verfluchten Jeepster) gab, mit denen ich die Zugfahrt nach Hause bezahlen konnte. Ich danke Troy, dem Gangster, der in meiner Kindheit die Nachbarschaft terrorisierte, für den Versuch, auf seinem BMX-Rad über zehn Mülltonnen zu springen. Indem er das tat, änderte er meine Vorstellung davon, wozu Menschen in der Lage sind und welche Risiken sie unter Umständen auf sich nehmen werden, um etwas Außergewöhnliches zu versuchen. Ich danke meinem Vater Frank S. Crawford dafür, dass er den Fahrraddieben am Steuer eines Ford-Fairlane-

Cabrios Einhalt gebot. Sein wilder Haarschopf flatterte im Wind. Es war ein wunderbares Beispiel für stilvolle Selbstjustiz. Ich danke den Londoner Taxifahrern für ihre Gelehrsamkeit und dafür, dass sie echte Gentlemen sind. Ich danke denjenigen, die die Route 9 durch die Berge von Santa Cruz konzipierten. Meinen Töchter G und J danke ich dafür, dass sie von mir verlangen, auf dem Heimweg von der Vorschule die kurvenreiche Straße zu nehmen, und mir »Fahr schneller!« zurufen.

ANMERKUNGEN

Einleitung

1 Ubers damaliger Geschäftsführer Travis Kalanick wurde ins Strategic and Policy Forum des Präsidenten berufen, und Trump machte Elaine Chao zu seiner Verkehrsministerin. Die Hersteller fahrerloser Autos »reiben sich die Hände angesichts von Elaine Chaos lockerer Hand bei der Definition von Vorschriften und ihrer begeisterten Unterstützung für die Fahrdienstvermittler«, heißt es in *Hill*. Paul Brubaker, ein Branchensprecher, erklärte: »Sie versteht sehr gut, dass die Technologie eine ausgezeichnete Gelegenheit eröffnet, [...] neue Mobilitätsparadigmen zu entwickeln.« (Melanie Zanona: »Driverless Car Industry Embraces Trump's Transportation Pick«, in: *Hill*, 4. Dezember 2016, thehill.com/policy/transportation/308590-driverless-car-industry-embraces-trumps-transportation-pick.)

2 Vgl. Neal E. Boudette: »Biggest Spike in Traffic Deaths in 50 Years? Blame Apps«, in: *New York Times*, 15. November 2016, www.nytimes.com/2016/11/16/business/tech-distractions-blamed-for-risein-traffic-fatalities.html.

3 »Die erhöhte Stabilität moderner Autos, die ruhig auf asphaltierten Straßen rollen, ermöglicht es den Autofahrern schon heute, den Blick von der Straße und die Hände vom Lenkrad

zu nehmen [...], wodurch sich das Fahren in eine bemerkenswert nebensächliche Aufgabe verwandelt, die vom Fahrer manchmal nur geringe Aufmerksamkeit verlangt und seine Ablenkung erleichtert.« Nach Ansicht von Stephen M. Casner, Edwin L. Hutchins und Don Norman geben diese Probleme mit heutigen (noch nicht automatisierten) Autos Hinweise auf die Schwierigkeiten, die teilweise automatisierte Autos verursachen werden. (Vgl. »The Challenges of Partially Automated Driving«, in: *Communications of the ACM* 59, Nr. 5, Mai 2016, S. 70–77.)

4 Die Geschichte des Honda Accord ist typisch. Sein Gewicht stieg von weniger als einer Tonne in den frühen Achtzigerjahren auf mehr als 1,6 Tonnen beim Modell des Jahres 2017.

5 »Wenn Fahrern auch nur ein Aspekt des Fahrens abgenommen wird, häufen sich die Berichte über Schläfrigkeit am Steuer und eine verringerte Wachsamkeit beim Fahren auf freien Straßenabschnitten.« (A. Dufour: »Driving Assistance Technologies and Vigilance: Impact of Speed Limiters and Cruise Control on Drivers' Vigilance«, Präsentation beim International Transport Forum, Paris, 15. April 2014, zitiert in: Casner u.a., »The Challenges of Partially Automated Driving«.)

6 »Lyft Co-founder Says Human Drivers Could Soon Be Illegal in America«, in: *Business Insider,* 15. Dezember 2016. Im November 2017 erklärte GM-Chef Bob Lutz in *Automotive News,* das Autofahren werde in 20 Jahren gesetzlich verboten sein. (Bob Lutz: »Kiss the Good Times Goodbye«, in: *Automotive News,* 5. November 2017, www.autonews.com/apps/pbcs.dll/article?AID=/20171105/INDUSTRY_REDESIGNED/171109944/industry-redesigned-bob-lutz.)

7 Ian Bogost: »Will Robocars Kick Humans off City Streets?«, in: *Atlantic,* 23. Juni 2016, www.theatlantic.com/technology/archive/2016/06/robocars-only/488129/

8 A. M. Glenberg und J. Hayes: »Contribution of Embodiment

to Solving the Riddle of Infantile Amnesia«, in: *Frontiers in Psychology* 7, 2016, beschrieben in: M.R. O'Connor: »For Kids, Learning Is Moving«, in: *Nautilus,* 22. September 2016, nautil.us/issue/40/learning/for-kids-learning-is-moving. In Experimenten wurden Kleinkindern mit schweren motorischen Einschränkungen motorisierte Fahrzeuge zur Verfügung gestellt, in denen sie ihre Umwelt erkunden konnten. Verglichen mit Kindern, die keine Möglichkeit zu einer solch eigenständigen Fortbewegung hatten, entwickelten sich ihre kognitiven und sprachlichen Fähigkeiten schneller. (Vgl. M.A. Jones, I.R. McEwen und B.R. Neas: »Effects of Power Wheelchairs on the Development and Function of Young Children with Severe Motor Impairments«, in: *Pediatric Physical Therapy* 24, 2012, S. 131–140, zit. in: M.R. O'Connor, »For Kids«. Vgl. auch M.R. O'Connor: *Wayfinding. The Science and Mystery of How Humans Navigate the World,* New York. St. Martin's Press 2019, insbesondere das Kapitel »This Is Your Brain on GPS«, S. 261–276.)

9 Johan Huizinga: *Homo ludens. Vom Ursprung der Kultur im Spiel.* Reinbek, Rowohlt 1956, S. 56

10 Für eine ausgezeichnete Analyse der Verkehrstechnik und der verschiedenen Sozialwissenschaften, aus deren Erkenntnissen sie schöpft, vgl. Tom Vanderbilt: *Traffic. Why We Drive the Way We Do (And What It Says About Us).* New York, Penguin 2008.

11 Die belgische Forschungsfirma Transport and Mobility Leuven stellte im Jahr 2011 in einer Studie fest, dass der Zeitverlust im Verkehr für alle Fahrzeuge um 40 Prozent sinken würde, wenn nur 10 Prozent aller Privatautos durch Motorräder ersetzt würden. In dieser Berechnung ist die Nachfrageelastizität berücksichtigt (das heißt die Tatsache, dass ein verbesserter Verkehrsfluss weitere Verkehrsteilnehmer auf die Straßen locken würde). Und: »Neue Motorräder stoßen weniger Schadstoffe aus als durchschnittliche Privatautos (weniger Stickoxide, Stickstoff-

dioxid und Feinstaub, aber mehr flüchtige organische Verbindungen). Auch ihre CO_2-Emissionen sind niedriger. Die gesamten externen Emissionskosten eines neuen Motorrads sind mehr als 20 Prozent niedriger als die des durchschnittlichen Pkw. Auf der Autobahn zwischen Löwen und Brüssel könnten die gesamten Emissionskosten um 6 Prozent gesenkt werden, wenn 10 Prozent der Pkw durch Motorräder ersetzt würden.« (Aus Griet De Ceuster: »Commuting by Motorcycle«, *Transport & Mobility Leuven,* www.tmleuven.be/en/project/motorcyclesand-commuting.)

12 Platon: *Gorgias* (übers. v. Julius Deuschle), in: *Sämtliche Werke in drei Bänden*, hg. v. Erich Loeventhal, Bd. 1. Darmstadt, Wiss. Buchgesellschaft 2004, S. 301–409

13 Für eine eingehendere Auseinandersetzung mit dem Konzept der Aufmerksamkeitsökologie vgl. mein Buch *Die Wiedergewinnung des Wirklichen: Eine Philosophie des Ichs im Zeitalter der Zerstreuung*. Berlin, Ullstein 2016.

14 »Viele Leute sehen in einem Tempolimit einen Affront gegen die Männlichkeit, so als würden wir verweichlichen, degenerieren«, erklärte Erhard Schutz, ein emeritierter Professor und Experte für die Geschichte der Autobahn. Die *New York Times* zitierte einen Herrn Kornblum mit folgenden Worten: »Deutschland ist aus historischen Gründen furchtbar reglementiert, aus Angst vor Unsicherheit und davor, überwältigt zu werden. Aber die Menschen suchen nach kleinen Freiräumen, und die Autobahn ist einer davon.« (Katrin Bennhold: »Impose a Speed Limit on the Autobahn? Not So Fast, Many Germans Say«, in: *New York Times,* 3. Februar 2019, www.nytimes.com/2019/02/03/world/europe/germany-autobahn-speed-limit.html)

15 Die Behörden gestehen dies manchmal stillschweigend ein. Im kalifornischen Los Gatos sah ich das Fahrzeug einer Politesse, an dem nicht weniger als sechs große Überwachungskameras von der Größe eines Unterarms angebracht waren, ähnlich

denen, die auf dem Tian'anmen in Peking an Masten hängen und jeden Winkel des Platzes beobachten. Vielleicht sollen sie unanfechtbare Beweise für Verstöße liefern, da der Bürger das Recht hat, Ordnungsstrafen anzufechten. Vielleicht dienen sie auch dazu, Angriffe wütender Bürger auf Politessen festzuhalten. In Frankreich bewarfen Demonstranten die Polizei mit Pflastersteinen, was an die Straßenschlachten zu Beginn der Französischen Revolution erinnerte. Ein Lkw-Fahrer hatte auf seine gelbe Weste geschrieben: »Frankreich erwache! Seid nicht länger Schafe.«

Autos und das Gemeinwohl

1 Jane Jacobs: *Tod und Leben großer amerikanischer Städte*. Braunschweig, Vierweg 1976, S. 180
2 Ebd., S. 180
3 Ebd., S. 180
4 Ebd., S. 182
5 Ebd., S. 182
6 Die Darstellung stammt von H. B. Creswell, der für die Dezemberausgabe 1958 der *Architectural Review* schrieb, zitiert in: Jacobs, *Tod und Leben großer amerikanischer Städte,* S. 181.
7 Jane Jacobs: *The Death and Life of Great American Cities*. New York, Vintage 1992, S. 341 f.
8 Creswell, zitiert in: Jacobs, *Tod und Leben großer amerikanischer Städte,* S. 181 f.
9 Jacobs, *Death and Life of Great American Cities,* S. 343
10 James J. Flink: *The Automobile Age*. Cambridge, MIT Press 1988, S. 364
11 Vgl. Dan Albert: *Are We There Yet? The American Automobile Past, Present, and Driverless*. New York, Norton 2019, S. 100.
12 Flink, *The Automobile Age,* S. 364

13 Albert, *Are We There Yet?*, S. 102 f.

14 www.pewsocialtrends.org/2006/08/01/americans-and-theircars-is-the-romance-on-the-skids/

15 Eine Meinungsumfrage von Reuters/Ipsos aus dem Jahr 2019 hat gezeigt, dass »die Hälfte der erwachsenen US-Amerikaner automatisierte Fahrzeuge für gefährlicher hält als von Menschen gesteuerte herkömmliche Fahrzeuge, und fast zwei Drittel erklären, sie würden kein vollkommen autonomes Auto kaufen. In derselben Umfrage gaben 63 Prozent der Befragten an, sie würden für eine Selbstfahrfunktion ihres Autos nicht mehr Geld ausgeben, und 41 Prozent der Personen, die bereit waren, mehr dafür zu bezahlen, erklärten, sie würden einen Aufpreis von maximal 2000 Dollar akzeptieren. […] Ähnliche Ergebnisse brachte eine Reuters/Ipsos-Umfrage im Jahr 2018. Sie decken sich mit den Ergebnissen von Umfragen des Pew Research Center, der American Automobile Association und anderer Einrichtungen.« (Paul Lienert und Maria Caspani: »Americans Still Don't Trust Self-Driving Cars, Reuters/Ipsos Poll Finds«, *Reuters*, 1. April 2019, www.reuters.com/article/us-autos-selfdriving-poll/americans-still-dont-trust-self-driving-cars-reuters-ipsos-poll-findsidUSKCN1RD2QS) Ähnliche Ergebnisse von Umfragen, die von verschiedenen Industrieverbänden, Versicherungsgesellschaften und Konsumentenschutzorganisationen durchgeführt wurden, sind bei saferoads.org zugänglich.

16 Christopher Mele: »In a Retreat, Uber Ends Its Self-Driving Car Experiment in San Francisco«, in: *New York Times*, 22. Dezember 2016, www.nytimes.com/2016/12/21/technology/san-francisco-california-uber-driverless-car-.html?hp&action=-click&pgtype=Homepage&clickSource=story-heading&module=-first-column-region&region=top-news&WT.nav=top-news&_r=0; Mike Isaac: »Uber Defies California Regulators with Self-Driving Car Service«, *New York Times*, 16. Dezember 2016,

www.nytimes.com/2016/12/16/technology/uber-defies-california-regulators-with-self-driving-car-service.html

17 John Harris: »With Trump and Uber, the Driverless Future Could Turn into a Nightmare«, *Guardian,* 16. Dezember 2016, www.theguardian.com/commentisfree/2016/dec/16/trump-uber-driverless-future-jobs-go

18 Diese Erkenntnisse der städtischen Verkehrsabteilung beschreibt Nicole Gelinas: »Why Uber's Investors May Lose Their Lunch«, *New York Post,* 26. Dezember 2017, zugänglich unter: www.manhattan-institute.org/html/why-ubers-investors-may-lose-theirlunch-10847.html.

19 »Uber and Lyft Want to Replace Public Buses,« New York Public Transit Association, 16. August 2016, nytransit.org/resources/transit-tncs/207-uber-and-lyft-want-to-replace-public-buses

20 Hubert Horan: »Uber's Path of Destruction«, in: *American Affairs* 3, Nr. 2, Sommer 2019

21 Horan, »Uber's Path of Destruction«. Horan verweist auf strukturelle Probleme des Taximarkts, die marktexterne Lösungen erforderlich machen. Beispielsweise ist die Nachfrage nach Taxis so wie die nach allen städtischen Verkehrsmitteln »extremen zeitlichen und geografischen Schwankungen« unterworfen, was zu Überkapazitäten in verkehrsarmen Zeiten und einem Unterangebot in Spitzenzeiten führt. Die Nachfrage ist, abhängig von verschiedenen Verwendungszwecken, zudem »bipolar«: Es kommt zu Konflikten, weil »wohlhabendere Personen, die auf dem Weg zu Restaurants und Nachtlokalen sind, mit Arbeitskräften, die in Krankenhäusern und Lagern in der Spätschicht arbeiten, um das begrenzte Angebot an Taxis kämpfen«. Horan erklärt zudem: »Jeder Versuch, [ausschließlich durch Marktmechanismen] ein Gleichgewicht zwischen Angebot und Nachfrage herzustellen, wird entweder einkommensschwächere Fahrgäste aus dem Markt drängen oder dazu führen, dass von

wohlhabenden Kunden weniger für eine Fahrt verlangt wird, als sie zu zahlen bereit wären« (S. 114 f.).

22 In New York sind 90 Prozent der von Fahrdienstvermittlern eingesetzten Fahrer in die Vereinigten Staaten eingewandert, vor allem aus Haiti, der Dominikanischen Republik und Südasien. Horan berichtet, Uber wende bei der Anwerbung von Mitgliedern dieser Einwanderergruppen irreführende Praktiken an und stelle die Bruttogebühr (vor Abzug der Fahrzeugkosten) fälschlich als Nettoeinnahmen dar. »Herkömmliche Taxifahrer könnten problemlos in eine andere Beschäftigung wechseln, wenn sie unzufrieden wären, aber die Uber-Fahrer waren durch die Leasingverträge für ihre Fahrzeuge in finanziellen Verpflichtungen gefangen, was es ihnen erheblich erschwerte, auszusteigen, wenn sie entdeckten, wie schlecht bezahlt die Tätigkeit war und wie miserabel die Arbeitsbedingungen waren.« 2015 meldete Uber eine Verringerung seines operativen Verlusts. Wie sich herausstellte, war der Großteil der Ergebnisverbesserung nicht auf eine erhöhte Effizienz zurückzuführen, sondern darauf, dass das Unternehmen seinen Anteil an den Einnahmen der Fahrer einseitig von 20 Prozent auf 25 bis 30 Prozent erhöht hatte (Horan, »Uber's Path of Destruction«, S. 113).

Projekt »Rat Rod«

1 Vgl. das Kapitel »Verkörperte Wahrnehmung« in meinem Buch *Die Wiedergewinnung des Wirklichen*, S. 75–109.

2 Crawford hat Bauanleitungen für ein von Ratten zu steuerndes Fahrzeug gepostet. Diese Anleitungen entsprechen der aktuellsten Version, die sie gemeinsam mit Kelly Lambert und Thad Martin entwickelte, zugänglich unter: www.instructables.com/id/Rat-Operated-Vehicle/.

3 Der erste Artikel über die Studie zu fahrenden Ratten erschien,

kurz bevor dieses Buch in den Satz ging: L.E. Crawford u.a.: »Enriched Environment Exposure Accelerates Rodent Driving Skills«, in: *Behavioral Brain Research* 378, 27. Januar 2020. Als der Artikel vor der Publikation ins Internet gestellt wurde, löste er in den Medien großes Aufsehen aus und schaffte es sogar auf die satirische Website *The Onion*. Aufnahmen von den fahrenden Ratten sind zugänglich unter: www.washingtonpost.com/science/2019/10/24/rats-are-capable-driving-tiny-cars-researchers-found-it-eases-their-anxiety/.

4 Kelly G. Lambert: »Rising Rates of Depression in Today's Society: Consideration of the Roles of Effort-Based Rewards and Enhanced Resilience in Day-to-Day Functioning«, in: *Neuroscience and Biobehavioral Reviews* 30, 2006, S. 497–510. Vgl. auch Kelly G. Lambert: »Depressingly Easy«, in: *Scientific American Mind*, August-September 2008, sowie Kelly G. Lambert: *Well-Grounded. The Neurobiology of Rational Decisions*. New Haven, Yale University Press, 2018.

Alte Autos: Ein Dorn im Fleisch der Zukunft

1 Peter Egan: »Side Glances«, in: *Road and Track*, November 1988, S. 24, zit. in: David N. Lucsko: *Junkyards, Gearheads, and Rust. Salvaging the Automotive Past*. Baltimore, Johns Hopkins University Press 2016, S. 128

2 David Freiburger: »Patina«, in: *Hot Rod Magazine*, April 2007, S. 61, zit. nach Lucsko, *Junkyards*, S. 128

3 Johan Huizinga: *Homo ludens. Vom Ursprung der Kultur im Spiel*, 22. Aufl. Reinbek, Rowohlt 2011, S. 78

4 Für den Lexus NX mit Hybridmotor, Baujahr 2017, wird ein Durchschnittsverbrauch von 7,6 Litern angegeben, der empfohlene Preis liegt bei 39 720 Dollar.

5 Lucsko, *Junkyards*, S. 133

6 Zelda Bronstein zeigt, wie die Leichtindustrie unter dem Vorwand eines progressiven Urbanismus aus den Städten vertrieben wird. Ganze Ökosysteme von industriellem Know-how, deren Entwicklung viele Jahre dauerte, müssen urbanen Landschaften weichen, die dem »Lifestyle«-Konsum, den Kunstgalerien und all diesen Dingen gewidmet sind. (Zelda Bronstein: »Industry and the Smart City«, in: *Dissent,* Sommer 2009,www.dissentmagazine.org/article/industryand-the-smart-city). Bronstein, die ich zu meinen Freunden zähle, ist Mitte 70 und ein Beispiel für eine klassische Linke: Sie sympathisiert eher mit der Produktion als mit dem Konsum und zieht den Arbeiter dem Rentier vor. Diesbezüglich hat sie den Bezug zu jenem Teil der heutigen Linken verloren, der die Gentrifizierung nicht deswegen mit Sorge betrachtet, weil er einen Raum für produktive Aktivitäten erhalten will, sondern weil er den Vormarsch einer in seinen Augen bösartigen Macht stoppen will, die Unschuldige bedroht – diese Linken sehen ein moralisches Drama, das sie als ethnischen Konflikt betrachten.

7 Lucsko, *Junkyards,* S. 134

8 Michael Oakeshott: »Konservative Wesensart«, in: *Rationalismus in der Politik.* Neuwied/Berlin, Luchterhand 1966, S. 185

9 Lucsko, *Junkyards,* S. 136

10 Ebd., S. 164

11 Nancy Fraser: *The Old is Dying and the New Cannot Be Born. From Progressive Neoliberalism to Trump and Beyond.* New York, Verso 2019, S. 13

12 Vgl. Lucsko, *Junkyards,* S. 163.

13 Ebd., S. 162 f.

14 Die traurige Geschichte der immer länger werdenden Pendelfahrten hat mit Landnutzung und Stadtplanung sowie mit öffentlichen Investitionen zu tun, die das Auto gegenüber dem öffentlichen Verkehr bevorzugten, wie wir im Kapitel »Auto und Gemeinwohl« gesehen haben. Der Aufstieg der Eltern, die

sich in Chauffeure von Kindern verwandelt haben, die eine Agenda voller Aktivitäten haben, ist mit Sicherheit ebenfalls ein Faktor. Dazu kommen wachsende Einkommensungleichheit und billige Kredite, die zur Entstehung eines Immobilienmarktes beitrugen, auf dem man angesichts von niedrigeren Hypothekenraten für ein größeres, aber weiter vom Zentrum entferntes Haus eine längere Fahrt zur Arbeit in Kauf nimmt. Die Immobilienmakler haben dafür eine Redensart: »Fahre so lange, bis du die Kriterien erfüllst«. Fahrerlose Autos, welche die im Auto verbrachte Zeit für andere Aktivitäten verfügbar machen, würden zweifellos noch längere Fahrten zur Arbeit ermöglichen und die Raumordnungsprobleme der letzten Jahrzehnte sowie die verbundenen Probleme von Verkehrsüberlastung und Umweltverschmutzung verschärfen.

15 Lucsko, *Junkyards,* S. 164

16 Ebd., S. 166, 170

17 Daher werden in der luftgekühlten Welt der VW-Motoren abwegige Preise für SPG-Kurbelwellenlager, Judd-Supercharger, für alles, was Gene Berg angefasst hat, und für all das verlangt, was die deutsche Firma Okrasa baute, deren Motorensätze angeblich die Zeit für die Beschleunigung von 0 auf 100 km/h um zwölf Sekunden *verringerten*. Sie haben richtig gehört: Der krasse 56er Käfer brachte damit atemberaubende 48 (statt 36) PS auf die Straße. Wenn die Behauptungen, die Okrasa über seinen Motorblock aufstellte, immer noch gelten, werde ich einen in mein Auto einbauen und in etwa –7 Sekunden von 0 auf 100 beschleunigen, was es mir theoretisch erlauben wird, in der Zeit zurückzureisen. Im Jahr 1956 angekommen, werde ich mir einen schönen Vorrat dieser Teile zulegen und als reicher Mann in die Gegenwart zurückkehren.

18 Als sich die Arbeit an diesem Buch ihrem Ende zuneigte, brach das Feuer in der Kathedrale von Notre-Dame aus. Architekturhistoriker Patricio del Real aus Harvard drückte die Mentalität

eines kultivierten Vandalen aus, als er erklärte: »Das Gebäude war derart mit Geschichte überfrachtet, dass der Brand wie ein Akt der Befreiung wirkte.« (Zit. in: E.J. Dickson: »How Should France Rebuild Notre Dame?«, in: *Rolling Stone,* 16. April 2019, www.rollingstone.com/culture/culture-features/notre-dame-cathedral-paris-fire-whatsnext-822743/)

19 Joe Mayal: »Curbside«, in: *Street Scene,* Mai 1981, S. 6, zit. in: Lucsko, *Junkyards,* S. 67

Die schwindenden Erträge der Idiotensicherheit als Konstruktionsprinzip

1 Der »Mindful Modus« beruht auf den theoretischen Grundlagen von Meditation und Achtsamkeit – »therapeutischen Techniken, die angewandt werden, um das geistige Wohlbefinden zu erhalten, indem sie uns helfen, uns auf ein einziges Element oder einen einzigen Augenblick zu konzentrieren«. Zu diesem Zweck werden Daten ausgeblendet, die der Fahrer vermutlich nicht sehen muss. Vgl. »No Place Like ›Oommm‹«, Ford, 27. März 2019, media.ford.com/content/fordmedia/fna/us/en/news/2019/03/27/2020-explorer-mindful-mode-digital-cluster.html.

2 »NHTSA's Implausible Safety Claim for Tesla's Autosteer Driver Assistance System«, in: *Safety Research & Strategies,* 8. Februar 2019, www.safetyresearch.net/Library/NHTSA_Autosteer_Safety_Claim.pdf. Der Originalbericht der NHTSA wurde mittlerweile von der Regierungswebsite genommen.

3 Neal E. Boudette: »Tesla's Self-Driving System Cleared in Deadly Crash«, in: *New York Times,* 19. Januar 2017; Tom Randall: »Tesla's Autopilot Vindicated with 40 % Drop in Crashes«, *Bloomberg,* 19. Januar 2017; Andrew J. Hawkins: »Tesla's Crash Rate Dropped 40 Percent After Autopilot Was Installed, Feds Say«, in: *Verge,* 19. Januar 2017; Elon Musk (@elonmusk-

Twitter), »Report highlight: ›The data show that the Tesla vehicles crash rate dropped by almost 40 percent after Autosteer installation‹«, *Twitter,* 29. Januar 2017, twitter.com/elonmusk/status/822129092036206592; Chris Mills: »Report Finds Tesla's Autopilot Makes Driving Much Safer«, BGR, 19. Januar 2017

4 In ihrem Bericht über diese Angelegenheit erklärt die Firma, keinerlei finanzielle Beteiligung an Tesla oder Konkurrenten des Unternehmens sowie keine anderen Interessen in Bezug auf die Technologie für selbstfahrende Autos und Fahrerunterstützungssysteme zu haben.

5 »Das Ergebnis der NHTSA, die Zahl der Kollisionen von Tesla-Autos mit Öffnung des Airbags sei nach der Installation von Autosteer deutlich gesunken, wäre noch spektakulärer ausgefallen, wenn noch weniger Daten zu den mit Autosteer gefahrenen Meilen zur Verfügung gestanden hätten. Es gibt keine Rechtfertigung dafür, dass die Behörde fehlende oder nicht gemeldete Daten zu den gefahrenen Meilen in ihren Berechnungen einfach so behandelt, als wären diese Meilen nicht gefahren worden. Von diesem Problem ist mehr als die Hälfte des verwendeten Datensatzes betroffen.« (Vgl. »NHTSA's Implausible Safety Claim«.)

6 »Wir stellten fest, dass die tatsächliche Meilenzahl zum Zeitpunkt der Installation der Autosteer-Software offenbar von weniger als der Hälfte der von der NHTSA untersuchten Fahrzeuge stammte. Bei den Fahrzeugen, für die anscheinend exakte Werte zu den sowohl vor als auch nach Installation der Software zurückgelegten Meilen vorliegen, verändert sich die Unfallquote in Zusammenhang mit Autosteer genau entgegengesetzt zu dem, was die NHTSA behauptet hat – sofern diese Daten glaubwürdig sind. Was den übrigen Datensatz anbelangt, so ließ die NHTSA die gefahrenen Kilometer, die weder der Zeit vor noch der Zeit nach der Installation von Autosteer zugeord-

net werden konnten, außer Acht. Wir haben festgestellt, dass diese nicht berücksichtigte Meilenzahl zum Großteil Fahrzeuge betrifft, welche die geringste Zahl gefahrener Meilen ›vor Autosteer‹ aufwiesen. Die Folge ist, dass die von der NHTSA gemeldete Verringerung der Unfallquote um insgesamt 40 Prozent nach der Installation von Autosteer ein Produkt des Umgangs der Behörde mit tatsächlich im zugrunde liegenden Datensatz fehlenden Informationen über die zurückgelegten Meilen ist.« (»NHTSA's Implausible Safety Claim«)

7 Timothy B. Lee: »In 2017, the Feds said Tesla Autopilot Cut Crashes 40 % – That Was Bogus«, in: *Ars Technica,* 13. Februar 2019. Vgl. auch Timothy B. Lee: »Sorry Elon Musk, There's No Clear Evidence Autopilot Saves Lives«, in: *Ars Technica,* 4. Mai 2018.

8 Sam Peltzman: *Regulation of Automobile Safety.* Washington, D.C., American Enterprise Institute for Public Policy Research 1975, S. 4

9 Aus den Daten des Meldesystems zur Analyse tödlicher Unfälle (Fatal Analysis Reporting System) der für Straßen- und Fahrzeugsicherheit zuständigen Behörde NHTSA (National Highway Traffic Safety Administration) verringerte allein der Sicherheitsgurt im Jahr 2000 die Zahl der Todesopfer (in der Gruppe der über 12-jährigen Passagiere) bei potenziell tödlichen Unfällen um schätzungsweise 48 Prozent. Die Wirksamkeit des Sicherheitsgurts in Kombination mit dem Airbag wurde auf rund 54 Prozent geschätzt. Vgl. dazu eine 2011 von Donna Glassbrenner vom National Center for Statistics and Analysis der NHTSA veröffentlichte Untersuchung, zugänglich unter: www-nrd.nhtsa.dot.gov/pdf/nrd-01/esv/esv18/CD/Files/18ESV-000500.pdf.

10 Quelle: patents.justia.com/patent/9296424

11 NHTSA: *Estimating Lives Saved by Electronic Stability Control, 2008–2012, DOT HS 812 042.* Washington, D.C., National Highway Traffic Safety Administration, 2014

12 Für eine umfassendere und wissenschaftlichere Darstellung des Einflusses dieser Literatur auf das Fahren vgl. den Abschnitt »Die Rolle der Sprache beim Erwerb von Fertigkeiten unter Gefahrenbedingungen« (S. 97–109) im Kapitel »Verkörperte Wahrnehmung« in meinem Buch *Die Wiedergewinnung des Wirklichen.*

13 www.roadandtrack.com/new-cars/car-technology/a26960542/the-eu-wants-cars-to-have-speed-limiters-andmore-by-2022/. Das vorgeschriebene System wird auch GPS und Kameras beinhalten, um Geschwindigkeitsüberschreitungen festzustellen. Fährt ein Auto zu schnell, drosselt das System die Motorleistung. Der Europäische Verkehrssicherheitsrat (European Safety and Transport Council, ESTC) – jene Einrichtung, die der Europäischen Kommission diesen Plan vorlegte – erklärt, das System werde die Fahrer anfangs nur auf Fehler hinweisen, anstatt augenblicklich einzugreifen, und den Bürgern so die Möglichkeit geben, sich daran zu gewöhnen. »Wenn der Fahrer mehrere Sekunden mit überhöhter Geschwindigkeit fährt, gibt das System ein akustisches Warnsignal, das wieder verstummt, sobald das Fahrzeug zur vorgeschriebenen Geschwindigkeit zurückkehrt.«

14 Edward N. Luttwak: »Why the Trump Dynasty Will Last Sixteen Years«, in: *Times Literary Supplement,* 25. Juli 2017, www.the-tls.co.uk/articles/public/trump-dynasty-luttwak/

15 Es wurden auch neue Finanzinstrumente entwickelt, um Autokredite zu bündeln und in Wertpapiere umzuwandeln. Damit einher geht die Entstehung einer Autokreditblase, die sich genauso entwickelt wie die Immobilienblase, welche die Finanzkrise auslöste. (Vgl. Albert Fowerbaugh und Julie Rodriguez Aldort: »What If the Auto Loan Securitization Market Crashes?«, in: *Law* 360, 13. August 2018, www.porterwright.com/content/uploads/2019/02/What-If-The-Auto-Loan-Securitization-Market-Crashes.pdf.) *Bloomberg* meldete 2019, die Kurse

riskanter Autoanleihen seien »sogar gestiegen, obwohl die Zahl der seit mindestens drei Monaten nicht bedienten Autokredite Ende vergangenen Jahres die Zahl von 7 Millionen überstieg – der höchste Wert, seit die Federal Reserve Bank von New York vor zwei Jahrzehnten begann, entsprechende Daten zu sammeln«. (Vgl. Adam Tempkin: »Subprime Auto Bond Market Is Unmoved by Record Late Loan Payments«, *Bloomberg*, 14. Februar 2019, www.bloomberg.com/news/articles/2019-02-14/subprime-autobond-market-unmoved-by-record-late-loan-payments.)

16 Das wurde mir erst vor Kurzem im Zusammenhang mit Motorrädern klar. Nachdem ich rund 18 Jahre lang fast täglich Motorrad gefahren war, kaufte ich mir erstmals eine Maschine, deren Bremsen mit einem Antiblockiersystem ausgestattet waren. Wenn man die Vorderbremse progressiv einsetzt und im Lauf von etwa einer Sekunde die Bremskraft auf das Maximum erhöht, kann das Gewicht auf den Vorderreifen verlagert werden. Das Ergebnis ist, dass das Antiblockiersystem nicht eingreift, aber das Vorderrad blockiert auch nicht. Stattdessen gräbt sich das Vorderrad ein, was dazu führt, dass sich das Hinterrad bei einer Vollbremsung bis zu fünfzehn Zentimeter vom Boden hebt. Bedient der Fahrer hingegen die Bremse plötzlich und verlässt sich auf das ABS, wird nicht annähernd so viel Bremskraft entwickelt. Das System greift ein, bevor das Gewicht verlagert wird, und lässt die Räder nicht mehr aus: Es begrenzt die Bremskraft entsprechend der Bodenhaftung, die in dem Moment gegeben war, als die Bremse bedient wurde.

17 Im Jahr 2004 gelangte die National Highway and Traffic Safety Administration (NHTSA) in einer Feldstudie zur Wirksamkeit der elektronischen Stabilitätskontrolle (ESP) zu dem Ergebnis, dass dieses System die Unfallzahl um 35 Prozent verringert.

18 Für eine wissenschaftlich fundiertere Auseinandersetzung mit dieser Frage vgl. meine Untersuchung der Abläufe von Wahrnehmung, Handlung und Affekt im Kapitel »Verkörperte Wahrnehmung« in *Die Wiedergewinnung des Wirklichen,* insb. S. 86–109.

19 Stephen M. Casner, Edwin L. Hutchins und Don Norman: »The Challenges of Partially Automated Driving«, in: *Communications of the ACM* [Association for Computing Machinery] 59, Nr. 5, Mai 2016, S. 70–77

20 David L. Strayer, Joel M. Cooper, Jonna Turrill, James R. Coleman und Rachel J. Hopman: »Measuring Cognitive Distraction in the Automobile III. A Comparison of Ten 2015 In-Vehicle Information Systems«, *AAA Foundation for Traffic Safety,* Oktober 2015

21 Wie es Casner u.a. ausdrücken: »In solchen Situationen neigen die Fahrer dazu, ihre aktive Beteiligung zu verringern und einfach der Automatik zu gehorchen. Es gibt bereits zahlreiche Belege dafür, dass sich Autofahrer nicht mehr um die Navigation kümmern, wenn die Automatik darauf programmiert ist, ihnen den Weg zu zeigen.« Hier zitieren sie G. Leshed u.a.: »In-Car GPS Navigation. Engagement with and Disengagement from the Environment«, in: *Proceedings of the ACM Conference on Human Factors in Computing Systems,* Florenz, 5.–10. April, New York, ACM Press 2008, S. 1675–1684.

22 Casner u.a. zitieren K.A. Hoff und M. Bashir: »Trust in Automation. Integrating Empirical Evidence on Factors That Influence Trust«, in: *Human Factors* 57, Nr. 3, 2014, S. 407–434.

23 Dies deckt sich mit früheren Forschungsergebnissen, die gezeigt haben, dass die Gegenwart eines Passagiers auch unsere (gemeinsam eingesetzte) Konzentration auf die Straße erhöht. Dies entspricht der Volksweisheit, dass vier Augen mehr sehen als zwei. (Vgl. J. Forlizzi, W. C. Barley und T. Seder: »Where Should I Turn? Moving from Individual to Collaborative Navigation

Strategies to Inform the Interaction Design of Future Navigation Systems«, in: *Proceedings of the ACM Conference on Human Factors in Computing Systems,* Atlanta, 10.–15. April 2010, New York, ACM Press, 2010, S. 1261–1270, zit. in: Casner, »Challenges of Partially Automated Driving«.)

24 C. Gold u. a.: »Take Over! How Long Does It Take to Get the Driver Back into the Loop?«, in: *Proceedings of the Human Factors and Ergonomics Society Annual Meeting,* San Diego, 30. September–4. Oktober, Santa Monica, Human Factors and Ergonomics Society, 2013, S. 1938–1942, zit. in: Casner, »Challenges of Partially Automated Driving«.

25 Thus MacArthur Job: *Air Disaster,* Bd. 3. Australien, Aerospace Publications 1998, S. 155

26 Nicholas Carr: *The Glass Cage. Automation and Us.* New York, Norton 2014, S. 90 f. Carr zitiert Mark S. Young und Neville A. Stanton, »Attention and Automation. New Perspectives on Mental Overload and Performance«, in: *Theoretical Issues in Ergonomics Science* 3, Nr. 2, 2002, sowie eine klassische psychologische Studie von Robert M. Yerkes und John D. Dodson: »The Relation of Strength of Stimulus to Rapidity of Habit-Formation«, in: *Journal of Comparative Neurology and Psychology* 18, 1908.

27 Vgl. Henry Petroski: *The Road Taken.* New York, Bloomsbury 2017: »Im Sommer 2014 kündigte das amerikanische Verkehrsministerium das Vorhaben an, in nicht allzu ferner Zukunft die Installation von Fahrzeug-zu-Fahrzeug-Kommunikationstechnologie in allen Pkw und Lkw vorzuschreiben (und zwar sowohl in neuen als auch in alten Fahrzeugen). Die Ausstattung eines Fahrzeugs mit einem Sender wird den Preis eines Neuwagens im Jahr 2020 vermutlich um rund 350 Dollar erhöhen; ein Altauto könnte mit einem entsprechenden Gerät ausgestattet werden« (S. 275).

28 Vision Zero (Null Tote und Verletzte im Straßenverkehr) ist eine

Bewegung für Verkehrssicherheit, die ihren Ursprung in Schweden hat und weltweit eine wachsende Zahl von Anhängern aufweist. Das Motto von Vision Zero lautet: »Leben und Gesundheit dürfen nicht für andere gesellschaftliche Vorteile geopfert werden.« Dies ist als nobler Widerspruch gegen das herzlose Prinzip der Kosten-Nutzen-Abwägung gemeint. Aber hier werden lediglich die monetären Kosten betrachtet. Wir beschäftigen uns in diesen Kapiteln mit Kosten, die schwieriger zu erkennen und zu beurteilen sein und durch den Wandel der menschlichen Ökologie entstehen: durch die Verringerung des Raums für intelligentes menschliches Handeln.

29 Wie Casner u.a. schreiben: »Mit Blick auf die vielen Hindernisse, die noch zu überwinden sind, sowie auf das Tempo, mit dem der Fuhrpark auf den Straßen der Welt erneuert wird, dürfte der Übergang zum vollautomatischen Fahren für den Großteil der Menschheit noch Jahrzehnte dauern. Das teilweise automatisierte Fahren stößt auf erhebliche Sicherheitsprobleme, die zumindest gegenwärtig unterschätzt werden. [...] Die Erfahrungen in der Luftfahrt zeigen, dass dieser Übergang für eine Gruppe nur oberflächlich geschulter Fahrer in einer Umgebung, in der Millisekunden über Leben und Tod entscheiden können, nicht reibungslos verlaufen wird. Die Fahrer werden von den automatisierten Systemen ihrer Autos erwarten, dass sie wie versprochen funktionieren, und die Systeme werden diese Erwartung normalerweise erfüllen. Und wenn die Automatik die Kontrolle hat, werden die Fahrer lernen, dass sie sich zunehmend anderen Aktivitäten als der Steuerung des Fahrzeugs widmen können. Sie werden der Automatik immer mehr die Aufgabe anvertrauen, für sie zu sorgen, während sie andere Dinge tun. Sie werden sich darauf verlassen, dass ihnen automatisierte Warnhinweise sagen werden, wann ihre Aufmerksamkeit erforderlich ist. Wenn das Unerwartete geschieht und die Aufmerksamkeit des Fahrers fast

oder vollkommen ohne Warnung gefordert ist, dürften sich neuartige Unfälle häufen.« Auf der anderen Seite sind »dramatische Sicherheitszugewinne dank automatisierter Systeme möglich, welche die Kontrolle über das Fahrzeug mit dem Fahrer teilen (darunter Bremsassistenzsysteme und Spurhalteassistenten), insbesondere dank Systemen, die aggressiven, zerstreuten oder unter Drogeneinfluss stehenden Fahrern die Kontrolle entziehen. Es ist durchaus möglich, dass die Verringerung der Zahl derartiger Unfälle die Zunahme von Unfällen infolge anderer unerwarteter Probleme mit der Automation aufwiegen oder sogar übersteigen wird.«

Die Straße spüren

1 Vgl. Nadine Sarter: »Multiple-Resource Theory as a Basis for Multimodal Interface Design. Success Stories, Qualifications, and Research Needs«, in: Arthur F. Kramer, Douglas A. Wiegmann, Alex Kirlik (Hg.): *Attention. From Theory to Practice,* Oxford, Oxford University Press 2007.

2 Rodney A. Brooks: »Intelligence Without Representation«, in: *Artificial Intelligence* 47, 1991, S. 139–159

3 Wie in einer früheren Anmerkung erwähnt, ist die Geschichte des Honda Accord typisch. Sein Gewicht stieg von weniger als einer Tonne Anfang der Achtzigerjahre auf knapp anderthalb Tonnen beim Modell des Jahres 2017.

4 Vgl. David Sax: *Die Rache des Analogen. Warum wir uns nach realen Dingen sehnen.* Salzburg, Residenz 2017.

5 Kurze Zeit nach dieser Begegnung mit Porsche (auf dem Umweg über die PR-Firma) gab mein Verleger in den Fachpublikationen der Verlagsbranche bekannt, er habe die Rechte an diesem Buch erworben. Etwa ein Jahr später startete Porsche eine Werbekampagne mit dem Slogan »Why We Drive«.

Vielleicht schmeichle ich mir ohne Grund, aber mir gefällt der Gedanke, dass mir die in der internen Auseinandersetzung bei Porsche unterlegene Fraktion damit ein Kompliment machen wollte.

Die Automation als moralische Umerziehung

1 Nietzsche bezeichnete den englischen Utilitarismus als »eine *unmögliche* Literatur im ganzen, gesetzt, daß man sie nicht mit einiger Bosheit sich einzusäuern versteht«. Man müsste sie »mit Nebengedanken« lesen, »falls man sie lesen *muß*«, diese »schwerfälligen, im Gewissen beunruhigten Herdentiere«. (Friedrich Nietzsche: *Jenseits von Gut und Böse,* Abschnitt 228, in: *Werke in drei Bänden*, Bd. 2, München, 1954, S. 684–697.)

2 Frühere Generationen von Computerwissenschaftlern waren oft umfassender gebildet, weshalb sie bei der Beurteilung der Tauglichkeit des Computers als Entsprechung zum menschlichen Verstand eine eher unabhängige Haltung einnahmen. Der KI-Pionier Joseph Weizenbaum schrieb, der Computer habe »der Vorstellung vom Menschen als Maschine eine neue Plausibilität verliehen«. Weizenbaum fand diese Plausibilität bedenklich, denn er selbst hatte erhebliche Vorbehalte gegenüber der Metapher vom Menschen als Maschine. Der Mensch ist das Tier, das Bilder von sich selbst erschafft und dann diesen Bildern ähnlich wird (wie Iris Murdoch erklärt).

3 Edmond Awad u.a.: »The Moral Machine Experiment«, in: *Nature,* 24. Oktober 2018

4 M. D. Matthews: »Stress Among UAV Operators. Posttraumatic Stress Disorder, Existential Crisis, or Moral Injury?«, in: *Ethics and Armed Forces. Controversies in Military Ethics and Security Policy* 1, 2014, S. 53–57. Vgl. auch R. E. Meagher und D. A. Pryer (Hg.): *War and Moral Injury. A Reader.* Eugene, Cascade Books 2018.

5 Sophie-Grace Chappell: »Bernard Williams«, *Stanford Encyclopedia of Philosophy,* online zugänglich.

6 William Hasselberger: »Ethics Beyond Computation: Why We Can't (and Shouldn't) Replace Human Moral Judgment With Algorithms«, in: *Social Research,* Bd. 86, Nr. 4, Winter 2019

7 Zu diesem Schluss gelangte der National Transportation Safety Board (NTSB) im Fall des Asiana-Airlines-Unfalls in San Francisco im Jahr 2013. »In den Anweisungen von Asiana bezüglich der Automation wurde der umfassenden Nutzung aller automatischen Systeme Vorrang gegeben, und die Piloten wurden nicht dazu angehalten, das Flugzeug im Normalbetrieb manuell zu steuern.«

8 Die *New York Times* berichtet: »Die Frage hat in den letzten Jahren an Dringlichkeit gewonnen, weil die Automatisierung der Flugzeuge zunimmt und einige Fluglinien insbesondere in Schwellenländern angesichts des globalen Mangels an Piloten gezwungen sind, ihre Cockpits mit weniger erfahrenen Piloten zu besetzen.« Aber dasselbe Problem macht sich auch in den Vereinigten Staaten bemerkbar, weil »der Zustrom von Militärpiloten, von dem die großen Fluglinien seit Langem profitierten, langsam versiegt. Die erfahrensten Piloten scheiden aus dem Berufsleben aus – in den Vereinigten Staaten müssen sie mit 65 Jahren in den Ruhestand treten –, und viele von ihnen erklären, ihre Nachfolger seien möglicherweise nicht imstande, mit Unerwartetem umzugehen.« (www.nytimes.com/2019/03/14/business/automated-planes.html)

9 Im selben Artikel in der *New York Times* heißt es: »Beim Absturz der Ethiopian-Airlines-Maschine in dieser Woche hatte einer der Piloten gerade einmal 200 Flugstunden absolviert, weniger als ein Siebtel der Zeit, die von der Luftfahrtbehörde FAA im Allgemeinen vorgeschrieben wird, damit ein Pilot ein Passagierflugzeug steuern darf. Dennis Tajer, Flugkapitän von American Airlines und Sprecher der Pilotengewerkschaft der Fluglinie,

erklärt, Boeing und Airbus förderten diese Art von Vertrauen in die Automation, indem sie den Fluggesellschaften ihre Maschinen mit dem Argument anböten, diese könnten auch von weniger gut ausgebildeten Piloten gesteuert werden. ›Wir sehen eine tückische Vermarktung von Flugzeugen, die den Einsatz weniger erfahrener und vielleicht geringer qualifizierter Piloten ermöglichen‹, sagt er.« Er sagt das als in seiner Ehre gekränkter hoch qualifizierter Fachmann, aber aus Sicht einer Fluggesellschaft, die Geld sparen will, ist das von ihm angeprangerte Deskilling natürlich kein Mangel, sondern ein vorteilhaftes Produktmerkmal.

10 Die *Washington Post* berichtet, dass Boeings interne Mitteilungen nach Einschätzung des demokratischen Abgeordneten Peter A. DeFazio aus Oregon (Vorsitzender des Verkehrsausschusses des Repräsentantenhauses) »die verstörende Tatsache belegen, dass Boeing bereit war, alles zu tun, um sich der Kontrolle der Aufsichtsbehörden, der Flugzeugbesatzungen und der Flugpassagiere zu entziehen, obwohl seine eigenen Mitarbeiter intern die Alarmglocken läuteten.« (www.washingtonpost.com/local/trafficandcommuting/internal-boeing-documents-show-employees-discussing-efforts-tomani/2020/01/09/83a0c6ec-334f-11ea-91fd-82d4e04a3fac_story.html)

11 Als im März 2018 ein selbstfahrender Uber-Wagen in Tempe (Arizona) eine Fußgängerin überfuhr und tötete, leitete die Verkehrssicherheitsbehörde National Transportation Safety Board (NTSB) eine Untersuchung ein, die nach zwanzig Monaten zu dem Ergebnis gelangte, dass das Selbstfahrsystem von Uber überhaupt nicht darauf programmiert war, Fußgänger auf einem Zebrastreifen zu erkennen. Eine solche Programmierung erschwert die Aufgabe der Ingenieure, und die Lösung solcher Probleme ist zeitaufwendig. Aber in Anbetracht des auf den »Vernetzungseffekt« ausgerichteten »Plattform«-Konzepts von Uber, dessen Ziel es ist, ein Monopol zu errichten und den

Markteintritt von Konkurrenten möglichst zu verhindern, hat es für dieses Unternehmen absoluten Vorrang, der Erste auf dem Markt zu sein. Die NTSB-Dokumente sind zugänglich unter dms.ntsb.gov/pubdms/search/hitlist.cfm?docketID=-62978&CFID=2951047&CFTOKEN=433700b0892cd668-640F9CEA-D954-5E42-4EBD-48460CC5D731.

12 Günther Anders: »On Promethean Shame«, in: Christopher John Muller: *Prometheanism: Technology, Digital Culture and Human Obsolescence.* London, Rowman and Littlefield 2016, S. 30

13 Anders, »On Promethean Shame«, S. 31

14 Dies stammt aus einer Beschreibung eines Seminars, das im August 1942 von Max Horkheimer und Theodor Adorno in Los Angeles abgehalten wurde; mein Zitat stammt aus Christopher John Mullers Deutung von Anders: »Better than Human. Promethean Shame and the (Trans)humanist Project«, in: *Prometheanism, S.* 100.

Volkstümliche Ingenieurskunst

1 Für eine (tatsächlich!) faszinierende Darstellung der Korrosion vgl. Jonathan Waldman: *Rust. The Longest War.* New York, Simon and Schuster 2016.

2 Ich gehe von einer durchschnittlichen Drehzahl von 2500 rpm und einer durchschnittlichen Fahrzeuggeschwindigkeit von 50 km/h über eine Distanz von 300 000 Kilometern aus.

3 Man könnte argumentieren, dass dieser Titel der Baukunst zusteht, da diese seit Jahrtausenden praktiziert und vervollkommnet wird. Aber die Baukunst ist auch Opfer des Vergessens gewesen. Die Fähigkeit der alten Ägypter, bei den Großen Pyramiden massive Steinblöcke millimetergenau einzupassen, ist den heutigen Ingenieuren ein Rätsel. Der strukturelle Vorteil

des römischen Rundbogens ging in Europa verloren und musste später wiederentdeckt werden. Auf amerikanischem Boden geriet die thermische Effizienz der vor dem Bürgerkrieg gebauten Häuser im Süden der Vereinigten Staaten mit ihren tiefen Verandas und hohen Decken im 20. Jahrhundert in Vergessenheit. Im Gegensatz dazu fiel die gesamte Entwicklung des Verbrennungsmotors in eine Ära der Massenbildung und -kommunikation, was möglicherweise der Grund dafür ist, dass seine Fortschritte beständig gewesen sind, während die mündliche Weitergabe von Kenntnissen von Person zu Person in gesellschaftlichen Umwälzungen leicht verloren geht.

4 Harry R. Ricardo: *The High-Speed Internal-Combustion Engine.* 4. Aufl. London, Blackie and Son 1953, S. 1

5 Vgl. William Shirer: *Aufstieg und Fall des Dritten Reiches.* Frechen, Komet 2000, Kap. 7: »Die Nazifizierung Deutschlands, 1933–1934«. Um einem Streik zuvorzukommen, erklärten die Nationalsozialisten den 1. Mai 1933 zum nationalen Feiertag und bereiteten sich darauf vor, ihn zu feiern wie nie zuvor. Die Gewerkschaftsführungen wurden umschmeichelt und kooperierten begeistert. Sie wurden nach Berlin geflogen, und die Partei verkündete auf Tausenden Spruchbändern ihre Solidarität mit den deutschen Arbeitern. Hitler proklamierte vor hunderttausend Menschen auf dem Flugfeld Tempelhof das Motto »Ehrt die Arbeit und respektiert den Arbeiter!«. Goebbels, der die Kundgebungen organisiert hatte, schrieb an jenem Abend in sein Tagebuch: »Morgen werden wir nun die Gewerkschaftshäuser besetzen. Widerstand ist nirgends zu erwarten« (Shirer, *Aufstieg und Fall des Dritten Reiches,* S. 199). In einem Dokument, das in den Nürnberger Prozessen auftauchte, war ein Plan für die »Koordinierung« der Gewerkschaften am 2. Mai beschrieben: SS-Einheiten sollten sämtliche Gewerkschaftseinrichtungen besetzen und die Gewerkschaftsführer »zu ihrem Schutz« in Gewahrsam nehmen. Und genau das geschah. Die Gelder der

Gewerkschaften wurden beschlagnahmt, ihre Führer wurden verhaftet, einige wurden misshandelt und in Konzentrationslager gesteckt. Robert Ley, der Kölner Parteichef, von Hitler beauftragt, die Gewerkschaften zu übernehmen und die Deutsche Arbeitsfront aufzubauen, erklärte: »Arbeiter, Deine Institutionen sind uns Nationalsozialisten heilig und unantastbar. Ich selbst bin ein armer Bauernsohn und kenne die Not. [...] Arbeiter, ich schwöre dir, wir werden nicht nur alles erhalten, was sich vorfindet, wir werden den Schutz und die Rechte des Arbeiters weiter aufbauen.« (Ronald Smelser: *Robert Ley, Hitlers Mann an der »Arbeitsfront« – Eine Biographie.* Paderborn, Schöningh 1989, S. 134). Drei Wochen später wurde das Recht auf Kollektivverhandlungen beseitigt; von nun an legten von Hitler ernannte »Treuhänder der Arbeit« alle Arbeitsverträge fest. Streiks wurden verboten. Nicht vor Arbeitern, sondern vor Industriellen versprach Ley, die alleinige Führung wieder in die Hände des »natürlichen Leiters einer Fabrik« zu legen, nämlich des Arbeitgebers. Dieses Maß an Betrug weicht offensichtlich vom historischen Muster ab, in dem »Sozialisten« (mit unterschiedlich ausgeprägter Aufrichtigkeit) an die Macht kommen und dazu übergehen, die Macht in den Händen ihrer Parteikader zu bündeln.

6 O. G. W. Fersen: »The People's Car«, in: *Autocar,* 1. Mai 1969 (VW Supplement), Nachdruck in: Bill Fisher: *How to Hot Rod Volkswagen Engines.* New York, HP Books 1970, S. 4–6

7 Edward Eves: »Beetle Power«, in: *Autocar,* 1. Mai 1969 (VW Supplement), Nachdruck in: Fisher, *How to Hot Rod Volkswagen Engines, S.* 1–4

8 In der gesamten mediterranen Welt und bis nach Nordeuropa war der im Nahen Osten (im heutigen Syrien) erzeugte Damaszenerstahl für seine außergewöhnliche Plastizität (seine Widerstandskraft gegen Schockbelastungen) und die Tatsache berühmt, dass eine aus diesem Stahl gefertigte Klinge mit einer

scharfen Schneide versehen werden konnte. Der Legende zufolge konnte eine Klinge aus Damaszenerstahl einen Gewehrlauf sowie ein auf die Schneide gelegtes Haar durchtrennen. Obwohl es moderne Legierungen gibt, die dem Damaszenerstahl überlegen sind, sind die modernen Versuche, seine Eigenschaften zu reproduzieren, nicht besonders erfolgreich gewesen. 2006 entdeckten deutsche Forscher in einem alten Damaszenerschwert Kohlenstoffnanoröhren und -nanodrähte. Die Eigenschaften eines Stahls werden bestimmt von bestimmten Unreinheiten (geringe Mengen davon sind unverzichtbar; sie ergeben sich aus dem Erz, das für den Stahl verwendet wird, sowie aus der Art des Brennstoffs, mit dem die Hitze erzeugt wird, die man braucht, um das Metall zu schmelzen), von den Hitzezyklen in den Herstellungsprozessen von Löschung, Härtung und Glühen, von den unterschiedlichen Methoden der Kaltumformung wie dem Ziehen über einen Dorn, von den Faltungen und Schlägen, die ein Schmied im Verlauf des Formungsprozesses am halb geschmolzenen Metall vornimmt, sowie von anderen Faktoren. Gemeinsam entscheiden diese Faktoren über die Kristallstruktur und das »Kornwachstum« im Metall. Dieses handwerkliche Wissen kann nicht vollkommen in Worte gefasst werden, weil es teilweise vom persönlichen Urteilsvermögen abhängt, das der Handwerker nur durch Erfahrung erwerben kann – beispielsweise muss er imstande sein, den Zustand des Metalls aufgrund seiner Farbe beim Erhitzen und seines Klangs bei der mechanischen Bearbeitung zu beurteilen. Dieses Wissen wird vom Meister an den Lehrling weitergegeben und geht innerhalb einer Generation verloren, wenn der Übermittlungsprozess unterbrochen wird, was im Fall des Damaszenerstahls etwa 1750 geschah. Die Vorläufer des Damaszenerstahls kamen anscheinend aus Indien über Persien und Arabien nach Damaskus. Erst im 21. Jahrhundert ist der indische Stahl erneut wettbewerbsfähig geworden (es gibt die Vermutung, das technologische Wissen sei vom britischen Raj absichtlich unterdrückt worden) und hat die Qualität des deutschen, japanischen und amerikanischen Stahls des Industriezeitalters erreicht. (Die erwünschten Eigenschaften modernen Stahls sind auf Innovationen zurückzuführen, die im 19. Jahrhundert überwiegend aus England kamen.) Dieses Urteil über den Stahl, der heute aus Indien kommt, ist meine persönliche unwissenschaftliche Meinung, die auf meiner Erfahrung mit diesem Material in der Fabrikationsarbeit im letzten Jahrzehnt beruht. Noch in den Achtzigerjahren waren die indischen Stahlwerkzeuge, die ich kaufte, Abfall: Wenn man auch nur mäßigen Druck auf einen Gabelschlüssel ausübte, brach er. Im Gegensatz dazu bin ich mittlerweile bereit, mein Leben einem Überrollkäfig anzuvertrauen, den ich aus Stahlrohren aus Indien baue.

9 Ricardo, *The High-Speed Internal-Combustion Engine, S.* 5

10 Ebd., *S.* 27

11 Ebd., S. 88

12 Genauer gesagt, ähneln sie unserer polemischen Karikatur des Mittelalters. Die Polemik hilft uns, unser modernes Selbstverständnis aufrechtzuerhalten, verrät jedoch eher wenig darüber, wie das Leben im Mittelalter tatsächlich aussah. Vgl. dazu zum Beispiel Johan Huizingas *Herbst des Mittelalters.*

Das motorisierte Gegenstück des Krieges

1 In dieser Saison probierte es Forrest mit 600 statt mit 1000 PS, um zu sehen, wie es sich auf Reifen- und Getriebeverschleiß auswirkte.

2 Johan Huizinga: *Homo ludens. Vom Ursprung der Kultur im Spiel.* Reinbek, Rowohlt 1956, S. 67

3 Ebd., S. 9

4 Ebd., S. 56

5 Ebd., S. 55

6 Es bildet sich ein Zirkel von Spielern, die gegeneinander kämpfen, einander jedoch auch als *Spieler* erkennen. Das Spiel ist nicht für jedermann: Es findet in einem geschlossenen Kreis statt. Daher wird die Spielgemeinschaft von der umgebenden Gesellschaft verdächtigt: Glauben die, besser als wir zu sein? Und was genau geht eigentlich in deren Klubhaus vor? Solche Zusammenschlüsse wirken potenziell aufrührerisch. Tatsächlich waren sie dies im Lauf der politischen Geschichte oft auch. Beispielsweise verbot der römische Kaiser Trajan die Bildung von Feuerlöscheinheiten, weil er trotz ihres unzweifelhaften Nutzens ihre Politisierung fürchtete. Die Tatsache, dass sie Brände bekämpften, machte sie stolz. Thomas Hobbes sah dieses Problem und bezeichnete Leviathan als »König der Stolzen«, was bedeutete, dass der Staat ein Projekt der moralischen Umerziehung in Angriff nehmen und den Geist der Rivalität und des männlichen Spiels zähmen müsse, wenn er ein Monopol auf die Macht errichten und erhalten wolle. In meiner Doktorarbeit untersuchte ich dieses Phänomen in der antiken Welt; vgl. insbesondere das Kapitel »Life in the Greek Cities Under Roman Rule« in: Matthew B. Crawford: *Eros Under a New Sky. Greek Reassessments of Politics, Philosophy and Sexuality in Light of Roman Hegemony.* Diss., University of Chicago, Department of Political Science 2000.

7 Huizinga stützt sich auf anthropologische Erkenntnisse von Marcel Granet, der uralte rituelle Gesänge aus China rekonstruierte. Im alten China nahm »nahezu jede rituelle Handlung [...] die Form eines zeremoniellen Wettstreits an, so das Übersetzen über einen Fluß, die Besteigung eines Berges, das Holzhacken und das Blumenpflücken«, schrieb Granet. »Der Geist der Rivalität, [...] der die Männerbünde belebte und sie während der Winterszeit in Tanzturnieren gegeneinanderstellte, steht am Anfang des zu Ausbildung staatlicher Formen führen-

den Fortschritts.« (Marcel Granet: »Die chinesische Zivilisation: Familie, Gesellschaft, Herrschaft; von den Anfängen bis zur Kaiserzeit«, zit. in: Huizinga, *Homo ludens,* S. 58 f.)

8 Der Vater repräsentiert die äußere Wirklichkeit, die als Bedrohung empfunden wird – als Bedrohung für die Blase der Liebe zwischen Mutter und Kind. Er ist der Vermittler des Über-Ichs, in dem universelle Forderungen und gemeinsame Normen untergebracht sind. In Freuds Darstellung (weitergegeben von Howard S. Schwartz) »ist es die Aufgabe des Vaters, den Kindern das Bild zu vermitteln, das unbeteiligte Andere von ihnen haben«. (Vgl. Schwartz: *The Revolt of the Primitive. On the Origins of Political Correctness.* New York, Routledge 2017)

9 Huizinga, *Homo ludens,* S. 53

10 Winston Churchill: *Meine frühen Jahre.* Zürich, Coron 1953, S. 125 f.

11 Diese Passage stammt aus »Ace for the Ages: World War I Fighter Pilot Manfred von Richthofen«, *HistoryNet,* www.historynet.com/red-baron-world-war-i-ace-fighter-pilot-manfred-von-richthofen.htm. Vgl. auch Richthofens eigene Darstellung: »The Red Air Fighter« in Jon E. Lewis (Hg.): *Fighter Pilots. Eyewitness Accounts of Air Combat from the Red Baron to Today's Top Guns.* New York, MJF Books 2002, S. 37–59.

12 »Ace for the Ages«

13 Der Krieg als exklusiver Wettkampf setzt die Menschlichkeit des Widersachers voraus. Hingegen haben sich die Vorstellung einer *inklusiven* »Menschlichkeit« und die entsprechende Doktrin allgemeiner Menschenrechte (die zum Beispiel in der Genfer Konvention festgeschrieben wurde) als wenig nützlich in dem Bemühen erwiesen, im Krieg Normen der Humanität durchzusetzen. Im Namen humanitärer Prinzipien geführte Kriege scheinen sogar zu erhöhter Grausamkeit zu führen. Denn der Feind, der gegen die Humanität verstößt, kann nicht einfach als politischer Gegner betrachtet werden, sondern muss

ein Feind der Menschlichkeit sein und entsprechend behandelt werden. Es waren die Vereinigten Staaten, die Atomwaffen einsetzten, um die Bevölkerungen zweier Städte einzuäschern, und gegenwärtig setzen sie vom Computer aus gesteuerte *unbemannte* Drohnen ein, um Hochzeitsgesellschaften anzugreifen. Die edle Idee der Menschenrechte hat eine uneingestandene Schattenseite: Offenbar passt sie eben deshalb wunderbar zum Konzept des »totalen Kriegs«, weil sie keinen Unterschied zwischen verschiedenen Gruppen macht. Sie lässt keinen Platz für die dem Spiel ähnliche *politische* Unterscheidung zwischen »uns« und »ihnen« (eine solche Unterscheidung verstößt gegen unsere universellen Prinzipien), die durch eine *moralische* Unterscheidung zwischen Gut und Böse, Aufgeklärt und Rückständig ersetzt wird – womit jeder Konflikt zu einem heiligen Krieg im Namen der »Humanität« wird. Dies ist einer der Vorwürfe, die Carl Schmitt in seinem Buch *Der Begriff des Politischen* (Berlin, Duncker & Humblot 1991) gegen den Liberalismus erhebt.

14 Dieser Satz sollte vier Tage später der rhetorische Glanzpunkt seiner Rede im britischen Unterhaus sein. Die Geschichte der Modifikation ist interessant. 1954 berichtete General Hastings »Pug« Ismay, der Winston Churchill zum RAF-Bunker begleitet hatte, dass Churchill kurz nach dem Ereignis, während die beiden gemeinsam in einem Auto fuhren und Churchill die Rede einstudierte, zu dem mittlerweile berühmten Satz kam, als ihn Ismay unterbrach: »Was ist mit Jesus und seinen Jüngern?« – »Guter alter Pug …«, sagte Churchill, der daraufhin den Wortlaut sofort änderte: »*Nie zuvor in einem menschlichen Konflikt hatten so viele so wenigen so viel zu verdanken.*« (Quelle: »Never Was So Much Owed by So Many to So Few«, *Wikipedia,* en.wikipedia.org/wiki/Never_was_so_much_owed_by_so_many_to_so_few)

15 Mit der Gründung der freiwilligen Reserve der Royal Air Force

im Jahr 1936 wurde die Luftwaffe für Kandidaten aus allen Gesellschaftsschichten geöffnet. Sie sollte »junge Männer [...] aller Klassen anlocken.« (John Terraine: *The Right of the Line. The Royal Air Force in the European War, 1939–45*. London, Hodder & Stoughton 1985, S. 44 f.)

Zwei Derbys und ein Hare Scramble

1 Marilyn Simon: »#NotMe: On Harassment, Empowerment, and Feminine Virtue«, in: *Quillette*, 4. April 2019

2 Als politisch links stehende Tochter einer Arbeiterfamilie (sie war viele Jahre Redakteurin der sozialistischen Zeitschrift *The Nation*) machte sich Sexton Sorgen über die Feminisierung des männlichen Geschlechts in einer Bildungsumgebung, in der es zunehmend darum ging, jedermann in Büroarbeiten zu lenken und den bürgerlichen Normen des Büros zu unterwerfen.

Demokratie in der Wüste: Das Caliente 250

1 Alexis de Tocqueville: *Über die Demokratie in Amerika*. Stuttgart, Reclam 2014, S. 100 f.

2 Viele davon »entsprachen in der Form der Bundespolitik: Die Ortsgruppen wählten Repräsentanten für Versammlungen auf einzelstaatlicher Ebene, die ihrerseits Delegierte in die nationalen Versammlungen entsandten. [...] Die ausführenden Organe waren gegenüber den gesetzgebenden Versammlungen rechenschaftspflichtig; unabhängige Rechtssysteme sorgten dafür, dass sich beide an die Regeln hielten.« (Yoni Appelbaum: »Americans Aren't Practicing Democracy Anymore«, in: *Atlantic*, Oktober 2018, www.theatlantic.com/magazine/archive/2018/10/losing-the-democratic-habit/568336/)

3 Hunter S. Thompson: *Fear and Loathing in Las Vegas*, in: *Rolling Stone*, vol. 95, 1971, S. 37–48. Im selben Text schreibt Thompson, seine wichtigste Erinnerung an das Leben in der Bay Area Mitte der Sechzigerjahre sei die an die Nächte, in denen er »das Fillmore halb wahnsinnig verließ und nicht nach Hause fuhr, sondern auf der BSA Lightning mit 160 Sachen über die Bay Brücke raste, die nur bis zu den Knien mit L. L. Bean Shorts verhüllten Beine mit Motoröl verschmiert, in einer bunten Hirtenjacke, und [...] an der Mautstelle würgte ich immer den Motor ab, zu weggetreten, um den Leerlauf zu finden, während ich nach Kleingeld fummelte ... aber mit einer absoluten Gewißheit: wohin ich auch fuhr, würde ich Leuten begegnen, die garantiert ebenso high und ebenso wild waren wie ich ... Wahnsinn in alle Himmelsrichtungen zu jeder Stunde. [...] Und wir hatten dieses fantastische universale Gefühl, alles, was wir taten, sei richtig, ... kein Zweifel, wir würden gewinnen ... Und das, glaube ich, war der Haken – dieses Gefühl, der Sieg über die Kräfte des Alten und Bösen sei unausweichlich [...].« (Übers.: Stephan Gebauer)
Heute wie damals wird diese übermütige Gewissheit, einen Kulturkampf zwischen den Generationen zu *gewinnen* – die Gewissheit der Unvermeidlichkeit dieses Siegs –, als Rechtfertigung für eine Art von Journalismus benutzt, dessen Zweck eher in der Verbreitung des vorwärtsgerichteten Narrativs besteht als darin, die gesellschaftliche Realität zu beschreiben. Thompson wird oft mit Tom Wolfe verglichen, weil beide als Pioniere eines »neuen Journalismus« gelten. Wolfe hatte ebenfalls ein zentrales Thema: nicht die Kulturrevolte, sondern das Statusdenken in seinen vielen Formen, insbesondere bei Männern. Aber das hatte nichts mit einem Gefühl zu tun, es gebe etwas Neues in der Welt, etwas, das herbeigeführt oder für das Anhänger gewonnen werden müssten. Das erklärt vermutlich, warum man bei der Lektüre von Wolfe das Gefühl hat, etwas über die Welt

zu lernen, wie sie tatsächlich ist. Thompsons Rettung ist sein Geist des Spiels (seine wunderbar abwegigen Ratschläge für den Umgang mit Verkehrspolizisten sind unbezahlbar), der seine Ideologie des Generationenkampfs in den Hintergrund drängt. Auch drückt er ein Gefühl des Niedergangs oder der historischen Tragödie aus (man könnte es auch Nostalgie nennen). Direkt im Anschluss an die zuvor zitierte Textpassage bezeichnet er das Leben in der idealisierten Bay Area der Sechzigerjahre als »eine Hochwassermarke«, die von einer Welle zurückgeblieben sei, die »schließlich brach und sich zurückzog«. Damit wird der frühere Kommentar zur Unvermeidlichkeit des Siegs als Ironie geläutert und liest sich heute wie der Kommentar eines Mannes, der sich verzweifelt an seine Jugend klammerte, zur Geisteshaltung dieser Jugend.

»Rücksichtsloses Fahren«: Regeln, Vernunft und das Aroma der Autorität

1 Hunter S. Thompson: *Fear and Loathing in Las Vegas*, in: *Rolling Stone*, Vol. 95, 1971, S. 37–48 (Übers.: Stephan Gebauer)

2 Andy Medici: »The District Raked in a Record $ 199M in Fines Last Year. It's Almost All from Traffic«, in: *Washington Business Journal*, 6. Januar 2017, www.bizjournals.com/washington/news/2017/01/06/the-district-raked-in-a-record-199m-in-fines-last.html

3 »Eine vor einem Jahrzehnt veröffentlichte Studie des Transportation Institute der Texas A&M University, deren Ergebnisse seither durch weitere Forschungsarbeiten bestätigt worden sind, zeigte, dass eine Verlängerung der Gelbphasen an Ampeln um nur eine halbe Sekunde die Zahl der Unfälle um bis zu 25 Prozent und die der Verstöße gegen das Haltegebot bei Rot um bis zu 40 Prozent verringern kann.« (David Kidwell: »Experts. Chicago's Short Yellow Light Times, Red Light Cameras a Risky

Mix«, in: *Chicago Tribune,* 23. Dezember 2014, www.chicagotribune.com/investigations/ct-yellow-light-timing-met-20141223-story.html)

4 »Zum Zweck des Vergleichs wurde auch eine Kontrollgruppe ähnlicher Kreuzungen, an denen nie Kameras installiert wurden, in die Studie einbezogen. Nach der Datenerhebung wendeten die Forscher eine komplexe mathematische Formel an, um sämtliche Faktoren auszusondern, die sich auf die Unterschiede bei den Unfallzahlen hätten auswirken können. Sodann verglichen sie die Unfallzahlen in den Zeiträumen vor und nach der Installation der Kameras. Die Ergebnisse der Studie deckten sich im Wesentlichen mit denen von Untersuchungen anderer, kleinerer Programme im ganzen Land. Insgesamt sank die Zahl der gefährlicheren seitlichen Kollisionen mit Verletzten um 15 Prozent, aber die Zahl der Auffahrunfälle mit Verletzten stieg um 22 Prozent. Vielleicht noch bedeutsamer ist das Ergebnis der Studie, dass die Kameras die Zahl der seitlichen Zusammenstöße an den Kreuzungen, auf denen es vor der Installation der Kameras weniger als vier derartige Unfälle pro Jahr gegeben hatte, nicht verringerten. Und das Ausbleiben positiver Auswirkungen auf die Verkehrssicherheit bedeutet wahrscheinlich, dass die Zunahme der Auffahrunfälle diese Kreuzungen für die Autofahrer in Chicago gefährlicher machte. Die *Tribune* hat in der Stadt 73 mit Ampelkameras ausgestattete Kreuzungen gefunden, die diese Kriterien erfüllen. Diese Kameras haben der Stadt seit Beginn des Programms mehr als 170 Millionen Dollar an Bußgeldern eingebracht.« (David Kidwell und Abraham Epton: »Red Light Verdict Casts Harsh Light on Rationale for Cameras«, in: *Chicago Tribune,* 30. Januar 2016, www.chicagotribune.com/news/watchdog/redlight/ct-chicago-redlight-cameras-met-0131-20160129-story.html)

5 David Kidwell: »Red Light Camera Trial Offers Rare Insight

Into City Hall Intrigue«, in: *Chicago Tribune,* 22. Januar 2016, www.chicagotribune.com/investigations/ct-red-light-camera-trial-0124-20160122-story.html

6 Yesim Taylor, Leiterin des DC Policy Center, erklärt: »Würden die Einnahmen aus der automatisierten Verkehrsüberwachung sinken, könnten wir die Einbußen durch das übrige Steueraufkommen ausgleichen. Aber hohe Einnahmen aus Bußgeldern machen uns von diesen Geldern abhängig und erschweren es sehr, Veränderungen aufgrund von Sicherheitsüberlegungen vorzunehmen.« (Andy Medici: »These D.C. Speed, Red Light Cameras Generate the Most Revenue«, in: *Washington Business Journal,* 10. April 2017, www.bizjournals.com/washington/news/2017/04/10/these-d-c-speed-red-light-cameras-generate-the.html)

7 Nach Angabe des Office of the Chief Financial Officer des District of Columbia, zit. in: Andy Medici: »Here's How Much the District Plans to Collect in Traffic Fines over the Next Five Years«, in: *Washington Business Journal,* 9. März 2017, www.bizjournals.com/washington/news/2017/03/09/here-s-how-much-the-district-plans-to-collect-in.html.

8 »Lane Width«, Federal Highway Administration, U.S. Department of Transportation, safety.fhwa.dot.gov/geometric/pubs/mitigationstrategies/chapter3/3_lanewidth.cfm

9 Matt Labash: »The Safety Myth«, in: *Weekly Standard,* 2. April 2002, www.weeklystandard.com/the-safety-myth/article/2375

10 Wir sehen eine Parallele zwischen der Gesetzesvollstreckung und anderen institutionellen Akteuren, die von Konflikten profitieren. Die politische Korrektheit hat sich anscheinend in ein Instrument verwandelt, das die Bürokratie einsetzen kann, um in zuvor autonome Sphären vorzudringen, in denen die Bürger Konflikte früher selbst lösten. Aktivisten werden unvernünftige Verhaltensregeln und sprachliche Tabus auferlegt; die zu erwar-

tende Unfähigkeit der Beteiligten, den Erfordernissen zu genügen, führt zu Konflikten, was den Verwaltungen von Universitäten und Unternehmen – den Leuten, die Michel Foucault als »kleine Funktionäre der moralischen Orthopädie« bezeichnete – Gelegenheit gibt, neue Initiativen für Vorschriften zu starten. Beispielsweise beschäftigt die Universität Harvard mehr als fünfzig Gleichbehandlungsbeauftragte. Normalerweise lautet die Begründung, die Leute müssten vor Traumata bewahrt werden. So wie der Apparat der mechanisierten Verkehrsüberwachung muss auch dieser soziale Apparat die Menschen wie Wesen von kindlicher Verwundbarkeit und die Welt wie einen Ort voller Gefahren behandeln, die eingedämmt werden müssen. Eine weitere Parallele ist, dass das System eine Garantie für mehr Zusammenstöße ist – was weitere Eingriffe erforderlich macht. Die Dauer unserer sozialen Gelbphase schrumpft gegen null Sekunden.

11 Jason Chaffetz, der ehemalige Vorsitzende des Ausschusses für Regierungsreformen des Repräsentantenhauses, hat das absurde Theater um die Flugsicherheit in seinem Buch *The Deep State* beschrieben. Im heutigen Amerika scheint die Funktion des Kongresses in erster Linie darin zu bestehen, Geschäfte zu vermitteln und seine Rolle als Aufseher der staatlichen Verwaltung (des Kunden) zu nutzen, um Maklergebühren in Form von Wahlkampfspenden von Anbietern einzutreiben, während er die Wähler mit einem Kulturkampf ablenkt. Unterdessen werden die eigentlichen politischen Auseinandersetzungen, die dem Kulturkampf zugrunde liegen, anderswo ausgetragen, nämlich vor Gericht und in der mit der Bewältigung der staatlichen Aufgaben beauftragten Exekutive.

12 Claire Berlinski schrieb im Januar 2019, nach Angaben der Polizei habe es »unter den Demonstranten bisher 1700 und aufseiten der Sicherheitskräfte 1000 Schwerverletzte« gegeben.

13 Nach Angabe von CNN, *Newsweek:* Brendan Cole, »Yellow Vest

Protesters Vandalized or Destroyed 60 Percent of France's Speed-Camera Network«, *Newsweek,* 11. Januar 2019, www.newsweek.com/yellow-vest-protesters-have-vandalized-or-destroyed-60-frances-entire-speed-1287832 (Kursivschrift hinzugefügt).

14 Matt Labash: »Getting Rear-Ended by the Law«, in: *Weekly Standard,* 3. April 2002, www.washingtonexaminer.com/weekly-standard/getting-rear-ended-by-the-law

15 NHTSA, »Traffic Safety Facts, 2016 Data: Speeding«, S. 1, crashstats.nhtsa.dot.gov/Api/Public/ViewPublication/812480

16 Man müsste den Daten mit maßgeschneiderten Regressionen zu Leibe rücken, um die Wechselwirken zwischen den verschiedenen relevanten Faktoren zutage fördern zu können. Zum Beispiel besteht zweifellos ein Zusammenhang zwischen überhöhter Geschwindigkeit und Abkommen von der Straße. Der NHTSA muss zugutegehalten werden, dass sie ihre Daten für Regressionsanalysen zur Verfügung stellt. Sofern dies von Interesse ist (auch hier ist die Quelle zu beachten): *Car and Driver* berichtete, aus den Daten der NHTSA für 2007 gehe hervor, dass nur bei 3,1 Prozent der Verkehrsunfälle mit Todesopfern die Geschwindigkeit der »einzige Einflussfaktor« sei.

17 Labash, »The Safety Myth«

18 Katrin Bennhold: »Impose a Speed Limit on the Autobahn? Not So Fast, Many Germans Say«, in: *New York Times,* 3. Februar 2019, www.nytimes.com/2019/02/03/world/europe/germany-autobahn-speed-limit.html

19 Max Smith, »Going 11 Miles over the Speed Limit in Va. May No Longer Land You in Jail«, *WTOP,* 13. Februar 2016, /wtop.com/dc-transit/2016/02/going-11-mph-speed-limit-va-may-no-longer-land-jail/

1 Unter dem Vorbehalt, dass Vergleiche zwischen Städten methodologisch riskant sind: Rom hat in der Einstufung des Urban Mobility Index einen Wert von 4,6 im Stauindex (für den der Verkehrsfluss in Hauptverkehrszeiten mit der Situation in Zeiten geringer Verkehrsbelastung verglichen wird). In den Hauptverkehrszeiten brauchen die Römer 30 Minuten länger, um eine Strecke von 100 Kilometern zurückzulegen, und 10,95 Prozent der Straßen sind verstopft. Zum Vergleich: Die amerikanische Hauptstadt Washington mit ihrem dichten Netz von Ampelkameras und Radarfallen hat einen Stauindexwert von 5,9; der zeitliche Mehraufwand auf einer Strecke von 100 Kilometern liegt bei 37 Minuten, und in den Stoßzeiten sind 15,47 Prozent der Straßen verstopft. (Quelle: urbanmobilityindex.here.com)

2 Ein Beispiel: Wenn man lediglich die Zahl der Verkehrstoten durch die Zahl der in einem Land gemeldeten Fahrzeuge dividiert, trägt man der Tatsache nicht Rechnung, dass Autos in einem ärmeren Land intensiver genutzt werden als in einem Land, in dem viele Haushalte mehr als ein Auto besitzen. Darüber hinaus können einige der Unterschiede zwischen den Ländern bei den von der WHO erfassten Verkehrstoten zweifellos auf Unterschiede in Verfügbarkeit und Qualität von medizinischer Versorgung, Fahrzeugwartung und Beschaffenheit der Straßen zurückgeführt werden. (www.who.int/violence_injury_prevention/road_safety_status/2018/en/)

3 Freud erklärt, es sei »unmöglich zu übersehen, in welchem Ausmaß die Kultur auf Triebverzicht aufgebaut ist, wie sehr sie gerade die Nichtbefriedigung (Unterdrückung, Verdrängung oder sonst etwas?) von mächtigen Trieben zur Voraussetzung hat. Diese ›Kulturversagung‹ beherrscht das große Gebiet der sozialen Beziehungen der Menschen; wir wissen bereits, sie ist die Ursache der Feindseligkeit, gegen die alle Kulturen zu kämp-

fen haben.« (Sigmund Freud: *Das Unbehagen in der Kultur,* www.projekt-gutenberg.org/freud/unbehag/chap003.html.

4 Die Forscher der University of Texas erläutern ihre Ideen in einem Video: /www.youtube.com/watch?v=4pbAI40d-KoA&t=58s.

5 John R. Quain: »Cars Will Have to Get Faster, on the Inside«, in: *New York Times,* 17. August 2018, S. B5: »Selbstfahrende Autos werden pro Stunde 4 Terabytes an Daten produzieren.« Ein Forschungsleiter bei einem Hersteller von Computerchips für autonome Autos erklärt: »Sie glauben, dass wir eine Rechenleistung von 300 Teraflops brauchen werden.« Quain scheibt: »Ein Teraflop entspricht einer Billion Rechenoperationen pro Sekunde, was bedeutet, dass jedes Fahrzeug ein rollender Superrechner sein müsste.«

6 Michel de Certeau: *Kunst des Handelns.* Berlin, Merve 1988, S. 181 f. Vgl. auch Rebecca Solnits Diskussion von de Certeaus Aussage in ihrem Buch *Wanderlust,* New York, Penguin 2001, S. 213. Ich danke Garnette Cadogan für diese Hinweise und für viele interessante Gespräche über das Gehen.

Road Rage, Andersdenkende und die Verkehrsgemeinschaft

1 Jack Katz: »Pissed Off in L.A.«, in: ders.: *How Emotions Work* (1999); Nachdruck in: Mitchel Duneier, Philip Kasinitz und Alexandra K. Murphy (Hg.): *The Urban Ethnography Reader.* New York, Oxford University Press 2014, S. 215 f.

2 Ebd., S. 220

3 Ebd., S. 220 ff.

4 Ebd., S. 223

5 Für einen guten Überblick über die Forschung vgl. Hazel Rose Markus und Shinobu Kitayama: »Culture and the Self. Implications for Cognition, Emotion, and Motivation«, in: *Psychological Review* 98/2, 1991, S. 224–253.

6 Katz lehnt die Vorstellung, Vernunft und Emotion könnten strikt voneinander getrennt werden, mit gutem Recht ab. Emotionen machen uns »über das Medium des Körpers« ein »zuvor unausgesprochenes Bekenntnis« bewusst (»Pissed Off in L.A.«, S. 227). Aber er beharrt darauf, dass »diese Selbstreflexion nicht die Form des Denkens annimmt«. Er beschreibt sie als eher sinnlich und ästhetisch, sie werde erreicht »durch eine Art lebender Poesie, nicht in Form diskursiver Vernunft«. Das scheint mir nicht richtig, denn die Wut ist diskursiv. Wir *wenden uns an jemanden.* Oft ist diese Person abwesend oder einfach eingebildet, aber die Wut will zu Wort kommen und gehört werden. Für Platos Sokrates ist der *thymos* (der lebhafte Teil der Seele, der Teil, der zur Wut neigt) der natürliche Verbündete des denkenden Teils der Seele. Mit anderen Worten: Die Wut kann unser Denken verzerren, aber sie entspringt auch dem Denken und regt es an.

7 Andy Clark: *Surfing Uncertainty. Prediction, Action and the Embodied Mind.* New York, Oxford University Press 2014

8 Diese Annahmen Clarks liefern eine evolutionäre Erklärung für »Entwicklung und Einsatz von ›Spiegelneuronen‹ und (allgemeiner) ›Spiegelsystemen‹: neuronalen Ressourcen, die sowohl zur Ausführung von Handlungen als auch zur Beobachtung der ›gleichen‹ Handlungen eingesetzt werden, wenn sie von anderen ausgeführt werden«. (Clark, *Surfing Uncertainty, S.* 139 f.)

9 Clark, *Surfing Uncertainty,* S. 285

10 Ebd., S. 73

11 Bei den letzten Beobachtungen handelt es sich um meine Extrapolation einer Bemerkung Clarks (*Surfing Uncertainty,* S. 286), der sich auf die Arbeit von M. Colombo beruft; vgl. Colombo: »Explaining Social Norm Compliance. A Plea for Neural Representations«, in: *Phenomenology and the Cognitive Sciences* 13, Nr. 2, Juni 2014.

12 Robert D. Putnam: »E Pluribus Unum. Diversity and Commu-

nity in the Twenty-first Century, The 2006 Johan Skytte Prize Lecture«. Nordic Political Science Association, Oxford, Blackwell Publishing 2007, abgerufen auf drive.google.com/file/d/1FvFN8ACY-6taivkcbzDGgYy1-EPb1kbbQ/view

13 Im Jahr 2016, dem letzten Jahr, für das ich Daten der Weltgesundheitsorganisation finden konnte, lag die Quote der Verkehrstoten in Deutschland bei 6,8 pro 100 000 Kraftfahrzeuge. Der Gesamtwert für die Anrainerstaaten des östlichen Mittelmeerraums lag bei 139, das heißt, er war 20-mal höher als in Deutschland. Der Gesamtwert für die afrikanischen Länder lag bei 574, das war das 84-fache des deutschen Werts. Vgl. www.who.int/violence_injury_prevention/road_safety_status/2018/en/. Ein besserer Maßstab wären die Verkehrstoten pro gefahrenem Kilometer, aber dieser Wert liegt für die meisten Länder nicht vor. Es ist anzunehmen, dass ein Auto in einem ärmeren Land intensiver genutzt wird als in einem Land, in dem es in vielen Haushalten mehrere Autos gibt. Auch können die Unterschiede bei den von der WHO ermittelten Opferzahlen zweifelsohne teilweise den Unterschieden bei Verfügbarkeit und Qualität von medizinischer Erstversorgung, Wartung der Autos und Instandhaltung der Straßen zugeschrieben werden. Aber das erklärt diese Unterschiede nicht gänzlich.

14 Bernhard Rieger: *The People's Car. A Global History of the Volkswagen Beetle.* Cambridge, Harvard University Press, 2013, S. 53

Street View: Mit Googles Augen

1 Alastair Jamieson: »Google Will Carry On with Camera Cars Despite Privacy Complaints over Street Views«, in: *Telegraph*, 9. April 2009 (Bericht über ein Interview in der *Times*), www.telegraph.co.uk/technology/google/5130068/Google-will-

carry-on-with-cameracars-despite-privacy-complaints-over-street-views.html

2 Shoshana Zuboff: *Das Zeitalter des Überwachungskapitalismus.* Frankfurt a.M., Campus 2018, S.171

3 Ebd., S.176

4 Shoshana Zuboff: *The Age of Surveillance Capitalism.* New York, Public Affairs 2018, S.146–150

5 James C. Scott: *Seeing Like a State.* New Haven, Yale University Press 1998, S.53

6 Scott nennt einige historische Beispiele dafür, dass geografische Unzugänglichkeit (für Außenstehende) diese Verteidigungsfunktion erfüllte. Die Kasbah war die Festung, in der die algerischen Aufständischen im Kampf gegen die französischen Kolonialherren Zuflucht suchten, und im Iran nahm die Revolte gegen die Herrschaft des Schahs ihren Ausgang im politischen Raum des Basars. Die Townships in Südafrika unter dem Apartheid-Regime sind ein weiteres Beispiel für Räume, die aufgrund ihrer Unzugänglichkeit unregierbar sind. In Paris begannen die Aufstände im 18. und 19.Jahrhundert in den ältesten und verwirrendsten *quartiers,* wo in der zweiten Hälfte des 19.Jahrhunderts neunmal Barrikaden errichtet wurden und 1830 und 1848 regelrechte Revolutionen ausbrachen. Als Louis Napoleon im Jahr 1851 durch einen Staatsstreich an die Macht kam, ermächtigte er Baron Haussmann, den Präfekten des Departements Seine, zu einem radikalen Umbau von Paris, der den Abriss ganzer Stadtviertel erforderlich machen und »einen synoptischen Überblick über die Anlage« ermöglichen würde, wie Scott schreibt. Dafür gab es mehrere Gründe: Die Stadt sollte regierbarer, gesünder und beeindruckender werden, wie es sich für das Machtzentrum eines Imperiums gehörte. Im Jahr 1860 wurden die aufrührerischen Stadtteile am Stadtrand eingemeindet. Haussmann beschrieb diese Bezirke als einen »dichten Gürtel von Vororten, die zwanzig verschie-

denen Verwaltungen unterstehen, willkürlich errichtet wurden und von einem unentwirrbaren Netz enger und schwer passierbarer öffentlicher Straßen, Gassen und Sackgassen durchzogen sind, in denen eine nomadische Bevölkerung [...] ohne wirksame Überwachung mit gewaltiger Geschwindigkeit wächst«.

7 »Wie kann man eine Karte entwerfen, die jede Straße in den Vereinigten Staaten zeigt, mit der genauen Position jedes Stoppschilds, allen Fahrbahnmarkierungen, sämtlichen Ausfahrten und Verkehrsampeln – und das Bild in Echtzeit aktualisiert, wenn der Verkehr um Baustellen und Unfallorte umgeleitet wird? [...] ›Wenn wir überall autonome Autos einsetzen wollen, brauchen wir überall digitale Karten‹, erklärt Amnon Shashua, Technologieleiter bei Mobileye, einem israelischen Unternehmen, das modernste Sichtsysteme für Autos entwickelt.« (aus Neal E. Boudette: »Building a Road Map for the Self-Driving Car«, in: *New York Times,* 2. März 2017).

8 Jody Rosen: »The Knowledge, London's Legendary Taxi-Driver Test, Puts Up a Fight in the Age of GPS«, in: *New York Times Style Magazine,* 10. November 2014, www.nytimes.com/2014/11/10/t-magazine/london-taxi-test-knowledge.html

9 Oft werden in Kommentaren und Reportagen zahlreiche unverbundene Entwicklungen vermengt: fahrerlose Autos, Elektroautos und Ride Hailing. Ich glaube, diese Unklarheit wird gezielt gepflegt, da sie den Anbietern von Fahrdiensten den Glanz der technologischen Fortschrittlichkeit verleiht, obwohl ihr Kerngeschäft in Wahrheit der Arbitragehandel mit Arbeitskräften ist. Ihre Innovation besteht einfach darin, den Deskilling-Effekt des GPS für ihre Zwecke zu nutzen. Für ihren Arbitragehandel brauchen sie Arbeitskräfte, die noch nicht lange in einer Stadt leben und daher keine ausreichende Ortskenntnis erwerben konnten, um auf das GPS verzichten zu können. Ein stetiger Zustrom von Einwanderern garantiert ein bleibendes Gefälle

des persönlichen Wissens, auf dem diese Arbeitskräfte-Arbitrage praktiziert werden kann. Vgl. Huber Horan: »Uber's Path of Destruction«, in: *American Affairs* 3, Nr. 2, Sommer 2019, S. 109 f.

10 Zuboff, *Zeitalter des Überwachungskapitalismus,* S. 178 f.

11 Ebd., S. 179

12 Ebd., S. 169 f.

Eine glorreiche Lebensart ohne Kollisionen

1 Hier stütze ich mich auf ein unveröffentlichtes Manuskript von Thomas S. Schrock, der Hobbes' hartnäckiges Beharren auf eine »Regierung durch Syllogismus« untersucht. Eine Konsequenz ist, dass der Souverän dadurch die selbstverständliche, gewohnheitsmäßige Gesetzestreue einbüßt, die durch die Gewohnheit gewährleistet wird. »Wir halten uns an das Gewohnheitsrecht nicht aus Furcht, sondern weil diese Gesetze hier bei uns sind, weil sie uns gehören und Teil von uns sind.« Die Regierung durch Syllogismus hingegen erfordert einen intensiven Einsatz von Ordnungskräften.

2 Beim »Maschinenlernen« werden zahlreiche Variablen in mehrschichtige »neuronale Netze« eingegeben, welche synaptische Verbindungen nach dem Schema »Feuern/Nicht feuern« im tierischen Gehirn simulieren. In einem hochgradig iterativen (und in einigen Fällen unbeaufsichtigten) Trainingsprogramm werden gewaltige Datenmengen verwendet. Da die Stärke der Verbindungen zwischen den logischen Knoten innerhalb der und zwischen den verschiedenen Schichten (so wie bei neuronalen Pfaden) ausgesprochen plastisch ist, wird die Maschine durch Versuch und Irrtum trainiert und erwirbt etwas, das einem Verständnis der Welt ähnelt. Besser gesagt, sie stellt Verknüpfungen her, die Regelmäßigkeiten in der Welt entsprechen. Wie beim

Menschen sind diese Entsprechungen unvollkommen. Der Unterschied ist, dass der Mensch in der Lage ist, sich seinen Gedankengang bewusst zu machen. Natürlich betrügen sich Menschen manchmal selbst, geben falsche Begründungen usw., aber diese können infrage gestellt werden; sie sind Gegenstand der demokratischen politischen Auseinandersetzung.

3 Timothy Williams: »In High-Tech Cities, No More Potholes, but What About Privacy?«, in: *New York Times,* 1. Januar 2019, www.nytimes.com/2019/01/01/us/kansas-city-smart-technology.html (Kursivschrift hinzugefügt)

Wenn Google Autos bauen würde

1 »Von den Autofahrern unbemerkt, werden Dutzende Millionen amerikanische Autos beobachtet [...], erklären Experten, und die Zahl steigt mit fast jedem neuen Auto, das verleast oder verkauft wird. Das hat zur Folge, dass die Autobauer oft ohne das Wissen der Besitzer eine ergiebige Quelle wertvoller persönlicher Daten erschlossen und das Auto von einer Maschine, die uns die Bewegung erleichtert, in einen hoch entwickelten Computer auf Rädern verwandelt haben, der ein besseres Bild von unseren persönlichen Gewohnheiten und Verhaltensweisen hat als das Smartphone.« (Peter Holley: »Big Brother on Wheels. Why Your Car Company May Know More About You Than Your Spouse«, in: *Washington Post,* 15. Januar 2018, www.washingtonpost.com/news/innovations/wp/2018/01/15/big-brother-on-wheels-why-your-carcompany-may-know-more-about-you-than-your-spouse/)

2 Arvind Narayanan und Edward W. Felten: »No Silver Bullet. De-identification Still Doesn't Work«, 9. Juli 2014, Arvind Narayanan – Princeton (persönliche Website), randomwalker.info/publications/no-silver-bullet-de-identification.pdf.

3 Jennifer Valentino-deVries u.a.: »Your Apps Know Where You Were Last Night, and They're Not Keeping It Secret«, in: *New York Times,* 10. Dezember 2018, www.nytimes.com/interactive/2018/12/10/business/location-data-privacy-apps.html

4 Zuboff, *Zeitalter des Überwachungskapitalismus,* S. 22, (Hervorhebung im Original)

5 Ebd., S. 23

6 Ebd., S. 252

7 Ebd., S. 21

8 Ebd., S. 274 (Hervorhebung im Original)

9 Ebd., S. 233

10 Ebd., S. 274

11 Ebd., S. 276

12 Ebd., S. 234

13 Monte Zweben: »Life-Pattern Marketing. Intercept People in Their Daily Routines«, *SeeSaw Networks,* März 2009

14 Dyani Sabin: »The Secret History of ›Pokemon GO‹, as Told by Creator John Hanke«, in: *Inverse,* 28. Februar 2017, www.inverse.com/article/28485-pokemon-go-secret-history-google-maps-ingress-john-hanke-updates

15 Vgl. Natasha Schull: *Addiction By Design,* und das Kapitel »Autismus als Designprinzip« (in Matthew B. Crawford, *Die Wiedergewinnung des Wirklichen*).

16 Zuboff, *Zeitalter des Überwachungskapitalismus,* S. 355. Mehrere Journalisten haben sich die Mühe gemacht, die seitenlangen Regelungen zu Datenschutz und Datensammlung für die App *Pokemon Go!* tatsächlich zu lesen. Sie entdeckten, dass vom Benutzer verlangt wird, der App nicht nur Zugriff auf die Kamera des Handys zu geben, sondern ihr auch zu erlauben, die Kontakte abzurufen und auf dem Gerät Accounts bei anderen Anbietern zu suchen, was es ihr ermöglicht, sich zum »detailliertesten Social-Graph überhaupt« zu entwickeln. (Vgl. Joseph Bernstein: »You Should Probably Check Your Pokemon Go

Privacy Settings«, in: *Buzzfeed,* 11. Juli 2016, zit. in Zuboff, *Age of Surveillance Capitalism,* S. 361.)

Abschließende Bemerkungen

1 Auf digitalen Verkehrsschildern werden auch Kennzeichenlesegeräte installiert, die den Regierungsbehörden Daten liefern, mit denen sie die Bewegungen der Bürger nachvollziehen können. (www.fbo.gov/index?s=opportunity&mode=-form&id=85f3d16be46d2e424ba5c07339dde153&tab=core&_cview=0) Damit begonnen hat die für die Bekämpfung der Drogenkriminalität zuständige Behörde DEA (Drug Enforcement Administration), und mittlerweile metastasiert das Beobachtungsnetz. Beispielsweise teilt die Polizei von San Diego ihre von den Lesegeräten gesammelten Daten mit rund 900 verschiedenen lokalen, einzelstaatlichen Behörden und Bundesbehörden. (»Data Sharing Report San Diego Police Department«, DocumentCloud, www.documentcloud.org/documents/4952878-Data-Sharing-Report-San-Diego-Police-Department.html)

2 Rufen wir uns die in den Anmerkungen zur Einleitung zitierte belgische Studie in Erinnerung, die gezeigt hat, dass Autofahrer 40 Prozent weniger Zeit im Verkehr verbringen müssten, wenn nur 10 Prozent von ihnen auf Motorräder umsteigen würden. Für einen Vergleich des Verkehrsflusses in verschiedenen Städten in aller Welt einschließlich der von Motorrädern im Vergleich zu anderen Fahrzeugen in Anspruch genommenen Straßenkapazität vgl. Alain Bertaud: *Order Without Design. How Markets Shape Cities.* Cambridge, MIT Press 2018, Kap. 5.

REGISTER

WO IST DIE LINKE, DIE IHREN NAMEN VERDIENT?

Klimawandel, Wirtschaftskriege, echte Kriege, Menschen auf der Flucht, das freie Denken bedrängt von Populismus und Political Correctness: Unsere Welt leidet an Stapelproblemen. Wer bietet Lösungen? Der Kapitalismus sicher nicht, er ist ja meist deren Ursache. Vielmehr brauchen wir eine neue Form des Kommunismus – eine linke Agenda, die nicht kleinkariert, sondern global denkt, den wahren Feind ins Visier nimmt und das konkrete Handeln zum Wohle aller in den Mittelpunkt rückt.

»Slavoj Žižek ist Psychoanalytiker, Kommunist – und einer der aufregendsten europäischen Philosophen der Gegenwart.«
Deutschlandfunk

Slavoj Žižek
Ein Linker wagt sich aus der Deckung
Für einen neuen Kommunismus

Aus dem Englischen von Frank Born, Michael Adrian und Karen Genschow
Hardcover mit Schutzumschlag
Auch als E-Book erhältlich
www.ullstein.de

ullstein